STARK

ABITUR 2011

Prüfungsaufgaben
mit Lösungen

Geschichte

Grundkurs
Gymnasium
Bayern
2004–2010

STARK

ISBN 978-3-89449-100-0

31. ergänzte Auflage
www.stark-verlag.de

Inhalt

Fortsetzung nächste Seite

Abiturprüfungsaufgaben 2007

Abiturprüfungsaufgaben 2008

Abiturprüfungsaufgaben 2009

Abiturprüfungsaufgaben 2010

Lösung der Aufgaben:

StD Heinz Vierengel

Vorwort

Liebe Schülerinnen, liebe Schüler,

der vorliegende Band will Sie bei Ihrer effektiven Vorbereitung auf die schriftliche Abiturprüfung im Grundkurs Geschichte unterstützen.

Das einführende Kapitel „**Hinweise und Tipps zum Abitur**" fasst wichtige Informationen zum **Ablauf** des Abiturs und zur **Struktur der Aufgaben** zusammen und gibt Ihnen konkrete Tipps zu den **Anforderungsbereichen** und Arbeitsanweisungen (**Operatoren**), die Ihnen in der Prüfung begegnen.

Sollten nach Erscheinen dieses Bandes noch wichtige **Änderungen** in der Abitur-Prüfung 2011 vom Kultusministerium bekannt gegeben werden, finden Sie aktuelle Informationen dazu im Internet unter www.stark-verlag.de/info.asp?zentrale-pruefung-aktuell

Der zweite Teil des Buches enthält **Abituraufgaben** der vergangenen Jahre mit **Musterlösungen**. Mithilfe dieser Aufgaben können Sie sowohl Ihre im Unterricht erworbenen Kenntnisse wiederauffrischen als auch die Bearbeitung der Aufgaben unter Prüfungsbedingungen trainieren und optimieren.

Zu den Aufgaben ab dem **Abitur 2006** finden Sie nicht nur jeweils ausführliche Lösungsvorschläge, sondern auch **konkrete Bearbeitungshinweise**, die Ihnen ein gezieltes Vorgehen bei der Beantwortung der einzelnen Aufgaben vermitteln und Sie so zu einer optimalen Musterlösung hinführen.

Ein **Stichwortverzeichnis** erleichtert Ihnen die gezielte Nutzung dieses Bandes und ermöglicht Ihnen einen schnellen Zugriff auf zentrale Sachverhalte.

Verlag und Autor wünschen Ihnen eine gute Vorbereitungsphase und viel Erfolg in der Abiturprüfung!

Vierengel

Heinz Vierengel

Stichwortverzeichnis

Hinweise und Tipps zum schriftlichen Abitur

1 Rahmenbedingungen für das schriftliche Abitur

In der schriftlichen Abiturprüfung des Grundkurses werden Ihnen **vier** halbjahresorientierte **Aufgaben zur Wahl** gestellt, von denen Sie **eine bearbeiten** müssen. Diese Aufgabe enthält in der Regel mehr Teilaufgaben. Wichtig ist dabei, dass Sie **in einer**, wahrscheinlich der letzten Teilaufgabe die **Wahl zwischen mehreren Epochen bzw. Ereignissen** haben, anhand der Sie einen bestimmten Sachverhalt erörtern sollten. Bei dieser Teilaufgabe wird eine „**essayartige thematische Vertiefung**" gefordert, in der Sie Ihre Fähigkeit zu historischem Denken in einer gestaltenden, essayartigen sprachlichen und gedanklichen Form nachweisen sollten. **Beispiele** für diese Aufgaben finden Sie in den Abituraufgaben 2006 I und II (jeweils Teilaufgabe 4) sowie allen jüngeren Aufgaben.

Weitere Informationen zum Abitur können Sie auch im Internet unter www.isb.bayern.de finden.

Als **Bearbeitungszeit** für die frei zu wählende Aufgaben stehen Ihnen **210 Minuten** zur Verfügung. Darin ist die Einlesezeit bereits enthalten.

Als **Hilfsmittel** dürfen Sie einen zugelassenen Geschichtsatlas benutzen. Der Atlas darf keine Kommentare enthalten.

2 Prüfungsinhalte

Der Lehrplan für die Jahrgangsstufen 12 und 13 bildet den inhaltlichen Rahmen für die schriftliche Abiturprüfung. Das heißt, alle vier Prüfungsaufgaben müssen sich an den folgenden, vom Lehrplan vorgegebenen Themen orientieren:
- Bayern auf dem Weg zum modernen Staat
- Die Reichsgründung und ihre europäische Bedeutung. Das Kaiserreich
- Die Neuordnung Europas und die Weimarer Republik
- Die Entstehung totalitärer und autoritärer Systeme in Europa

Wenn Sie ausführlichere Informationen über die Inhalte des Lehrplans benötigen, bitten Sie Ihren Geschichtslehrer, Ihnen den Lehrplan zur Verfügung zu stellen. Sie können ihn aber auch auf der Internetseite des Staatsinstituts für Schulqualität und Bildungsforschung (ISB) – www.isb.bayern.de – einsehen und herunterladen.

Die **Abiturprüfungen des letzten Jahrgangs des neunjährigen Gymnasiums** werden um ca. 6 Wochen vorverlegt. Die schriftlichen Prüfungen finden Ende März/Anfang April statt. Aufgrund der verkürzten Unterrichtszeit wurden im Lehrplan Geschichte für den Grundkurs in der Jahrgangsstufe 12 **Kürzungen** bei den Themen „Die Neuordnung Europas und die Weimarer Republik" sowie „Die Entstehung totalitärer und autoritärer Systeme in Europa" und in der Jahrgangsstufe 13 beim Thema „Europäische Einigung und neuere weltpolitische Konstellationen" vorgenommen. Im Internet können Sie sich unter folgender Adresse genauestens informieren:
http://www.gymnasium.bayern.de/gymnasialnetz/oberstufe/doppeljahrgang/abitur2011/modifikationen_g9/ informieren.

3 Leistungsanforderungen

3.1 Bearbeitung der Aufgaben

Jede Aufgabe stellt eine thematische Einheit dar. Die Abituraufgaben gliedern sich in **Teilaufgaben**, die als Arbeitsanweisungen formuliert und mit **Materialien** (Texte, Karikaturen und Bilder, Statistiken) versehen sind. Ausführliche Hinweise zur Bearbeitung der unterschiedlichen Materialien finden Sie auf S. V ff.

Folgende Kenntnisse und Fähigkeiten müssen Sie bei der Bearbeitung der Abituraufgaben nachweisen:

- **Inhaltsbezogene Kenntnisse und Fähigkeiten:** Stoffliche Grundlage der Abiturprüfung sind die vier großen Themen des Lehrplans. Bereiten Sie sich auf alle vier Themenbereiche des Lehrplans vor und setzen Sie dabei selbst Schwerpunkte.
- **Methodenbezogene Kenntnisse und Fertigkeiten:** Sie sollten in der Lage sein, bei jeder Teilaufgabe alle wesentlichen Aspekte herauszuarbeiten und die Erkenntnisse in eine schlüssig geschriebene Darstellung einzubauen.

Tipp: Bei der Auswertung der Materialien ist es wichtig, dass Sie einer gedanklichen Gliederung folgen. Diese muss nicht notwendigerweise mit der Gliederung eines Textes übereinstimmen. Achten Sie auf entsprechende Arbeitshinweise in den Aufgabenstellungen.

- **Folgerichtige Gedankenführung und Argumentation:** Sie sollten Ihre Lösung im Stil einer sinnvoll aufgebauten und schlüssigen Argumentation aufbauen und einzelne Teile Ihrer Darstellung schlüssig miteinander verbinden.

Tipp: Nehmen Sie sich die Zeit und entwerfen Sie auf einem Notizblatt stichpunktartig die Lösung. Notieren Sie dabei auch die Fachbegriffe, die Sie in den Lösungstext einbauen möchten. Dann erst formulieren Sie den zusammenhängenden Text.

- **Sachgerechte Darstellung:** Sie sollten in der Lage sein, sprachlich treffend zu formulieren und einschlägige Fachbegriffe korrekt zu benutzen.

Tipp: Einen vorgegebenen Fehlerindex gibt es nicht. Es wird aber von Ihnen erwartet, dass Sie die Fachsprache beherrschen und Einzelaussagen logisch-syntaktisch verknüpfen können.

3.2 Bewertungskriterien

Für jede Abituraufgabe werden die **Bewertungseinheiten** exakt **ausgewiesen**. Die jeweils erreichbaren Bewertungseinheiten sind auf dem Aufgabenblatt bei den einzelnen Teilaufgaben angegeben und für den Korrektor verbindlich. Die Bewertungseinheiten sind nicht einzelnen Begriffen, Fakten oder Einzelergebnissen zugeordnet, sondern geben das Gewichtungsverhältnis zwischen den verschiedenen Teilaufgaben an. Dabei sollten Sie beachten, dass sich ein höheres Gewicht nicht so sehr durch quantitative Unterschiede ergibt, sondern in erster Linie durch die geforderten Anspruchsebenen bzw. Anforderungsbereiche.

Als Kriterium für die inhaltliche Bewertung können die Lösungsvorschläge der Abituraufgaben der letzten Jahre dienen, die sich an den offiziellen Hinweisen zur Korrektur und Bewertung orientieren. Es gibt jedoch keine absolut verbindlich vorgeschriebenen Vorgaben für die Korrektur. Innerhalb gewisser Grenzen kann der Korrektor vom Lösungsschlüssel abweichen und entsprechend dem vorangegangenen Unterricht anders gewichten.

Neben der inhaltlichen Bewertung können auch Ungenauigkeiten, falsche Bezüge und Verstöße gegen die sprachliche Richtigkeit oder gegen die äußere Form die Bewertung beeinflussen.

4 Anforderungsbereiche und Operatoren

Die Prüfungsanforderungen im Fach Geschichte gliedern sich in drei **Anforderungsbereiche (AFB)**. Ihre Abfolge entspricht dem zunehmenden Schwierigkeitsgrad und Anspruch der geforderten Leistung:

- AFB I: Wiedergabe von Sachverhalten im gelernten Zusammenhang, Benutzen eingeübter Arbeitstechniken (Reproduktion)
- AFB II: selbstständiges Erklären bekannter Inhalte, Anwenden gelernter Inhalte und Methoden auf andere Sachverhalte (Reorganisation und Transfer)
- AFB III: kritischer Umgang mit neuen Problemstellungen, eingesetzten Methoden und Erkenntnissen als Voraussetzung für eigenständige Begründungen und Wertungen (Reflexion und Problemlösung)

Es ist nicht immer möglich, die Anforderungsbereiche klar voneinander abzugrenzen, sodass sich Überschneidungen ergeben können. Die geforderte Leistung bezieht sich aber in den meisten Fällen **überwiegend auf einen Anforderungsbereich**.

Nähere Informationen zu den Anforderungsbereichen finden Sie in den **EPA Geschichte** (Einheitliche Prüfungsanforderungen in der Abiturprüfung) auf der Internetseite der Kultusministerkonferenz (www.kmk.org).

Allen drei Anforderungsbereichen sind Verben, die sogenannten **Operatoren**, zugeordnet. Anhand dieser standardisierten Arbeitsanweisungen können Sie erkennen, was genau von Ihnen in den einzelnen Teilaufgaben der Prüfung erwartet wird.

Tipp: Sehr häufig kommen in einer Teilaufgabe auch zwei Operatoren vor. Vergessen Sie nicht, beide Arbeitsaufträge auszuführen.

Die folgende Liste umfasst die Operatoren der EPA, die in den Prüfungen der letzten Jahre vorgekommen sind und verweist jeweils auf eine Aufgabe im Übungsteil dieses Buches, die den entsprechenden Operator enthält. Dabei bedeutet beispielsweise der Zusatz 2005/I/1.1, dass dieses Beispiel aus den Abiturprüfungsaufgaben des Jahres 2005 stammt. Man findet es dort unter Aufgabe I, Teilaufgabe 1.1.

AFB I (Reproduktion):

Operator(en)	Definition	Beispiel
nennen aufzählen	unkommentiert Informationen und Sachverhalte aus vorgegebenem Material oder ohne Materialvorgabe anführen	2004/II/1
beschreiben darlegen, zeigen	einen Sachverhalt ohne Bewertung in seinen wesentlichen Aspekten aufzeigen	2009/I/3
skizzieren schildern kennzeichnen	eine knappe Darstellung der wesentlichen Merkmale eines Vorgangs oder Sachverhalts vornehmen	2009/IV/3
zusammenfassen	komprimierte Angabe eines Sachverhalts oder einer Aussage	2006/IV/1

AFB II (Transfer):

Operator(en)	Definition	Beispiel
erklären	Sachverhalte in einen Zusammenhang einordnen und begründen	2007/I/2
erläutern	Sachverhalte beschreiben und mit Beispielen oder Zusatzinformationen verdeutlichen	2009/III/3.1
herausarbeiten erarbeiten ermitteln erschließen	einem vorgegebenen Material Informationen unter einem bestimmten Gesichtspunkt entnehmen	2009/III/2.2
charakterisieren	die besonderen Eigenarten eines Sachverhaltes erkennen und zu typischen Merkmalen zusammenführen	2007/III/3
zuordnen einordnen	Informationen sinnvoll in ein vorgegebenes Material einfügen und in einen Zusammenhang stellen	2006/I/1
vergleichen gegenüberstellen widerlegen	Gemeinsamkeiten und Unterschiede verschiedener Sachverhalte herausarbeiten	2009/I/2.2

AFB III (Problemlösung):

Operator(en)	Definition	Beispiel
überprüfen prüfen	Sachverhalte auf Richtigkeit und innere Logik untersuchen	2007/II/3.2
beurteilen bewerten	Sachverhalte überprüfen und ein begründetes Urteil über deren Sinn und Richtigkeit treffen	2004/III/2.2
diskutieren sich auseinandersetzen Stellung nehmen	verschiedene Argumente zu einem Sachverhalt entwickeln, die als Basis zu einer begründeten Bewertung führen können	2009/II/2.3

Übergeordnete Operatoren, die Leistungen in allen drei AFB verlangen:

Operator(en)	Definition	Beispiel
darstellen	historische Entwicklungszusammenhänge und Zustände mit Hilfe von Quellenkenntnissen und Deutungen beschreiben, erklären und beurteilen	2006/II/3
interpretieren	Sinnzusammenhänge aus Quellen erschließen und eine begründete Stellungnahme abgeben, die auf einer Analyse, Erläuterung und Bewertung beruht	2009/II/3
erörtern	durch das Abwägen von Pro- und Contra-Argumenten ein Urteil zu einer vorgegebenen Problemstellung abgeben auf der Grundlage einer Analyse historischer Sachverhalte	2009/I/4

Tipp: Die kursiv gedruckten Lösungshinweise zu den Aufgaben (ab 2006) geben Ihnen nähere Hinweise zu den Anforderungen und unterstützen Sie auch beim Umgang mit den genannten zusätzlichen Arbeitsanweisungen.

5 Tipps zur schriftlichen Grundkursprüfung

5.1 Auswahl der Aufgaben

Es gibt keine direkte Zeitvorgabe für die Auswahl der Aufgabe. Sie können sich von den insgesamt zur Verfügung stehenden 210 Minuten auch mehr als die dafür eigentlich vorgesehenen **30 Minuten Einlesezeit** nehmen. Auf keinen Fall sollten Sie jedoch vorschnell mit der Bearbeitung der Aufgabe beginnen: Während des Schreibens abzubrechen und eine andere Aufgabe anzufangen kostet Zeit und Nerven. Legen Sie sich deshalb nicht zu schnell fest und lesen Sie wirklich alle Aufgaben einschließlich der Materialien intensiv durch, bevor Sie sich entscheiden.

Um zu einer Entscheidung zu kommen, können Sie z. B. folgendermaßen vorgehen:

1. Sehen Sie sich die Überschriften der Aufgaben an. Überlegen Sie, ob ähnliche Fragestellungen zu einem vergleichbaren Raum schon einmal im Unterricht behandelt wurden, welches Vorwissen zum Thema Sie also schon mitbringen.
2. Markieren Sie wichtige Informationen in den Fragestellungen und im Materialteil.
3. Überprüfen Sie, ob die Materialien aussagekräftig sind und ob es geeignete Karten im Atlas zu diesem Thema gibt. Wenn Sie der Meinung sind, dass z. B. eine Grafik schlecht lesbar ist oder eine Aufgabenstellung eine missverständliche Formulierung enthält, wenden Sie sich an die aufsichtführenden Lehrkräfte. Diese dürfen Ihnen zwar keine inhaltlichen Hilfen geben, müssen aber formale Probleme lösen.

Legen Sie, wenn Sie Ihre Entscheidung getroffen haben, einen **Zeitplan** fest und halten Sie diesen auch ein! Berechnen Sie unbedingt am Ende noch genügend Zeit ein, um Ihre Lösung noch einmal gründlich durchzulesen und gegebenenfalls zu korrigieren.

Tipp: Ohne „Abschalten" zwischendurch geht es nicht. Planen Sie auch Pausen ein! Neben einer längeren Pause von einigen Minuten, ungefähr nach der Hälfte der Bearbeitungszeit, ist es empfehlenswert, auch zwischendurch hin und wieder kurz den Stift aus der Hand zu legen. Nach einer solchen kleinen „Auszeit" gehen Sie oft mit einem ganz anderen Blick und neuen Ideen an die Aufgaben heran.

5.2 Ausformulierung

Bevor Sie mit der Ausformulierung Ihrer Lösung beginnen, sollten Sie sich – trotz der bereits vorhandenen **Vorstrukturierung durch die Teilfragen** – einen **sinnvollen Aufbau** Ihrer Antworten überlegen. Auf diese Weise vermeiden Sie Wiederholungen und Widersprüche, die nicht nur Zeit, sondern auch Punkte kosten können.

Versuchen Sie auch unbedingt, die vorgegebene Reihenfolge der Teilaufgaben beizubehalten. Häufig sind die Teilaufgaben logisch aufeinander aufgebaut, sodass eine veränderte Reihenfolge bei der Bearbeitung unnötige Probleme mit sich bringt.

Tipp: Als sinnvoll hat sich erwiesen, nach jeder Teilaufgabe bei der ersten Niederschrift noch genügend freien **Platz für eventuelle nachträgliche Zusätze** zu lassen. Sollte dieser Platz dann für die späteren Ergänzungen nicht ausreichen, müssen Sie unbedingt darauf achten, dass Ihre zusätzlichen Ausführungen (u. U. auf einem Extrablatt!) eindeutig zugeordnet werden können.

Schreiben Sie lesbar und grammatikalisch korrekt – bei missverständlichen Aussagen ist kein Korrektor gezwungen, zu Ihren Gunsten zu entscheiden! Vermeiden Sie es, selbst wenn Sie Überschneidungen von zwei Fragen vermuten, als Antwort auf eine Frage auf die Antwort zu einer anderen Frage zu verweisen.

Tipp: Kennzeichnen Sie auf dem Aufgabenblatt die von Ihnen bereits bearbeiteten Teilaufgaben. Es ist durchaus schon vorgekommen, dass einzelne Teilaufgaben einfach vergessen wurden!

5.3 Umfang der Lösung

Der Umfang der Lösungen lässt sich **nicht generell festlegen**. Einen Hinweis können die ausgewiesenen BE geben. Wird eine Teilaufgabe stark gewichtet, also mit vielen BE ausgewiesen, kann man davon ausgehen, dass sie auch vom Umfang her nicht erheblich kürzer ausfallen kann als Aufgaben mit einem geringeren Gewicht. Der Umfang der Lösungen in den vorliegenden Aufgabensammlungen geht in der Regel über das hinaus, was vom Schüler in der ihm verfügbaren Zeit erwartet werden kann. Dies ist Folge eines Kompromisses: Die Lösungen sollen einerseits ideale Musterbeispiele für eine Abiturlösung sein, andererseits aber so ausführlich ausfallen, dass sie als Abiturvorbereitung dienen können.

6 Umgang mit Materialien

Die schriftlichen Abituraufgaben im Fach Geschichte beziehen sich in der Regel auf **Texte, Bilder und Karikaturen, Statistiken** u. ä. Mit deren Interpretation kann man einen beträchtlichen Teil der möglichen Punktzahl erreichen. Es empfiehlt sich daher, schon bei der Vorbereitung auf das Abitur einen Schwerpunkt auf die Interpretation von Materialien zu legen.

Wenn Sie über die nachfolgenden Hinweise hinaus speziell Ihre methodischen Fähigkeiten und Fertigkeiten trainieren möchten, sei Ihnen das folgende Buch empfohlen:
Johannes Werner: Training Methoden – Geschichte: Grundlagen, Arbeitstechniken und Methoden. Stark Verlag, Freising 2. überarbeitete Auflage 2005, Bestellnummer 94789

6.1 Erschließung von Texten

Texte bilden eine wesentliche Arbeitsgrundlage für Historiker, deshalb erhalten Sie hier wichtige Tipps zur Texterschließung.

1. **Lesestrategien:** Beim Lesen oder direkt danach können die Reaktionen, Assoziationen und spontanen Gedanken zum Text stichpunktartig notiert werden, z. B. in Form einer Mindmap.

   Tipp: Es empfiehlt sich, bei mehrfachen Lese-Durchgängen, die unerlässlich sind, den Text optisch aufzubereiten, indem Sie unverstandene Fremdwörter, zentrale Begriffe und Leitwörter oder Kerninformationen markieren.

2. **Bestimmung des Charakters des Textes, seines Aufbaus und seiner Hauptaussagen:** Der Text soll zunächst auf seinen Charakter, seine logische Struktur und seine Hauptaussagen hin untersucht werden.

   Tipp: Nehmen Sie zunächst eine formale Analyse des Textes vor, indem Sie beispielsweise nach der Art des Textes, den Adressaten, den Verfasser, Anlass und Intention und der Wirkung des Textes fragen. Diese Informationen helfen Ihnen, in einem weiteren Schritt die Argumentation und die Aussage des Textes zu erkennen.

3. **Formulierung von Arbeitshypothesen:** Jetzt geht es darum, Thema, Fragestellung, zentrale Aussage(n) und vorläufige Hypothese(n) zu formulieren.

   Tipp: Die Formulierung einer Arbeitshypothese gibt der weiteren Textuntersuchung eine klare Ausrichtung, auch wenn sie noch auf „ersten Eindrücken" beruht und beim nochmaligen Lesen korrigiert werden muss.

4. **Geordnete, strukturierte Wiedergabe:**

   Tipp: Um den Text strukturiert und vollständig wiedergeben zu können, ist es hilfreich, den Gesamttext in Sinnabschnitte einzuteilen und diese jeweils mit Überschriften zusammenzufassen.

5. **Textbeschreibung (Analyse)**: Sie zielt auf die inhaltliche und formale Erfassung und Charakterisierung des Textes. In diesem Schritt ist zu zeigen, wie der Autor seine Argumentation aufbaut, entwickelt und entfaltet.

Tipp: Kennzeichnen Sie wichtige Aufbauelemente des Textes (Einleitung, Hauptteil, Schluss, Fragestellung, Zusammenfassung, Lösung usw.), Argumentationselemente (These, Gegenthese, Beispiel, Beleg, Definitionen, Erläuterungen usw.) und sprachliche Gestaltungsmittel (Wortschöpfungen, Sprachgebrauch, Stilmittel). Aus diesen Bausteinen können Sie dann die Argumentationsstruktur entwickeln.

6. **Textdeutung (Interpretation)**: Sie will auf der Grundlage der Textbeschreibung den Sinn des Textganzen erschießen und die Aussage- und Wirkungsabsicht (Intention) begründet feststellen.

Tipp: Lesen Sie den Text mehrfach intensiv zum Ende und wieder zum Anfang und überprüfen Sie, inwieweit der Text die aufgestellte Arbeitshypothese abdeckt.
Bei der Deutung sollten Sie neben textimmanenten Faktoren auch auf textexterne wie die Einordnung des Textes in den geschichtlichen Kontext, den Stellenwert des Textes oder die (mögliche) Wirkung auf die (zeitgenössischen Adressaten) eingehen.

7. **Textbewertung (Erörterung):** Bei dieser persönlichen Sicht und Stellungnahme zu den Textaussagen geht es um eine begründete Auseinandersetzung mit den im Text vertretenen Argumenten und verwendeten Beispielen, den Auffassungen, Urteilen und Wertungen.

Tipp: Mögliche Leitfragen, die Sie Ihrer Erörterung zugrunde legen könnten, sind:
- Welche Argumente überzeugen mich? Welche erscheinen anfechtbar?
- Wie schätze ich die Zahl, Eigenart und Wirkung der Beispiele ein?
- Wo denke ich anders?
- Wie beurteile ich die Art der Darstellung? die Vorgehensweise? die Angemessenheit zur Erreichung der Absichten?

6.2 Die Interpretation von Karikaturen

Karikaturen gehören zu den historischen Bildquellen. Das Wesen der Karikatur ist die Übertreibung und Zuspitzung. Karikaturen sind im Grunde gezeichnete Kommentare, die komplexe Situationen und vielschichtige Prozesse in einer bewusst einseitigen, zugespitzten Sichtweise vermitteln wollen. Die komplexe historische Wirklichkeit wird dabei u. U. vereinfacht, Zusammenhänge werden reduziert. Das Spektrum reicht bis zur propagandistischen Verzerrung und ideologisch bedingten Verfälschung.

Die Interpretation von Karikaturen erfolgt in der Regel auf **mehreren Ebenen**, die zum Teil auch ineinander übergehen. Grundsätzlich zu unterscheiden sind die Ebenen der **Beschreibung**, **Deutung** und **Beurteilung**. Bei der schriftlichen Darstellung Ihrer Ergebnisse sollten folgende Punkte Berücksichtigung finden:
- Angaben zum Karikaturisten, Erscheinungsort, Erscheinungszeitpunkt der Karikatur; Bestimmen der Zielgruppe bzw. Adressaten der Karikatur;
- Beschreibung der dargestellten Details, Personen usw.; Bestimmung des Themas (**Inhaltsebene**);
- Erfassen der Aussage der Karikatur und der Intention des Zeichners (**Deutungsebene**)
- Erklärung und Erläuterung des Inhalts und dessen Zusammenhang durch Einordnung in den historischen Entstehungszusammenhang (**Kontextualisierung**);
- Formulierung eines begründeten Werturteils, das über den unmittelbaren „inneren“ Bildzusammenhang der Karikatur hinausgeht und zu einer Auseinandersetzung mit der Aussage und Intention der Bildquelle führt (**Beurteilungsebene**).

Für die einzelnen **Teilschritte der Interpretation** von Karikaturen können folgende **Hinweise und Fragen**, die nicht alle in jedem Fall abgearbeitet werden müssen, hilfreich sein:
- Wer ist der **Karikaturist**?
- Wo wurde die Karikatur veröffentlicht? (**Erscheinungsort**; Publikation in einer bestimmten Zeitung mit einem bestimmten politischen Standort? In welchem Land?)
- In welcher **Form** wurde die Karikatur veröffentlicht bzw. verbreitet? (als Teil eines allgemein zugänglichen Presseerzeugnisses; als Flugblatt etc.)
- Wann ist die Karikatur angefertigt worden bzw. erschienen? Lässt sich ein konkreter **Anlass** für die Karikatur erkennen? (möglichst genaue Datierung, soweit angegeben, um die Karikatur in den historischen Kontext einordnen zu können)
- An wen richtet sich die Karikatur (**Adressat**)?
- Wie lautet das **Thema** der Karikatur?
- Welche Situation wird dargestellt, welches **Problem** wird visualisiert?
- Welche Personen, welche Gegenstände werden dargestellt, auf welche Sachverhalte wird verwiesen?
- Wie ist das **Bild aufgebaut**? (ein- oder mehrteilig; Bildebenen; Perspektive)
- Worauf verweisen einzelne **zeichnerische Elemente**? (Personifikationen, Vergleiche, Symbole, politische Metaphern)
- Welche sonstigen **Gestaltungsmittel** fallen auf? – Interessant sind alle künstlerischen Gestaltungsmittel wie die Bildkomposition, die besondere Gewichtung von Einzelheiten, der künstlerische Stil der Karikatur).
- Besitzt die Karikatur eine Überschrift bzw. einen **Titel**?
- Ist eine **Bildunterschrift** vorhanden? Was besagt diese?
- In welchem Verhältnis stehen die **Text- und die Bildteile** der Karikatur? (z. B. Spannungsverhältnis, Kontrast, ironische Brechung, pointierte Zuspitzung einer Aussage)
- Welche **Gesamtaussage** lässt sich der Karikatur abgewinnen?
- Auf welchen **historischen Hintergrund** beziehen sich die Details?
- Um welche **historische Situation** handelt es sich? Zu welchem Aspekt bezieht die Karikatur Stellung?

Für eine **Beurteilung, Bewertung oder Auseinandersetzung** mit der Karikatur können folgende Frage hilfreich sein:
- Verweist die Karikatur auf ein **zentrales Problem** oder einen bedeutsamen historischen Prozess?
- Trifft die Karikatur den Kern einer wesentlichen Problematik?
- Bezeichnet die Quelle eine für ihre Zeit besonders wichtige Position?
- In welcher Weise geschieht dies? (beschreibend, kommentierend, analytisch, agitatorisch?)
- Welche **Wirkung** hatte die Karikatur (vermutlich) auf den zeitgenössischen Betrachter? Welche Wirkung war vom Zeichner (offenkundig) intendiert?
- In welchem **Verhältnis** stehen **Bildaussage** bzw. Intention des Karikaturisten und **historische Realität**?
- Wird der thematisierte Sachverhalt bzw. die Problematik in „angemessener" Weise dargestellt bzw. kommentiert? Handelt es sich um eine vergröbernde, einseitige, polemische, verzerrende oder gar verfälschende **Darstellung**?
- Welche **Position** nehmen Sie selbst als heutiger (und eben nicht als zeitgenössischer) Betrachter der Karikatur vor dem Hintergrund Ihres heutigen historischen Wissens und Ihres eigenen politischen Wertesystems ein?

Grundkurs Geschichte (Bayern) 2004 – Aufgabe I
Bayern auf dem Weg zum modernen Staat

		BE
1	Zeigen Sie, vor dem Hintergrund welcher Ziele und mit welchen Maßnahmen König Ludwig I. von Bayern um die Schaffung eines bayerischen Staats- und Nationalbewusstseins bemüht war!	16
2		30
2.1	MOECHTEN/DIE TEUTSCHEN/NIE VERGESSEN WAS/DEN BEFREIUNGSKAMPF/ NOTHWENDIG MACHTE/UND WODURCH SIE/GESIEGT (Zentrale Inschrift in der Befreiungshalle Kehlheim) Legen Sie – ausgehend von der Inschrift – die Haltung König Ludwigs I. zur deutschen Nation dar und erläutern Sie, inwiefern diese Haltung in den von ihm errichteten „Nationaldenkmälern" zum Ausdruck gebracht wird!	
2.2	Erarbeiten Sie die im Niederwalddenkmal (vgl. beigefügten Entwurf) vermittelte nationale Botschaft vor dem Hintergrund der politisch-gesellschaftlichen Situation zur Entstehungszeit des Bauwerks! Vergleichen Sie die Botschaft mit dem nationalen Verständnis König Ludwigs I.!	
3	Skizzieren Sie die Stellung Bayerns im Deutschen Reich gemäß der Reichsverfassung von 1871!	14

Denkmal auf dem Niederwald

Weitgehend unverändert ausgeführter Entwurf des Bildhauers Johannes Schilling aus dem Jahre 1874 für das Denkmal am Niederwald oberhalb von Rüdesheim am Rhein (Planung seit 1871, Einweihung 1883)

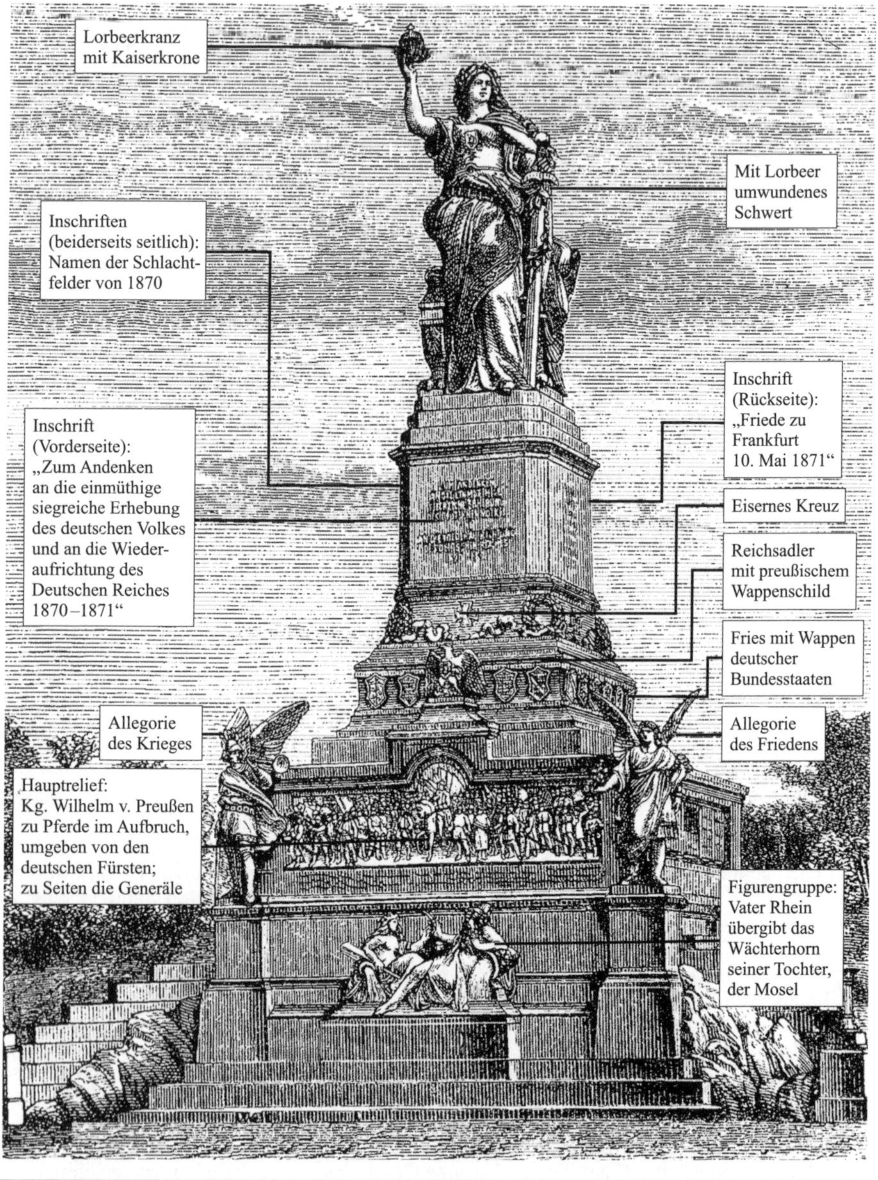

Lösungen

1 **Bayern** war in der Zeit der Napoleonischen Kriege zu einem neuen Land geworden. Das alte, weitgehend geschlossene Kurfürstentum hatte sich aus verschiedenen Stämmen zum Königtum entwickelt. Eine Vielzahl unterschiedlicher Herrschaftsformen und Abhängigkeiten wurde im Zuge der **Reformen Montgelas'** abgelöst von einem modernen Verwaltungsstaat, der oft jedoch nur auf dem Papier stand.
Der neue **König Ludwig I.** versuchte, diese zum Teil zuwiderlaufenden Entwicklungen und Traditionen, verstärkt durch religiös-konfessionelle Gegensätze, zu einem einheitlichen Staat mit eigenem Staatsbewusstsein zu verschmelzen. Angesichts der starken Gegensätze vor allem zwischen den altbayerischen Gebieten und der neu gewonnenen Rheinpfalz oder auch den Widerständen in Franken war das keine leichte Aufgabe.
Mit innerer Stabilisierung und Integration der alt- und neubayerischen Gebiete war es nicht getan. Ludwig I. musste die unter Max I. Joseph erworbene **Stellung Bayerns als Mittelmacht in Europa** sichern und vor allem die Position Bayerns im sich wandelnden Deutschland stärken. Gegner waren dabei nicht nur die Großmächte Österreich und Preußen, sondern auch die revolutionären und nationalen Bestrebungen des Vormärz.
Zu Beginn seiner Regierungszeit richtete der König sein Hauptaugenmerk auf die Integration der neu gewonnenen Gebiete und die **Formung eines bayerischen Staatsbewusstseins**. War es Montgelas zunächst nur darum gegangen, die verschiedenen Stämme rein verwaltungstechnisch zusammenzufügen und wie am Reißbrett künstliche Kreise wie einen „Isarkreis" oder einen „Rezatkreis" zu bilden, so wurden die Verwaltungsbezirke nach den Stämmen benannt: „Oberbayern", „Mittelfranken" oder „Schwaben". Die starke Betonung der historischen Wurzeln Bayerns wurde auch demonstriert in der **Schaffung des modernen bayerischen Wappens**, das die Stammesteile hervorhebt.
Einem bayerischen „National"-Bewusstsein dienten auch die vielen neuen **Denkmäler** und Ruhmeshallen. Der König arbeitete dabei eng mit den „Historischen Vereinen" zusammen, die überall im Land zu erhalten versuchten, was in einem größeren Bayern, noch dazu unter den aufgeklärten und teilweise traditionsfeindlichen Maßnahmen des Grafen Montgelas, zu verschwinden drohte. Vor Ort wurden Denkmäler bedeutender regionaler Persönlichkeiten errichtet, landesweit baute Ludwig I. mit der **Ruhmeshalle in München**, der **Befreiungshalle in Kehlheim** und der **Walhalla bei Regensburg** „Tempel" eines bayerischen Kulturbewusstseins, in denen alle Stämme vertreten waren.
Der König hatte eine starke Neigung zur Geschichte und versuchte daher, die geistige und kulturelle Einheit Bayerns nicht in der Tradition der Aufklärung zu gestalten, sondern sein Ideal war eine **christlich-konservativ geprägte Monarchie**. Die **Kultur- und Kirchenpolitik** wurde zu einem zentralen Anliegen des Königs, die von Eduard von Schenk an der Spitze des Kirchen- und Schulrates verantwortet wurde und sich besonders in der **Wiederherstellung vieler bayerischer Klöster** zeigte. Benediktiner kamen ebenso wie die Bettelorden der Kapuziner und Franziskaner wieder nach Bayern. Die Klöster sollten nach dem Willen Ludwigs I. Pflanzstätten eines christlich-konservativen Geistes werden wie übrigens auch die Schulen. Der neue Lehrplan für die höheren Schulen ging in seiner anti-aufgeklärten Stoßrichtung dabei zu weit und drängte die Naturwissenschaften, sogar die Muttersprache, gegenüber Latein, Griechisch und Geschichte zurück.
Zum Staatsverständnis Ludwigs I. gehörte auch der Ausbau einer repräsentativen Hauptstadt. Aus der eher verschlafenen Bauernstadt **München** wurde jetzt eine eindrucksvolle **Kunststadt**, der der selbstbewusste König seinen Stempel durch eine rege Bautätigkeit aufdrückte. Mit **Leo Klenze** und **Friedrich Gärtner** fand er geniale Baumeister und in **Berthel Thorwaldsen**, **Christian Rauch** und vor allem **Ludwig Schwanthaler** ebenso großartige Vertreter der Denkmalskunst, die in München und Bayern tätig wurden. Doch auch diese Kunst war historisch eingebettet, knüpfte an romantische und klassische Vorbilder an und diente damit dem großen Werk Ludwigs I., das bayerische Staatsvolk durch einen Rückgriff auf die gemeinsame Geschichte zu einer Einheit zu verschmelzen.

2.1 Die **Inschrift auf der Befreiungshalle in Kelheim** erinnert an die Unterdrückung durch Napoleon und den schließlich erfolgreichen gemeinsamen Kampf zur Befreiung der Deutschen. Doch die Worte enthalten auch eine Mahnung zur Einigung der deutschen Stämme, die nur so stark genug sein können gegen fremde Herrschaft.
Ludwigs Innen- wie Außenpolitik macht aber deutlich, dass es ihm bei dieser Einigung nicht um einen Nationalstaat ging, also um die Identität von Nation und Staat, sondern um den **Fortbestand eines lockeren Zusammenschlusses der deutschen Stämme**, wie er im Deutschen Bund bereits existierte. Nicht ein Nationalstaat hatte die Armeen Napoleons besiegt, sondern der Freiheitsdrang der Deutschen, geführt von den Monarchen Europas. Ludwigs I. Vorstellung von Nation, von einer deutschen Nation, war nicht die einer politisch handelnden Staatsnation, sondern die einer **Kulturnation**. Sein Bemühen um ein bayerisches „National"-Bewusstsein war wohl auch als Förderung eines gesamtdeutschen Nationalbewusstseins zu verstehen.
Die bayerischen Nationaldenkmäler sind deshalb zwar von der unmittelbaren Zielsetzung Ludwigs I. her verstanden Gedenkstätten eines eigenen bayerischen Staatsbewusstseins, mehr noch waren sie aber **deutsche Nationaldenkmäler**.
So erinnert die Befreiungshalle mit der Betonung des politisch-kämpferischen Aspekts an den gemeinsam errungenen Sieg über Napoleon und steht auch für die sich in den Befreiungskriegen entladende Gemeinsamkeit der deutschen Stämme. Die Walhalla, das zweite große Nationaldenkmal Ludwigs I., ist ein Monument kultureller Zusammengehörigkeit nicht nur der Bayern, sondern aller Deutschen, deren „große" Persönlichkeiten dort vertreten sind. Der König hat die Ambivalenz seines Verständnisses von Nation selbst auf den Punkt gebracht: „Wir wollen Deutsche sein und Bayern bleiben."

2.2 Unmittelbar nach dem **Sieg über Frankreich** und der in Versailles gefeierten **Gründung des Deutschen Reiches** begannen die Planungen für ein großes **National-Denkmal**, das schließlich auf dem **Niederwald oberhalb von Rüdesheim** am Rhein entstand und 1883 eingeweiht wurde. Die Inschrift auf der Vorderseite des Denkmals lässt an diesem historischen Anlass keinen Zweifel: „Zum Andenken an die einmüthige siegreiche Erhebung des deutschen Volkes und an die Wiederaufrichtung des Deutschen Reiches 1870–1871".
Bemerkenswert in dieser Inschrift ist auch die Formulierung „Wiederaufrichtung", mit der bewusst **an das mittelalterliche Reich und Kaisertum** erinnert wird, also eine ganz bestimmte Tradition belebt werden soll. Wesentliche Elemente des Niederwald-Denkmals verherrlichen zusätzlich in Sprache und Bildsymbol den militärischen Sieg: die Namen der berühmten Schlachtfelder von 1870 an den beiden Seiten des Denkmals, das mit Lorbeer umwundene gesenkte Schwert und die ebenfalls mit Lorbeer geschmückte nach oben gereckte Kaiserkrone. Auf der Rückseite wird an den Friedensvertrag von 1871 in Frankfurt erinnert, allegorische Darstellungen, ein Kriegs- und ein Friedensengel, zieren links und rechts die Vorderseite des Denkmals.
Dass es sich um einen **Sieg aller deutschen Stämme** handelte und damit die deutsche Einigkeit manifestiert wurde, wird sichtbar gemacht nicht nur durch die Hauptinschrift auf der Vorderseite, sondern auch durch den umlaufenden Fries mit den Wappen der deutschen Bundesstaaten.
Der **führenden Rolle Preußens im Einigungsprozess** und insbesondere in den Einigungskriegen entspricht die **zentrale Rolle König Wilhelms von Preußen** auf dem Denkmal, der in der Mitte des Hauptreliefs hoch zu Ross die deutschen Fürsten anführt, begleitet von den Generälen der siegreichen Armee. Die Führungsrolle Preußens bei der deutschen Einigung wird mit dieser Darstellung ebenso belegt wie die einhellige Zustimmung der deutschen Fürsten. Symbolisch wird Preußens Rolle zusätzlich betont durch die Darstellung des Reichsadlers mit dem preußischen Wappenschild.
Selbst die durch den Krieg geschaffenen territorialen Veränderungen werden auf dem Denkmal ikonographisch festgehalten: Am Fuß des Sockels übergibt Vater Rhein das

Wächterhorn für das neue Reich an seine Tochter, die Mosel, **Ausdruck für die Verschiebung der Reichsgrenze nach Westen**.
Der politisch-gesellschaftliche Hintergrund zur Entstehungszeit des Denkmals ist zunächst natürlich geprägt von dem **Stolz und der Aufbruchstimmung**, die mit der Reichsgründung verbunden war. Gestärkt wurde das Selbstbewusstsein im neuen Reich durch die wirtschaftliche und politische Machtstellung Deutschlands in Europa. Doch konnten in den Jahren nach 1871 auch die **inneren Spannungen und Risse** nicht übersehen werden, die das Reich belasteten. Nicht alle regionalen Vorbehalte gegen das preußisch-deutsche Reich und den Machtanspruch des deutschen Nationalstaats waren in der Euphorie der Reichsgründung verschwunden, bestehende Spannungen vielmehr verstärkt aufgebrochen. Der „**Kulturkampf**" z. B. zeigte, wie wenig es gelungen war, die Konfliktlinien zwischen dem katholischen Süden und dem protestantischen Norden zu glätten.
Zur ernsten inneren Zerreißprobe des Reiches aber wurde der **Kampf gegen die Arbeiterbewegung**, insbesondere gegen die Sozialdemokratie, für deren Ziele und Strategien die Machteliten des Reiches kaum Verständnis aufbringen konnten.
So kann sicher festgestellt werden, dass das Niederwalddenkmal vordergründig und nach außen hin das Selbstbewusstsein der Deutschen infolge der Reichsgründung zum Ausdruck bringen konnte, aber die ebenfalls angestrebte integrative Wirkung nach innen war nur teilweise möglich.
Vergleicht man die Botschaft des Niederwalddenkmals mit dem nationalen Verständnis Ludwigs I., so fallen deutliche Unterschiede auf. Das National-Denkmal verherrlicht den unter Preußens Führung geschaffenen starken Nationalstaat und dessen machtpolitischen Anspruch im Zentrum Europas mit einer deutlichen Stoßrichtung gegen Frankreich.
Von einem solchen machtpolitischen Anspruch ist **Ludwigs nationales Verständnis** weit entfernt. Seine Haltung ist wesentlich geprägt von einem **romantischen Deutschlandbild** mit einer nahezu mittelalterlich-katholischen Reichsvorstellung, die eher einen lockeren Zusammenschluss der deutschen Einzelstaaten favorisiert und sich gegen eine zentralisierende Dominanz Preußens wendet.

3 Die **Stellung Bayerns im Deutschen Reich** war das Ergebnis eines zähen Ringens der bayerischen Politik um die Erhaltung einer möglichst großen **Eigenstaatlichkeit**. Im Grunde war schon nach der Niederlage Österreichs gegen Preußen 1866 die Entscheidung für eine Erweiterung des Norddeutschen Bundes durch die süddeutschen Staaten gefallen, doch konnte sich Bayern immerhin gegen einen drohenden Verlust der Eigenstaatlichkeit wehren. Es ließ sich in den Verhandlungen in Versailles den Eintritt in den Norddeutschen Bund mit einer Reihe von **Reservatrechten** bezahlen. Mit einer eigenen Post und Eisenbahn sowie einer eingeschränkten diplomatischen Vertretung nach außen und der Militärhoheit in Friedenszeiten besaß Bayern eine Sonderstellung im Reich, die Bismarck nicht zuletzt deshalb zugebilligt hatte, weil er das „Nationalgefühl" der Bayern als politischen Faktor respektierte. Allerdings darf man z. B. die diplomatischen Reservatrechte nicht überschätzen, denn bedeutsam waren im Grunde nur die Gesandtschaften beim Vatikan und bei der Reichsregierung in Berlin.
Neben den spezifischen Reservatrechten besaß Bayern als Teil des Bundesstaates die **verfassungsmäßigen Rechte** in erster Linie **über den Bundesrat**, der an der Gesetzgebung de jure mehr Mitspracherechte besaß als der Reichstag und mehr Möglichkeiten die Exekutive zu kontrollieren. Darüber hinaus wurden den Ländern, vertreten durch die Fürsten und ihre Regierungen, auch Mitspracherechte bei völkerrechtlichen Verträgen, insbesondere bei Kriegserklärungen eingeräumt.
In den Bereichen Justiz, Kultus und Bildung blieben wesentliche Rechte und Zuständigkeiten ebenfalls bei den Ländern, zumal das Reich kaum eigene Verwaltungen besaß. Die **dezentrale Verwaltungsstruktur des Reiches** führte allerdings auch dazu, dass die einzelnen Länder mehr und mehr zu Verwaltungsstaaten wurden.

Grundkurs Geschichte (Bayern) 2004 – Aufgabe II
Die Neuordnung Europas und die Weimarer Republik

		BE
1	Nennen Sie zentrale Zielsetzungen der deutschen Außenpolitik seit 1919 und erläutern Sie deren Umsetzung bis 1925 an Beispielen!	12
2		20
2.1	Erarbeiten Sie aus dem Text, welche Bedeutung der deutsche Botschafter dem Berliner Vertrag für die internationalen Beziehungen Deutschlands zuschreibt!	
2.2	Ermitteln Sie aus dem Text die Einstellung des Verfassers zum politischen System in Sowjetrussland!	
3	Skizzieren Sie die Auswirkungen der Revolution in Russland auf die inneren Verhältnisse in Deutschland im Zeitraum von 1917 bis 1919!	12
4	Legen Sie dar, welche Bedeutung die „polnische Frage“ für die deutsche und die russische Außenpolitik der Zwischenkriegszeit hatte, und erörtern Sie, ob der Hitler-Stalin-Pakt in der Kontinuität der deutschen Politik gegenüber Polen seit 1919 stand! Ziehen Sie gegebenenfalls einen Historischen Atlas zu Rate!	16

M 1: Ulrich Graf von Brockdorff-Rantzau, deutscher Botschafter in Moskau, an Reichspräsident von Hindenburg. Entwurf eines Schreibens vom 8. Juli 1926 über die deutsch-russischen Beziehungen nach Abschluss des „Berliner Vertrags“ am 24. April 1926 (Auszüge)

Mein Bestreben seit Übernahme des hiesigen Postens ist von jeher darauf gerichtet gewesen, durch ein enges Verhältnis zu Sowjetrussland ein Gegengewicht gegen den Westen zu schaffen, um nicht – der Ausdruck an sich widerstrebt mir – auf Gnade und Ungnade den Ententemächten ausgeliefert zu sein. Eine reine Freude, mit den hiesigen Herrschaften zu arbeiten, wird es allerdings nie sein. Unser Verhältnis zur Sowjetunion bleibt, wie ich vor Jahren einmal geschrieben habe, stets eine Zwangsehe; von Neigungsheirat kann nicht die Rede sein. Utopistische Hoffnungen, die von gewissen Kreisen an die deutsch-russischen Beziehungen geknüpft werden, sind daher falsch und gefährlich. Von einem Militärbündnis, wie es mir vor etwa 2 Jahren seitens des hiesigen Ministerpräsidenten Rykow vorgeschlagen wurde, kann nicht die Rede sein, und der Gedanke, dass die russischen „roten Kameraden“ mit Deutschland vereint einmal siegreich Frankreich schlagen werden, ist kindlich. 1812 und 13 werden sich nicht wiederholen. Wir müssen mit den Tatsachen rechnen, wie sie gegeben sind. Wir dürfen nie vergessen, dass hier der Gedanke der Weltrevolution herrscht, wenn er in letzter Zeit auch wesentlich in den Hintergrund getreten ist und gleichzeitig das System sich langsam den praktischen Lebensnotwendigkeiten, allerdings widerstrebend, anzupassen versucht. Von einer „Evolution“ statt einer Revolution kann trotzdem noch nicht entfernt die Rede sein. Wir werden daher jedem Versuch bolschewistischerseits, sich in die innerpolitischen Verhältnisse Deutschlands einzumischen, nach wie vor entgegentreten – darüber habe ich aufgrund meines letzten Vortages bei Ihnen, hoch gebietender Herr Reichspräsident, mit Ihrem Einverständnis ebenso wie aus eigener Überzeugung, den maßgebenden hiesigen Persönlichkeiten niemals einen Zweifel gelassen.

Unser Verhältnis zu Sowjetrussland wird, wie ich es seit Antritt meines Postens aufgefasst habe, stets bis zu einem gewissen Grade gewissermaßen auf Bluff beruhen, d. h. es wird nützlich sein, nach außen, anderen so genannten ehemaligen Feinden gegenüber, den Eindruck einer größeren Intimität mit Russland zu erwecken, als sie tatsächlich vorhanden ist.

Politisch ist dieses Ziel durch den deutsch-russischen Vertrag erreicht worden, und da hier unter dem gegenwärtigen Regime die Politik von der Wirtschaft nicht zu trennen ist, hoffe ich, dass auch der im Oktober v. J. [= vorigen Jahres] geschlossene Handelsvertrag, sobald das politische Abkommen sich praktisch auswirkt, positivere Ergebnisse als bisher zeitigen wird. [...]

Die Enttäuschungen in Genf[1], die uns nicht erspart wurden und die von mir im November v. J. vorausgesagt waren, haben in den bekannten Wein der deutschen Völkerbundsschwärmer inzwischen das ebenso bekannte Wasser getan. Ob es erst dieser Enttäuschung bedurfte, um den Vertrag mit Russland zu schließen, ist eine Frage, die ich hier unerörtert lasse. Tatsache bleibt, dass der Abschluss des deutsch-russischen Vertrages, sofern dieser von beiden Seiten loyal eingehalten wird, die Folgen, die der nachträgliche Eintritt Deutschlands in den Völkerbund bezüglich unseres Verhältnisses zu Russland hätte haben können und mit Sicherheit herbeigeführt haben würde, in der Hauptsache aufhebt. Bei der Sprunghaftigkeit und traditionslosen Skrupellosigkeit der hiesigen Regierung wird es allerdings immer schwer sein, den Faden zwischen Berlin und Moskau weiter zu spinnen – ein Draht, wie er früher zwischen Berlin und St. Petersburg bestand, ist er nicht –; trotzdem bleibt ein gutes Verhältnis zu Russland meiner Überzeugung für uns das einzige Mittel, dem deutschen Volke die Weltgeltung wieder zu schaffen, die ihm gebührt, und allmählich eine selbstständige auswärtige Politik zu ermöglichen. [...]

Es unterliegt keinem Zweifel, dass der Vertrag nicht nur die französisch-polnischen Beziehungen weiter verschlechtert, sondern auch die gegenwärtig in Paris stattfindenden russisch-französischen Verhandlungen gestört hat.

Für uns bleibt es jetzt von besonderer Wichtigkeit, die von Polen mit großer Mühe unternommenen Annäherungsversuche an Russland auf wirtschaftlichem Gebiete und gewisse Tendenzen, die sich schon früher bemerkbar machten, die Ostgrenzen Polens mit Russland vertragsmäßig festzulegen, zu verhindern; ich habe bereits andeutungsweise mit Tschitscherin[2] in dieser Richtung gesprochen und bin bis zu einem gewissen Grade beruhigt nach einer Bemerkung, die, während der Erkrankung des Volkskommissars, Litwinow[3] mir gegenüber machte; er hat leider einen mehrmonatigen Erholungsurlaub angetreten; unmittelbar vor seiner Abreise sagte er mir aber in einer sonst hier nicht üblichen herzlichen Form etwa wörtlich: „Eigentlich haben wir in den letzten vier Jahren die Hauptfragen erledigt. Was noch übrig bleibt, ist eine endgültige Verständigung über Polen.“ Ich habe ihm darauf erwidert, dass ich im Einverständnis mit meiner Regierung jederzeit gerne dazu bereit sei.

1 Gemeint ist das Scheitern der Aufnahme Deutschlands in den Völkerbund während der außerordentlichen Versammlung im März 1926.
2 Tschitscherin, Georgi W. (1872–1936): sowjetischer Außenminister
3 Litwinow, Maxim M. (1876–1951): sowjetischer Außenpolitiker

Lösungen

1 Die **Ziele der deutschen Außenpolitik** seit 1919 ergaben sich unmittelbar aus dem Friedensvertrag von Versailles und seinen Folgen. Im weitesten Sinne kann von einer **Revisionspolitik** gesprochen werden, mit der man versuchte die Folgen des Krieges und die dem Reich aufgezwungenen vertraglichen Regelungen zu beseitigen bzw. rückgängig zu machen.

Die ersten Jahre der Außenpolitik der Republik waren dabei weitgehend bestimmt von dem **Kampf um die Reparationen** und den drohenden Sanktionen vor allem Frankreichs gegenüber dem Reich, das die geforderten Zahlungen entweder nicht leisten konnte oder nicht wollte. Erst als **Gustav Stresemann** 1923 die Verantwortung für die deutsche Außenpolitik übernommen hatte, ließ sich ein schlüssiges Zielkonzept für eine Politik erkennen, die nicht nur reagierte, sondern aktiv zu gestalten versuchte.

Vorrangig musste es darum gehen die volle Souveränität des Deutschen Reiches wiederzuerlangen, also die außenpolitische Handlungsfähigkeit von den **Fesseln des Versailler Vertrages** zu lösen und von dem Würgegriff überzogener Reparationsleistungen zu befreien. Nahziel musste also sein die Reparationsfrage durch eine vernünftige und dauerhafte Regelung zu lösen. Stresemann war sich auch mit der Mehrheit der führenden Politiker darin einig, dass das Reich möglichst schnell die **außenpolitische Isolation** durchbrechen müsse, in die es nach dem verlorenen Krieg geraten war. Und als letzter Schritt blieb dann die **Revision der in Versailles festgelegten Grenzen**, die das Reich vor allem im Osten unter keinen Umständen akzeptieren konnte.

Nachdem sich Deutschland von den Alliierten und vom Völkerbund verraten fühlte, da nach einer Volksabstimmung in Oberschlesien trotz deutlicher Mehrheit für einen Verbleib beim Reich das Gebiet geteilt und vor allem das Industrie- und Kohlerevier an Polen fiel, wandte sich die deutsche Außenpolitik mehr und mehr der Sowjetunion zu. Hier sah man eine Chance, die Isolation zu durchbrechen und damit die Verhandlungsbasis gegenüber dem Westen zu verbessern. Zwar waren 1918 die diplomatischen Kontakte abgebrochen worden, doch gab es bald eine Fülle praktischer Begegnungen, zumal das Reich und die Sowjetunion eine Reihe gemeinsamer Interessen hatten: Gegnerschaft zu Polen, das mit Unterstützung Frankreichs eine expansive Außenpolitik betrieb, und die Isolation beider Mächte. Ein Geflecht von Handelsbeziehungen, die unter anderem auch die Rüstungsindustrie und die Zusammenarbeit von Roter Armee und Reichswehr betrafen, war entweder noch vorhanden oder weiter ausgebaut worden. Am Rande der **Konferenz von Genua** vom 10. April bis 19. Mai 1922, auf der es um die Suche nach Lösungen für die Reparationsfrage und allgemeine wirtschaftliche Probleme in Europa ging, gelang es der Sowjetunion die Deutschen und die Alliierten gegeneinander auszuspielen und so die Reichsregierung zur Einwilligung in den **Rapallo-Vertrag** zu überreden. An sich war der Vertrag, der die Wiederaufnahme der diplomatischen Beziehungen, den gegenseitigen Verzicht auf Ansprüche aus dem Weltkrieg und eine Meistbegünstigungsklausel im deutsch-sowjetischen Handel vorsah, inhaltlich eher harmlos, doch in seiner psychologischen Wirkung auf den Westen sehr bedeutsam. Die beiden isolierten Mächte hatten sich zusammengefunden und drohten die vor allem für Frankreich gefährliche preußisch-russische Koalition zu erneuern. Für Deutschland war der Rapallo-Vertrag bedeutsam als erster Schritt aus der außenpolitischen Isolation.

Die Situation des Reiches verschärfte sich allerdings zunächst, als Frankreich wegen geringfügiger Verzögerungen bei den Reparationen das **Ruhrgebiet** besetzte und die deutsche Wirtschaft abzuwürgen drohte. Hier setzte Stresemanns politisches Konzept an. Er sah es als Notwendigkeit, die Forderungen der Alliierten insoweit zu erfüllen, dass Frankreich jede Möglichkeit entzogen würde, bisherige oder zukünftige Sanktionen zu rechtfertigen. Vor einer Revision des Versailler Vertrages wollte Stresemann also zur Geschäftsgrundlage eben dieses Vertrages zurückkehren.

Ein wichtiger Schritt zur Regelung der Reparationsfrage und damit zum Abbau der Erpressbarkeit des Deutschen Reiches sollte der **Dawes-Plan** werden. Seit Januar 1924 traf sich in Berlin ein Sachverständigenrat unter dem Vorsitz des amerikanischen Bankiers Charles G. Dawes, der Anfang April der alliierten Reparationskommission ein Gutachten vorlegte, dessen Grundidee war, Deutschland zwar nicht von den Reparationen zu befreien, das Reich aber über Kredite zahlungsfähig zu machen. Vorgeschlagen wurde ein internationaler Kredit von 800 Millionen Goldmark, um die deutsche Wirtschaft anzukurbeln. Die jährlichen Zahlungen des Reiches wurden auf ein erträgliches Maß herabgesetzt. Zwar bedeutete der Dawes-Plan nach wie vor schwere Lasten für das Deutsche Reich, aber eine erhebliche Verbesserung war es, dass die Reparationen an die Zahlungsfähigkeit des Reiches angepasst wurden. Auf einer **Konferenz in London** im August **1924** musste auch Frankreich trotz größter Bedenken dem Dawes-Plan zustimmen, da der Druck vor allem aus England und den USA zu groß geworden war. Der Rückzug Frankreichs aus dem Ruhrgebiet war ein erster großer Erfolg der neuen deutschen Außenpolitik.
Nun konnte Stresemann seinen nächsten Schritt tun, um die **Gefahr einer französischen Interventionspolitik** endgültig zu beseitigen. Er schlug einen Sicherheitspakt zwischen Deutschland, Frankreich und Belgien vor mit einem Verzicht auf gewaltsame Grenzrevisionen zwischen den Ländern. Im Oktober 1925 kam es im Zusammenhang mit diesem Vorstoß des deutschen Außenministers zu einer Konferenz in Locarno, auf der sich vor allem der französische Regierungschef **Aristide Briand und Gustav Stresemann** auf eine Reihe von Verträgen einigten. Kernpunkt war der gegenseitige Gewaltverzicht Deutschlands einerseits und Frankreichs und Belgiens andererseits. Die **Verträge von Locarno**, vor allem aber der Geist, der die Verhandlungen bestimmt hatte, waren ein bedeutsamer Schritt zur erstrebten Revision des Versailler Vertrages, da es Stresemann gelungen war, das Reich wieder zu einem gleichberechtigten Partner und Mitglied der europäischen Staatengemeinschaft zu machen. Durch die Festlegung der deutschen Grenzen zu Frankreich wurde erst der Handlungsspielraum geschaffen, um die angestrebten Veränderungen der Grenzen im Osten offen zu halten.

2.1 Grundsätzlich sieht **Ulrich Graf von Brockdorff-Rantzau** den **Berliner Vertrag** vom 24. April 1926 als ein notwendiges **Korrektiv zu den Locarno-Verträgen**. Die russische Besorgnis, das Deutsche Reich könne sich zu ausschließlich an den Westen binden, wird indirekt von dem deutschen Botschafter geteilt, wenn er den Vertrag versteht als eine Art „Gegengewicht gegen den Westen". Er geht jedoch einen Schritt weiter und versteht den deutsch-russischen Freundschaftsvertrag auch als „Bluff". Er spiegele den westlichen Mächten eine „Intimität" zwischen Deutschland und Russland vor, die es in der politischen Realität jedoch nicht geben könne. Vielmehr bezeichnet er die Verbindung der beiden Mächte als „Zwangsehe". Aber der Berliner Vertrag biete in Ergänzung zu den Locarno-Verträgen der deutschen Außenpolitik mehrere Optionen, verhindere die einseitige Abhängigkeit vom Westen und schaffe dadurch erst die **Grundlage für eine zukünftige Großmachtpolitik**. Für den deutschen Botschafter ist eine solche Entwicklung umso dringlicher, da der Westen Deutschland nach wie vor noch nicht als gleichberechtigten Partner akzeptiere, wie die gescheiterten Verhandlungen zum Beitritt des Reiches in den Völkerbund gezeigt hätten.
Von Brockdorff-Rantzau sieht allerdings auch die Grenzen einer Verständigung mit der Sowjetunion. Ein enges Freundschaftsverhältnis wie zwischen Preußen und dem zaristischen Russland, wie über weite Strecken des 19. Jahrhunderts, sei mit dem kommunistischen Regime nicht möglich, der Berliner Vertrag und verbesserte Handelsbeziehungen auf der Basis der 1925 geschlossenen Vereinbarungen seien das Maximum des Erreichbaren. Der Botschafter begründet diese Einschätzung mit dem **Streben der Kommunisten nach Weltrevolution** und einer sich daraus ergebenden inakzeptablen Einmischung

in die inneren Angelegenheiten auch des Deutschen Reiches und mit der „Sprunghaftigkeit und traditionslosen Skrupellosigkeit" des kommunistischen Regimes.
Der Graf hält also die Vorstellung, Deutschland könne mit Russland siegreich gegen Frankreich marschieren, für utopisch und gefährlich, sieht aber durchaus den **Berliner Vertrag als ein taktisches Instrument**, eine engere Verbindung zwischen Russland und Frankreich zu verhindern und so Frankreich zu schwächen. Die **Politik Bismarcks**, der den Rückversicherungsvertrag mit Russland in erster Linie verstanden hatte als Mittel zur Vermeidung einer Zweifrontenkonstellation des Reiches, wird hier wieder erkennbar.
Durchaus einer traditionellen Interessenlage deutscher Außenpolitik entspricht es auch, wenn von Brockdorff-Rantzau die Verständigung mit Russland als eine wichtige Bedingung dafür ansieht, dass die Grenzlinien mit Polen zum Vorteil des Reiches verändert werden können. Erneut wird Stresemanns außenpolitisches Konzept, speziell das Ziel einer Revision der deutschen Ostgrenzen, auch in der Sicht des deutschen Botschafters erkennbar. Eine Verständigung mit Russland könne, so glaubt er, die **Position Polens schwächen** und vor allen Dingen eine Verständigung Polens mit Russland, etwa über die Grenzen, verhindern.
So lässt sich zusammenfassend sagen, dass Graf von Brockdorff-Rantzau den Berliner Vertrag durchaus als **Fortführung einer traditionellen deutschen Außenpolitik** versteht, der es um möglichst viele Optionen in der Mittellage zwischen dem Westen und dem Osten gehen muss, die aber auch dazu neigt, sich mit Russland auf Kosten Polens zu verständigen.

2.2 Von Brockdorff-Rantzau steht dem **politischen System der Sowjetunion** ausgesprochen skeptisch gegenüber. Nicht nur, dass er recht abfällig von den „roten Kameraden" spricht, äußert er sich auch überaus kritisch über die Ideologie des Sowjetkommunismus. Der **Gedanke der Weltrevolution**, den die Russen zwar etwas in den Hintergrund gedrängt hätten, sei nach wie vor maßgeblich für die Ziele russischer Außenpolitik. Somit drohe immer die Einmischung der Sowjets in die inneren Angelegenheiten anderer Länder, auch des Reiches. Deshalb sei davon auszugehen, dass von der Sowjetunion schon aufgrund ihrer Ideologie eine potenzielle Bedrohung ausgehe.
Mit dem revolutionären Charakter des russischen Systems hängt nach des Botschafters Einschätzung auch die „Traditionslosigkeit" und damit „Skrupellosigkeit" und Unberechenbarkeit russischer Politik zusammen.
Unverkennbar sind also die Ressentiments des Grafen gegenüber dem kommunistischen System, andererseits ist eine gewisse Wehmut spürbar über die vergangenen engen Beziehungen zwischen Berlin und St. Petersburg. Der Botschafter sieht aber auch, dass sich die Verhältnisse in Russland seit der Revolution normalisiert haben, beweisbar an einer realistischeren Sicht der Dinge.

3 Nicht die **russische Revolution** war es natürlich, die zum Auslöser der Ereignisse in Deutschland in den Jahren 1918 und 1919 wurde, sondern der verlorene Krieg und der Zusammenbruch des ohnmächtigen Kaiserreiches. Aber die teilweise Parallelität der Ereignisse führte doch dazu, dass die „rote Revolution", die das Zarenreich zusammenbrechen ließ, ihre Wellen bis nach Deutschland spülte.
So waren zwar die Motive für die **Matrosenaufstände** und für die Protestkundgebungen der Arbeiter und der Soldaten nicht vergleichbar mit denen der russischen Revolutionäre, vor allem viel weniger ideologisch legitimiert, aber die russischen Revolutionäre lieferten Schlagworte und revolutionären Geist, die Impulse gaben für Massendemonstrationen.
Im Mittelpunkt stand dabei das **Beispiel der Sowjets, das Rätesystem**, das nun auch in Deutschland als mögliche Alternative zur parlamentarischen Demokratie diskutiert und gefordert wurde. Zwar hatte sich die Mehrheit der sozialdemokratischen Führer schon

sehr früh für ein parlamentarisches System entschieden, doch im **Spartakusbund** unter **Karl Liebknecht** fand sich eine eher kleine, aber lautstarke Gruppierung, die die Räterepublik durchzusetzen versuchte. Liebknechts Proklamation einer „freien, sozialistischen Republik Deutschlands" von einem Balkon des Berliner Schlosses war allerdings **Philipp Scheidemann** um Stunden zuvorgekommen mit der Ausrufung einer „Deutschen Republik".
Da die radikalen Sozialisten, die auf Moskau und die Entwicklung in Russland setzten, sich mit der Entwicklung, wie sie von der **MSPD** und der **USPD** in der am 10. November 1918 gebildeten Regierung eingeleitet wurde, nicht zufrieden geben konnten, wollten sie die Einberufung einer konstitutionellen Nationalversammlung mit allen Mitteln verhindern. Mit Lenin glaubten Karl Liebknecht und **Rosa Luxemburg** an den Erfolg einer permanenten Revolution bis zum Sieg der Rätebewegung. Nach sowjetischem Vorbild der Roten Armee versuchten die Radikalen, aber auch die MSPD „Rote Garden" aufzustellen.
Als die Reichswehrführung unter Groener die gemäßigte **Politik des Rates der Volksbeauftragten**, der von der Mehrheitssozialdemokratie unter Ebert dominiert wurde, unterstützte, suchten die Führer des Spartakus zunächst über den „**Berliner Vollzugsrat der Arbeiter- und Soldatenräte**" ihre radikalen Ziele nach sowjetischem Muster durchzusetzen. Doch als am 16. Dezember 1918 dieser Vollzugsrat vom Allgemeinen Rätekongress, der von allen deutschen Arbeiter- und Soldatenräten gewählt worden war, abgelöst wurde und sich für die Wahl zu einer verfassunggebenden Nationalversammlung aussprach, blieb nur noch ein **Aufstand**, um die Revolution voranzutreiben. Ein erster Versuch eines Marsches von Spartakisten zur Reichskanzlei am ersten Weihnachtstag, der das Ziel hatte, die Regierung zu stürzen, scheiterte zwar, aber am 6. Januar gelang es den linken Aufständischen, geführt vom Spartakus, die Macht in Berlin an sich zu reißen. Ein rote Revolution nach russischem Vorbild schien möglich, doch als die aus dem Zentrum Berlins geflohene Regierung die offiziellen Truppen unter dem SPD-Mann **Noske** gegen die Putschisten führte, kam es zu erbitterten Straßenkämpfen in Berlin und zum **Zusammenbruch des Aufstandes am 13. Januar**.
Nur wenig erfolgreicher war der Versuch einer **Räterepublik in München**, die nach dem Mord an **Kurt Eisner** und den folgenden Unruhen am 7. April 1919 ausgerufen worden war. Es waren Literaten und Intellektuelle, die fasziniert von den Ereignissen in Russland und den sozialistischen Parolen für kurze Zeit die Macht innehatten, da die bayerische bürgerliche Regierung nach Bamberg geflohen war. Als jedoch die Intellektuellen abgelöst wurden von russischen Revolutionären wie **Eugen Levine und Max Levien** und eine bolschewistische Diktatur drohte, rückte die „Weiße Armee" von Reichswehrverbänden und dem bayerischen Freikorps unter **von Epp** am 1. und 2. Mai 1919 in München ein und machte der Räterepublik ein schnelles Ende.
Sowohl der Spartakus-Aufstand als auch die Räterepublik in München hatten jedoch bei der überwiegenden Mehrheit auch der Arbeiter und natürlich beim Bürgertum die Ängste vor sozialistischen und kommunistischen Entwicklungen geschürt und damit die **Zustimmung zu einer repräsentativen Demokratie deutlich erhöht**. Die verzweifelten Versuche der linken Gruppierungen, eine Revolution nach russischem Vorbild in Gang zu setzen und zu organisieren, hatten nicht nur keinen Erfolg gehabt, sondern die Gegenkräfte gegen eine radikale Revolution mobilisiert, die Reichswehr ebenso wie die Gewerkschaften und die überwiegende Mehrheit der sozialdemokratischen Partei.
So lässt sich festhalten, dass das bolschewistische „Vorbild" in Deutschland zwar revolutionäre Impulse setzte und auch nach dem Scheitern der Räterepublik in München noch fortwirkte, aber in weiten Kreisen der Bevölkerung wie auch der politischen und vor allem wirtschaftlichen Eliten zunehmend als Bedrohung empfunden und abgelehnt wurde.

4 **Polen** war für die deutsche Außenpolitik nach dem Ersten Weltkrieg erneut zum Problem geworden, weil die Festlegung der Grenze zwischen dem Reich und dem östlichen Nachbarn durch die Sieger für Deutschland kaum annehmbar war. Konnte man sich mit den Westgrenzen noch abfinden, so musste es das **Ziel der deutschen Politik** sein, **die Ostgrenze zu revidieren**. Da auf der anderen Seite auch die Sowjetunion eine Änderung ihrer Westgrenze auf Kosten Polens anstrebte, ergab sich zwischen dem Reich und der Sowjetunion eine partielle Interessengleichheit, wie sie zwischen **Preußen und Russland** bezüglich Polens schon seit dem Beginn des 18. Jahrhunderts Tradition geworden war. Erneut drohte nun eine Verständigung des Deutschen Reiches und der Sowjetunion über das Schicksal Polens.

Als sich **Hitler** deshalb im August 1939 unmittelbar vor dem Ausbruch des Krieges entschloss mit **Stalin** einen **Nichtangriffspakt** zu schließen, wobei die Initiative von der Sowjetunion ausging, folgten die beiden Diktatoren einem „alten, klassischen Konzept", wie es Hitler formulierte: Deutschland und Russland gingen zusammen, um auf Kosten Polens zu expandieren.

Hitlers Politik stand also nicht nur in der **Kontinuität der Revisionspolitik der Weimarer Regierungen**, sie stand vielmehr in einer viel älteren Kontinuität deutsch-russischer Verständigungen gegen Polen.

Ein wesentlicher Bruch mit der Revisionspolitik der Weimarer Republik war allerdings Hitlers Absage an einen friedlichen Weg der Lösung der Grenzfrage. Für ihn war der Pakt mit Stalin gleichsam die **Einladung zum Angriff auf Polen**. Stalin hatte ihm signalisiert, dass man Polen opfern würde.

Völlig neuartig war auch Hitlers folgende Polenpolitik. Ihm ging es nicht mehr nur um die Revision der deutschen Ostgrenze unter Achtung des Daseinsrechtes des polnischen Staates, sondern der geplante Überfall auf Polen sollte ein erster Schritt in der weltanschaulich geprägten „**Lebensraumpolitik**" der Nationalsozialisten sein. Polen sollte der erste große Raumgewinn sein, auf den die Deutschen gegen die „rassisch minderwertigen" slawischen Völker Anspruch erhoben. Für solch unsinnige politische Rechtfertigungen gab es in der Außenpolitik der Weimarer Republik vor Hitler sicherlich keine Ansatzpunkte.

So lässt sich zusammenfassend festhalten, dass der Hitler-Stalin-Pakt zwar hinsichtlich der Ziele zum Teil als kontinuierliche Fortsetzung der Weimarer Revisionspolitik verstanden werden kann, dass aber weder die Methoden Hitlers noch die ideologischen Prämissen seiner Ostpolitik in der Kontinuität seit 1919 stehen.

Grundkurs Geschichte (Bayern) 2004 – Aufgabe III
Deutschland unter dem Nationalsozialismus – Internationale Politik und Zweiter Weltkrieg

		BE
1	Erarbeiten sie aus dem Text die Intentionen, die Hitler mit seiner „Losung“ für das Jahr 1939 verfolgt!	10
2		22
2.1	Skizzieren Sie – gegebenenfalls unter Einbeziehung des Textes – Hitlers Einstellung gegenüber der Weimarer Republik!	
2.2	Hitler behauptet, dass das NS-Regime „in den ersten fünf Jahren seit 1933 vorwiegend [die] Überwindung der inneren, politischen, sozialen, gesellschaftlichen und wirtschaftlichen Not“ des deutschen Volkes bewirkt habe. Beurteilen Sie diese Behauptung, indem Sie Maßnahmen Hitlers im genannten Zeitraum charakterisieren!	
3	Stellen sie die von Hitler angeführten außenpolitischen Erfolge des Jahres 1938 dar und diskutieren Sie, inwiefern die Haltung Englands und Frankreichs seit 1933 zu diesem Erfolg beigetragen hat!	12
4	Erörtern Sie die Frage, weshalb die außenpolitische Entwicklung 1939 im Unterschied zu 1938 in einen Krieg mündete!	16

M 1: Adolf Hitler zum Jahreswechsel 1938/39, in: „Die Mädelschaft – Blätter für Heimabendgestaltung im BDM“, Februar 1939

Das neue Jahr hat als Auftakt die Losung des Führers 1939:

In tiefer Dankbarkeit gegenüber dem gnädigen Wirken der Vorsehung verlässt das nationalsozialistische Deutschland das Jahr 1938. In ihm geht nicht nur das sechste Jahr der nationalsozialistischen Revolution und der durch sie errichteten neuen Volks- und Staatsführung zu Ende, sondern vor allem das ereignisreichste Jahr der Geschichte unseres Volkes seit vielen Jahrhunderten. Wenn die Arbeit der nationalsozialistischen Bewegung und unserer Partei in den ersten fünf Jahren seit 1933 vorwiegend der Überwindung der inneren, politischen, sozialen, gesellschaftlichen und wirtschaftlichen Not unseres Volkes galt, dann gelang es in den hinter uns liegenden zwölf Monaten, das größte Problem unserer außenpolitischen Lage zu lösen.
Wer wird angesichts des heute aufgerichteten Großdeutschen Reiches nicht in bewegter Ergriffenheit zurückdenken an das, was wir vor sechs Jahren vorfanden? Und wer will nach einem so unerhörten Wandel im Leben eines Volkes noch länger die Richtigkeit der angesetzten Kräfte sowohl als der angewandten Methoden bestreiten? Wenn der Herrgott dieses Werk gelingen ließ, dann war die Partei sein Werkzeug.
Die durch den Nationalsozialismus erfolgte Aufrichtung einer neuen Volksgemeinschaft und eines unerschütterlichen politischen Regimes gestatten es mir auch, den Aufbau der neuen deutschen Wehrmacht durchzuführen. Sie hat in diesem Jahr ihre ersten großen Bewährungsproben abgelegt. Offizier und Mann wetteiferten miteinander im Einsatz für das nationalsozialistische Großdeutsche Reich. Das deutsche Volk aber ist wieder stolz auf seine Soldaten!

Mein besonderer Dank gilt den Hunderttausenden, die die Westfront des Reiches mit jenem Wall von Panzer und Beton umgeben haben, von dem wir wissen, dass keine Macht der Welt ihn jemals aufbrechen wird.
Der Fleiß des deutschen Bauern hat uns dabei die Ernährung des deutschen Volkes sichergestellt. Der deutsche Arbeiter aber hat es fertig gebracht, in unserer Wirtschaft die Produktion auf das Außerordentlichste zu steigern. So hat die nationalsozialistische Volksgemeinschaft auf allen Gebieten ihres reich gegliederten Lebens in dem zurückliegenden Jahre gutgemacht, was Jahrzehnte, ja Jahrhunderte vorher an unserem Volke sündigten.

Lösungen

1 In erster Linie will Hitler mit seiner Losung zum Jahreswechsel 1938/39 die **Herrschaft der Nationalsozialisten legitimieren** und stabilisieren, dafür hebt er vor allem die besonderen Leistungen des Jahres 1938 hervor. Die **außenpolitischen Erfolge** wertet er durch rhetorische Übersteigerungen auf, wenn er z. B. vom „ereignisreichsten Jahr der Geschichte unseres Volkes seit vielen Jahrhunderten" spricht. Hitler will also nicht nur das eigene innen- wie außenpolitische Handeln rechtfertigen, sondern will erreichen, dass seine Zuhörer **stolz sind auf die neue nationale Stärke** des deutschen Volkes. Seine Anspielungen auf die „Überwindung der [...] Not unseres Volkes" und auf „das, was wir vor sechs Jahren vorfanden" sollen die innere und äußere Situation des Jahres 1938 zusätzlich als überragenden Erfolg kennzeichnen.
Die Hinweise auf den „Herrgott" und auf das „gnädige Wirken der Vorsehung" zeigen, dass es Hitler um eine **religiöse Überhöhung des NS-Regimes** geht, die in Wirklichkeit eine pseudoreligiöse rhetorische Maskierung darstellt. Das Einschwören auf die „Volksgemeinschaft" und die Ablehnung früherer Regierungen, die „vorher an unserem Volke sündigten" lässt sich mit dem religiösen Vokabular am ehesten erreichen.
Damit wird ein weiteres Ziel der Losung Hitlers sichtbar. Mit dem Dank an die Wehrmacht, an die Landwirte, die „deutschen Bauern", und an die Arbeiter beschwört er nicht nur die von den Nationalsozialisten erstrebte Leistungsfähigkeit der „Volksgemeinschaft", sondern die Vorrangstellung der Armee ist als Vorausschau auf den kommenden Krieg und die **Umwandlung des Volkes in eine Kampfgemeinschaft** zu interpretieren. Das Bemühen um Autarkie kann ebenso zwischen den Zeilen herausgelesen werden wie die Steigerung der Rüstungsproduktion zur Kriegsvorbereitung. Indirekt zeigt sich, dass Hitler das Volk, hier die jungen Frauen, auf den kommenden Krieg einstimmen will.

2.1 Hitler kontrastiert in seiner „Losung" die „Erfolge" seiner Regierungszeit mit den **„Sünden" der Weimarer Republik**. Für ihn tragen die Politiker der Republik und damit des parlamentarischen Systems Schuld an der „inneren, politischen, sozialen, gesellschaftlichen und wirtschaftlichen Not". Als „**Erfüllungspolitiker**" macht er sie verantwortlich für die Demütigung des deutschen Volkes durch den Versailler Vertrag. In seiner Ideologie war die **Weimarer Republik ein jüdisch-bolschewistisches Herrschaftsinstrument**, mit dem die angeblichen politischen und rassischen Feinde versuchen würden die deutsche „Volksgemeinschaft" zu zerstören.
Einig ist sich Hitler überdies mit weiten Teilen der Bevölkerung in dem Vorwurf, die Republik habe durch die Erfüllungspolitik und die „Schuldknechtschaft", in die sie vor allem gegenüber dem „jüdischen Kapital" geraten sei, den wirtschaftlichen Niedergang Deutschlands zu verantworten.
Wenn Hitler den Eindruck zu erwecken versucht, die **Partei und** seine **Bewegung** seien ein **Instrument der „Vorsehung" und des „Herrgotts"**, dann deutet er damit ein vom

Politikverständnis der Weimarer Republik gänzlich abweichendes Gesellschaftsbild an. Dem **Parteien- und Interessenpluralismus der modernen Massendemokratien** stellt er seine Vorstellung einer Volksgemeinschaft gegenüber, in der alles öffentliche und private Handeln dem Willen des Führers und der einen Partei untergeordnet wird. Der **demokratisch-parlamentarisch verfasste Rechtsstaat**, den die Weimarer Republik darstellte, wird von Hitler nicht nur als antideutsch abgelehnt, sondern als schwächlich und ineffektiv verhöhnt. Zweifellos beruhte der Erfolg der Nationalsozialisten in der Weimarer Republik auf der fundamentalen Kritik an den Unzulänglichkeiten und der Schwäche demokratischer Ordnungen, die von weiten Teilen der Bevölkerung sowohl in den Anfangsjahren der Republik wie vor allem bei ihrem Niedergang erlebt wurden.

2.2 Wenn Hitler die „Überwindung der [...] Not" in Deutschland als seinen großen Erfolg feiert und damit auch als Rechtfertigung der „angesetzten Kräfte sowohl als der angewandten Methoden", dann wird man vorrangig an die **Überwindung der Folgen der Weltwirtschaftskrise** in Deutschland denken. Sicher war es dabei schnell gelungen, die **Arbeitslosigkeit** und damit materielle Not zu beseitigen. Betrug die Arbeitslosigkeit im Reich 1933 noch 25,9 Prozent, so war sie 1936 auf 7,4 Prozent gesunken, 1937 herrschte praktisch Vollbeschäftigung. Auf der anderen Seite waren zwar in den anderen Industrieländern die Arbeitslosenzahlen ebenfalls gesunken, aber erheblich geringer. Dieses „Wirtschaftswunder" aber war teuer erkauft, denn die weltweit fehlende Nachfrage wurde im Deutschen Reich durch die Ausgaben für **Rüstung** künstlich angeheizt. Ermöglicht wurde die Krisenpolitik durch eine **hohe Staatsverschuldung**. So konnten auch Arbeitsbeschaffungsprogramme, etwa der Straßenbau oder Siedlungs- und Wohnungsbauprogramme, finanziert werden. Daneben reduzierten der im Juni 1935 eingeführte sechsmonatige **Arbeitsdienst** und die **allgemeine Wehrpflicht** die Arbeitslosigkeit zusätzlich. Es handelte sich im Prinzip um eine **antizyklische Wirtschaftspolitik**, wie sie erst später von Keynes theoretisch formuliert wurde. Hitlers wichtigster Finanzfachmann und Ökonom war **Hjalmar Schacht**, seit 1933 Reichsbankpräsident, seit 1935 auch „Generalbevollmächtigter für die Kriegswirtschaft", was zeigt, dass die hohe Staatsverschuldung für einen Krieg in Kauf genommen wurde. Durch militärischen Erfolg und Territorial- und Ressourcengewinne hoffte man die Schulden zu tilgen.
Mit der als Erfolg gefeierten Beseitigung der inneren und sozialen Not verbindet Hitler in seiner Losung immer wieder die „**Aufrichtung einer neuen Volksgemeinschaft**". Gelungen war dies durch den umfassenden und tief greifenden Prozess der „**Gleichschaltung**". Nicht nur die demokratischen Parteien wurden zerschlagen oder verfolgt, auch die verschiedenen gesellschaftlichen Gruppen wurden einem zentralen Willen untergeordnet und in von der NSDAP geführten und kontrollierten Zentralorganisationen mehr oder weniger zwangsvereinigt. Demokratische Partizipationsrechte, etwa die Presse- oder die Koalitionsfreiheit, wurden missachtet und beseitigt, jegliche **politische Opposition ausgeschaltet**, notfalls mit dem **Staatsterror des SS-Staates**. Das Spitzel- und Terrorsystem reichte bis in den privaten Bereich hinein, etwa durch die Blockwarte, und führte zu einer umfassenden Kriminalisierung Andersdenkender.
Der **Gleichschaltung der Gesellschaft zu einer Volks- und Kampfgemeinschaft** ging bereits die Gleichschaltung aller öffentlichen Einrichtungen zu einem „starken Staat" voraus. Bürokratie und Justiz wurden nach dem **Führerprinzip** neu organisiert, die Interessenpolarität von Kapital und Arbeit, von Arbeitgebern und Gewerkschaften durch Zusammenfassung in der „**Deutschen Arbeitsfront**" beseitigt, selbst Medien und Kultur wurden gleichgeschaltet und als Propagandainstrument instrumentalisiert.
Dass sehr viele Menschen die ersten Jahre der nationalsozialistischen Herrschaft als Weg aus der Krise, als echten sozialen Fortschritt empfanden, lag auch an der Fülle von sozialen und materiellen Vergünstigungen. Durch billige „Ehestandsdarlehen", mit denen man überdies Frauen vom Arbeitsmarkt abzog, den **staatlichen Massentourismus**

der Organisation „Kraft durch Freude" und dem Volkswagen bot das System „Wohltaten", um die Volksgemeinschaft zu formen. Dieser Gemeinschaft stand allerdings eine große Zahl an Entrechteten und Verfolgten gegenüber, Minderheiten, die vom NS-Regime nicht nur ausgegrenzt, sondern teilweise vernichtet wurden.
So lässt sich zusammenfassend feststellen, dass das NS-Regime die Not des Volkes und die wirtschaftliche Krise zwar vordergründig beseitigte, dass die wirtschaftliche Scheinblüte aber auf hoher Verschuldung beruhte und die Schaffung der so genannten Volksgemeinschaft mit der Ausgrenzung der vielen Minderheiten einen ebenso hohen Preis hatte.

3 Das Jahr **1937** stellte einen **Wendepunkt in der Außenpolitik Hitlers** dar. Hatte er bis dahin eine Politik betrieben, die man noch als Fortsetzung der Weimarer Revisionspolitik verstehen konnte, waren ab 1937 die Ziele eindeutig auf **Expansion** gerichtet. Bereits am 5. November 1937 hatte Hitler auf einer **Geheimkonferenz** vor dem Außenminister und führenden Militärs, protokolliert von **Oberst Hoßbach**, seine Ziele unmissverständlich angekündigt: Vergrößerung des Herrschafts- und Einflussraumes, „die Gewinnung eines größeren Lebensraumes".
Der erste Schritt richtete sich auf **Österreich**. Seit dem Juli-Abkommen von 1936 hatte sich die österreichische Regierung die Unabhängigkeit erkauft mit der Beteiligung der Nationalsozialisten an der Macht, was diese nützten, um das Land für den „Anschluss" vorzubereiten. Am 12. 2. 1938 drohte Hitler dem österreichischen **Kanzler Schuschnigg** bei dessen Besuch in Berchtesgaden unverblümt mit dem Einmarsch in Österreich, falls sich das Nachbarland nicht stärker politisch an das Reich anlehne und der Nationalsozialist **Seyß-Inquart** nicht zum Sicherheitsminister ernannt würde. Schuschnigg gab nach, versuchte jedoch mit einer Volksabstimmung die Unabhängigkeit zu sichern. Erneut drohte Hitler mit militärischen Aktionen, verhinderte so die geplante Volksabstimmung und bereitete das „Unternehmen Otto" vor. Nachdem England nicht bereit war, Schuschnigg zu unterstützen, und Frankreich wegen einer Regierungskrise handlungsunfähig war, sah sich der österreichische Kanzler zum Rücktritt gezwungen, Seyß-Inquart ernannte sich selbst zum Nachfolger. Am 12. 3. 1938 marschierten dann deutsche Truppen unter dem Jubel der Bevölkerung in Österreich ein und Hitler verkündete am gleichen Tag den **Anschluss Österreichs an das Reich**. Hitler fühlte sich als Vollender des Werkes von Bismarck, dessen „kleindeutsche" Lösung er jetzt zugunsten der ersehnten „großdeutschen" Lösung korrigiert habe. In einer **Volksabstimmung im April 1938** stimmten nahezu 100 Prozent der Bevölkerung der „Wiedervereinigung Österreichs mit dem Deutschen Reich" zu, Hitler befand sich auf dem Gipfel seiner Popularität.
Nachdem der Coup mit Österreich gelungen war und es keinerlei ernsthaften Widerstand aus dem Ausland gegeben hatte, England sogar nach zwei Wochen den Anschluss anerkannte und den schweren Verstoß gegen den Versailler Vertrag tolerierte, wagte Hitler sehr schnell den nächsten Schritt.
In Gesprächen mit **Konrad Henlein**, dem **Führer der Sudetendeutschen Partei**, und mit dem Oberkommando der Wehrmacht entwickelte Hitler die Studie „Grün", einen Plan zum **Überfall auf die Tschechei**. Da der Anschluss Österreichs auch bei den Sudetendeutschen als Möglichkeit der eigenen Rückkehr ins Reich gefeiert wurde, stand die Sudetendeutsche Frage auf dem Programm der europäischen Politik. England war erneut bereit, Hitler entgegenzukommen, um einen militärischen Konflikt zu vermeiden, und übte Druck auf die Tschechei aus den Sudetendeutschen Zugeständnisse zu machen, sogar eine Grenzänderung hielt Chamberlain für denkbar.
Als die Situation auf einen Krieg zuzusteuern drohte, nachdem die tschechische Regierung am 20. Mai ihre Truppen mobilisiert hatte, zögerte Hitler kurz. Er überwand die Mai-Krise jedoch schnell und kündigte vor der politischen und militärischen Führung die Beseitigung der Tschechoslowakei an. Der „Fall Grün" sollte bis zum Oktober vorbereitet werden. Obwohl sich in der Folge die Sudetendeutschen mit der tschechischen

Regierung auf weitgehende Autonomierechte geeinigt hatten, lehnte Hitler ab und verschärfte die Situation, in Europa befürchtete man Krieg.
Um den Frieden zu sichern, **besuchte der englische Premier Chamberlain Hitler auf dem Obersalzberg**, stimmte einer Abtretung des Sudetenlandes zu, war jedoch nicht bereit, weiter gehende Vorstellungen Hitlers zu unterstützen. **England und Frankreich** drohten mit militärischem Eingreifen und zwangen Hitler dazu, einer internationalen Regelung der Sudetenfrage zuzustimmen. Für den 29. September wurde eine **Konferenz nach München** einberufen, an der Deutschland, England, Frankreich und Italien teilnahmen, die tschechische Regierung war nicht eingeladen. Auf **Vermittlung Mussolinis** kam das **Abkommen** zustande, das einen Einmarsch deutscher Truppen in das Sudetenland und eine Grenzgarantie für die Rest-Tschechei vorsah, diese jedoch nur in einem Zusatzpapier, das England und Frankreich unterzeichneten.
Hitlers Erfolge des Jahres 1938 waren nur möglich geworden, weil weder England noch Frankreich den Diktator in die Schranken gewiesen hatten. Meist blieb es bei wirkungslosen Absichtsbekundungen oder machtlosem Stillhalten, als Hitler z. B. 1936 mit der **Legion Condor** in den spanischen Bürgerkrieg eingriff oder mit Mussolini die Achse Rom-Berlin vereinbarte. Frankreichs Haltung war Folge einer anhaltenden inneren Krise, die den westlichen Nachbarn an jeder offensiven Außenpolitik hinderte. England dagegen akzeptierte grundsätzlich die Revisionspolitik Hitlers, da man einerseits keine Veranlassung sah, für die Fehler im Versailler Vertrag militärische Auseinandersetzungen mit Deutschland zu riskieren, andererseits ein starkes Reich für notwendig hielt, um ein Vordringen des Kommunismus zu verhindern. Diese **Appeasement-Politik** Englands ebnete den Weg für Hitlers erfolgreiche Revisionspolitik.

4 Gegenüber der internationalen Krise im Herbst 1938, die mit der Münchener Konferenz im September noch einmal beigelegt werden konnte, hatte sich die **Lage im Spätsommer 1939** zumindest aus Sicht Frankreichs und Englands **grundlegend geändert**. Der Einmarsch deutscher Truppen in die Tschechoslowakei war nicht mehr mit dem Selbstbestimmungsrecht der Völker zu rechtfertigen und stand in krassem Gegensatz zu Hitlers Beteuerungen der **Münchener Konferenz**. England konnte seine **Appeasement-Politik** nicht mehr dadurch rechfertigen, dass man Hitler das Recht auf Revision des Versailler Vertrages zubilligte. Die **„Erledigung" der Rest-Tschechei** war ein willkürlicher Gewaltakt. Auch in London stand nun fest, dass Hitler den Krieg im Osten wollte.
Chamberlain kündigte das Ende der „appeasement policy" an. Als Hitler deshalb den Druck auf Polen mit Forderungen nach Rückgabe von Danzig und nach einem Korridor nach Ostpreußen sowie dem Einmarsch deutscher Truppen ins Memelgebiet erhöhte, erneuerten Frankreich und England am 31. März eine **Garantieerklärung für Polen** und kurze Zeit später für Rumänien und Griechenland. Im April kündigte Hitler das Flottenabkommen mit England und den Nichtangriffspakt mit Polen und schloss im Mai ein Militärbündnis mit Italien, den **Stahlpakt**. Als England am 27. April 1939 die allgemeine Wehrpflicht einführte, war klar, dass beide Seiten den Krieg für unausweichlich hielten.
Der **deutsch-sowjetische Nichtangriffspakt** vom 23. August 1939 war ein letzter Schritt in den Krieg. Für Hitler war damit der Weg für seinen Angriff auf Polen frei.
Geändert hatte sich im Deutschen Reich gegenüber 1938 auch die **innere Lage**. Die Wehrmacht war jetzt ebenfalls gleichgeschaltet, nachdem Hitler selbst das Reichskriegsministerium übernommen hatte und der Widerstand in der Armee nach dem „Erfolg" auf der Münchener Konferenz aufgegeben wurde. Die Entlassung Hjalmar Schachts als Reichsbankpräsident wegen seines Widerstands gegen die finanzpolitisch und wirtschaftlich unvernünftige Aufrüstung war ein weiteres Indiz, dass **Hitler zum schnellen Kriegsbeginn entschlossen** war. Er hatte zwischen Herbst 1938 und Sommer 1939 alles getan, um Deutschland kriegsbereit zu machen und um seine Gegner zu der Einsicht zu bringen, dass der Krieg nicht mehr zu vermeiden sei.

Grundkurs Geschichte (Bayern) 2004 – Aufgabe IV
Internationale Politik und Zweiter Weltkrieg – Bedingungen und Probleme des Neubeginns nach dem Ende des Krieges

		BE
1	Kennzeichnen Sie die Situation im Nachkriegsdeutschland des Jahres 1945!	12
2		22
2.1	Ermitteln Sie die zentralen Aussagen Kurt Schumachers in M 1 und Konrad Adenauers in M 2 und vergleichen Sie die deutschlandpolitischen Vorstellungen der beiden Politiker!	
2.2	Überprüfen Sie die Umsetzbarkeit der jeweiligen Vorstellungen aus dem Jahr 1945 vor dem Hintergrund der internationalen Entwicklung bis 1949!	
3	Zeigen Sie auf, wie die Außenpolitik Konrad Adenauers dem Sicherheitsbedürfnis der westlichen Nachbarstaaten der Bundesrepublik Deutschland in den 1950er-Jahren gerecht zu werden versuchte!	10
4	Erörtern Sie, ausgehend von der Aussage Schumachers in Z. 4, inwieweit man bei der Neuordnung von Staat und Gesellschaft in der Bundesrepublik Deutschland nach dem Zweiten Weltkrieg von „Neubeginn“ bzw. „Kontinuität“ sprechen kann!	16

M 1: Kurt Schumacher: Programmatischer Entwurf „Konsequenzen deutscher Politik“, Juli 1945 (Auszüge)

Man kann das deutsche Problem nicht allein vom deutschen Standpunkt und unter deutschem Gesichtswinkel regeln. Es gibt keine deutsche Frage, die nicht zugleich eine europäische Frage wäre. Auch für die internationale Politik gilt die Erkenntnis, dass man eine Welt nicht mit altem Material neu bauen kann und dass eine weltrevolutionäre Umstürzung der Verhältnisse auch geänderte Methoden verlangt.
Dabei betrachtet sich die Sozialdemokratische Partei gerade wegen ihrer betonten Internationalität als die Vertretung der gesamten Nation. Sie ist wohl die einzige Partei in Deutschland, die der Vorwurf nicht treffen kann, dass sie sich zu den Grundsätzen des Rechts und der Vernunft erst in der Stunde der Niederlage gefunden habe. Sie erhebt ohne jede nationalistische Hysterie und ohne die bei den Deutschen der letzten Jahre übliche Arroganz den Anspruch auf die nationale Geltung des deutschen Volkes. Die Sozialdemokratische Partei fühlt sich nicht belastet und ist auch nicht belastet und will ihren Teil dazu tun, dem deutschen Volk die Achtung und die Sympathien zu verschaffen, die auch diesem Volk wieder gebühren werden, wenn es die grauenhaften Verzerrungen und Entartungen seiner Geschichte überwunden hat. Die Sozialdemokratische Partei setzt alles daran, Deutschland als abgeschlossenes nationales und wirtschaftliches Ganzes im Rahmen des europäischen Gleichgewichts und der europäischen Notwendigkeit zu erhalten. Eine Politik der Aufteilung und Zerstörung würde sich antieuropäisch auswirken. [...]
Die Sozialdemokratie kann sich ein neues Deutschland nicht als ein isoliertes und nationalistisches Deutschland vorstellen. Sie kann sich Deutschland überhaupt nur als einen Bestandteil Europas denken. Aber sie will dieses Deutschland dann nicht als Paria, sondern als gleichwertig.

M 2: Konrad Adenauer: Brief an den Bürgermeister von Duisburg, Dr. Heinrich Weitz, 31. Oktober 1945 (Auszüge)

Russland hat in Händen: die östliche Hälfte Deutschlands, Polen, den Balkan, anscheinend Ungarn, einen Teil Österreichs. Russland entzieht sich immer mehr der Zusammenarbeit mit den anderen Großmächten und schaltet in den von ihm beherrschten Ländern völlig nach eigenem Gutdünken. In den von ihm beherrschten Ländern herrschen schon jetzt ganz andere wirtschaftliche und politische Grundsätze als in dem übrigen Teil Europas. Damit ist die Trennung in Osteuropa, das russische Gebiet, und in Westeuropa eine Tatsache.

In Westeuropa sind die führenden Großmächte England und Frankreich. Der nicht von Russland besetzte Teil Deutschlands ist ein integrierender Teil Westeuropas. Wenn er krank bleibt, wird das von schwersten Folgen für ganz Westeuropa, auch für England und Frankreich sein. Es liegt im eigensten Interesse nicht nur des nicht von Russland besetzten Teiles Deutschlands, sondern auch von England und Frankreich, Westeuropa unter ihrer Führung zusammenzuschließen, den nicht russisch besetzten Teil Deutschlands politisch und wirtschaftlich zu beruhigen und wieder gesund zu machen. [...] Dem Verlangen Frankreichs und Belgiens nach Sicherheit kann auf die Dauer nur durch wirtschaftliche Verflechtung von Westdeutschland, Frankreich, Belgien, Luxemburg, Holland wirklich Genüge geschehen. Wenn England sich entschließen würde, auch an dieser wirtschaftlichen Verflechtung teilzunehmen, so würde man dem doch so wünschenswerten Endziele, Union der westeuropäischen Staaten, ein sehr großes Stück näher kommen.

Zum staatsrechtlichen Gefüge des nicht von Russland besetzten Teiles Deutschlands:

Ein vernünftiges staatsrechtliches Gefüge besteht zur Zeit überhaupt nicht, es muss wiederhergestellt werden. Die Schaffung eines zentralisierten Einheitsstaates wird nicht möglich, auch nicht wünschenswert sein, der staatsrechtliche Zusammenhang kann lockerer sein als früher, etwa in der Form eines bundesstaatlichen Verhältnisses.

Lösungen

1 Nach dem militärischen und politischen Zusammenbruch des Deutschen Reiches legten die Siegermächte den Deutschen die **Kapitulationsurkunde** vor. Generaloberst Jodl unterzeichnete am 7. Mai 1945 in Reims im amerikanischen Hauptquartier das Dokument, am 8. Mai wurde in Berlin, das von den Sowjets besetzt war, der Vorgang wiederholt. Diesmal unterzeichneten Feldmarschall Keitel und Generaloberst Stumpf. Es handelte sich also um eine **rein militärische Kapitulation**, der von Hitler testamentarisch eingesetzte Nachfolger **Admiral Dönitz** spielte keine Rolle, es gab keine handlungsfähige Regierung und keine hinreichend legitimierte staatliche Institution. Einen Monat nach der militärischen Kapitulation vollzogen die Sieger auch die **formelle Auflösung des Deutschen Reiches**. In der **Berliner Erklärung** vom 5. Juni 1945 übernahmen die Alliierten die „oberste Regierungsgewalt", wobei erneut hohe Militärs die Dokumente unterzeichneten.

Dramatischer als die militärische und politische Kapitulation war für die Bevölkerung der **wirtschaftliche Zusammenbruch**. In den letzten vier Kriegsmonaten hatten Briten und Amerikaner mehr als 400 Bombenangriffe mit verheerenden Folgen auf Deutschland geflogen. Viele Städte waren nur noch **Trümmerlandschaften**, sieben Millionen Menschen wurden in dieser Zeit obdachlos. Ebenso katastrophal war die **Verkehrssituation**, nahezu das gesamte Eisenbahnnetz war zerstört, sodass ein Güteraustausch kaum möglich war. Es gab aber auch kaum Güter, da die **Industrieproduktion** im zerstörten

Deutschland zusammengebrochen war. Das Land war auf einen Entwicklungsstand zurückgefallen, wie er dem Beginn der Industrialisierung entsprach. Das lag aber weniger an einer Zerstörung der Industrieanlagen, sondern am zerbombten Transportsystem und am **Arbeitsmarkt**. Menschen konnten in den zerstörten Städten kaum mehr leben, auf dem Land aber gab es für qualifizierte Industriearbeiter kaum Arbeitsplätze. Hinzu kam die ungewöhnlich **hohe Fluktuation der Bevölkerung**: Vertriebene und Flüchtlinge strömten nach Deutschland, ebenso die Soldaten, viele Menschen zogen im Land umher auf der Suche nach ihren Familienangehörigen.

An geregelte Arbeit war aber auch deshalb kaum zu denken, weil die materielle Situation der Bevölkerung unvorstellbar schlecht war. Vor allem in den Städten litten die Menschen an **Hunger und Krankheiten** und waren gezwungen zum Hamstern aufs Land zu fahren, wo die Versorgungslage deutlich besser war. Nahrungsmittel waren allerdings rationiert, da die Sieger die Zwangsbewirtschaftung des nationalsozialistischen Regimes fortsetzten. Von den zugeteilten Rationen, falls sie überhaupt zu bekommen waren, konnten die Menschen aber kaum leben, sodass ein **Tauschhandel** entstand. Zum Überleben vor allem auch der Kinder wurden von den Bürgern, die kein Land und keinen Schrebergarten besaßen, die noch vorhandenen Wertgegenstände, ob Schmuck, Pelzmäntel oder Teppiche, gegen Lebensmittel oder auch Medikamente getauscht.

Der materiellen Not entsprach die **psychische Not**. Die Menschen hatten jede Perspektive verloren, Hoffnung auf bessere Zeiten gab es kaum, da man von den Siegern wenig Nachsicht oder Mitleid erwarten konnte. Die Entdeckung der **Grausamkeiten in den Konzentrations- und Vernichtungslagern** musste bei den Siegern den Hass gegen die Deutschen noch schüren, zumal das untergehende NS-Regime bis zum bitteren Ende sinnlosen Widerstand geleistet hatte und die Besetzer jeden Fußbreit Boden erkämpfen mussten.

Nach der Kapitulation gab es allerdings keinerlei bewaffneten Widerstand mehr, das deutsche Volk war wie gelähmt. Zwar war im Mai 1945 der Krieg zu Ende, man war von der NS-Gewaltherrschaft befreit, aber die äußere und innere Not der Bevölkerung waren so groß, dass es nur noch ums individuelle Überleben ging, nicht aber um eine in die Zukunft gerichtete Neuorientierung.

2.1 **Kurt Schumacher** geht in seinem programmatischen Entwurf davon aus, dass das deutsche Problem nur im Rahmen einer europäischen Neuordnung gelöst werden könne, dass man dabei auch neue Wege gehen müsse. Für ihn stellt die **Sozialdemokratische Partei** auf dem Weg in die Zukunft die **Vertretung des gesamten deutschen Volkes** dar, weil sie durch den Nationalsozialismus nicht belastet sei und deshalb für das deutsche Volk sprechen könne. Dabei sieht es Schumacher als vorrangiges Ziel an, dem deutschen Volk wieder „Achtung und Sympathie" zu verschaffen, die es in der Zeit der NS-Herrschaft verloren habe.

Als Partei, die das gesamte deutsche Volk vertritt, fordert die SPD nach Schumacher auch ein „**Deutschland als abgeschlossenes nationales und wirtschaftliches Ganzes**", das jedoch nicht isoliert sein dürfe, sondern **als Bestandteil Europas** ein gleichberechtigter Partner sein müsse.

Konrad Adenauer geht von einer **Teilung Europas** aus durch die Herrschaft der Sowjetunion über Osteuropa und den östlichen Teil Deutschlands. Er sieht in diesen Gebieten auch eine eigene Entwicklung. Demgegenüber gehören die Westzonen zu Westeuropa, das von Frankreich und England geführt werde. Für Adenauer besteht ein gemeinsames Interesse dieser beiden Mächte und der drei Westzonen auf **Stabilisierung und Zusammenschluss der amerikanischen, britischen und französischen Zone**. Am Ende der Entwicklung sollte dann eine **westeuropäische Union** stehen, in der die Sicherheitsbedürfnisse der westlichen Nachbarn durch enge wirtschaftliche Verflechtung zu befriedigen seien.

An einen deutschen Einheitsstaat unter Einschluss der sowjetisch besetzten Zone glaubt Adenauer nicht mehr, vielmehr sieht er ein eher **lockeres föderalistisches deutsches Staatsgefüge** als realistisches Fernziel an.
Beide Politiker, Schumacher wie Adenauer, sehen die **Notwendigkeit einer festen Einbindung Deutschlands in ein europäisches System**. Während jedoch der SPD-Politiker die nationale Einheit Deutschlands auch im Sinne Europas für notwendig hält, favorisiert der spätere erste Bundeskanzler die **Schaffung eines Weststaates** in enger wirtschaftlicher und politischer Verflechtung mit den westeuropäischen Demokratien, geht also von einer zumindest zeitweiligen getrennten Entwicklung West- und Ostdeutschlands aus.

2.2 Die Umsetzbarkeit der jeweiligen Vorstellungen von Schumacher beziehungsweise Adenauer war nicht so sehr eine Frage der Entscheidungen deutscher Politik, vielmehr hing sie ab von der internationalen Entwicklung.
Schon sehr früh zeigte sich sowohl im **gesamtdeutschen Kontrollrat** wie auch bei den **Außenministerkonferenzen** der Siegermächte, dass die im Krieg erfolgreiche **Anti-Hitler-Koalition** mit der Durchsetzung einer gemeinsamen Deutschland-Politik überfordert war. Das lag einmal an der Politik Frankreichs, das Deutschland schwächen wollte, vor allem aber auch am Vorgehen der Sowjetunion. Stalin hatte, so sahen es zumindest zuerst die Briten, dann auch die Amerikaner, nur Interesse an einer weiteren Ausdehnung des eigenen Machtbereichs nach Westen. Als **George F. Kennan**, Botschaftsrat der USA in Moskau, im Februar 1946 in seinem „langen Telegramm“ an das US-Außenministerium eine Kurskorrektur der amerikanischen Politik gegenüber einer zwangsläufig aggressiven Sowjetunion forderte und die Zusammenarbeit zwischen den USA und der Sowjetunion immer schwieriger wurde, orientierte sich die amerikanische Außenpolitik und damit auch die Deutschlandpolitik im Sinne Kennans um. Ziel der neuen **Containment-Politik** war die Eindämmung des sowjetischen Einflusses; England unterstützte diesen Wandel der Strategie, da es schon viel früher die Sowjetunion als den eigentlichen Gegner ansah. Der Gegensatz zwischen den Westmächten, allen voran England und die USA, und der Sowjetunion verschärfte sich zusehends, zumal die Sowjetisierung Osteuropas und Anzeichen für entsprechende Entwicklungen in Griechenland und der Türkei die pessimistischen Prognosen Kennans zu bestätigen schienen. Der **Kalte Krieg** brach im Jahr 1947 offen aus und verhinderte jede weitere gemeinsame Deutschland-Politik.
Als der amerikanische Außenminister **Byrnes** im Frühjahr 1946 auf der Pariser Außenministerkonferenz einen Plan vorlegte, wonach Deutschland für 25 Jahre entmilitarisiert und unter alliierter Kontrolle bleiben, aber seine staatliche Einheit behalten sollte, lehnte die Sowjetunion ab, da sie an einer längeren Stationierung amerikanischer Truppen in Europa keinerlei Interesse hatte. Im Grunde war zu diesem Zeitpunkt eine gemeinsame Deutschlandpolitik gescheitert.
Als die Briten deshalb am Ende der Konferenz in Paris den Plan äußerten, entweder ihre Zone wirtschaftlich zu verselbstständigen oder mit anderen Zonen zu vereinigen, gingen die USA sehr schnell auf dieses Angebot ein. Byrnes kündigte in einer Erklärung am 15. Juli 1946 an, die USA würden ihre Zone notfalls auch mit einzelnen Zonen zu einer größeren wirtschaftlichen Einheit zusammenschließen und erläuterte in der berühmten **Stuttgarter Rede vom 6. September** die neue amerikanische Deutschlandpolitik, die schließlich mit der Unterzeichnung des Abkommens für die **amerikanisch-englische Bizone** am 1. Oktober praktisch begonnen wurde.
Das Jahr 1947 brachte dann die endgültigen Weichenstellungen. Die USA verschärften mit der **Truman-Doktrin** und dem **Marshall-Plan** den Kampf gegen die Sowjetunion. In diesem Konzept war die Gründung eines deutschen Weststaates mehr als nur eine denkbare Alternative, sie wurde mehr und mehr zur politischen Notwendigkeit, zumal

die Sowjetunion die schon von Anfang an betriebene Sowjetisierung ihrer Zone fortsetzte.
Die **Gründung der beiden deutschen Staaten** im Jahr 1949 war also eine unmittelbare Folge des sich verschärfenden Ost-West-Konflikts und des wachsenden Misstrauens gegenüber den Möglichkeiten einer gemeinsamen Politik.
So hatte der Kalte Krieg die Chance für einen gesamtdeutschen Staat, den Schumacher wollte, zunehmend verringert, während Adenauers Position angesichts der internationalen Entwicklung sich als realitätsnäher erwies und durch sie gestärkt wurde.

3 Mit dem „**Petersberger Abkommen**" vom 24. November 1949 begann eine zumindest in Ansätzen souveräne deutsche Außenpolitik nach dem Zweiten Weltkrieg. Konrad Adenauer einigte sich mit den Hohen Kommissaren darauf, „die Zusammenarbeit Deutschlands mit den westeuropäischen Ländern auf allen Gebieten" zu fördern. In dem Vertragstext sagte der Kanzler die Bereitschaft der Bundesrepublik zu, der internationalen Ruhrbehörde beizutreten, obwohl die BRD damit Eingriffe in die eigene Souveränität akzeptierte. Aber Adenauer sah keine Alternative zu einer Politik der Annäherung an die westlichen Staaten und das westliche Bündnis. Im Gegensatz zu Kurt Schumacher, dem Führer der SPD, ging er davon aus, dass der Weststaat kein Provisorium sei und dass die völlige **Integration in die westliche Staatengemeinschaft** Priorität haben müsse gegenüber der **Wiederherstellung der nationalen Einheit**. Deshalb kam für ihn eine Neutralisierung Gesamtdeutschlands nicht in Frage, die von östlicher Seite immer wieder als Voraussetzung für eine Wiedervereinigung gefordert und die auch von Teilen der Opposition und sogar Gruppen innerhalb der CDU favorisiert wurde.
Die praktische Umsetzung der Politik der **Westintegration** war jedoch überaus schwierig, da das gegenseitige **Misstrauen zwischen Deutschland und Frankreich** schnelle Fortschritte erschwerte. So geriet zunächst der im „Petersberger Abkommen" vereinbarte **Beitritt** der Bundesrepublik **zum Europarat** ins Stocken, da die **Saarfrage** nicht gelöst war. Frankreich wollte ein autonomes Saargebiet und deshalb auch die Saar als Mitglied im Europarat. Das konnte Deutschland nicht akzeptieren. Doch im Mai 1950 legte die französische Regierung den von Jean Monnet erarbeiteten sog. „**Schuman-Plan**" vor, der die **Gründung einer europäischen Gemeinschaft für Kohle und Stahl** vorsah, die nicht nur die Basis schaffen sollte für eine friedliche Zusammenarbeit zwischen Frankreich und Deutschland, sondern auch die Grundlage für eine **Europäische Wirtschaftsgemeinschaft**. Adenauer sagte dem französischen Außenminister umgehend die Unterstützung dieses Planes zu.
Für die Siegermächte, aber auch für die Nachbarn der Bundesrepublik wurden der von Adenauer betriebene Beitritt Deutschlands zum Europarat, zur Montanunion und zu Euratom sowie die später folgende Gründung der Europäischen Wirtschafts-Gemeinschaft zum Beleg dafür, dass Deutschland keine nationalistischen Alleingänge und keine verhängnisvolle Revisionspolitik mehr plane. Die **Verflechtung der Bundesrepublik in das europäisch-westliche Wirtschafts- und Staatensystem** baute die Ängste und das Misstrauen gegenüber Deutschland ab und schuf so die Voraussetzung dafür, dass der neu gegründete Weststaat zunehmend als gleichberechtigter Partner anerkannt wurde.
Dies wird besonders deutlich in der **Eingliederung der Bundeswehr in das westliche Verteidigungsbündnis**. Schon seit 1948 war in politischen Planungszirkeln über eine Wiederbewaffnung des kommenden Weststaates nachgedacht worden. Nach der **Gründung der NATO** im April **1949** wuchs infolge der im Bündnis diskutierten Strategiekonzepte die Erkenntnis, dass eine Verteidigung des Westens gegen den Osten ohne Streitkräfte der Bundesrepublik schwer möglich sei. Selbst Adenauer signalisierte im Dezember 1949 seine Bereitschaft, deutsche Truppen im Rahmen einer europäischen Armee aufzustellen.

Zwar scheiterte der durch den Korea-Krieg beschleunigte Plan einer solchen europäischen Armee, da die **EVG-Verträge** im französischen Parlament keine Mehrheit fanden, aber auch die **Stalin-Noten** mit einem erneuten Angebot einer Wiedervereinigung bei anschließender Neutralität Deutschlands konnten Adenauer nicht davon abhalten, die Politik der Westintegration sicherheitspolitisch zu vollenden. Gestärkt durch einen hohen Wahlsieg am 6. September 1953, den er als Plebiszit vor allem für seine Außenpolitik ansah, stimmte Adenauer den Plänen der englischen und amerikanischen Regierung zu, die **Bundesrepublik als gleichberechtigtes Mitglied in die NATO** aufzunehmen. Am 23. Oktober 1954 wurden in Paris die entsprechenden Verträge unterzeichnet, die einerseits den Beitritt der BRD zur NATO besiegelten, andererseits in einem **„Deutschlandvertrag“ das Ende der Besatzungsherrschaft** vertraglich regelten. Deutschland war wieder völlig souverän und endgültig in das westliche Bündnis integriert.
Dazu beigetragen hatte in erster Linie die schrittweise **Annäherung und Aussöhnung mit Frankreich**, die entscheidend vorangetrieben wurde durch eine Einigung zwischen Adenauer und dem französischen Regierungschef Mendes-France über die Saar. Frankreich stimmte dabei einer **Volksabstimmung an der Saar** zu und akzeptierte auch das für Paris unerwartete Ergebnis. Die Bevölkerung des Saargebiets lehnte ein von Frankreich gewünschtes Statut einer Europäisierung der Saar ab und entschied sich letztlich für eine Eingliederung in die Bundesrepublik, die am 1. Januar 1957 vollzogen wurde.
Konrad Adenauer war es gelungen durch seine Politik der Westintegration nicht nur die volle Souveränität der Bundesrepublik zu erreichen, sondern auch durch die schrittweise Annäherung an Frankreich neue Wege zu eröffnen für eine weitgehende europäische Zusammenarbeit.

4 Schumachers Erkenntnis, man könne „eine Welt nicht mit altem Material neu bauen“, trifft auf die Gründung der Bundesrepublik zunächst einmal weitgehend zu. Die Besatzungsherrschaft und der Wille der westlichen Alliierten, aber auch die Mehrheitsverhältnisse im Parlamentarischen Rat waren ausschlaggebend, dass der **neue Staat konsequent als repräsentative Demokratie mit starken föderalistischen Strukturen** eingerichtet wurde. Diese Entscheidung wurde durchaus verstanden als Absage an die stärker zentralistischen und plebiszitären Strukturen der Weimarer Republik, die man für deren Scheitern mitverantwortlich machte.
Völlig neu war in erster Linie die **verfassungsrechtliche Verankerung der Grund- und Menschenrechte**, die nicht mehr nur dekoratives Anhängsel der Verfassung waren, sondern bindender Rahmen des staatlichen Handelns. Nicht zuletzt diese Wertbindung der Bundesrepublik, die von den großen Parteien, aber auch von den wichtigen Interessengruppen als Verpflichtung angesehen wurde, führte von Anfang der Republik an zu einem **demokratischen Grundkonsens** in der „freiheitlich demokratischen Grundordnung“, den es in der Weimarer Republik, der Demokratie ohne Demokraten, nie gegeben hatte.
Der Neubeginn nach 1945 wurde schließlich zum Erfolg, weil es im Ringen um eine neue Wirtschaftsordnung gelungen war, die liberalen Prinzipien einer freien Marktwirtschaft zu vereinigen mit sozialstaatlichen Vorstellungen. Das seit 1949 durchgesetzte **Konzept der sozialen Marktwirtschaft** ließ die junge Republik die Folgen des Krieges und des totalen Zusammenbruchs im Vergleich zu Weimar überraschend schnell überwinden.
Dazu beigetragen hat unter anderem, dass sich die Bonner Republik nicht mit einer übertrieben nationalen oder gar nationalistischen Revisionspolitik in Gegensatz setzte zu den Siegermächten, sondern die Bundesrepublik in einer konsequenten **Hinwendung zum europäischen Gedanken** einen völlig neuen Weg beschritt.
Man darf jedoch nicht übersehen, dass der Neubeginn auch belastet war vom **Fortwirken alten Denkens** und **alter personeller Strukturen**. Die NS-Vergangenheit wurde von vielen Menschen verdrängt, die Sehnsucht nach deutscher Größe und einem starken

Führerstaat war oft noch spürbar angesichts des Ringens der Republik um innere und äußere Souveränität. Nicht nur Parteien wie der „Block der Heimatvertriebenen und Entrechteten" griffen auf belastete Personen- und Gesellschaftskreise zurück, auch die großen Parteien glaubten nicht auf Personen mit NS-Vergangenheit verzichten zu können. Zu einem Sammelbecken „brauner" Kräfte wurde hingegen die „**Sozialistische Reichspartei**" (SRP), die sich als nationale Widerstandsbewegung verstand und die Kontinuität des Antibolschewismus pflegte. Mit dieser kaum getarnten Pflege der Tradition zum Dritten Reich erreichte die Partei bei Landtagswahlen 1951 in Bremen immerhin 7,7 Prozent der Wählerstimmen, in Niedersachsen sogar 11 Prozent, ehe sie vom Bundesverfassungsgericht verboten wurde.
Durchaus von Kontinuität kann man sprechen angesichts des starken **Antibolschewismus** in der jungen Bundesrepublik, zumal Konrad Adenauer nicht müde wurde, seine Politik der Westintegration damit zu rechtfertigen.
Insgesamt lässt sich also sagen, dass in der Bundesrepublik ein wirklicher Neubeginn mit tief greifenden politischen und gesellschaftlichen Umbrüchen gelungen ist, dass aber Kontinuitätslinien zur Zeit vor 1945 vorhanden waren.

Grundkurs Geschichte (Bayern) 2005 – Aufgabe I
Bayern auf dem Weg zum modernen Staat

		BE
1		18
1.1	Nach der Formulierung des Historikers Karl Bosl erfuhr Bayern im 19. Jahrhundert eine „geminderte" Industrialisierung. Zeigen Sie, worin sich diese äußerte und welche Sachverhalte hauptsächlich dafür verantwortlich waren!	
1.2	Stellen Sie dar, inwiefern durch staatliches Handeln Anstöße für die wirtschaftliche Weiterentwicklung im Königreich Bayern gegeben wurden!	
2	Zeichnen Sie nach, wie Ignaz Rudhart im beigefügten Text die Behauptung eines in der bayerischen Verfassung von 1818 angelegten Spannungsverhältnisses in der Abgeordnetenkammer begründet! Belegen Sie Rudharts These anhand der Zusammensetzung der Kammer!	14
3	Definieren Sie den Begriff der konstitutionellen Monarchie! Arbeiten Sie anhand der bayerischen Verfassung von 1818 oder der Reichsverfassung von 1871 Grundprobleme der Gewaltenverteilung zwischen Monarch und Parlament in dieser Staats- bzw. Regierungsform heraus!	12
4	Diskutieren Sie anhand von zwei Verfassungen der deutschen Geschichte seit Beginn des 19. Jahrhunderts, inwieweit Verfassungen zur staatlichen bzw. nationalen Integration beitragen können!	16

Ignaz Rudhart: Über den Zustand des Königreichs Bayern.
Band I. Stuttgart 1825 (Auszug)

Die Kammer der Abgeordneten wird zusammengesetzt durch freye Wahl, welche alle 6 Jahre erneuert wird. Es ist bey einer repräsentativen Versammlung wesentlich, daß sie aus Männern bestehet, auf welchen das Vertrauen des Volkes ruhet, dessen Angelegenheiten dieselbe zu berathen hat. Sie bildet eine ungetheilte, nicht nach Ständen gesönderte, Versammlung; daher ist jedem Mitgliede sein Sitz nicht nach Ständen oder Kreisen sondern durch das Loos angewiesen, und von jedem der Eid zu leisten nur des ganzen Landes allgemeines Wohl und Beste ohne Rücksicht auf besondere Stände oder Klassen nach innerer Ueberzeugung berathen zu wollen. Auch die Anzahl der Mitglieder im Ganzen richtet sich nach der Familienzahl im Königreiche ohne Unterscheidung der Stände in dem Verhältnisse, daß auf 7 000 Familien ein Abgeordneter gerechnet wird.

Allein die hienach zu wählende Anzahl von Abgeordneten ist nach Ständen vertheilt, und bey der activen und passiven Wahlfähigkeit kömmt es auf den Stand an. Die Kammer der Abgeordneten ist daher in der That eine Versammlung von Ständen ähnlich jener der älteren Zeit, aber mit der Bestimmung, eine allgemeine repräsentative Versammlung zu seyn. Sie darf daher nicht nach Klassen stimmen, noch die besonderen Interessen eines einzelnen Standes vertreten; sie ist eine Versammlung von Ständen mit der Aufgabe, – den Stand zu verläugnen. Diese Aufgabe ist sehr schwer. Die Menschen sind in der bürgerlichen Gesellschaft selten durch Ideale, meistens nur durch Interesse verbunden; dagegen hilft kein Eid, da selbst die redlichen in der Regel ihr Interesse für das Allgemeine, den Vortheil ihres Standes für das allgemeine Wohl und für ein Recht halten, sowie jede

Parthey geneigt ist, ihre Meynung für die öffentliche Meynung zu betrachten, und dem Gelbsüchtigen, wie man sagt, Alles gelb aussieht. Durch die Zusammensetzung der Kammer der Abgeordneten nach Ständen sind daher die besonderen Interessen gleichsam gesetzlich constituirt, und gegen das allgemeine hervorgehoben worden. [...]

Ignatz Rudhart: Über den Zustand des Königreichs Baiern, Band I, Stuttgart 1825, S. 337ff. Zitiert nach: Aufbruch ins Industriezeitalter, Band 3: Quellen zur Wirtschafts- und Sozialgeschichte Bayerns, hrsg. von Konrad von Zwehl und Susan Boenke. München 1985, S. 86–88.

Lösungen

1.1 Bayern war in der ersten Hälfte des 19. Jahrhunderts tatsächlich ein industriell eher rückständiger Staat, von dem Bosl zu Recht sagt, dass er eine „geminderte“ Industrialisierung erfuhr.

Es gab nur sehr wenige „Großbetriebe“ mit mehr als 100 Arbeitern, die sich vor allem in **Augsburg und Nürnberg** konzentrierten. In München hatte als erster Anton von Maffei 1837 ein Eisenwerk gegründet, das zu den größeren Betrieben gezählt werden konnte.

Beispielhaft für die **industrielle Entwicklung in Bayern** war vor allem Augsburg. Auf der Grundlage spezifischer Gewerbetraditionen v. a. im Goldschmiedehandwerk und in der Textilverarbeitung entwickelten sich im ersten Drittel des 19. Jh. frühindustrielle Produktionen. Zu verdanken war dies der Zusammenarbeit von Unternehmern wie dem Textilfabrikanten Carl Forster mit technisch und wissenschaftlich interessierten Bürgern wie Dr. Johann Gottfried Dingler. Die Gründung der Mechanischen Baumwollspinnerei und Weberei in Augsburg 1837/40 kann als Take-off für die Industrialisierung in Augsburg angesehen werden, zumal ein traditionell **fortschrittliches Bankensystem** in der Stadt die Finanzierung sicherte.

Eine ähnlich verkehrsgünstige Lage wie Augsburg besaß Nürnberg und auch in der fränkischen Metropole gab es Gewerbetraditionen, die sich als förderlich für eine Industrialisierung herausstellten. So entwickelte sich eine Maschinenbauindustrie, die von der nahen Eisen- und Hüttentradition in der Oberpfalz profitierte. Der Bau der **ersten Eisenbahn zwischen Nürnberg und Fürth** war zwar wirtschaftlich gesehen nicht von überragender Bedeutung, kann aber als Beleg dafür gelten, dass in Nürnberg ähnlich wie in Augsburg eine aufgeschlossene Fabrikantengilde existierte und Kapital für innovative Projekte zur Verfügung stand.

Die wenigen industriellen Ballungsräume um Nürnberg, Augsburg, das pfälzische Ludwigshafen und bald auch München können aber nicht darüber hinwegtäuschen, dass Bayern im 19. Jahrhundert überwiegend ein **agrarisches Land** blieb. In erster Linie verantwortlich dafür war das Fehlen wichtiger Rohstoffe, vor allem Steinkohle. Für die immer energieintensivere industrielle Produktion reichte die Wasserkraft, die anfangs einen Standortvorteil Augsburgs ausmachte, nicht mehr aus, sodass die bayerische Industrie gegenüber dem Ruhrgebiet oder der sächsischen Industrieregion erheblich höhere Energiekosten verkraften musste. Gegenüber dem norddeutschen Raum und den Gebieten am Rhein lag Bayern, insbesondere Altbayern auch ungünstig zu den Ländern mit industriellem Vorsprung, England und Frankreich. Österreich-Ungarn war als unmittelbarer Nachbar ebenfalls eher rückständig.

Hemmend wirkte sich sicherlich auch aus, dass die bayerische Regierung unter **König Ludwig I**. der gesamten industriellen Entwicklung eher skeptisch gegenüberstand. Die industrielle Entwicklung wurde nicht selten gleichgesetzt mit einer Proletarisierung und sittlichen Verrohung der Bürger.

Dass Bayern keine Vorreiterrolle bei der wirtschaftlichen Entwicklung übernehmen wollte und konnte, lässt sich auch daran erkennen, dass die **Gewerbefreiheit in Bayern** endgültig erst 1868 eingeführt wurde, in Preußen dagegen bereits 1807. Solche Verzögerungen und Verspätungen werden auch sichtbar an dem Bemühen des Königs, die Infrastruktur in Bayern zu verbessern. Die **Eröffnung des Ludwig-Donau-Main-Kanals im Jahr 1845** kam zu einem Zeitpunkt, als die Eisenbahn, die in Bayern eher zögerlich gefördert wurde, bereits ihren Siegeszug angetreten hatte.

1.2 In erster Linie war es dem Grafen **Montgelas** zu verdanken, dass aus dem bayerischen „Fleckerlteppich" kleiner und kleinster Herrschaftsgebiete ein moderner Flächenstaat geworden war. Das durch geschickte Außenpolitik in der Zeit Napoleons zwischen 1800 und 1814 stark vergrößerte Bayern erhielt eine **moderne Verwaltung**, den Handel und die Infrastruktur behindernde innere Grenzen fielen, ein **einheitlicher Binnenraum** entstand und erleichterte in der Folge die wirtschaftliche Entwicklung.

Mit der Modernisierung der Verwaltung entfielen auch die vielfältigen Abhängigkeiten der Untertanen von erblichen oder käuflichen Ämtern, von Pflegschaften und Anwartschaften. Mit der **Dienstespragmatik von 1805** hatte Montgelas die Grundlage für ein modernes und leistungsfähiges Beamtentum geschaffen. Mit Gesetz vom 8. Juni 1807 wurden alle ständischen Steuerprivilegien beseitigt. Die althergebrachte Ständeverfassung wurde endgültig abgelöst von der „**Konstitution**" **von 1808**, mit der die Gleichheit vor dem Gesetz zum Prinzip erhoben wurde. Die neue Verfassung bedeutete zwar noch nicht, dass das Volk politisch mitregieren konnte, aber sie schuf wesentliche Bedingungen für die **Entfaltung der wirtschaftlichen Kräfte der Gesellschaft**. Die gesellschaftlich-rechtlichen Standortbedingungen in Bayern hatten sich deutlich verbessert, etwa durch den Schutz des Privateigentums vor dem Zugriff ständischer und staatlicher Herrschaft und durch die Beseitigung von Beschränkungen der Berufsfreiheit.

Als förderlich für die industrielle Entwicklung Bayerns erwies sich auch die **Zollpolitik**. Stark unterstützt vom „Deutschen Handels- und Gewerbsverein", in dem Friedrich List großen Einfluss besaß, hatten sich die Staaten des Deutschen Bundes mit Ausnahme Österreichs seit 1819 der von Preußen initiierten Zollvereinigung angeschlossen. Bayern glaubte zwar, sich dem Einfluss Preußens durch einen eigenen Zollverein mit Württemberg und Hohenzollern 1828 entziehen zu können, trat aber doch am 1. Januar 1834 dem nun **Deutschen Zollverein** bei – ein wichtiger Schritt in die Zukunft eines modernen industriellen Landes.

Selbst König Ludwig I., kein Freund der neuen Fabriken und der mit ihnen verbundenen Arbeits- und Lebensbedingungen, bemühte sich um eine Verbesserung der Infrastruktur. Die wenn auch halbherzige **Förderung der Verkehrswege** durch den Kanal- und Eisenbahnbau in seiner Regentschaft können als Beleg gelten. Mit dem Ludwig-Donau-Main-Kanal wurde eine zumindest kurzfristig wichtige Verbindung zwischen der Donau und den industriellen Zentren am Rhein geschaffen, das Gesetz über die „Ludwig-Süd-Nord-Bahn" schuf die Basis für eine Eisenbahnverbindung zwischen Lindau und Hof.

Die neue Form der industriellen Produktion und die damit verbundene Notwendigkeit ständiger wissenschaftlich-technischer Innovationen waren ein wichtiger Impuls zur **Modernisierung des Bildungssystems**. Zwar stand das Schulsystem auch unter Montgelas noch stark unter dem Einfluss der Kirche, da die Schulinspektoren vorwiegend geistliche Herren waren, aber immerhin wurde 1802 **die öffentliche Schule mit Schulzwang** eingeführt; die Sachschule, später als Realschule bezeichnet, gewann neben der Sprachschule an Bedeutung. Wichtig wurden vor allem die Technikerschulen; die erste bayerische Technikerschule wurde 1827 in München gegründet und 1868 zur **Technischen Hochschule**. Bereits 1823 gab es jedoch ebenfalls in München eine Spezialschule für das Baugewerk. Zwar nicht mit der gleichen Dynamik wie in Preußen, aber doch zielstrebig wurden auch in Bayern die Bedingungen für eine Industrialisierung verbessert.

2 Ignaz Rudhardt sieht in der **verfassungsrechtlichen Konstruktion der Kammer der Abgeordneten** von 1818 eine Spannung zwischen dem angestrebten repräsentativen Prinzip einerseits und dem Rückgriff auf ständische Strukturen andererseits.

Dass es sich um eine „**Repräsentativverfassung**" handelt, wird aus wesentlichen Regelungen zur Kammer der Abgeordneten ersichtlich. In erster Linie sieht Rudhardt hier die „freye Wahl" der Abgeordneten, die als Repräsentanten des Volkes dessen Vertrauen haben sollten für die Regelung aller Angelegenheiten. Dass dabei bewusst eine Gliederung nach Ständen vermieden werden sollte, belegt der Autor mit der Regelung, die Sitzordnung auszulosen, also zu verhindern, dass die Vertreter der Stände sich auch äußerlich organisieren.

Besonders demonstriert wird der repräsentative Charakter der Abgeordnetenkammer durch den Eid, den die Abgeordneten zu leisten haben. Nicht als Vertreter ihrer Wähler oder ihres Standes sollen sie sich verstehen, sondern als **Repräsentanten des ganzen Landes**, sich dem „allgemeine[n] Wohl und Beste[n]" verpflichtet fühlen. Und schließlich wird die Gesamtzahl der Abgeordneten nicht nach einem ständischen Schlüssel berechnet, sondern nach der Familienzahl. Ein Abgeordneter steht dabei für 7 000 Familien.

Insgesamt stellen die Regelungen für die Kammer der Abgeordneten tatsächlich unter Beweis, dass die Verfassung von 1818 vom **liberalen Zeitgeist** mitgeprägt, in erster Linie aber den Bestrebungen der Ära Montgelas nach einer **Integration der neu gewonnenen Gebiete** mit ihren territorialen und ständischen Besonderheiten verpflichtet war.

Rudhart macht allerdings ebenso deutlich, dass die **ständischen Herrschaftsstrukturen** nicht mit einem Federstrich beseitigt werden konnten. Da die zu wählenden Abgeordneten doch nach Ständen aufgeschlüsselt werden, macht die neue Kammer der alten Ständeversammlung wieder sehr ähnlich. Vertreten waren in der Kammer nach Teil VI, § 9 der Verfassungsurkunde die drei **Universitäten**, der **grundherrliche Adel** (1/8 der Sitze), die katholische und protestantische Geistlichkeit (1/8 der Sitze), die **Städte und Märkte** (1/4 der Sitze) sowie die übrigen **Landeigentümer** (2/4 der Sitze). Geändert habe sich nach Rudhardt für die Abgeordneten nur die Verpflichtung, sich nicht mehr als Ständevertreter zu verstehen, sondern als Repräsentanten des ganzen Landes. Der Autor zweifelt jedoch daran, dass dies gelingen könne, müsste doch der Abgeordnete seinen Stand verleugnen. Vielmehr glaubt Rudhardt, dass die ständischen Sonderinteressen so stark seien, dass sie von den jeweiligen Abgeordneten mit dem allgemeinen Wohl gleichgesetzt würden.

Gegen ein wirklich repräsentatives System spricht auch die Tatsache, dass das **Wahlrecht an Besitz gebunden** war und Frauen von vornherein ausgeschlossen waren. Nur 1,2 % der Bevölkerung besaßen demzufolge ein passives, nur 6 % ein aktives Wahlrecht.

In der politischen Praxis jedenfalls dürfte sich die Skepsis Rudhardts bewahrheitet haben, dass trotz der verfassungsrechtlich stark verankerten repräsentativen Vorstellungen die ständisch geprägten Interessen sich durchsetzten.

3 *Die Lösung geht auf die Verfassungen von 1818 und 1871 ein. In der Prüfung sollen Sie sich, wie in der Fragestellung gefordert, auf ein Beispiel beschränken.*

Unter **konstitutioneller Monarchie** versteht man eine Staats- bzw. Regierungsform, in der die Gewalt des Monarchen durch eine Verfassung, also eine Konstitution, begrenzt wird, während in der absoluten Monarchie die Macht des Herrschers unbegrenzt, also „absolut" ist. Im Gegensatz zur parlamentarischen Monarchie in England, in der das Parlament dem Monarchen übergeordnet ist, entwickelte sich in Kontinentaleuropa nach 1800 ein System, in dem der Monarch seine Macht selbst durch eine Verfassung einschränkte, indem er den Ständen bzw. der Volksvertretung bestimmte Rechte zubilligte, ohne allerdings den eigenen Herrschaftsanspruch in Frage zu stellen. **König Max I. Joseph von Bayern** ordnete am 26. Februar 1818 selbst an, dass seine Minister und Staatsräte einen Änderungsentwurf zur Konstitution von 1808 entwerfen sollten und leistete am 27. Mai des Jahres den Eid auf die neue Verfassung. Zentrales Problem bei der Gestaltung konstitutioneller Monarchien ist die **Gewaltenverteilung zwischen dem Monarchen und der Volksvertretung**. Konkret stellen sich dabei die Fragen nach der Bestellung und der Verantwortlichkeit der Regierung und nach der Beteiligung der Gewalten an der Gesetzgebung.

In der bayerischen Konstitution von 1818 **behielt der Monarch die Exekutive**, also die Regierungsgewalt, in seiner Hand. Das war angesichts der starken restaurativen Tendenzen im Deutschen Bund auch gar nicht anders denkbar. Die Regierung wurde vom Monarchen bestellt, nur ihm gegenüber waren die Minister verantwortlich. Auch der **Gesetzgebungsprozess** betonte ein nach wie vor starkes monarchisches Prinzip. Allein der König bzw. seine Regierung konnten Gesetze initiieren. Dem Parlament wurde lediglich das **Petitionsrecht** zugebilligt, also die Möglichkeit den Erlass oder die Änderung von Gesetzen anzuregen. Eine gewisse Kontrolle hatte die Abgeordnetenkammer nur dadurch, dass sie Gesetzen zustimmen oder sie verweigern konnte. Eigentliches Kontrollinstrument waren aber das **Steuerbewilligungsrecht und die Prüfung des Staatshaushalts**, der von der Kammer genehmigt werden musste. Dass der König die Regierungsverantwortung keinesfalls einschränken oder gar abgeben wollte, zeigt auch das **Edikt vom 17. Mai 1818**, in dem den Städten und Gemeinden zwar Selbstverwaltungsrechte im Sinne der Stein'schen Städteordnung in Preußen zugestanden wurden, das sie gleichzeitig aber einer strengen staatlichen Aufsicht unterstellte.

Auch die **Reichsverfassung von 1871** trägt wesentliche Züge einer konstitutionellen Monarchie. Es waren die deutschen Fürsten, die auf der Grundlage der Verfassung des Norddeutschen Bundes eine Konstitution verhandelten und nach dem Sieg über Frankreich im Zuge der Reichsgründung in Kraft setzten. Zwar lag die Souveränität nach dem Wortlaut der Verfassung bei den „verbündeten Regierungen", die im Bundesrat ihr Organ hatten. Aber in der politischen Praxis lag die **Regierungsgewalt eindeutig beim Kaiser, also dem preußischen König**, der auch den Kanzler und damit die Regierung ernannte. Beim Monarchen lagen die Rechte über Krieg und Frieden zu entscheiden wie auch über den Ausnahmezustand und die letzte Entscheidung bei einem Verfassungskonflikt zu treffen. Ein weiteres Machtinstrument bildete die preußische Bürokratie, die gegenüber der eher schwachen Reichsbürokratie die Gesetzgebung des Reiches dominierte.

Damit ist auch schon ein Hinweis gegeben auf das Verfahren der Gesetzgebung. Im Gegensatz zur bayerischen Verfassung von 1818 hatte der **Reichstag,** also das gewählte Parlament, zwar das Recht auf eine Gesetzgebungsinitiative, aber in der politischen Realität lag die Möglichkeit bei den preußischen Ministerien, die dem König und damit dem Kaiser unterstanden. Und doch erwies sich der **Reichstag als starkes Korrektiv** gegenüber der preußisch-deutschen Monarchie, da die Regierung gezwungen war für die jeweilige Politik Mehrheiten zu finden, einmal um die Finanzierung der Politik zu sichern, zum anderen um die Politik in der Öffentlichkeit zu legitimieren.

4 *Der Lösungsvorschlag ist umfangreicher, da er auf mehr als die in der Aufgabenstellung geforderten zwei Verfassungen eingeht und so die Bandbreite möglicher Antworten zeigt. Eine Lösung in dieser Ausführlichkeit wird nicht erwartet.*

Verfassungen sind nicht nur dazu da, die Machtverhältnisse in einem politischen System zu regeln, politische Entscheidungsprozesse zu institutionalisieren und die Rechte der Bürger festzulegen, sondern sie sind gleichsam auch **eine Art Gesellschaftsvertrag**, in dem sich Individuen zu einer staatlich organisierten Gemeinschaft, im 19. Jahrhundert vor allem zur Nation, zusammenschließen. An verschiedenen Verfassungen lässt sich das jeweilige **Integrationspotenzial** vergleichend diskutieren.

Eine überaus wichtige Integrationsfunktion hatten die **bayerischen Verfassungen von 1808 und 1818**. Das Kurfürstentum Bayern war durch die geschickte Politik in den Koalitionskriegen Napoleons erheblich gewachsen und 1806 wurde aus Maximilian IV.

Joseph, dem Kurfürsten von der Pfalz, König Max I. von Bayern. Nun galt es, das alte Bayern und die vielen dazugewonnenen Territorien und Herrschaften mit unterschiedlichen religiösen, herrschaftlichen und kulturellen Eigenheiten zu einem modernen Staat zu verschmelzen, ein gemeinsames Staatsbewusstsein zu erzeugen und den Zugriff auf die Bevölkerung zu erleichtern. Graf Montgelas versuchte dies durch eine bisweilen rücksichtslose Modernisierung der Verwaltung nach französisch-rationalem Vorbild. Nicht zuletzt sein fehlendes Gespür für regionale Besonderheiten war verantwortlich dafür, dass in vielen neuen Gebieten die Distanz zu München bestehen blieb.

Die integrative Wirkung der **Verfassung des Deutschen Reiches von 1871** ging sicherlich in erster Linie davon aus, dass mit dieser Verfassung **der ersehnte Nationalstaat** als Bundesstaat geschaffen wurde. Was nach den Befreiungskriegen mit dem Deutschen Bund nicht gelungen war, war nun zumindest in der „kleindeutschen" Variante erreicht. Integrativ dürfte sich auch ausgewirkt haben, dass ein fortschrittliches gleiches Wahlrecht in der Verfassung verankert war. Der Reichstag erwies sich dann auch durchaus als integratives Element, spielte er doch in der politischen Praxis eine größere Rolle im Vergleich zum Bundesrat, dem Vertretungsorgan der einzelnen Bundesstaaten.

Allerdings behinderte die Verfassung die Integration auch dadurch, dass mit dem deutlichen Übergewicht Preußens **die antipreußischen Ressentiments** vor allem bei den süddeutschen Staaten verstärkt wurden. Hier wirkten sowohl der Dualismus zwischen Preußen und Österreich als auch die Rolle Preußens in den Einigungskriegen nach. Der **Kulturkampf** als Konflikt zwischen dem politischen Katholizismus der süddeutschen Staaten auf der einen Seite und dem preußisch-protestantischen Machtanspruch auf der anderen Seite war sicherlich auch Ausdruck der Probleme, die Länder wie Bayern mit der Integration in das preußisch dominierte Reich hatten.

Die integrative Kraft der **Verfassung der Weimarer Republik** bestand in erster Linie in den **demokratischen und sozialstaatlichen Prinzipien**, die nun endlich in einer deutschen Verfassung verankert waren. Die Gründung der Verfassung auf die Volkssouveränität und die Absage an die Räterepublik war der Wille der Mehrheit, repräsentiert von einer gewählten Nationalversammlung. So war die Verfassung also nicht wie die von 1871 ein Bündnisvertrag souveräner Fürsten, sondern **Wille einer souveränen Nation**. In diesem Sinne wirkte die Verfassung integrativ in einer Zeit der Machtansprüche rechter und linker Extremisten.

Auf der anderen Seite provozierte der gegenüber früheren Verfassungen **starke Zentralismus der Weimarer Reichsverfassung**, der den Ländern wenig Mitspracherechte einräumte und dem Reichspräsidenten mit dem Artikel 48 Absatz 1 Sanktionsmöglichkeiten gegen oppositionelle Länder einräumte, den Widerstand eben dieser Länder gegen die Zentralgewalt in Berlin. **Separatismusbestrebungen, Aufstände in Sachsen und Thüringen und nicht zuletzt reichsfeindliche Umtriebe in Bayern** belegen, dass die Verfassung von 1919 durchaus auch antiintegrative Wirkungen hervorrief.

Einen hohen Grad an Integrationskraft bewies das **Grundgesetz der Bundesrepublik Deutschland**. Offensichtlich ist es hier gelungen, ein hohes Maß an freiheitlichen und demokratischen Rechten zu gewähren und die traditionelle Grundspannung zwischen Zentralregierung und föderalistischen Prinzipien auszutarieren. Gerade nach dem Zusammenbruch der nationalsozialistischen Diktatur war das **Demokratieangebot im Grundgesetz** von der westdeutschen Bevölkerung voll angenommen worden und bot einen verfassungsrechtlichen Rahmen für einen wirtschaftlichen und politischen, wohl aber auch kulturellen Wiederaufstieg des deutschen Volkes.

Auf der anderen Seite zeigte spätestens die innere **Krise am Ende der 60er-Jahre**, dass das Grundgesetz mit seiner konsequenten Ablehnung plebiszitärer Elemente auf Bundesebene auch die Integration behinderte. Die Erfahrungen der Mitglieder des Parlamentarischen Rates mit der NS-Diktatur hatten zu der stark repräsentativen Ausgestaltung des Grundgesetzes geführt, die nun die Integration nicht nur junger politischer Bewegungen erschwerte und noch erschwert.

Grundkurs Geschichte (Bayern) 2005 – Aufgabe II
Die Neuordnung Europas und die Weimarer Republik

BE

1 20

1.1 Skizzieren Sie wichtige Stationen der Entwicklung der NSDAP von 1919 bis zum 30. Januar 1933!

1.2 Erarbeiten sie aus dem Text (M 1), welches Bild Hitler von der NSDAP zeichnet, und erläutern Sie, inwiefern er dabei die Erwartungen der Adressaten berücksichtigt!

2 24

2.1 Analysieren Sie das Zahlenmaterial zur Mitgliederstruktur der NSDAP (M 2) und überprüfen Sie, inwieweit der Anspruch der Partei, alle Bevölkerungsschichten zu repräsentieren, bis 1930 erfüllt war!

2.2 Zeigen Sie in Grundzügen auf, wie das NS-Regime die im Text enthaltenen sozial- und wirtschaftspolitischen Vorstellungen Hitlers nach 1933 in konkrete Politik umzusetzen versucht hat!

3 Untersuchen Sie, inwiefern die nationalsozialistische Vorstellung von der „Volksgemeinschaft" in Kontinuität zum Wunsch national denkender Kreise nach Aufhebung von Klassen- und Parteigegensätzen seit der Kaiserzeit zu sehen ist! 16

M 1: Auszug aus der 1927 gedruckten und in Industriellen-Kreisen verbreiteten Broschüre „Der Weg zum Wiederaufstieg" von Adolf Hitler

[…] Die neue Bewegung lehnt kategorisch jede Standes- und Klassenteilung ab und proklamiert an deren Stelle eine zusammenfassende deutsche Einstellung. Sie bildet sich nicht ein, dass diese Umstellung allein durch fromme Belehrung zu erreichen sei. Nein, sie ist überzeugt, dass die Bewegung zunächst in sich selbst den Beweis für die Möglichkeit einer solchen Umstellung zu liefern habe, und weiter, dass die allgemeine Erziehung der Nation dereinst nach diesen Gesichtspunkten, wenn notwendig auch durch schwersten Kampf zu erzwingen sein wird. Sie sieht das Recht hiezu in der Erkenntnis dieser Notwendigkeit. Damit setzt die Bewegung anstelle der heute herrschenden internationalen Geistesrichtung bewusst und gewollt eine fest umrissene nationalistische; anstelle der demokratischen Massenanbetung die bedingungslose Autorität der Persönlichkeit und anstelle der pazifistischen Verseuchung die Erziehung zu Widerstand und Kampf. Die Bewegung weiß dabei, dass eine solche Entwicklung erstens nicht von oben herunter in Gang gebracht werden kann, sondern dass sie, wie alle großen Erscheinungen der Weltgeschichte, aus dem Innersten des Volkes herauszuwachsen hat; dass sie zweitens von den Vertretern des herrschenden Regimes nicht begrüßt wird und auch nicht werden kann, sondern dass sie ihren Weg als einen Weg des Kampfes gegen die Unterdrückung zu nehmen hat; und dass drittens der Erfolg nicht in der Stunde kommt, sondern dass eiserne Beharrlichkeit und unsägliche Geduld allein zu einem Erfolg berechtigen, der nicht in der Besiegung augenblicklicher Zustände, als vielmehr in der Überwindung lange eingefressener Schäden und ihrer tieferen Ursachen Sinn und Bedeutung hat.

Die Bewegung geht dabei von der Erkenntnis aus, dass die Zukunft eines Volkes nicht garantiert wird durch die Wirtschaft an sich. Sie sieht in ihr nur eine notwendige Dienerin im Leben eines Volkskörpers und Volkstums. Sie empfindet eine unabhängige nationale Wirtschaft als eine Notwendigkeit, jedoch sie sieht in ihr nicht das Primäre, nicht die Bildnerin des starken Staates, sondern umgekehrt: Der starke nationalistische Staat allein kann einer solchen Wirtschaft Schutz und Freiheit des Bestehens und der Entwicklung geben.

Die nationalsozialistische Bewegung erkennt weiter als wesentlichste Voraussetzung zur Lösung dieser Aufgabe und für die Bildung eines einheitlichen Nationalkörpers die restlose Eingliederung des so genannten vierten Standes in die Volksgemeinschaft. Sie sieht darin nicht ein theoretisches Problem, sondern die Lebensvoraussetzung für unser Volk. Sie wünscht, dass diese Millionenmasse unseres Volksgutes aus den Händen ihrer derzeitigen internationalen, meist undeutschen Verführer und Leiter genommen wird und ihre volle Eingliederung in den Rahmen der Nation und des Staates findet. Sie vollzieht zunächst diesen Prozess vorbildlich in ihren eigenen Reihen und liefert damit den Beweis für die Möglichkeit der Durchführung dieses Entschlusses. Sie sieht dabei die Erfüllung sozial berechtigter Ansprüche als selbstverständliche, in Wahrheit überhaupt nur scheinbare Konzessionen an, denen der immense Werte [sic!] einer die gesamte Nation umfassenden innigen Gemeinschaft aller und der daraus entsprießenden Kraft gegenübersteht.

Sie formuliert aus den beiden bisher missverständlich aufgefassten und daher trennenden Begriffen „Nationalismus" und „Sozialismus" einen neuen verbundenen, indem sie feststellt, dass höchster Nationalismus wesensgleich ist mit höchster Volkssorge und höchster Sozialismus gleich ist mit höchster Volks- und Vaterlandsliebe und mithin beides die verantwortliche Erfüllung ein und derselben völkischen Pflicht darstellt.

Sie schafft damit jenen Begriff, auf den es möglich wird, die Besten unseres Volkes aus allen Lagern zu vereinigen. […]

Hitler, Adolf: Reden, Schriften, Anordnungen. Februar 1925 bis Januar 1933, Band II/2, hrsg. und komm. von Bärbel Dusik, München u. a. 1992, S. 501–509.

M 2: Soziologische Struktur der NSDAP um 1930

Erwerbstätige	Im Reichsgebiet (Volkszählung von 1925)[1]		In der NSDAP (vor dem 14. 9. 1930)		Anteil der NSDAP-Mitglieder an der Zahl der Erwerbstätigen[2]
	absolut	in Prozent	absolut	in Prozent	in Prozent
Arbeiter	14 443 000	45,1	34 000	28,1	0,24
Selbstständige	5 658 000	17,7	41 600	34,4	0,74
davon:					
– Landwirte	2 203 000	6,9	17 100	14,1	0,78
– Handwerker und Gewerbetreibende	1 785 000	5,6	11 000	9,1	0,61
– freie Berufe	477 000	1,5	3 600	3,0	0,75
Beamte	1 384 000	4,3	10 000	8,3	0,72
Angestellte	5 087 000	15,9	31 000	25,6	0,61
Mithelfende Familienangehörige (meist weiblich)	5 437 000	17,0	4 400	3,6	0,08
Insgesamt	32 009 000	100	121 000	100	0,38

1 Bei der Bearbeitung der Statistik ist hinsichtlich der Zahl der Erwerbstätigen davon auszugehen, dass sich von 1925 bis 1930 keine wesentlichen Änderungen ergeben haben.

2 Zahl der Erwerbstätigen: Stand der Volkszählung von 1925; NSDAP-Mitglieder: Stand vor dem 14. 09. 1930

Um eigene Berechnungen ergänzte Tabelle nach Martin Broszat: Der Staat Hitlers, 11. Aufl. München 1986, S. 51.

Lösungen

1.1 1919 gründete der Schlosser Anton Drexler in München die „Deutsche Arbeiterpartei", eher ein kleiner Verein als eine politische Partei, hinter der die „**Thule Gesellschaft**" stand, eine nach Art der Freimaurer organisierte Sekte mit antisemitischem Gedankengut. Die „DAP" entstand in einem revolutionären Klima in München, bzw. in ganz Bayern, wo Kurt Eisner 1918 mit den linken Sozialdemokraten die Macht übernommen hatte, bevor er am 21. Februar 1919 erschossen und kurzfristig eine Räterepublik proklamiert wurde. Nach der Niederschlagung dieses revolutionären Aufstands durch Reichswehr und Freikorps verstand sich **Bayern als „Ordnungszelle" des Reiches**.

In dieser Zeit trat **Adolf Hitler** in die Partei ein, die 1920 in „**Nationalsozialistische Deutsche Arbeiterpartei**" umbenannt und sich ein Programm gegeben hatte, das allerdings nicht von Hitler, sondern von Gottfried Feder stammte. Am 29. Juli 1921 übernahm Hitler, der der Partei vor allem durch seine Aufsehen erregenden Reden eine große Anhängerschaft verschaffte, den Vorsitz der NSDAP. Die NSDAP wurde zur **führenden Kraft der „Vaterländischen Kampfverbände"**, denen es um die Ablösung der Weimarer Reichsregierung („Erfüllungspolitiker") durch eine nationale Regierung ging.

Am **8. November 1923** gab Hitler im Bürgerbräukeller das Signal zum Losschlagen, der geplante Marsch auf Berlin mit dem Ziel der Übernahme der Regierungsgewalt sollte beginnen. Doch als sich bayerische Politiker und Militärs von Hitler und seinem Putschversuch lossagten, wurde der Marsch an der Münchner Feldherrnhalle gewaltsam gestoppt. Hitler wurde verhaftet und zu fünf Jahren Festungshaft verurteilt, wobei das Gericht für die Ideen Hitlers durchaus Verständnis zeigte. Wie zuvor in Preußen, Thüringen, Baden, Hamburg und Bremen wurde die Partei jetzt auch in Bayern verboten.

Als Hitler bereits nach einem dreiviertel Jahr das Gefängnis verlassen konnte, war die Partei im Grunde zerfallen. Hitler ging nun daran der Partei einen **Legalitätskurs** zu verordnen. Er gab die Pläne für einen Putsch auf, säuberte die Partei von Anhängern eines Gewaltkurses und gründete sie im Februar 1925 neu. Angesichts der Stabilisierung der Weimarer Republik und der wirtschaftlichen Normalisierung nach der Beendigung des Ruhrkampfes und der Bewältigung der Inflation versank die Partei weitgehend in der Bedeutungslosigkeit und konnte bei den Wahlen zunächst nur als Splitterpartei gelten. Allerdings gelang Hitler vor allem nach der Aufhebung des Parteiverbots 1924 in Preußen die Partei reichsweit zu organisieren. Die NSDAP wurde jetzt zu einem **straff geführten Apparat mit zahlreichen Unterorganisationen** wie der Hitler-Jugend, der NS-Frauenschaft, der NS-Betriebszellen-Organisation oder dem NS-Lehrerbund. An Bedeutung gewann besonders die SA, eine uniformierte Parteiarmee mit großer Propagandawirkung in der Öffentlichkeit.

Mit den **Folgen der Weltwirtschaftskrise** geriet die Republik erneut in eine schwere Krise und die NSDAP fand zunehmend Anhänger und Aufmerksamkeit. Die Partei, die bei den Wahlen am 20. Mai 1928 nur 2,6 % der Stimmen erhalten hatte, erreichte bei den Wahlen am 14. September 1930 18,3 % und war nun ein ernst zu nehmender politischer Machtfaktor. Mehr und mehr erwies sich Hitlers NSDAP als **Sammelbecken der rechten und nationalen Wähler:** Die Deutschnationale Volkspartei (DNVP) und die Deutsche Volkspartei (DVP) verloren bei den Wahlen seit 1930 im gleichen Maß, wie die NSDAP gewann. Besonders deutlich wurde dies bei der „Erdrutschwahl" am 31. Juli 1932. Die Partei Hitlers verdoppelte ihren Stimmenanteil von 18,3 % auf 37,3 %, während die DVP von 18,8 % auf 4,6 % zurückfiel und auch die DNVP, die 1924 noch 20,5 % erreicht hatte, nun bei 5,9 % angekommen war. Die **NSDAP war zur stärksten Partei** geworden, sodass Hitler Ansprüche auf die Regierung erheben konnte.

Obwohl die NSDAP bei den letzten wirklich freien Wahlen am 6. November 1932 deutlich an Stimmen verlor und von 37,3 % auf 33,1 % zurückfiel, wurde Hitler am 30. Januar von Reichspräsident Hindenburg zum **Reichskanzler** ernannt.

1.2 Hitler sieht in der NSDAP eine „neue Bewegung“, die geprägt ist von einer **nationalistischen, antidemokratischen und antimarxistischen Haltung**. Der „herrschenden internationalen Geistesrichtung“ stellt er „eine fest umrissene nationalistische“ gegenüber, der „demokratischen Massenanbetung die bedingungslose Autorität der Persönlichkeit“ und dem Marxismus die Verknüpfung von Nationalismus und Sozialismus.
Hitler weist seiner Partei eine Vorbildfunktion bei der Bildung einer „**Volksgemeinschaft**“ zu. Das schließt in seinem Verständnis ein, dass unter Umständen die Widerstände gegen eine solche Umformung „durch schwersten Kampf“ überwunden werden müssen. Die NSDAP ist demnach eine **Partei des Widerstandes und des Kampfes**. Zu den Zielen der „nationalsozialistischen Bewegung“ zählt nach Hitler die enge Verschmelzung von Sozialismus und Nationalismus, um die Arbeiterschaft, die „Millionenmasse unseres Volksgutes“, in die „Volksgemeinschaft“ zu integrieren.
An dieser Argumentation wird schon sichtbar, wie Hitler versucht, die Erwartung seiner Adressaten, also der Industriellen-Kreise, zu berücksichtigen. Die Integration der Arbeiter in die „Volksgemeinschaft“ dient, so stellt es Hitler dar, auch dazu, die **Arbeiterschaft dem Marxismus abspenstig zu machen**, oder wie er sagt, sie „aus den Händen ihrer derzeitigen internationalen, meist undeutschen Verführer und Leiter zu nehmen“. Damit bedient er natürlich die starken antisozialistischen und antimarxistischen Ressentiments, die verstärkt durch die bolschewistische Revolution in Russland in Kreisen der deutschen Industrie und des Großbürgertums vorhanden waren. In die gleiche Richtung zielt sicher auch Hitlers Erklärung des Parteinamens. Die Verknüpfung von Nationalismus und Sozialismus soll den bei Industriellen gefürchteten Sozialismus durch die Verschmelzung mit der nationalen Bewegung entschärfen.
Wie sehr sich der Parteiführer auf die Erwartungen der Unternehmer einstellt, wird besonders sichtbar an seinem Versprechen durch einen zukünftigen starken Staat der „Wirtschaft Schutz und Freiheit des Bestehens und der Entwicklung“ zu geben. Damit räumt er mögliche Befürchtungen aus, eine nationalsozialistische Partei könnte sozialistische Eingriffe in die Wirtschaft anstreben.
Insgesamt bleibt Hitler in seinem Artikel eher moderat, vermeidet radikale Töne und geht in erster Linie auf die **Anliegen der bürgerlichen und nationalistischen Republikgegner** ein. Er kommt damit durchaus Strömungen innerhalb der Industriellen-Kreise entgegen, die der aus ihrer Sicht arbeiterfreundlichen Politik in der Weimarer Republik skeptisch bis ablehnend gegenüberstanden.

2.1 Eine Analyse der statistischen **Daten zur soziologischen Struktur der NSDAP** um das Jahr 1930 zeigt einige Auffälligkeiten. Die **Arbeiter** sind in der NSDAP, die sich selbst als „Arbeiterpartei“ bezeichnet, deutlich unterrepräsentiert. Während der Anteil der Arbeiter im Reich nach der Volkszählung von 1925 bei 45,1 % liegt, sind nur 28,1 % der NSDAP-Mitglieder der Arbeiterschaft zuzurechnen. Ebenso deutlich überrepräsentiert sind die **Selbstständigen** mit 34,4 % der NSDAP-Mitglieder gegenüber 17,7 % Anteil an der Gesamtbevölkerung. Da die Gruppe der Selbstständigen jedoch sehr heterogen zusammengesetzt ist, ist ein Blick auf Untergruppen notwendig. Dabei zeigt sich, dass durchgängig alle selbstständigen Berufsgruppen in der NSDAP überrepräsentiert sind, am stärksten die Landwirte. Der Anteil der freien Berufe ist jedoch nicht allzu aussagekräftig, da im Vergleich zu den anderen Untergruppen die absoluten Zahlen zu gering sind.
Auch bei den **Beamten** und den **Angestellten** ist der Mitgliederanteil in der Partei Hitlers deutlich höher, als es dem Anteil an der Gesamtbevölkerung entspräche. Interessant ist auch der Zahlenvergleich bei den „Mithelfenden Familienangehörigen“. Diese Gruppe ist in der NSDAP deutlich unterrepräsentiert mit 3,6 % zu 17,0 %, was zunächst erstaunt, wenn man sich vor Augen hält, dass es sich hier in erster Linie um Familienangehörige aus der Landwirtschaft und aus freien Berufen handelt. Erklärbar wird der geringe An-

teil dieser Gruppe innerhalb der NSDAP, wenn man berücksichtigt, dass es sich überwiegend um Frauen handelt, für die in der damaligen Zeit eine Mitgliedschaft in einer politischen Partei kaum in Frage kam, schon gar nicht auf dem Land.
Die Prozentzahlen der NSDAP-Mitglieder der verschiedenen Bevölkerungsgruppen dürfen allerdings nicht darüber hinwegtäuschen, dass die **Zahl der Mitglieder im Vergleich zur Gesamtzahl der Erwerbstätigen** noch sehr gering war. Selbst von den Landwirten, die einen starken Mitgliederanteil hatten, waren nur 0,78 % in der NSDAP, von den Arbeitern gar nur 0,24 %. Dies lässt den Schluss zu, dass die Partei, zumindest was die Mitglieder anging, **1930 noch eine Splitterpartei** war.
Zwar lässt sich erkennen, dass alle gesellschaftlichen Schichten in der NSDAP vertreten waren, dass aber die **Arbeiter deutlich unterrepräsentiert, Beamte, Selbstständige und Freiberufler dagegen überrepräsentiert** waren. Die Partei scheint also besonders für mittelständische und kleinbürgerliche Schichten attraktiv gewesen zu sein.

2.2 **Hitlers sozial- und wirtschaftspolitische Vorstellungen**, soweit sie im Text angesprochen werden, lassen sich auf zwei grundlegende Ziele fokussieren: **Integration der Arbeiterschaft in eine „Volksgemeinschaft"** ohne Standes- und Klassenunterschiede und **Vorrang des Staates vor einer privatwirtschaftlich organisierten Wirtschaft**.
Die Integration der Arbeiterschaft konnte in erster Linie durch die Beseitigung der hohen Arbeitslosigkeit erreicht werden. Arbeit und Brot hatte Hitler zu Beginn seiner Kanzlerschaft versprochen und schon **1936 hatte man die Vollbeschäftigung erreicht**, während in anderen Industrieländern die Arbeitslosigkeit zwar auch zurückging, aber erheblich langsamer. Gelungen war der Kraftakt durch eine Reihe von **staatlichen Arbeitsbeschaffungsmaßnahmen** im öffentlichen Bau, insbesondere im Wohnungs- und Straßenbau, die bereits von den Vorgänger-Regierungen initiiert und geplant worden waren. Dazu kam, dass bereits ab 1934 ein großer Teil der staatlichen Ausgaben in die Rüstung floss. Preis dafür war eine **hohe Staatsverschuldung**, die eine hohe Inflation nach sich zog.
Parallel zur Lösung der Krise am Arbeitsmarkt machte die Partei Ernst mit der Ankündigung, die Arbeiterschaft „aus den Händen ihrer [...] undeutschen Verführer und Leiter" zu nehmen. Schon im **Mai 1933 wurden die freien Gewerkschaften zerschlagen**, ihre Mitglieder innerhalb von wenigen Tagen in die **Deutsche Arbeitsfront (DAF)** überführt. Der **Gleichschaltung der Arbeiterbewegung** folgte auch die **Gleichschaltung der Arbeitgeberverbände** und der mittelständischen Organisationen in der DAF. Die Selbstständigkeit der Arbeitnehmer- und der Arbeitgeberorganisationen war beseitigt, das Wirtschaftsleben der staatlichen Kontrolle unterworfen. Allerdings hatten dabei die Arbeitnehmer nahezu alle Rechte auf autonome Interessenvertretung und Mitbestimmung verloren, während die Entscheidungen der Unternehmer frei blieben von direkten Eingriffen der DAF.
Der Gleichschaltung folgte schon bald die **Umerziehung der Bürger zu Mitgliedern einer gleichförmigen „Volksgemeinschaft"**. Den Arbeitern gegenüber geschah dies durch eine Überwachungs- und Wohlfahrtspolitik, mit der die Standesunterschiede beseitigt und ein Gemeinschaftsgefühl aufgebaut werden sollte. Instrument war dabei eine **Sozialpolitik**, mit der das Regime versuchte, die Arbeiter an das System zu binden. Innerhalb der DAF wurde die **Freizeitorganisation „Kraft durch Freude**" gegründet, die den Arbeitern ein umfassendes Freizeit- und Erholungsangebot machte von Theateraufführungen über Ausstellungen, Sportveranstaltungen und Weiterbildungskursen bis zu den besonders attraktiven Reiseveranstaltungen. Mit einer eigenen KdF-Flotte machte man den Arbeitern ein Urlaubsangebot, von dem sie bis dahin kaum zu träumen wagten. Ein Amt für „Schönheit der Arbeit" sorgte dafür, dass die Arbeitsbedingungen in den Fabriken verbessert wurden.

Hitlers Ziel, die gesamte Wirtschaft dem staatlichen Machtanspruch zu unterwerfen, wurde natürlich in erster Linie durch die Gleichschaltung aller Wirtschaftsverbände in konkrete Politik umgesetzt. Damit war der Staat auch gezwungen die **Lohn- und Preisgestaltung** weitgehend selbst zu übernehmen. Die Tariflöhne wurden zentral festgelegt und von Treuhändern der Arbeit überwacht, die Preispolitik sorgte dafür, dass die Verbraucherpreise möglichst niedrig gehalten wurden, sodass sich der Lebensstandard bei steigenden Löhnen besonders in der Rüstungsindustrie für viele Menschen verbesserte.
Rahmenbedingungen für die nach wie vor privatwirtschaftlich strukturierte Wirtschaft setzte der Staat aber vor allem auch durch die **Autarkiebestrebungen und die nahezu rücksichtslose Aufrüstung**. Zwar wurde dabei die Landwirtschaft als „Nährstand" umworben und propagandistisch aufgewertet, aber in der Praxis verloren die Bauern angesichts vieler Gesetze und einer strengen Kontrolle der Produktion Handlungsfreiheit und mussten erhebliche Opfer bringen, da alle staatlichen Ressourcen in die Rüstungsindustrie gepumpt wurden, auch auf Kosten des gewerblichen Mittelstandes. Schon vor 1939 nahm deshalb die deutsche Wirtschaft Züge einer **staatlich gelenkten Kriegswirtschaft** an.

3 Die nationalsozialistische Vorstellung von einer „Volksgemeinschaft" ohne Standes- und Klassengegensätze scheint auf den ersten Blick durchaus in der **Kontinuität nationaler Vorstellungen aus der Kaiserzeit** zu stehen.
Schon die Politik Bismarcks gegenüber den parlamentarischen Parteien ist geprägt von einer Vorstellung, dass das Wohl des Ganzen über den Sonderinteressen stehen müsse. Das Etikett der „vaterlandslosen Gesellen" für die Sozialdemokratie machte unmissverständlich deutlich, dass die richtige **„nationale Gesinnung" als Maßstab** diente für die Zugehörigkeit zur Nation, zum Reich. Dem Zentrum gegenüber wurde im Kulturkampf der Vorwurf erhoben, es sei nicht national, also auch reichsfeindlich. Der **„Ultramontanismus" des römischen Katholizismus** wurde als Gegensatz zur nationalen Einheit gesehen. Im Kulturkampf standen zwar in erster Linie die Liberalen auf der Seite Bismarcks, aber sie hatten andere Argumente, warfen dem politischen Katholizismus vor die geistige Freiheit einzuschränken. Nationale Kreise dagegen sahen die Gefahr, das Reich könnte mit seinem nationalen Identitätsanspruch angesichts zunehmender Interessenkonflikte und Verteilungskämpfe Schaden nehmen.
Als sich in der **Großen Depression des Reiches** nach der Gründungseuphorie die inneren Gegensätze verschärften, sahen die nationalen und nationalistischen Kräfte eine wesentliche **Schuld bei den Sozialdemokraten und Sozialisten**, denen es nicht um das nationale Ganze, sondern um Klassenkampf und Revolution ginge.
Da es nicht mehr gelingen konnte, die divergierenden Interessen der industrialisierten Massengesellschaft im Reich auszuschalten oder zu verleugnen, bot sich mit dem **Kaiser eine nationale Symbolfigur**, der „über den Parteien" stehen sollte und dies vor Ausbruch des Krieges auch zur Grundlage seines Handelns zu machen versuchte: „Ich kenne keine Parteien mehr, ich kenne nur noch Deutsche!"
1914 hatte die nationale Begeisterung selbst die Fraktionen im Reichstag erfasst, die Krieg als Mittel der Politik grundsätzlich ablehnten. Sie schlossen einen **„Burgfrieden" und bewilligten die Kredite zur Führung des Krieges**. Die tatsächlichen politischen und sozialen Spannungen wurden von dem nationalen „Geist von 1914" in einer extremen politischen Ausnahmesituation überdeckt.
Spätestens 1917, als der Krieg im Grunde bereits verloren war und die Versorgungslage an der Front, aber auch in der Heimat immer schwieriger wurde, zerbrach der Burgfrieden, die Spannungen und Risse in der Gesellschaft brachen heftiger als zuvor auf. Doch die **nationale Sehnsucht nach Überparteilichkeit** blieb. Selbst die politischen Kräfte, die die Republik tragen sollten, stimmten in der Nationalversammlung von Weimar einer überparteilichen **Stellung des Reichspräsidenten** zu. Verbunden mit den starken Macht-

instrumenten, etwa dem Artikel 48, und der plebiszitären Wahl stellte der Reichspräsident nach der Verfassung eine Art „Ersatzkaiser" dar, der dafür Sorge tragen sollte, dass die inneren Gegensätze der Gesellschaft die Republik nicht gefährdeten.

Auf der anderen Seite wurden in der neuen Republik die rechten Kräfte nicht müde, die **„Parteienherrschaft" des parlamentarischen Systems** anzugreifen und für alle Probleme der Weimarer Republik verantwortlich zu machen. Für Hitler und die NSDAP war das Parteiensystem schlicht „undeutsch". Sie stellten der Gesellschaft mit pluralistischen Interessen und einem permanenten Konfliktaustrag die **„völkische Gemeinschaft" mit einem starken Führer** entgegen und fanden dafür offensichtlich Zustimmung bei all denen, die durch das sog. Parteiengezänk und die vermeintlichen Schwächen der von Parteien abhängigen Koalitionsregierungen verunsichert waren und sich einen starken Mann an der Spitze wünschten.

Allerdings darf nicht übersehen werden, dass im Kaiserreich zwar die Abneigung gegen die Parteien als Vertreter von Sonderinteressen und die Sehnsucht nach dem starken nationalen Staat schon in weiten Teilen vor allem des Bürgertums das politische Denken und Handeln bestimmten, dass aber die **„rassenideologische" Begründung einer „Volksgemeinschaft"** erst von Hitler und der NSDAP zum politischen Programm wurde. Neu war auch die **Verabsolutierung der „völkischen Gemeinschaft"** mit der Konsequenz, dass notfalls mit Gewalt und Terror die „Zustimmung" und Zugehörigkeit erzwungen werden durfte.

Grundkurs Geschichte (Bayern) 2005 – Aufgabe III
Deutschland unter dem Nationalsozialismus

		BE
1	Zeigen Sie die Maßnahmen der nationalsozialistischen Politik auf, die zwischen 1933 und dem Entstehungsdatum des vorliegenden Briefes den Bestimmungen des Versailler Vertrages zuwiderliefen! Definieren Sie in diesem Zusammenhang den Begriff „Revisionspolitik"!	16
2	Brief Robert Coulondres vom 16. März 1939 an den französischen Außenminister Georges Bonnet	18
2.1	Erarbeiten Sie das Deutschlandbild Coulondres, wie es im vorliegenden Brief zum Ausdruck kommt!	
2.2	Erschließen Sie die im Text enthaltenen Prognosen und überprüfen Sie, inwieweit diese eingetroffen sind!	
3	Zeigen Sie die ideologischen Hintergründe der NS-Außenpolitik auf!	10
4	Vergleichen Sie anhand selbst gewählter Kriterien die US-Außenpolitik gegenüber dem nationalsozialistischen Deutschland und gegenüber der Sowjetunion in den 1940er-Jahren!	16

Robert Coulondre, französischer Botschafter in Berlin, am 16. März 1939 an den französischen Außenminister Georges Bonnet (Auszüge in Übersetzung):

Weniger als sechs Monate nach dem Abschluss des „Münchner Abkommens" […] hat Deutschland, das seine eigene Unterschrift wie die der anderen Vertragspartner missachtet, den Zerfall der Tschechoslowakei provoziert, Böhmen und Mähren militärisch besetzt sowie diese beiden Provinzen dem Reich angegliedert. Das Hakenkreuz weht seit gestern, dem 15. März, auf dem Hradschin[1], wo der Führer Einmarsch gehalten hat unter dem Schutz von Panzern und gepanzerten Fahrzeugen, inmitten einer zutiefst getroffenen und konsternierten Bevölkerung. Die Slowakei hat sich zu einem so genannten unabhängigen Staat erklärt, der sich aber unter den Schutz des Reichs gestellt hat. […] Die Tschechoslowakei, die in München zur Aufrechterhaltung des Friedens so schwere Opfer gebracht hat, besteht nicht mehr […].

Die Ereignisse, die mit blitzartiger Geschwindigkeit zu diesem Ergebnis geführt haben, sind charakteristisch für die Mentalität und die Methoden der nationalsozialistischen Führung. Sie umfassen Lehren und praktische Schlussfolgerungen, die alle Staaten, welche Wert auf ihre Sicherheit und Unabhängigkeit legen, unverzüglich ziehen müssen – angesichts eines Deutschland, das sich, durch seine Erfolge berauscht, nunmehr einem Imperialismus reinsten Wassers verschrieben hat und dabei den Bereich üblicher rassischer Forderungen verlässt […]

Hitler-Deutschland hat soeben seine Maske fallen lassen. Es hat sich bis jetzt gegen jedwede Form von Imperialismus verwahrt. Es hat vorgegeben auf nichts anderes abzuzielen als, so weit dies realisierbar war, darauf, alle Deutschen im Zentrum Europas unter Ausschluss Fremdrassiger in ein- und derselben Familie wiederzuvereinigen. Heute ist klar, dass der Herrschaftshunger des Führers keine Grenzen mehr kennt.

Es ist ebenso klar, dass man vergeblich darauf hofft, dem Führer andere Argumente als das der Gewalt erfolgreich entgegenhalten zu können. Das Dritte Reich hat für Verträge und Verpflichtungen die gleiche Missachtung wie bereits das Kaiserreich Wilhelms II. Deutschland bleibt das Land, für das Verträge nur Fetzen von Papier darstellen.

Die nationale Sicherheit ebenso wie der globale Friede verlangen folglich vor allem vom französischen Volk eine enorme Anstrengung in Bezug auf Disziplin und Konzentration aller Kräfte des Landes, die alleine es Frankreich erlauben wird, sich zu behaupten und seine Interessen mit Unterstützung seiner Freunde angesichts eines Feindes zu verteidigen, der so Furcht erregend ist wie das Deutschland Adolf Hitlers, das sich entschlossen anschickt Europa zu erobern.

1 Stadtteil von Prag mit Burg, Sitz der Regierung

Robert Coulondre: Brief vom 16. März 1939 an den französischen Außenminister Georges Bonnet. Zitiert in Übersetzung nach: Documents Diplomatiques Français. 1932–1939, Série 2, Tome XV: 16 Mars–30 Avril 1939, hrsg. vom Ministère des Affaires Étrangères. Paris 1981, S. 21–27.

Lösungen

1 Nachdem das Ausland die Ernennung Hitlers zum Kanzler und die anschließende Machtergreifung mit äußerster Skepsis beobachtete, da man die Kritik der NSDAP am „Diktat von Weimar“ kannte und nun eine entsprechende **Außenpolitik** befürchtete, sah sich Hitler gezwungen zunächst seine wahren Absichten zu verschleiern um Zeit zu gewinnen. Nach außen wurde die **Fortsetzung der Politik der Weimarer Republik** propagiert, da es in den ersten Monaten zu riskant gewesen wäre, die eigentlichen Ziele zu verfolgen.
Die übrigen europäischen Mächte, allen voran England, sahen inzwischen selbst Korrekturbedarf bezüglich der Ordnung, die durch die Pariser Verträge nach dem Ersten Weltkrieg geschaffen worden war, und kamen damit den Absichten Hitlers entgegen. In einer **Fünf-Mächte-Erklärung vom Dezember 1932** war dem Deutschen Reich grundsätzlich schon die Gleichberechtigung im Rüstungsbereich in Aussicht gestellt worden. Die Reichswehrführung ließ jedoch in der Folge die **Abrüstungsverhandlungen** scheitern, weil man unabhängig vom Ausland aufrüsten wollte. Hitler dagegen betonte seine Verhandlungs- und Friedensbereitschaft.
Mit dem **Austritt aus dem Völkerbund am 14. Oktober 1933** zeigte Hitler erstmals offen seine wahren Ziele: Kampf gegen das „Versailler Diktat“, die Beseitigung der multilateralen Friedensordnung durch ein **bilaterales Vertragssystem**.
So war es nur konsequent, dass Hitler ohne Rücksicht auf internationale Bestimmungen und den Versailler Vertrag am 16. März 1935 die **allgemeine Wehrpflicht** einführte und den Aufbau einer Luftwaffe ankündigte, also den offenen Bruch des Versailler Vertrags riskierte. Wie wenig das Ausland bereit war den Vertragsbruch zu sanktionieren und Hitler in die Schranken zu verweisen, zeigt die Wirkungslosigkeit der **Stresa-Front**, die Frankreich, England und Italien gegen Hitlers Alleingang am 14. April schlossen. Bereits am 18. Juni 1935 wurde ein **deutsch-britisches Flottenabkommen** unterzeichnet, das die Flottenstärke der beiden Vertragspartner regeln sollte, auch das ein klarer Verstoß gegen den Vertrag von Versailles, den offensichtlich niemand mehr ernst nahm.
Ein weiterer Beleg dafür war, dass die NS-Regierung schon am 7. März 1936 die **entmilitarisierte Zone im Rheinland** von deutschen Truppen besetzen ließ und damit nicht nur das System von Versailles erneut ad absurdum führte, sondern auch die in den Locarno-Verträgen vereinbarten Regelungen mit Füßen trat.
Hatten die bisherigen Aktionen Hitlers sich darauf beschränkt, mit militärischen Maßnahmen die Rüstungsbeschränkungen, die dem Deutschen Reich im Versailler Vertrag auferlegt worden waren, zu beseitigen und die Aufrüstung voranzutreiben, so begann

nun eine **neue Phase der Außenpolitik**. Hitler suchte gewaltsam auch die territorialen Änderungen des Friedensvertrages von 1918 rückgängig zu machen. **Revisionspolitik** war für ihn dabei nicht nur wie in der Weimarer Republik die schrittweise und friedliche Politik der Beseitigung von Vertragsbestimmungen, die Deutschland schwächen sollten, sondern sie wurde mehr und mehr zur **Expansionspolitik**.
Lässt sich der Anschluss **Österreichs am 12. März 1938**, als deutsche Truppen von der österreichischen Bevölkerung begeistert begrüßt bis nach Wien marschierten, noch als ein weiterer Schritt der Revision des Versailler Vertrags, der die Vereinigung Österreichs mit dem Deutschen Reich untersagte, verstehen, so war die anschließende Politik Hitlers gegen die Tschechoslowakei reine Expansionspolitik.
Die **sudetendeutsche Partei unter Konrad Henlein** wurde als Instrument benutzt mit immer höheren Selbstbestimmungsforderungen die tschechische Regierung unter Druck zu setzen. Da auch die **Tschechische Republik** eine Art Kunstgebilde der Friedensregelungen nach dem Ersten Weltkrieg war und innerlich instabil schien, konnte es kaum verwundern, dass Hitler auch hier auf Änderungen drängte, um den eigenen Machtbereich zu erweitern. Hitler spielte sich mithilfe Henleins zum Sprecher der Sudetendeutschen auf, und da England Verständnis für seine Politik zeigte, verschärfte er seinen antitschechischen Kurs und stellte immer höhere Forderungen. Nun wuchs der Widerstand in Frankreich und England, ein Krieg schien unmittelbar bevorzustehen, als Hitler einwilligte auf einer internationalen **Konferenz in München** unter Leitung Mussolinis das Problem zu lösen. Im „Münchner Abkommen" vom 30. September 1938 wurde festgelegt, dass Deutschland das Sudetengebiet besetzen könne, die Grenzen der Rest-Tschechei wurden auch von Deutschland garantiert.
Hitler ließ nur wenig später völlig die Maske fallen, als er am 10. November 1938 in einer Geheimrede endgültig seine Friedensbeteuerungen als taktisches Manöver entlarvte und den **Übergang zur Politik der Kriegsvorbereitung** ankündigte. Ein letzter Expansionsschritt ohne Krieg wurde möglich, als Hitler Spannungen zwischen der Tschechei und der Slowakei innerhalb der Republik ausnutzte und am 14. März 1939 den tschechischen Staatspräsidenten Hacha mit militärischer Gewaltandrohung erpresste, sodass dieser sich unterwarf. Deutsche Truppen marschierten am 15. März in der Tschechoslowakei ein und Hitler verkündete am Abend in Prag das Ende des Staates und die **„Gründung" des „Protektorats Böhmen und Mähren"**. Jetzt war für jeden klar, dass es Hitler nicht um Revision des Versailler Vertrags und um Frieden ging, sondern um Expansion und Krieg.

2.1 Coulondre sieht **Deutschland** in erster Linie **als traditionell unzuverlässigen und vertragsbrüchigen Bündnispartner** und belegt dies einerseits mit dem aktuellen Bruch der Vereinbarungen im „Münchner Abkommen" und andererseits mit der Kontinuität solcher Vertragsbrüche seit dem Kaiserreich.
Die **Zerschlagung der „Rest-Tschechei"** ist für Coulondre in ihrer überfallartigen Geschwindigkeit und militärischen Gewaltanwendung Beleg „für die Mentalität und die Methoden der nationalsozialistischen Führung". Aus seiner Sicht ist der Hang des NS-Regimes, mit Blitzaktionen vollendete Tatsachen zu schaffen, auch zu erklären als Übermut aufgrund der bisherigen außenpolitischen Erfolge.
Für den französischen Botschafter ist klar, dass Hitler die Maske hat fallen lassen und die bisher verschleierten **wahren Ziele** werden erkennbar: **Imperialismus und Expansionismus**. Der französische Diplomat sieht durch die Politik Hitlers die Vorurteile bestätigt, die in weiten Kreisen der französischen Politik gegenüber der aggressiven, imperialen Politik Deutschlands seit der Reichsgründung vorherrschen. Er zieht also eine Verbindungslinie zwischen Wilhelm II. und dem Kaiserreich einerseits und Hitler und dem Dritten Reich andererseits.

2.2 Coulondre sieht durch **Hitler-Deutschland eine Gefahr für die Sicherheit und Unabhängigkeit aller Staaten**, da er davon ausgeht, dass der „Herrschaftshunger" Hitlers „keine Grenzen mehr kennt", wie an dem Schicksal der Tschechoslowakei zu sehen sei. Diese Prognose wurde sehr bald Wirklichkeit, als **deutsche Truppen wenige Monate später in Polen und Frankreich** einmarschierten, keine Rücksicht auf die kleineren Nachbarstaaten nahmen und Hitler schließlich 1941 die Sowjetunion und England angriff. Selbst die Prognose, die NS-Politik würde den globalen Frieden gefährden, erfüllte sich spätestens, als sich mit dem Kriegseintritt der USA und den kriegerischen Auseinandersetzungen in Afrika der **europäische Krieg zum Weltkrieg ausweitete**. Coulondre sieht in der Zukunft nur eine Möglichkeit Hitler zu stoppen. Man muss der nationalsozialistischen imperialistischen Gewalt ebenfalls mit Gewalt begegnen.
Auch diese Prognose erfüllte sich sehr schnell. Nach dem Einmarsch deutscher Truppen in Polen gab England seine Appeasement-Politik endgültig auf und erklärte gemeinsam mit Frankreich Deutschland am 3. September 1939 den Krieg. Die rücksichtslose Ausdehnung des Krieges auf dem Balkan und in Skandinavien verwickelte sehr rasch ganz Europa in den Krieg, ehe am 22. Juni 1941 der deutsche Angriff auf die Sowjetunion begann.
Als im September 1940 **Japan** mit Deutschland und Italien den „**Dreimächtepakt**" schloss, sahen die USA ihre pazifischen Interessen bedroht und antworteten mit Handelssanktionen gegen Japan, das schließlich am 1. Dezember 1941 den USA und England den Krieg erklärte. Aus dem europäischen Krieg war ein **globaler Krieg** geworden, wie Coulondre vorausgesehen hatte. Der militärische Ring um das Deutsche Reich hatte sich damit geschlossen, zumal seit dem 11. September 1941 die amerikanische Marine aktiv auch gegen deutsche Flottenverbände in die Kampfhandlungen eingriff.
Mit der **Katastrophe von Stalingrad im Winter 1942/43**, als die 6. deutsche Armee eingeschlossen und aufgerieben wurde, zeichnete sich die Niederlage Deutschlands ab, an allen Fronten mussten in der Folge die deutschen Truppen zurückweichen. Das **weltweite Bündnis der Alliierten** zwang die Armeen Hitlers in die Knie und im Mai 1945 musste das Reich kapitulieren. Coulondre hatte auch hier Recht behalten: Hitler-Deutschland war nur mit Gewalt in seine Schranken zu weisen, Frankreich selbst konnte sich nur „mit Unterstützung seiner Freunde" behaupten.

3 Die **ideologischen Hintergründe der NS-Außenpolitik** werden teilweise schon in dem Brief Coulondres angedeutet: Imperialismus und Rassismus.
Sicherlich war Hitlers Außenpolitik im Kern geprägt von einem **übersteigerten Nationalismus**, einer Vorstellung, in der die Nation zum höchsten Wert und zur letzten Rechtfertigung des politischen Handelns hochstilisiert wurde. Im 19. Jahrhundert war der Nationalismus mehr und mehr zu einem Instrument von Machtansprüchen gegen andere Nationen geworden und zum Imperialismus fortentwickelt. Gerade in Deutschland mit seiner **verspäteten Schaffung des Nationalstaates** stießen radikale nationalistische und imperialistische Vorstellungen auf fruchtbaren Boden. Schon in der Kaiserzeit forderte man den „Platz an der Sonne" und fühlte sich in seiner Entwicklung durch die anderen großen Mächte behindert.
Nach dem Ersten Weltkrieg und dem Vertrag von Versailles, der den Frieden nicht sichern konnte, sondern neue Konflikte erzeugte, bot sich der **revanchistischen Propaganda Hitlers** eine wirksame Möglichkeit: Das „Diktat von Versailles" sollte durch eine Revisionspolitik beseitigt, dem deutschen Volk der ihm gebührende Raum erobert werden. Die teilweise berechtigte, auch vom Ausland akzeptierte und bereits in der Weimarer Republik praktizierte Revisionspolitik wurde ideologisch verfälscht zu dem radikalen imperialistischen **Machtanspruch eines „Volkes ohne Raum"**.
Zu rechfertigen war die „Lebensraumpolitik" der Nationalsozialisten jedoch nicht mit dem Nationalismus, sondern nur mit dem **Gedanken einer rassischen Überlegenheit**.

Die verquasten Vorstellungen einer überlegenen arischen Rasse, die mit vulgärdarwinistischen und pseudowissenschaftlichen Theorien „bewiesen" wurde, dienten als Begründung, dass es der deutschen „Volksgemeinschaft" erlaubt sei, andere, „minderwertige" Rassen zu unterdrücken und ihnen „Lebensraum" zu entreißen. Zwar hatte der englische Imperialismus im 19. Jahrhundert ebenfalls mit der eigenen Überlegenheit imperiale Politik zu rechtfertigen versucht, aber dort hatte man diese Überlegenheit vorwiegend kulturell begründet. Erst die Nationalsozialisten konnten mit der Rassenideologie einen Imperialismus propagieren, der ihnen das „Recht" gab, andere Völker nicht nur zu beherrschen, sondern auch auszurotten.
Die **„Lebensraumpolitik" wurde zur menschenverachtenden Vernichtungspolitik** in dem Moment, als sie mit dem traditionellen religiös motivierten **Antisemitismus** verbunden wurde, der nun jedoch durch den Rassegedanken radikalisiert wurde. Die Juden als die „parasitäre Rasse" wurden verantwortlich gemacht für alles Übel, das dem deutschen Volk angetan wurde. Die NS-Ideologie sah die Vernichtung des Judentums also gleichsam als einen Akt der Notwehr und als Akt der Befreiung der Menschheit vom jüdischen Joch. So wurde der Krieg im Osten zu einem Eroberungskrieg im Rahmen der Raumpolitik und zu einem Vernichtungsfeldzug im Rahmen der Rassen- insbesondere der Judenpolitik. Der **pathologische Fremdenhass**, der in der NS-Ideologie seinen Ausdruck findet, wurde im Krieg im Osten auf brutale Weise in die Praxis umgesetzt, als die Bevölkerung der eroberten Gebiete zu Arbeitssklaven gemacht oder umgebracht wurden. Die eroberten Staaten sollten zu deutschen Kolonien werden, da rassenideologisch den slawischen „Untermenschen" eigene Staatlichkeit nicht zugebilligt werden könne. **Sozialdarwinismus** wurde zur prägenden ideologischen Grundlage für die Besatzungspolitik.
Hitler sah in seiner Außenpolitik, die von Anfang an auf den Raumgewinn im Osten abzielte, aber auch ein Mittel, das **Vordringen des Bolschewismus und Kommunismus in Europa zu verhindern** und die rote Gefahr zu beseitigen, die er für eine Ausgeburt des Judentums hielt. Lange Zeit hoffte er deshalb auf Unterstützung durch England, ehe der britischen Regierung klar wurde, dass die Gefahr, die von Hitler ausging, offensichtlich größer war als die, die von Stalin drohte.

4 *Der Lösungsvorschlag zeigt die Bandbreite möglicher Antworten auf. Eine Lösung in dieser Ausführlichkeit wird nicht erwartet.*

Die US-Außenpolitik gegenüber dem nationalsozialistischen Deutschland und gegenüber der Sowjetunion in den 40er-Jahren lässt sich zunächst anhand der Ziele vergleichen.
Roosevelt und seine außenpolitischen Berater hielten ein Eingreifen gegen Deutschland für notwendig, um **Hitlers Hegemonie über Europa zu verhindern**, mit der Roosevelts **Idee der „Einen Welt"** in Gefahr geriete. Im Krieg selbst war es das Ziel die bedingungslose Kapitulation Deutschlands zu erreichen.
Gegenüber der Sowjetunion zielte die amerikanische Außenpolitik darauf ab einen Bündnispartner gegen Hitler-Deutschland zu gewinnen, die **Anti-Hitler-Koalition** zu stärken. Nach dem Zusammenbruch Deutschlands und der Bildung der Sowjetischen Besatzungszone (SBZ) sah man sehr bald die Gefahr einer sowjetischen Expansion und Ziel der amerikanischen Außenpolitik wurde die **Eindämmung weltweiter Expansionsbestrebungen der Sowjetunion**.
Vergleichbar ist auch die **Art der militärischen Konfrontation**.
Gegenüber Deutschland war die amerikanische Politik zunächst darauf ausgerichtet, die direkte Konfrontation zu vermeiden, also gegenüber Europa eine **Politik des Isolationismus** fortzusetzen, zumal die Konflikte mit Japan und die Interessen im Pazifik die Gefahr eines weltweiten militärischen Engagements heraufbeschworen. Als sich jedoch eine Beteiligung an den Kampfhandlungen nicht mehr vermeiden ließ, setzten die USA

seit 1941 ihre gesamte militärische Macht ein, bis das Deutsche Reich bedingungslos kapitulieren musste.
Mit der Sowjetunion befanden sich die USA zu Beginn der 40er-Jahre in einem Bündnis gegen Hitler und versuchten auch militärisch stärker zu kooperieren, zumal man sich eine Unterstützung in Ostasien im **Krieg gegen Japan** erhoffte. Noch 1945 glaubte Roosevelt auch an die Möglichkeit mit der Sowjetunion zusammen sein Friedenskonzept der „Einen Welt" durchsetzen zu können. Doch schon bald nach dem Zusammenbruch Hitler-Deutschlands zerfiel die Anti-Hitler-Koalition, da die Sowjetunion ihren Machtbereich in Osteuropa mithilfe der kommunistischen Parteien sicherte und abschottete, etwa mit der **Ablehnung des Marshall-Plans**, und die USA befürchten mussten, dass Stalin versuchen würde, andere Staaten wie Griechenland und die Türkei von Moskau abhängig zu machen. Die Regierung in Washington antwortete mit der **Truman-Doktrin** und bereitete ein **atlantisches Bündnis gegen die Sowjetunion** vor. Mit der Gründung der NATO auf westlicher Seite 1949 und des Warschauer Paktes auf östlicher Seite 1955 wurde aus dem Gegensatz der zwei Blöcke bzw. der „zwei Lager" die permanente **militärische Konfrontation des Kalten Kriegs**.
Vergleichbar ist natürlich auch die **Bündnispolitik der USA** gegen Deutschland und gegen die Sowjetunion. Gegen Hitler waren die USA eine führende Macht in der weltweiten Koalition gegen den Faschismus, insbesondere gegen Hitler-Deutschland, die durch die **„großen Drei" Roosevelt, Stalin und Churchill** auf den Kriegskonferenzen repräsentiert wurde. Die Ziele der Anti-Hitler-Koalition wurden programmatisch in der **Atlantikcharta vom 14. August 1941** von Roosevelt und Churchill auf der Basis der **„vier Freiheiten"** festgelegt: freies Selbstbestimmungsrecht der Völker über territoriale Grenzen, freie Selbstbestimmung der Völker über ihre Regierungen, freier und gleicher Zugang aller Völker zu allen Rohstoffen und Freiheit von Furcht und Not in einer friedlichen Welt.
Gegenüber der Sowjetunion organisierten die USA zusammen mit zehn europäischen Staaten und Kanada am 4. April 1949 den Nordatlantikpakt. Die **NATO** sollte die regionale und kollektive Sicherheit im nordatlantischen Raum garantieren, nicht ausdrücklich, aber dem Sinne nach gegen den expansiven Sowjetkommunismus. 1951 folgte dem nordatlantischen Bündnis ein entsprechendes **pazifisches Bündnis** (ANZUS), dem neben den USA Australien und Neuseeland angehörten und das 1954 zum Südostasienpakt **SEATO** erweitert wurde. Die amerikanische Eindämmungspolitik gegen die Sowjetunion stützte sich seitdem auf ein weltweites Bündnissystem mit stark militärischem Charakter.
Doch nicht nur militärisch gingen die USA gegen Deutschland bzw. die Sowjetunion vor, auch durch **wirtschaftliche Maßnahmen** versuchte man Einfluss zu nehmen. So wurden die Gegner Deutschlands im Zweiten Weltkrieg, in erster Linie England und die Sowjetunion, massiv unterstützt. Mit dem **Leih- und Pachtgesetz vom 11. März 1941** hatte die Regierung die gesetzliche Grundlage geschaffen für wirtschaftliche und militärische Hilfen in großem Stil.
Ähnliche Ziele verfolgten die USA mit dem **Marshall-Plan von 1947**, der im Rahmen der Truman-Doktrin alle gefährdeten Länder stabilisieren sollte, um die Einflussmöglichkeiten Moskaus über die kommunistischen Parteien zu unterbinden. Ein besonderes Beispiel amerikanischer Wirtschaftshilfe gegen die Machtansprüche Stalins stellt die **Luftbrücke** dar, mit der die sowjetische Blockade Berlins zum Scheitern gebracht wurde.
Die Außenpolitik der USA gegenüber dem nationalsozialistischen Deutschland und gegenüber der Sowjetunion gleicht sich weitgehend, soweit es die Mittel betrifft. Die Ziele unterscheiden sich jedoch. Im Falle des Nationalsozialismus ging es um militärische und politische Vernichtung, im Falle der Sowjetunion um Eindämmung des Kommunismus.

Grundkurs Geschichte (Bayern) 2005 – Aufgabe IV
Europäische Einigung und neuere weltpolitische Konstellationen

		BE
1		22
1.1	Erarbeiten Sie die Positionen der sowjetischen Außenpolitik, wie sie im folgenden Text (M 1) von Eduard Schewardnadse dargelegt werden!	
1.2	Stellen Sie, ausgehend von einer Erläuterung der „Breschnew-Doktrin“, den außenpolitischen Kurs der Sowjetunion in den 1960er- und 1970er-Jahren dar und vergleichen Sie ihn mit der Haltung Schewardnadses!	
2		20
2.1	Interpretieren sie die Karikatur (M 2) im Hinblick auf die Darstellung außenpolitischer Grundpositionen der beiden abgebildeten Präsidenten Gorbatschow und Reagan!	
2.2	Überprüfen Sie, inwieweit die Karikatur das amerikanisch-sowjetische Verhältnis in der Amtszeit Reagans zutreffend wiedergibt!	
3	Diskutieren Sie am Beispiel von Mauerbau (1961) und Mauerfall (1989) den Einfluss weltpolitischer Konstellationen auf die deutsche Frage!	18

M 1: Artikel des sowjetischen Außenministers Eduard Schewardnadse in der Tageszeitung „Die Welt“ (Auszüge) vom 21. Oktober 1988

Den Beschluss der 19. Parteikonferenz[1] über die Gestaltung des verfassungsmäßig bevollmächtigten Mechanismus zur Erörterung und Annahme der wichtigsten außenpolitischen Entscheidungen hat unser Volk unter Qualen, durch die bedauernswerte Erfahrung Afghanistans, Senkung des Lebensstandards und Beeinträchtigung der sozialistischen Ideale hervorgebracht. Eine ungünstige Erscheinung der Stagnationszeit, die sich negativ auf unsere internationale Haltung ausgewirkt hat, war mitunter die Divergenz zwischen dem militärischen und dem politischen Arbeitsbereich. Die Verteidigung hat Vorrang Numero eins in unserem Staat. Unter keinen Umständen werden wir eine militärische Überlegenheit der anderen Seite über uns zulassen. Die Schlussfolgerung der 19. Parteikonferenz, nach der die Kriegsgefahr vermindert wurde, widerspricht keineswegs der Schlussfolgerung, dass die Kriegsgefahr nicht beseitigt worden ist. Desto mehr müssen wir uns Klarheit darüber verschaffen, was die größte Gefahr für unser Land darstellt. Da sie real vor allem beim Kernwaffeneinsatz entstehen kann, folgt die Konsequenz: Wir müssen die vollständige Beseitigung der Nuklearwaffen erreichen.

Aus den Beschlüssen der 19. Parteikonferenz über die Schaffung des verfassungsmäßig bevollmächtigten Mechanismus ergibt sich notwendigerweise eine Verfahrensweise, nach der alle Behörden, die sich auf militärische Tätigkeit und Militärindustrie spezialisieren, von den obersten durch das ganze Volk gewählten Organen kontrolliert werden. Jede unvorsichtige militärische Maßnahme könnte das Land angesichts des akuten Misstrauens und Verdachts zu teuer zu stehen kommen und in wirtschaftlicher Hinsicht übermäßig belasten. Die Beschränkung der militärischen Aktivitäten aller Staaten auf ihre nationalen Grenzen liegt sowohl im allgemeinen als auch in unserem Interesse. Wir haben uns zu dieser Haltung bekannt und verwirklichen sie. Die Heimführung der sowjetischen

Truppen aus Afghanistan und der Mongolei belegen das am markantesten. Den gleichen Zweck verfolgen wir auch mit unserem Vorschlag, die militärischen Stützpunkte auf dem Territorium anderer Staaten zu beseitigen und die einander gegenüberstehenden militärpolitischen Bündnisse aufzulösen.

Der INF-Vertrag und seine angelaufene Realisierung liegt im Interesse sowohl der Sowjetunion als auch Europas und der USA sowie aller Staaten. Wir betrachten ihn als den größten Beitrag zur Festigung der Sicherheit unseres Landes, weil es gelungen ist, nicht nur die amerikanischen Nuklearmittel von unseren Grenzen zu verlagern, sondern auch Stationierungsmöglichkeiten für diese Raketenkategorien völlig auszuschließen. Wir dürfen jedoch nicht vergessen, dass die zweite strategische Front gegen uns in Europa nicht ohne unsere Hilfe geschaffen wurde. Sie hätte man verhindern können, wenn wir unsere nationalen Interessen richtig eingeschätzt hätten. „Das chemische Bollwerk" erforderte in den vergangenen 15 Jahren ungeheure Summen, lenkte Produktionskapazitäten, Arbeitskräfte und Ressourcen ab. Die Beseitigung der chemischen Arsenale erfordert jetzt wieder Ausgaben. Für welchen Eindruck haben wir denn mit der Anhäufung von Waffen gesorgt, die wir selbst als barbarisch bezeichneten? Nicht minder wichtig für die nationale Sicherheit sind auch der wirtschaftliche Preis politischer Entscheidungen und die Rentabilität der Außenpolitik. [...]

Es ist durchaus möglich, dass der Westen vorsätzlich die Verhandlungen über die Reduzierung der Streitkräfte und Rüstungen in Mitteleuropa in die Sackgasse steuerte. Wir haben ihm jedoch dabei auch in die Hand gespielt, da unsere Verhandlungen nicht flexibel genug waren. 14 Jahre Leerlauf bedeuten nicht nur versäumte Möglichkeiten, sondern auch Diskreditierung des Verhandlungsprinzips. Diese Belastungen hätten wir vermeiden können, wenn über die Interessen der nationalen Sicherheit nicht nur einige Staatsorgane, darunter das Außenministerium, entschieden hätten, die zudem von der Kritik abgeschirmt waren.

1 Auf der 19. Parteikonferenz der KPdSU vom 28. Juni bis 1. Juli 1988 billigten die Delegierten weit reichende Reformvorschläge des damaligen KP-Generalsekretärs Gorbatschow; u. a. wurde die Kontrolle der Staatsämter durch vom Volk gewählte Institutionen beschlossen.

Eduard Schewardnadse: Dogmatismus und Einheitsdenken am Pranger. In: Die Welt, 21. Oktober 1988. Zitiert nach: Friedens- und Sicherheitspolitik der Bundesrepublik Deutschland. Entwicklung 1945–1989. Perspektiven für die neunziger Jahre, hrsg. von Erich Meier u. a., Bühl/Baden 1989, S. 124f.

M 2: Karikatur von Horst Haitzinger vom Juli 1988

Horst Haitzinger: Deutschland Deutschland, 3. Aufl. München 1991, S. 18.

Lösungen

1.1 Vor dem Hintergrund der innenpolitischen Neuorientierung in der UdSSR legt der sowjetische Außenminister Schewardnadse grundlegende Positionen dar, die in erster Linie die **Sicherheitspolitik der SU** betreffen.

Nahezu programmatischen Charakter hat die Feststellung, dass die Verteidigung Vorrang vor allen übrigen staatlichen Aufgaben und Zielen habe, auch wenn die „Kriegsgefahr vermindert wurde". Der Außenminister stellt in diesem Zusammenhang klar, dass die Sowjetunion eine „militärische Überlegenheit der anderen Seite" nicht zulassen werde (Z. 8–9).

Mit der starken Bedrohung des eigenen Landes begründet er das Streben nach vollständiger **Beseitigung der Nuklearwaffen**; vorwiegend aus wirtschaftlichen Gründen plädiert Schewardnadse für eine militärische Beschränkung aller Staaten auf das eigene Territorium, also für den Rückzug eigener Truppen und die Beseitigung von Militärstützpunkten aus bzw. in fremden Ländern. Konsequent schlägt der sowjetische Außenminister dann die **Auflösung der „einander gegenüberstehenden militärpolitischen Bündnisse"** (Z. 26–27), also vor allem der NATO und des Warschauer Paktes, vor.

Den **INF-Vertrag**, also die „Intermediate-range Nuclear Forces", den Vertrag zum vollständigen Abbau der Mittelstreckenwaffen einschließlich der Marschflugkörper, den Gorbatschow und Reagan am 8. Dezember 1987 unterzeichnet hatten, hält Schewardnadse für einen wesentlichen Beitrag zur Erhöhung der nationalen wie der internationalen Sicherheit (Z. 28–32).

Als wenig befriedigend schätzt er die **Situation bei den chemischen Waffen** ein. Er räumt eine Mitverantwortung der eigenen Regierung für die chemische Aufrüstung auf beiden Seiten ein, die mit riesigen Kosten sowohl für die Schaffung des „chemische[n] Bollwerk[s]" (Z. 35) als auch für dessen Beseitigung verbunden war. Für die Zukunft propagiert Schewardnadse deshalb eine Sicherheitspolitik, die sich an wirtschaftlichen Überlegungen und Notwendigkeiten orientieren müsse. Er plädiert also für die „**Rentabilität der Außenpolitik**" (Z. 41). Demzufolge sieht er die Notwendigkeit bei den Abrüstungsverhandlungen in Zukunft flexibler zu sein, um dem Westen keinen Vorwand für Verzögerungen zu bieten und unnötige Belastungen zu vermeiden.

1.2 Als am 20. August 1969 sowjetische, polnische, bulgarische Soldaten und Truppen der DDR in Prag einrückten und den „**Prager Frühling**" gewaltsam niederschlugen, sah sich die Sowjetunion gezwungen ihr Eingreifen zu rechtfertigen. In verschiedenen Erklärungen verteidigte die Sowjetführung den Einmarsch der Truppen des Warschauer Paktes mit der **begrenzten Souveränität der Paktstaaten**. Gemäß der als **Breschnew-Doktrin** bekannt gewordenen Position war für die Sowjetunion der Warschauer Pakt ein Instrument der eigenen Großmachtpolitik, der sich die Mitgliedsstaaten zu unterwerfen hatten. Danach war ein Eingreifen in den Paktstaaten immer dann erlaubt, wenn der Sozialismus gefährdet erschien.

Auf der Grundlage dieser Doktrin erklärte die Sowjetunion als wichtigstes Ziel die Stabilisierung des eigenen Machtbereichs durch eine Aufrüstung, die infolge eines „**Gleichgewichts des Schreckens**" die bestehenden Herrschafts- und Machtverhältnisse erhalten sollte. Auf der 3. kommunistischen Weltkonferenz in Moskau im Juni 1969, an der 75 Delegationen teilnahmen, wurde eine Erklärung vereinbart, wonach durch eine friedliche Koexistenz mit dem Westen der **Status quo in Europa** erhalten werden sollte. Das bisherige Ziel einer Ausdehnung des sowjetischen Machtbereichs wurde nun zurückgestellt zugunsten einer Erhaltung der bestehenden Verhältnisse.

Erreicht werden sollten diese Ziele durch massive **Interventionspolitik innerhalb des eigenen Machtbereichs** wie in der Tschechoslowakei, um eine innere Schwächung der

sozialistischen Systeme zu verhindern, und durch eine Politik der Kooperation und der Abrüstung gegenüber dem Westen.
Die Labilität des „Gleichgewichts des Schreckens“ im nuklearen Patt und die damit verbundenen hohen Rüstungsausgaben führten dazu, dass die Großmächte zu Gesprächen bereit waren. Seit 1963 bereits wurde in einer Reihe von Verträgen eine Kontrolle und Reduzierung der Atomwaffen vereinbart, seit 1972 zeigte sich die Sowjetunion mehr und mehr bereit an der Vorbereitung einer **gesamteuropäischen Sicherheitskonferenz (KSZE)** mitzuarbeiten, die schließlich 1975 mit der KSZE-Schlussakte in Helsinki ihren Höhepunkt und Abschluss fand. **Entspannung** wurde als Instrument der **friedlichen Koexistenz** von beiden Seiten angestrebt.
Die Phase der Entspannung endete jedoch zunächst, als 1977 keine Einigung über die Begrenzung der modernen Mittelstreckenraketen (sowjetische SS-18-Raketen, amerikanische Cruise Missiles) erzielt wurde und diese Raketen in Europa installiert wurden. Der **Einmarsch russischer Truppen in Afghanistan** 1979 lag zwar ganz in der strategischen Konzeption der Breschnew-Doktrin, wurde aber vom Westen als Schlussstrich unter die Entspannungspolitik verstanden.
Schewardnadses Positionsbeschreibung der sowjetischen Außenpolitik bedeutet demgegenüber eine **tief greifende Kurskorrektur**. Im Zeichen der innenpolitischen Neuorientierung distanziert sich der sowjetische Außenminister von der starren Block- und Hegemonialpolitik der Breschnew-Ära und dokumentiert die **Bereitschaft der Sowjetunion zu einer substanziellen Abrüstung**.

2.1 Die Karikatur von Horst Haitzinger zeigt die beiden Staatsführer **Reagan und Gorbatschow** in sehr unterschiedlicher Position und Haltung.
Während der Generalsekretär der Kommunistischen Partei der Sowjetunion als Friedenstaube mit dem Palmzweig im Mund dargestellt wird, die in einer Hundehütte, dem Kreml, angekettet ist, geht der amerikanische Präsident, nachdem er das Warnschild angebracht hat, mit ernster und entschlossener Miene davon. Der Hammer über der Schulter symbolisiert zusätzlich Stärke und Wehrhaftigkeit, während der Fressnapf vor Gorbatschow Ausdruck der Abhängigkeit und der Schwäche sein dürfte.
Die Zeichnung der beiden Figuren, die aufrechte und große Gestalt Reagans und der in der Hütte kauernde „kleine“ Gorbatschow, ist einerseits **Ausdruck der Machtverhältnisse zwischen den USA und der SU**, andererseits aber auch der Einschätzung der Situation durch Reagan. Dem amerikanischen Präsidenten zufolge ist der demonstrierten Bereitschaft zur Friedenspolitik offensichtlich nicht zu trauen, wie das Schild beweist, auf dem er vor Gorbatschow als „abrüstungswütige[r] Taube“ warnt. **Reagan** ist also für den Karikaturisten noch immer **der Kalte Krieger**, der an der „Politik der Stärke“ festhält und der sowjetischen Abrüstungsinitiative, wie sie auch in dem Artikel Schewardnadses zum Ausdruck kommt, misstraut.
Die Gegensätzlichkeit der beiden Figuren und die Tatsache, dass Reagan vor einer angeketteten und eher hilflosen „Taube“ warnt, sind eindeutige Indizien für die Einstellung des Karikaturisten. Haitzinger kritisiert die Haltung Reagans, der den Friedensangeboten Moskaus mit dem Misstrauen des Kalten Kriegers begegnet.

2.2 Durchaus zutreffend bringt die Karikatur die **Grundeinstellung Reagans** zum Ausdruck, der in seiner Amtszeit an der „Politik der Stärke“ festhielt und von unüberbrückbaren ideologischen und machtpolitischen Gegensätzen ausging. Für Reagan war die Sowjetunion nach wie vor das „**Reich des Bösen**“, vor dessen Angriffen man sich schützen musste. Reagan steigerte die Rüstungsausgaben erheblich, auch um sein **SDI-Programm** (Strategic Defense Initiative) zu finanzieren. Politisch unterstützten die USA überall Bewegungen, die sich gegen kommunistische oder moskaufreundliche Regierungen richteten, etwa die Contras in Nicaragua.

Der Konfrontationskurs Reagans gegenüber sozialistischen Staaten wurde besonders sichtbar in **Afghanistan**. Nachdem russische Truppen dort 1979 einmarschiert waren, um das sozialistische Regime zu halten, unterstützten die USA die islamistischen Mujaheddin in ihrem Kampf gegen dieses Regime. In Afghanistan fand ein **Stellvertreterkrieg** statt, der schließlich mit dem Sieg der **radikal-islamistischen Taliban** endete.
Zutreffend stellt die Karikatur auch die Machtverhältnisse dar. Die wirtschaftlichen Schwierigkeiten der Sowjetunion waren mittlerweile unübersehbar und zwangen Gorbatschow zu einer deutlichen Kurskorrektur. Das Gleichgewicht der Stärke zwischen den beiden großen Mächten, das die Blockbildung und den Kalten Krieg bestimmt hatte, hatte sich in den 80er-Jahren zugunsten eines Übergewichts der USA gewandelt.
Was der Karikaturist jedoch nicht zum Ausdruck bringt, ist die Bereitschaft Reagans mit der Sowjetunion über Abrüstung zu verhandeln. Zwischen 1985 und 1988 trafen sich Reagan und Gorbatschow auf vier **Gipfeltreffen in Genf, Reykjavik, Washington und Moskau**, setzten dabei einen Abrüstungsprozess in Gang, der mit dem INF-Vertrag im Dezember 1987 ein greifbares Ergebnis fand.
Zusammenfassend kann angemerkt werden, dass in der Karikatur die amerikanische „Politik der Stärke" gegenüber der Sowjetunion ebenso zutreffend wiedergegeben wird wie das zunehmende Ungleichgewicht zwischen den Großmächten. Der Notwendigkeit der satirischen Vereinfachung und Zuspitzung opfert Haitzinger jedoch die Berücksichtigung der vorsichtigen **Annäherung der beiden Mächte**.

3 *Der Lösungsvorschlag zeigt die Bandbreite möglicher Antworten. Eine Lösung in dieser Ausführlichkeit wird nicht erwartet.*

Der **Mauerbau 1961** ist nur zu verstehen vor dem Hintergrund der Weltpolitik, genauer der Entwicklung des Kalten Krieges zwischen der Sowjetunion und den USA und der von ihnen geführten Machtblöcke. **Chruschtschow** hatte seit dem Herbst 1958 mit immer neuen **Drohungen, den Viermächte-Status von Berlin zu kündigen**, die Ost-West-Beziehungen erheblich verschlechtert. Die drei Westmächte bekräftigten zwar ihre Entschlossenheit, den Status von Berlin zu erhalten und die Zugangswege zu sichern, aber schon bald signalisierte man Bereitschaft das Berlin-Problem im Rahmen neuer Viermächteverhandlungen zu regeln. Deutlich wurde auch, vor allem auf der **Außenministerkonferenz in Genf von Mai bis August 1959**, dass es den Westmächten nicht mehr primär um eine Wiedervereinigung, sondern in erster Linie um eine Lösung des Berlin-Problems ging. Zudem drohte ein Arrangement zwischen Eisenhower und Chruschtschow, ehe der Abschuss eines amerikanischen U2-Aufklärungsflugzeugs über Russland das Klima verschlechterte. Der im Herbst 1960 gewählte neue **Präsident Kennedy** propagierte für die USA eine Außenpolitik, die von dem bestehenden Mächtegleichgewicht zwischen Ost und West ausging und die **gegenseitigen Einflusssphären anerkannte**, also auch die Zugehörigkeit der DDR und Ost-Berlins zum Machtbereich der SU. Garantieerklärungen gab es nicht mehr für Berlin als Ganzes, nur noch für West-Berlin.
Da sich Chruschtschow trotz des Entgegenkommens der USA nicht kompromissbereit zeigte und weiter einen **Friedensvertrag mit den beiden deutschen Staaten** und einen Status von Berlin als „Freie Stadt" ohne Anwesenheit der Westmächte forderte, verschärfte sich der Kalte Krieg. Kennedy verkündete am 25. Juli 1961 die **drei „Essentials" für Berlin**: Anwesenheit der drei Westmächte in West-Berlin, freie Zugangswege, Sicherheit und Freiheit der West-Berliner. Nicht mehr unbedingt verteidigt wurde die Viermächteverantwortung für Gesamt-Berlin. Gleichzeitig erkannte man in den USA, dass Berlin als Fluchtweg ein Problem sei, das gelöst werden müsse. So konnte es nicht überraschen, dass die Westmächte keine echten Gegenmaßnahmen ergriffen, als die DDR, ermächtigt durch den Warschauer Pakt, am 13. August die **Trennmauer zwischen West-**

und Ost-Berlin errichtete, ohne jedoch die Zugangswege zu sperren. Die drei „Essentials“ waren also nicht verletzt.
Für die deutsche Frage bedeutete der Mauerbau den Abschied von der Hoffnung auf eine baldige Wiedervereinigung. Die **Mauer stabilisierte die SED-Diktatur**, da die DDR nun gegenüber dem Westen abgeschottet wurde und die Fluchtbewegung gestoppt war. Die deutsche Teilung war erheblich verfestigt, die beiden deutschen Staaten entwickelten sich in der Folgezeit immer mehr auseinander. Gleiches galt für die Teilung Berlins.
Beim **Fall der Mauer am 9. November 1989** war es erneut die Politik der Sowjetunion, die zu einem grundlegenden Wandel der weltpolitischen Konstellationen führte. **Gorbatschow** hatte erkannt, dass es die wirtschaftliche Entwicklung in der Sowjetunion nicht mehr erlaubte den Kalten Krieg wie bisher weiterzuführen und Großmachtpolitik im alten Stil zu finanzieren. Er erklärte 1988, dass die Sowjetunion die Breschnew-Doktrin aufgebe, die Staaten im Machtbereich der SU also ihren eigenen Weg gehen könnten ohne Intervention durch die Sowjetunion. Die schon vorhandenen **Reformbestrebungen in den Staaten des Ostblocks** erhielten dadurch erheblichen Rückenwind. Polen, die Tschechoslowakei, Ungarn und Bulgarien führten innerhalb weniger Jahre Mehrparteiensysteme ein, die Sowjetunion selbst begann sich aufzulösen.
Für die **Lösung der deutschen Frage** wurden der Zerfall des Ostblocks und der Fall der Mauer zu entscheidenden Ereignissen. Die DDR war schon vor dem November 1989 im östlichen Bündnissystem durch ihre starre Haltung weitgehend isoliert. Gorbatschows Warnung bei seinem Besuch in Ost-Berlin: „Wer zu spät kommt, den bestraft das Leben“, war dafür ein anschauliches Indiz. Diese Isolierung war verantwortlich, dass die DDR gegenüber der Bundesrepublik in der deutschen Frage eine immer schwächere Position besaß, sobald sie von der Sowjetunion im Stich gelassen wurde und im Warschauer Pakt keinen Rückhalt mehr hatte. Hinzu kamen erhebliche wirtschaftliche Probleme.
Die Demontage des Eisernen Vorhangs, die im Mai 1989 von Ungarn angekündigt wurde, war der erste Schritt zu einer anschwellenden **Fluchtbewegung aus der DDR**, die ihren Höhepunkt am 19. August 1989 erreichte, als Hunderte von DDR-Bürgern bei **Sopron** über die ungarisch-österreichische Grenze in den Westen flüchteten. Im Oktober und November kam es zu **Ausreisewellen**, bei denen Tausende DDR-Bürger aus Prag und Warschau mit verriegelten Sonderzügen durch das Gebiet der DDR in die Bundesrepublik gefahren wurden. Unmittelbar nach dem Fall der Mauer und der Grenzöffnung besuchten etwa drei Millionen DDR-Bürger die BRD, viele davon kehrten nicht mehr zurück. Die SED sah sich zusätzlich von den immer stärker werdenden oppositionellen Gruppen bedrängt und wirkte nahezu kopflos.
Der **Versuch der SED, die DDR als eigenen Staat zu erhalten**, scheiterte in den folgenden Wochen an den zunehmenden Forderungen nach Wiedervereinigung. Als das ZK der SED unter Führung von **Egon Krenz** am 3. Dezember 1989 zurücktrat und am 6. Dezember praktisch auch die Regierung, übernahm für kurze Zeit der **Runde Tisch**, Vertreter der Parteien, der Kirchen und von Verbänden, die Verantwortung. Aber die Stimmen für eine Wiedervereinigung wurden immer lauter, auf den **Montagsdemonstrationen in Leipzig** skandierten die Menschen: „Wir sind ein Volk“ und „Deutschland, einig Vaterland“. Der Prozess der Wiedervereinigung war nicht mehr aufzuhalten.
Sowohl der Bau der Mauer 1961 wie ihr Fall 1989 und damit verbunden die Entwicklung der deutschen Frage waren eng verwoben mit der Entwicklung der internationalen Politik, speziell dem **Wandel des Ost-West-Konflikts**. Auf der anderen Seite kann nicht übersehen werden, dass sowohl beim Mauerbau als auch beim Mauerfall das Verhalten der Bevölkerung und die politischen Überzeugungen der Deutschen eine große Rolle spielten. 1961 zwang die Fluchtbewegung die Sowjetunion und den Warschauer Pakt zu einer Reaktion, 1989 waren es erneut die Bürger, die mit den Füßen über das Schicksal der DDR abstimmten. Und nicht zuletzt waren es die gravierenden wirtschaftlichen Unterschiede zwischen der Bundesrepublik und der DDR, die bei der Entwicklung und schließlich Lösung der deutschen Frage eine wichtige Rolle spielten.

Leerseiten verbilligen in diesem Fall die Herstellung des Buches!

Leerseiten verbilligen in diesem Fall die Herstellung des Buches!

Grundkurs Geschichte (Bayern) 2006 – Aufgabe I
Die Reichsgründung und ihre Europäische Bedeutung – Das Kaiserreich

		BE
1	Ordnen Sie Bismarcks Stellungnahme (M 1) in die Vorgeschichte des Kriegs von 1866 ein und erarbeiten Sie aus dem Text Bismarcks Einschätzung des österreichisch-preußischen Verhältnisses sowie die Argumente, mit denen er seine Sicht stützt!	14
2	Zeigen Sie, welche politischen Sachverhalte 1866 und 1870/71 dazu beigetragen haben, für die von Bismarck angestrebte neue Ordnung in Deutschland die Akzeptanz der Großmächte zu erreichen!	12
3		20
3.1	Erarbeiten Sie die in der Karikatur von 1888 (M 2) zum Ausdruck kommende Interpretation der Außenpolitik Bismarcks als Reichskanzler!	
3.2	Prüfen Sie anhand der Ergebnisse und Methoden dieser Außenpolitik, inwieweit der Bewertung des Zeichners zuzustimmen ist!	
4	Das Jahr 1866, ein Epochenjahr. – Entwickeln Sie einige wesentliche Aspekte für diese Bewertung anhand der deutschen und österreichischen Geschichte im 19. und in der ersten Hälfte des 20. Jahrhunderts!	14

M 1: Protokoll des Preußischen Kronrates vom 28. Februar 1866 (Auszüge)

[…] Nachdem S. K. M. sämtlichen Anwesenden die strengste Geheimhaltung des Gegenstandes und des Inhalts der heutigen Beratung zur Pflicht gemacht haben, geruheten Allerhöchstdieselben die neuerlich eingetretene Spannung in dem Verhältnisse Preußens zu Oesterreich sowie die Entstehungsursachen und die allmähliche Entwicklung derselben übersichtlich zu beleuchten […]

S. M. fügten hinzu, daß es sich jetzt nicht um eine augenblickliche oder auch nur um eine rasche Entscheidung der vorliegenden Frage handle, daß dieselbe vielmehr heute nur allseitig besprochen und erwogen werden solle und daß es dann darauf ankomme, die für den Fall ernsterer Komplikationen nötigen Vorbereitungen zu treffen, jedenfalls aber Oesterreich keinen Zweifel darüber zu lassen, wie ernst Preußen die Sache ansehe […]

Der Ministerpräsident nahm zuerst das Wort und äußerte sich in nachstehender Weise: Preußen sei die einzige lebensfähige politische Schöpfung, die aus den Ruinen des alten deutschen Reiches hervorgegangen sei und hierauf beruhe sein Beruf, an die Spitze von Deutschland zu treten. Oesterreich habe das nach diesem Ziele gerichtete natürliche und wohlberechtigte Streben Preußens aus Eifersucht von jeher bekämpft, indem es die Führung Deutschlands, obwohl selbst dazu unfähig, Preußen nicht gegönnt habe. Die durch solche Rivalitätsbestrebungen charakterisierte, gegen Preußen feindselige österreichische Politik habe im Laufe der Ereignisse nur einzelne Unterbrechungen zu bestimmten vorübergehenden Zwecken erlitten […] Oesterreich gönne Preußen nicht den ihm gebührenden Einfluß in Deutschland, nicht seine für Preußen und Deutschland gleich notwendige gesicherte Stellung in den Elbherzogtümern[1], nicht die Frucht seiner Siege. Diese Frucht sich zu erhalten, sei für Preußen eine durch politische Motive und ebenso durch die allgemeine Stimmung im Lande und in der Armee begründete Notwendigkeit. Es wäre eine Demütigung, wenn Preußen sich jetzt zurückziehen wollte. Eine solche Demütigung muß um jeden Preis vermieden werden. Dann aber sei der Bruch mit Oesterreich wahrscheinlich. Es gelte also jetzt, die Frage zu beraten und sich darüber zu entschließen, ob Preußen vor diesem Hindernis – Bruch und eventuell Krieg mit Oesterreich – zurückschrecken solle? Werde die Frage verneint, so komme es darauf an, unverzüglich die nötigen Einleitungen zur Gewinnung auswärtiger Bundesgenossen zu treffen. In dieser Voraussicht seien schon vor der Gasteiner Konvention[2] intimere Beziehungen zu Italien angeknüpft worden. Man müsse darauf gefaßt sein, daß Oesterreich – welches vor keinem Bündnis gegen Preußen zurückschreckt und namentlich dasjenige mit Frankreich seit 1851 wiederholt ohne Erfolg gesucht habe – sich gleichfalls auswärtige Allianzen zu verschaffen suchen und wenn dies gelinge, in einem für seine Interessen günstigen Moment den früher oder später doch unvermeidlichen Bruch herbeiführen werde. Jetzt habe noch Preußen den Moment zu wählen […] Die ganze historische Entwicklung der deutschen Verhältnisse, die feindselige Haltung Österreichs treibe uns dem Kriege entgegen. Es würde ein Fehler sein, ihm jetzt aus dem Wege zu gehen.

Johannes Hohlfeld (Hrsg.): Dokumente der Deutschen Politik und Geschichte von 1848 bis zur Gegenwart. Ein Quellenwerk für die politische Bildung und staatsbürgerliche Erziehung. Band I: Die Reichsgründung und das Zeitalter Bismarcks 1848–1890, Berlin/München 1951, S. 152–155.

Erläuterungen:

1 Elbherzogtümer: Schleswig, Holstein, Lauenburg

2 Gasteiner Konvention: 1865 zwischen Preußen und Österreich geschlossene Vereinbarung über die Verwaltung der Elbherzogtümer

M 2: Karikatur aus der Zeitschrift „Kladderadatsch" vom 8. Juli 1888

Die dreizehnte Arbeit des Herkules.

Des Reichskanzlers Stellung seit 1870.

Kladderadatsch
Nr. 32 vom 8. Juli 1888

Hinweis: Auf der rechten Schulter der vom Betrachter aus links stehenden Figur ist der Buchstabe „F" vermerkt, auf der linken Schulter der rechts stehenden Figur der Buchstabe „R".

Erläuterungen:

Die Aufgabe bezieht sich auf den 2. Teilbereich des Lehrplans der 12. Jahrgangsstufe, insbesondere auf die verbindlichen Lerninhalte „Reichsgründung unter preußischer Führung" sowie „außenpolitische Konzepte des Kaiserreichs". Schwerpunkt ist die Außenpolitik Bismarcks vor dem Hintergrund der Mächtekonstellation im Europa in der 2. Hälfte des 19. Jahrhunderts. Die 4. Teilaufgabe greift über diesen vergleichsweise engen inhaltlichen Rahmen hinaus und fordert einen Längsschnitt der deutschen und österreichischen Geschichte im 19. und 20. Jhdt. Wichtig für die Bearbeitung ist die Beherrschung fachspezifischer Methoden, da die 1. und die 3. Teilaufgabe materialgebunden sind. Mehr als die Hälfte der Bewertungseinheiten sind durch eine sorgfältige Quellenanalyse und eine historisch fundierte Interpretation einer zeitgenössischen Karikatur erreichbar.

Lösungen

1 *Die Aufgabenstellung fordert zunächst die Einordnung des Protokolls, insbesondere der Stellungnahme Bismarcks, in die Vorgeschichte des Krieges von 1866. Verlangt werden Kenntnisse der historischen Ereignisse, die zum Krieg zwischen Preußen und Österreich führten, folglich ist dieser Teil der Aufgabe der Ebene der Reproduktion (AFB I) zuzuordnen. Im zweiten Teil der Aufgabe müssen die Position Bismarcks, seine Einschätzung des preußisch-österreichischen Verhältnisses und die darin erkennbaren politischen Absichten Bismarcks erarbeitet werden. Die Aufgabe erfordert also neben reproduktiven Fähigkeiten auch, dass eine unbekannte historische Quelle in einen bekannten historischen Zusammenhang eingeordnet und unter bestimmten Aspekten zusammengefasst wird. Neben reproduktiven Fähigkeiten, dem Umgang mit historischen Quellen, werden auch solche der Reorganisation von Wissen und des Transfers verlangt (AFB II).*

Den historischen Rahmen für die Einordnung der Stellungnahme Bismarcks bildet der gemeinsame **Krieg Österreichs und Preußens gegen Dänemark 1864**. Anlass dieses Kriegs war der Versuch des dänischen Königs, Schleswig staatsrechtlich in den dänischen Staatsverband zu integrieren und von Holstein zu trennen, das zum Deutschen Bund gehörte. Vor dem Hintergrund der immer lauter und massiver werdenden nationalen Stimmen, die eine völlige **Eingliederung Schleswig-Holsteins in den Deutschen Bund** entgegen der Regelung im **Londoner Protokoll von 1852** forderten, vereinbarten Preußen und Österreich ein gemeinsames Vorgehen gegen Dänemark. Vordergründig sollten dadurch die Interessen des Deutschen Bundes durchgesetzt werden, in Wirklichkeit ging es Bismarck um die Annexion Schleswig-Holsteins durch Preußen. Deshalb lehnte er auch die vom Bund und von Österreich geforderte **Kandidatur des Erbprinzen Friedrich von Augustenburg als Herzog von Schleswig-Holstein** ab.
Österreich durchschaute die Taktik Bismarcks nicht und zog 1864 mit Preußen in den Krieg gegen Dänemark. Dieser endete mit einem schnellen Sieg (Schlacht bei den Düppeler Schanzen). Da Preußen die vom Bund und von Österreich geforderte Lösung eines selbständigen Herzogtums unter dem Augustenburger ablehnte und man sich auf einer Konferenz in London nicht einigen konnte, wurde im **Wiener Frieden von 1864** vereinbart, dass der dänische König auf die Herzogtümer verzichtete und sie an Österreich und Preußen abtrat, im **Gasteiner Vertrag vom August 1865** wurde vereinbart, die Herzogtümer getrennt zu verwalten.

Diese 1864 durch den Krieg und den folgenden Frieden geschaffene instabile neue Lage ist der historische Hintergrund für die Sitzung des Preußischen Kronrates vom 28. Februar 1866, in der Bismarck das preußisch-österreichische Verhältnis charakterisiert.
Er geht dabei davon aus, dass Preußen als „einzige lebensfähige politische Schöpfung […] aus den Ruinen des alten deutschen Reiches" hervorgegangen sei, und leitet daraus den Anspruch auf eine Führungsrolle im Reich ab.
Die **Politik Österreichs** ist nach Bismarck wesentlich davon bestimmt, den Führungsanspruch Preußens zu hintertreiben, nur zeitweilig habe das Kaiserreich zu bestimmten Zwecken diese Politik unterbrochen. Entsprechend dieser politischen Strategie Österreichs gönne es Preußen dessen Machtstellung in den Elbherzogtümern nicht, obwohl sie für Deutschland durchaus sinnvoll sei. Einen Rückzug Preußens aus Schleswig, der die Folge einer von Österreich betriebenen Einsetzung des Erbprinzen Friedrich zum Herzog gewesen wäre, lehnt Bismarck als demütigend ab.
Für Bismarck ist der **Bruch mit Österreich** unvermeidlich; er betont die Notwendigkeit, sich auf einen Krieg vorzubereiten und dafür auswärtige Bundesgenossen zu gewinnen, zumal auch Österreich insgeheim Bündnispartner gegen Preußen suche. Abschließend kommt Bismarck zu dem Ergebnis, dass der Krieg gegen Österreich unvermeidlich sei und es deshalb nur auf den richtigen Zeitpunkt ankomme.

2 *Die Aufgabenstellung verlangt eine Darstellung der außen-, vor allem bündnispolitischen Bemühungen Bismarcks, die die Kriege gegen Österreich (1866) und gegen Frankreich (1870/71) ermöglichten, ohne dass Preußen einen europäischen Konflikt durch das Eingreifen der Großmächte riskieren musste. Dabei muss der Zusammenhang zwischen der machtpolitischen Lage in Europa und der preußischen Strategie deutlich werden. Wichtig ist auch, dass Sie darauf hinweisen, dass mit „neue Ordnung in Deutschland" die Schaffung des Deutschen Reiches unter Führung Preußens und unter Ausschluss Österreichs gemeint ist.*
Die Aufgabenstellung verlangt fast ausschließlich reproduktive Fähigkeiten, also die Wiedergabe von Sachverhalten, Zusammenhängen und Strukturen (Machtverhältnisse in Europa), die aufgrund des Lehrplans vorausgesetzt werden können (AFB I).

Der **Krieg gegen Österreich** wurde möglich, da es Bismarck gelang, mögliche Bündnispartner des Gegners von einem Eingreifen abzuhalten und das bestehende Mächtegleichgewicht in Europa nicht zu stören.
Bereits in der Sitzung des Kronrates am 28. Februar 1866 (M 1) hatte Bismarck zu erkennen gegeben, dass Preußen sich um Beziehungen zu Italien bemüht habe. Tatsächlich gelang es ihm bereits am 8. April 1866, gegen den Widerstand des Kaisers einen **Allianzvertrag mit Italien** zu schließen, in dem sich Italien verpflichtete, in einen Krieg Preußens gegen Österreich durch einen Angriff auf das Habsburgerreich einzugreifen und so wichtige Truppen Österreichs zu binden. Der Vertrag war auf drei Monate befristet, zwang Preußen also zu schnellem Handeln.
Mit **Frankreich**, einem, wie Bismarck im Kronrat betont, möglichen Bündnispartner Österreichs, war ein vergleichbares Bündnis nicht möglich, im besten Fall war die Zusicherung der Neutralität zu erreichen. **Napoleon III.** sah in einer Auseinandersetzung zwischen Preußen und Österreich die Chance, eigene Interessen durchzusetzen und ließ sich von der österreichischen Regierung in einem Geheimvertrag direkte, von Bismarck eher vage Zusicherungen für die französische Neutralität geben.
Blieben als Großmächte England und Russland. Da **England** die kleindeutsche Lösung für günstiger hielt, um das Gleichgewicht in Europa zu erhalten, signalisierte London, dass es sich in eine Auseinandersetzung zwischen Preußen und Österreich nicht einmischen werde. Von **Russland** hatte Preußen ebenfalls keine größeren Widerstände zu befürchten, da **Zar Alexander II.** im eigenen Land mit seiner Reformpolitik gebunden war und im Übrigen gegenüber Preußen seit dem Krimkrieg und der gemeinsamen Politik beim Polenaufstand 1863 eine wohlwollende Einstellung hatte. Alle Großmächte hielten es letztlich auch für unvermeidbar, dass es in der Mitte Europas einen **deutschen Nationalstaat** geben sollte. Für das Gleichgewicht der Kräfte war es günstiger, wenn Österreich von Preußen aus dem politischen Verband Deutschlands herausgedrängt würde.

1870/71 war die Ausgangslage für die Politik Bismarcks auf den ersten Blick ungleich schwieriger. Ein Krieg gegen Frankreich und die unmittelbar anschließende Reichsgründung bargen die Gefahr einer zu großen Dominanz Preußens, die Machtbalance in Europa schien gefährdet. In der politischen Realität allerdings **hatten sich seit 1866 die Bedingungen zugunsten Preußens verbessert**.
Österreich war durch die Niederlage 1866 und die sich anschließende Dynamik der wirtschaftlichen Entwicklung im Norddeutschen Bund an einer Revision der Entscheidung von 1866 gehindert. Es musste die machtpolitischen Gegebenheiten akzeptieren. Für England war die Politik Preußens schon deshalb weniger gefährlich, da man eher das **Hegemoniestreben Napoleons III.** fürchtete. Und Russlands Position war nach wie vor preußenfreundlich.
Es ging also vorrangig darum, den Krieg gegen Frankreich als nicht vermeidbar erscheinen zu lassen und das **Dritte Deutschland**, also die Mittel- und Kleinstaaten im Deutschen Bund, auf die Seite Preußens zu ziehen.

Bismarck war sich mit den politischen, militärischen und wirtschaftlichen Eliten in Deutschland einig, dass der Krieg gegen Frankreich nicht zu vermeiden sei, benötigte jedoch vor der internationalen Öffentlichkeit einen Anlass, um nicht als rücksichtsloser Aggressor zu erscheinen. Mit der **Emser Depesche** lieferte ihm die französische Regierung eine Möglichkeit, Paris für den Ausbruch des Krieges verantwortlich zu machen. Äußerer Anlass war der Streit um die Thronfolge in Spanien, die an einen Hohenzollern fallen sollte, was Frankreich unter allen Umständen verhindern wollte. Der preußische König war zwar bereit, als Chef des Hauses Hohenzollern auf die **Kandidatur des Prinzen Leopold von Hohenzollern** für den spanischen Thron zu verzichten, doch als er vom französischen Botschafter während der Kur in Bad Ems aufgefordert wurde, eine Garantieerklärung abzugeben, lehnte er diese eher undiplomatische Forderung ab. Bismarck kürzte die nach Berlin geschickte Depesche vor der Veröffentlichung derart, dass sie wie ein Ultimatum Frankreichs an Preußen wirken musste. Frankreich war nun diplomatisch in der Defensive und suchte militärisch die Offensive. Es bereitete einen Krieg gegen Preußen vor, der bei den Mittel- und Kleinstaaten als Versuch gewertet werden musste, die Einheit Deutschlands zu verhindern.
In der Folge fiel es Preußen deshalb nicht schwer, das Dritte Deutschland durch die **Aktivierung der Schutz- und Trutzbündnisse**, die von Bismarck nach dem Sieg über Österreich gegen erhebliche Widerstände in den Mittel- und Kleinstaaten durchgesetzt worden waren, an sich zu binden, und letztlich auch Süddeutschland enger an Preußen und den Norddeutschen Bund heranzuführen.

3.1 *Da das „Lesen" der Karikatur nur möglich ist, wenn der karikierte Sachverhalt, also die Außenpolitik Bismarcks, bekannt ist, handelt es sich hier zunächst um eine Aufgabe aus dem AFB I. Da jedoch vom Schüler/der Schülerin gefordert wird, eine spezielle Sichtweise auf historische Tatsachen zu erkennen, reicht die Aufgabe in den AFB II hinein.*

Mit der Überschrift vergleicht der Karikaturist die **Außenpolitik Bismarcks** mit den sprichwörtlichen Leistungen des Herkules, der in der Mythologie als Prototyp des Helden gilt und übermenschliche Fähigkeiten besaß. Die Außenpolitik des Reichskanzlers wird mit den Heldentaten des Herkules auf eine Stufe gestellt.
Als außergewöhnliche Leistung wird dabei angesehen, dass es Bismarck mit äußerster Konzentration gelingt, den **Frieden aufrecht zu erhalten**, im Bild symbolisiert durch den Palmzweig, den der Kanzler in imponierender Weise auf dem Nasenrücken balanciert. Er wird gleichsam als politischer Künstler gezeichnet.
Die beiden Figuren rechts und links von Bismarck stellen Frankreich auf der linken Seite und Russland auf der rechten Seite dar. Der Reichskanzler balanciert also nicht nur den Frieden aus, es gelingt ihm auch, die beiden Großmächte voneinander getrennt zu halten. Schließlich war es das erklärte **Ziel Bismarcks**, ein für das Reich bedrohliches Bündnis zwischen den beiden Großmächten zu verhindern.

3.2 *Die Fragestellung „Prüfen Sie ..." verweist auf die Notwendigkeit, ein Urteil oder eine Hypothese daraufhin zu untersuchen, ob sie einem historischen Sachverhalt gerecht wird. Im vorliegenden Fall soll begründet dargestellt werden, ob die Außenpolitik Bismarcks, ihre Ergebnisse und ihre Methoden als überragende Leistungen zu bewerten sind, wie es der Karikaturist darstellt. Dabei sind auch die unterschiedlichen Positionen des heutigen Betrachters und des zeitgenössischen Karikaturisten mit einzubeziehen. Die Einschätzung des Aussagewertes der vorgelegten Quellen und die für eine schlüssige Argumentation notwendige Verarbeitung der relevanten historischen Fakten fordert vom Schüler/der Schülerin die Fähigkeit zur Reflexion und Problemlösung (AFB III), gestützt auf fundierte Kenntnisse der Außenpolitik Bismarcks (AFB I).*

Für den Karikaturisten sind die Erhaltung des Friedens in Europa und die Verhinderung einer insbesondere militärischen Zusammenarbeit zwischen Frankreich und Russland **fundamentale Interessen der deutschen Außenpolitik**, die Bismarck seit 1870 meisterhaft zu erfüllen vermag.

Eine genauere Analyse seiner Politik liefert dafür gute Argumente. So gelang es Bismarck im Jahre 1887 mit dem Abschluss des **geheimen Rückversicherungsvertrages mit Russland**, vom Zarenreich die Zusicherung der Neutralität bei einem Angriff Frankreichs auf das Reich zu erreichen. Zwar hatte Bismarck bis dahin geheime Bündnisse abgelehnt, dieser Vertrag bedeutete aber eine erhebliche Defensivsicherheit für das Reich gegen den potentiellen Gegner Frankreich.

Die Politik einer defensiven Absicherung des Reiches in erster Linie gegen Frankreich hatte der Kanzler schon früher begonnen. **1879 schloss Deutschland mit Österreich-Ungarn den Zweibund**. Vorausgegangen waren Krisen auf dem Balkan, die zu einem Krieg zwischen Serbien und der Türkei eskaliert waren, in dem schon bald Russland und England aktiv wurden. Schließlich bestand die Gefahr eines europäischen Krieges, bis auf dem **Berliner Kongress 1878** nicht zuletzt durch Bismarcks Vermittlung ein englisch-russischer Krieg verhindert werden konnte. Für Bismarck war jedoch klar geworden, dass eine isolierte Stellung des Reiches und die vom Kanzler gewünschte **freie Mittelstellung zwischen den Großmächten** nicht möglich war. Ein **Bündnis mit Österreich-Ungarn** schien ihm in dieser Lage nicht nur aus Gründen einer defensiven Sicherheit gegenüber Russland sinnvoll, sondern auch aus Gründen der traditionellen Nähe Österreichs zum Reich. Der Kanzler glaubte nicht mehr an eine unverbrüchliche Verbindung zwischen Preußen und Russland. 1879 wurde dann das Bündnis mit Wien geschlossen, **1882** wurde der Zweibund mit dem Beitritt Italiens zum **Dreibund** erweitert. Trotz der nach 1878 zunehmenden Dissonanzen zwischen Berlin und St. Petersburg gelang es, auch das **Dreikaiserabkommen** zwischen dem Deutschen Reich, Österreich-Ungarn und Russland, das 1873 zustande gekommen war, im Jahr 1881 zu erneuern.

Diese weitgehend defensiven Bündnisse haben fraglos für eine längere Zeit den Krieg in Europa verhindert, lassen also durchaus Bismarck als Jongleur des Friedens erscheinen.

Zumindest die **Bewertung Bismarcks als Friedenserhalter** muss bei genauerer Analyse der politischen Verhältnisse aber in Frage gestellt werden. Zwar war das Deutsche Reich nicht unmittelbar in einen Krieg verwickelt, aber seit 1870 häuften sich die Interessenkonflikte und die Krisen in Europa. Die **„Krieg-in-Sicht"-Krise** von 1875 zeigte, wie labil der Status quo in Europa war: Eine Reform der französischen Wehrverfassung und eine vermutete Annäherung zwischen Russland und Österreich alarmierten die deutsche politische Öffentlichkeit.

Vor allem auf dem **Balkan** konnte auch nicht von Frieden die Rede sein. Der expansive Drang Russlands zum Mittelmeer, die verstärkte Wirkung panslawistischer Bewegungen und die Schwächung Österreich-Ungarns durch den Krieg von 1866 hatten den Balkan in einen zunehmend labilen und krisengeschüttelten Raum verwandelt. Die **kolonialen Interessengegensätze** zwischen England und Frankreich und England und Russland belasteten den seit der Reichsgründung mühsam ausbalancierten Frieden ebenfalls.

Spätestens nach dem Berliner Kongress war klar, dass Bismarcks Idee einer Wiederherstellung des Gleichgewichts mit einer vermittelnden Stellung Deutschlands zwischen Ost und West kaum mehr eine Zukunft hatte. Sein System der Sicherung der Machtstellung des Reiches wurde daher immer komplizierter. So war er gezwungen, dem geheimen **Rückversicherungsvertrag** mit Russland ein **„ganz geheimes" Zusatzprotokoll** hinzuzufügen, das die russischen Interessen an den Meerengen für berechtigt hielt. Zweifellos bestand hier ein Widerspruch zum Zweibund von 1879 mit Österreich-Ungarn, der als Defensivbündnis gegen Russland gedacht war. Dass der Rückversicherungsvertrag geheim war und der 1879 abgeschlossene Zweibundvertrag erst 1888 veröffentlicht wurde, zeigt, wie sehr Bismarck selbst um die innere Widersprüchlichkeit seines Bündnissystems wusste. Erheblich zur **Instabilität des Gleichgewichts** trug die imperiale Politik der Großmächte bei. Das Reich unter Bismarck versuchte sich zwar zurückzuhalten, unter dem Druck der Wirtschaft konnte sich aber auch Deutschland nicht völlig dem Wettlauf um Kolonien entziehen. Seit 1884 gab es mit der Besitznahme eines Landstreifens in Südwestafrika eine **staatliche deutsche Kolonialpolitik**.

Fasst man die Argumente zusammen, so ist die Sichtweise des Karikaturisten insoweit richtig, als Europa von Berlin aus für eine kurze Zeit beruhigt und stabilisiert wurde und so die Reichsgründung ermöglicht wurde. Andererseits war die Politik des Kanzlers nicht frei von Widersprüchen, die in letzter Konsequenz den Krieg zwar verhinderten, aber den Frieden nicht auf Dauer sicherten. Man sollte jedoch auch berücksichtigen, dass im Jahr 1888, als die Karikatur entstand, die Entwicklung der späteren Jahre nicht unbedingt vorhersehbar war. Aus heutiger Sicht muss Bismarcks Politik angesichts der folgenden Weltkriege skeptischer beurteilt werden.

4 *Während die ersten Teilaufgaben sich mit der Außenpolitik Preußens bzw. des Reiches unmittelbar vor und unmittelbar nach der Reichsgründung beschäftigen, geht es bei der 4. Teilaufgabe um einen Längsschnitt der deutschen Geschichte von 1866 bis zum Nationalsozialismus. Bekannte Sachverhalte müssen in einen größeren Zusammenhang gestellt und verknüpft werden. Es handelt sich folglich um den Nachweis inhaltsbezogener Fähigkeiten und Kenntnisse in neuen Zusammenhängen (AFB II). Die Beschränkung auf „wesentliche Aspekte" fordert darüber hinaus Urteilsvermögen und selbstständiges Bewerten. Ein Teil der Aufgabe ist daher dem AFB III zuzuordnen.*

Dass es sich **1866** tatsächlich um ein **Epochenjahr** handelt, wird schon allein dadurch belegbar, dass in diesem Jahr die nahezu tausendjährige gemeinsame Geschichte zwischen Österreich und den übrigen Staaten des deutschen Bundes zu Ende geht. Seit dem **Beginn des Ostfränkischen Reiches** 879/880 (Verträge von Verdun und Ribemont) hatte es nie Zweifel gegeben, dass das spätere Österreich zum alten Reich gehörte. Durch den Krieg von 1866 setzte sich Preußen als deutsche Führungsmacht durch, was nur durch die Realisierung der **kleindeutschen Lösung** bei der Gründung des neuen Nationalstaates möglich war. Eine duale Lösung war nicht zuletzt auch daran gescheitert, dass Österreich-Ungarn sich wegen seines Charakters als Vielvölkerstaat nicht in einen Nationalstaat integrieren ließ.
1866 wurde aber auch dadurch zum Epochenjahr für Deutschland, da von nun an **Preußen** die Führung im Reich innehatte und der Süden mit Bayern an der Spitze von der wirtschaftlichen und militärischen Kraft des Nordens dominiert wurde. Umgekehrt musste sich **Österreich** endgültig seit 1866 neu orientieren. Der Interessenschwerpunkt des Kaiserreichs lag nicht mehr in der Mitte Europas, sondern verlagerte sich nach Südosten. Die Donaumonarchie war in der Folge immer weniger geprägt von den deutschen Traditionen, sondern von der Tatsache eines Vielvölkerstaates auf dem Balkan. Österreich-Ungarn wurde dabei einerseits zu einem stabilisierendem Element im südöstlichen Europa, andererseits aber immer mehr in die Krisenregion hineingezogen. Während sich im kleindeutschen Reich ein Nationalstaat entwickeln konnte, wurde der **Vielvölkerstaat** mit seiner Reichsidee zunehmend durch die Nationalismen von innen her geschwächt.
Als die Donaumonarchie im ersten Weltkrieg endgültig zerbrach, schien es eine Möglichkeit zu geben, die großdeutsche Lösung mit Österreich nachzuholen. Allerdings widersprach dies den Interessen der Siegermächte, die im **Vertrag von St. Germain** ein Anschlussverbot für Österreich an das Deutsche Reich festschrieben. Man nahm dabei in Kauf, dass die staatliche Existenz der neu gegründeten Republik Österreich langfristig in Gefahr war. Der **Anschluss Österreichs durch Hitler** im Jahr 1938 war ein möglicher Endpunkt der Versuche, die 1866 geschaffene Situation zumindest teilweise zu korrigieren.

Grundkurs Geschichte (Bayern) 2006 – Aufgabe II
Die Neuordnung Europas und die Weimarer Republik

		BE
1	Erarbeiten Sie aus dem Text die zentralen politischen Überzeugungen des Redners und legen Sie dar, mit welchen Argumenten er seine Position stützt!	12
2	Skizzieren Sie die Grundpositionen der in der Gründungsphase der Weimarer Republik aktiven Parteien einschließlich des jeweiligen Verhältnisses zum neuen Staat!	14
3	Stellen Sie Grundzüge der Weimarer Verfassung dar und zeigen Sie auf, wie zwischen 1919 und 1933 einzelne Bestimmungen in einer Art und Weise gebraucht wurden, die nicht dem Geist der Verfassung entsprach!	16
4	Weimar – ein Misserfolg! Relativieren Sie diese Einschätzung aus heutiger Sicht, indem Sie wesentliche Leistungen und zukunftsweisende Ansätze der Weimarer Republik aufzeigen!	18

Rede des Abgeordneten Dr. von Delbrück in der 44. Sitzung der Nationalversammlung am 2. Juli 1919 (Auszüge)

[…] Die beiden Sätze: Das **Deutsche Reich** ist eine **Republik.** Die Staatsgewalt geht vom **Volke** aus – bedeuten eine Umwälzung unserer Verhältnisse von Grund aus. Sie bedeuten vielleicht für Sie etwas Selbstverständliches und etwas Erwünschtes. Für uns bedeuten sie etwas anderes, für uns bedeuten sie den Abschied von einer großen Vergangenheit, den Abschied von Einrichtungen, die Deutschland auf ein hohes Maß, von Macht, Kultur und Ansehen geführt haben. […] Daß wir unter diesen Umständen nicht leichten Herzens an diesem Artikel vorübergehen können, das liegt wohl auf der Hand. Und was das für uns bedeutet, das erhellt, wenn Sie dazu den Art. 170 nehmen, in dem es heißt: „Die Verfassung des Deutschen Reichs vom 16. April 1871 ist aufgehoben". Das bedeutet für uns nicht mehr und nicht weniger als den Abschied von der Verfassung und dem Reiche Bismarcks […]. Das **Deutsche Reich Bismarcks** ist weder eine Verirrung, noch eine Zufälligkeit gewesen, sondern es ist ein Glied in der Kette der schwierigen Entwicklung der innerpolitischen Verhältnisse Deutschlands gewesen und ein Glied von einer Bedeutung und von einer Leistungsfähigkeit, die die Geschichte stets in vollem Maße anerkannt hat und anerkennen wird. Der Art. 1 bedeutet für uns den Abschied von der konstitutionellen Monarchie. Er bedeutet den Übergang zum parlamentarisch regierten Volksstaat, und es erhebt sich für meine Freunde und mich die Frage, ob wir diesem Artikel zustimmen, ob wir damit auch für unsere Person das Siegel unter diese gewaltige Umwälzung der staatsrechtlichen Verhältnisse Deutschlands drücken wollen oder nicht. Meine Damen und Herren! Diese Frage müssen wir verneinen, und zwar müssen wir sie verneinen aus verschiedenen Gründen. Wir müssen sie zunächst verneinen mit Rücksicht auf unsere monarchischen Grundsätze. Wir sind heute noch grundsätzlich Anhänger der Monarchie. Wir sind heute noch der Meinung, […] daß, wenn schon ein Wechsel in der Staatsform eintreten müßte, die **demokratische Monarchie**, wie sie sich im vorigen Oktober bei uns entwickelt hatte oder zu entwickeln im Begriff stand, für die deutschen Verhältnisse eine viel zweckmäßigere und nützlichere Einrichtung gewesen wäre als diese radikale Republik, unter deren Herrschaft – ich will nicht mehr sagen – wir jetzt leben. Von dieser unserer Auffassung können wir nicht ab-

gehen. Im Gegenteil, die Erfahrungen der letzten Wochen und der letzten Monate haben uns in dieser Auffassung bestärkt. […]
Wir haben aber auch gegen die Republik, so wie sie jetzt aussieht, abgesehen von ihrem formalen Aufbau, unsere ernsten Bedenken mit Rücksicht auf die Verhältnisse, unter denen sie geboren ist, mit Rücksicht auf das Gesicht, das sie trägt, auf das Gepräge, das ihre Verfassung durch die äußeren Verhältnisse erhalten hat. Meine Damen und Herren! Wenn Sie noch einmal ihre Blicke auf das Bismarcksche Reich und auf die Bismarcksche Verfassung zurücklenken, so werden Sie mir zugeben, daß dieses Reich und diese Verfassung unter einem glücklichen Stern geboren wurden. Diese Verfassung entstand nach zwei siegreichen Kriegen, sie befriedigte alle Beteiligten. Sonst wäre die Gründung des Reiches vier Jahre nach einem Bruderkriege undenkbar gewesen. […] Das **neue Reich** hat vorläufig einen **weichlichen Zug** – ich möchte sagen – ein hippokratisches Gesicht[1]. Man merkt ihm die Leiden an, die das deutsche Volk während seiner Geburt zu ertragen hatte, man merkt dem Reich und der Verfassung, die wir jetzt verabschieden sollen, an, wie viel Hoffnungen das deutsche Volk auf dem Wege von Spa[2] nach Versailles zu Grabe getragen hat. Diese Verfassung ist nicht die Arbeit eines freien, stolzen, seiner Kraft bewußten, sondern […] die Arbeit eines zerschlagenen, am Boden liegenden Volkes, und so geht denn durch die Verfassung als bestimmter Zug die Neigung durch, unsere Verhältnisse anzufügen und einzupassen denen des Auslandes. Bei der Frage der Reichsfarben, bei dem Art. 4, wonach die allgemein anerkannten Regeln des Völkerrechts Bestandteile unseres Reichsrechts sein sollen, bei den Erörterungen über das Selbstbestimmungsrecht der Völker und endlich bei den Erörterungen über den Völkerbund sind keineswegs allein grundsätzliche Erwägungen nicht allein die Auffassung, daß das im deutschen Interesse dringend wünschenswert sei, sondern nicht in allerletzter Linie auch die Neigung maßgebend gewesen, vor unseren Feinden eine gute Figur zu machen.
Und was haben wir, seit wir den ersten Entwurf der Verfassung hier beraten haben, bis heute alles aufgegeben? Der Art. 5 des ursprünglichen Entwurfs sah ein **Reichsheer** vor, aufgebaut auf der allgemeinen Wehrpflicht. Wir träumten von einem neuen Volksheer, wenn auch auf anderer Grundlage, und was ist davon übrig geblieben? Der jetzige Art. 79, der uns im Zusammenhang mit den diesbezüglichen Bestimmungen des Versailler Friedens die Erlaubnis gibt, ein kleines Söldnerheer zu halten, das allenfalls den Anforderungen einer Gendarmerietruppe genügt! Es soll nicht mehr Pflicht und Ehre eines jeden Deutschen sein, das Vaterland zu verteidigen. Der junge Deutsche soll nicht mehr im Waffendienst geübt werden, sondern er soll – das steht ausdrücklich in der Verfassung drin – im Sinne der Völkerversöhnung erzogen werden, und das in einem Augenblick, wo sich der Völkerbund als ein Bluff des Herrn Wilson, als ein Zweckverband für die politische und wirtschaftliche Knechtung Deutschlands entpuppt hat, in einem Augenblick, wo der Imperialismus, der, von England ausgehend, die übrige Welt verseucht hat und die eigentliche Ursache des Weltkriegs gewesen ist, bei unseren Gegnern brutale Orgien feiert. (…)
Und wo sind die Träume geblieben über den Anschluß Österreichs an das Deutsche Reich, den wir als eine Selbstverständlichkeit angesehen haben im Hinblick auf den von Herrn Wilson proklamierten Grundsatz des Selbstbestimmungsrechts der Völker, das uns jetzt von unseren Gegnern verboten wird?

Verhandlungen der verfassungsgebenden Deutschen Nationalversammlung Band 327. Stenografische Berichte. 27. Sitzung am 13. März 1919 bis zu 52. Sitzung am 9. Juli 1919, Berlin 1920, S. 1215–1219. Hervorhebung im Original.

Erläuterungen:
1 Medizinischer Fachausdruck: Gesichtsausdruck eines Sterbenden
2 Belgischer Badeort, in den letzten Kriegsmonaten Hauptquartier der OHL

Erläuterungen:
Die Aufgabe II bezieht sich auf den 3. Teilbereich des Lehrplans für die 12. Jahrgangsstufe, insbesondere auf den verbindlichen Lerninhalt „Entscheidung für die parlamentarische Demokratie in Deutschland“. Die Schüler/innen sollen sich mit den unterschiedlichen Positionen in der Diskussion um die neue staatliche Ordnung auseinandersetzen, sie sollen die Kenntnis der Verfassung von Weimar nachweisen und sich „mit dem demokratischen Gehalt und den Strukturproblemen dieser Verfassung“ beschäftigen. Die ersten drei Teilaufgaben fordern ein intensives Eingehen auf Verfassungsfragen und ordnungspolitische Grundkonzepte.
Die 4. Teilaufgabe weitet den inhaltlichen Rahmen deutlich aus. „Zukunftsweisende Ansätze“ verlangen einen Längsschnitt von der Weimarer Republik in die Geschichte der Bundesrepublik, auf die mit dem Hinweis „aus heutiger Sicht“ verwiesen wird. Das Aufzeigen von Kontinuitätslinien in der deutschen Geschichte des 20. Jahrhunderts wird hier gefordert.

Lösungen

1 *Zunächst soll das Material als Rede in der verfassungsgebenden Nationalversammlung von Weimar bestimmt werden. Herauszuarbeiten ist die ablehnende Haltung des Abgeordneten von Delbrück gegenüber dem Verfassungsentwurf, wobei er sich als Anhänger der Monarchie zu erkennen gibt. Dargelegt werden sollte, dass Delbrück die Ablehnung der demokratischen Republik mit der monarchischen Tradition des Reiches einerseits und den Entstehungsbedingungen der Republik andererseits begründet. Die in der Aufgabe geforderte Wiedergabe der Inhalte der Quelle verlangt nahezu ausschließlich reproduktive Fähigkeiten, ist also dem Anforderungsbereich I zuzuordnen.*

Der Abgeordnete von Delbrück lehnt die fundamentalen Bestimmungen der neu zu schaffenden staatlichen Ordnung ab, nämlich die Gestaltung als Republik und die Gründung eines demokratischen Systems auf der Grundlage der Volkssouveränität. Für ihn bedeuten Republik und Demokratie einen Bruch mit der monarchischen Tradition in Deutschland, den er für falsch hält. Er verklärt die konstitutionelle Monarchie und die Verfassung des Kaiserreichs, die er als Meisterleistung Bismarcks hervorhebt. Lediglich eine „demokratische Monarchie“, die aber nicht weiter erklärt wird, könnte er dulden.
Er begründet sein **Plädoyer für den Fortbestand des Kaiserreiches** mit dem Erfolg dieser Schöpfung von 1871, die sich als machtpolitischer und kultureller Höhepunkt der deutschen Geschichte erwiesen habe und die „alle Beteiligten befriedigte“. Für den Abgeordneten von Delbrück ist das Kaiserreich gleichsam der Zielpunkt der nationalen deutschen Entwicklung.
Als zentrale politische Überzeugungen in der Rede sind auch die Ablehnung des Friedensvertrages von Versailles, die fehlende Bereitschaft zu einer Aussöhnung mit den Kriegsgegnern und die militaristische Grundhaltung zu erschließen. Für von Delbrück sind die Entstehungsbedingungen der neuen Verfassung unwürdig und unbefriedigend, sodass schon deshalb die neue Ordnung unter keinem glücklichen Stern steht. Die leidvollen innen- wie außenpolitischen Verhältnisse belasten die Republik in den Augen des Abgeordneten derart, dass das „neue Reich … ein hippokratisches Gesicht“ zeige, also dem Tod geweiht sei. Der glücklichen Geburt des Kaiserreiches nach zwei militärischen Siegen stellt von Delbrück die Entstehungsbedingungen der Republik gegenüber: militärische Niederlage, Bürgerkrieg, Diktat der Sieger.
Als weiteres Argument für die Unannehmbarkeit der neuen Verfassung führt von Delbrück die **Wehrverfassung** ins Feld. Mit der zahlenmäßigen Beschränkung der Reichswehr und der Abschaffung der Wehrpflicht werde den Deutschen durch die Sieger nicht nur das Selbstbestimmungsrecht verweigert, sondern das Recht auf Ehre genommen. Das Verbot eines Anschlusses von Österreich an das Reich wird von Delbrück als weite-

res Argument benutzt, um die neue Ordnung abzulehnen. Er misstraut grundsätzlich den Vorstellungen der Sieger, denen er eine heuchlerische (Völkerbund!) und imperialistische Politik vorwirft mit dem Ziel, Deutschland zu knechten.

2 *Darzustellen sind die Positionen der in der Nationalversammlung vertretenen Parteien und der KPD und ihr Verhältnis zur neuen Staatsform der Republik. Die Aufgabenstellung begrenzt den Zeitraum auf die Gründungsphase, also auf die Zeit zwischen Rätebewegung und parlamentarischer Demokratie. Dabei bezieht sich der Begriff „Grundposition" auf die Stellung der Parteien im Streit um die grundlegenden politischen Weichenstellungen der Jahre 1918 und 1919, also Rätedemokratie versus repräsentative Demokratie, Sozialismus versus Liberalismus sowie sozialistische Planwirtschaft versus Kapitalismus. Ergänzt werden sollen diese programmatischen Abgrenzungen der Parteien durch die unterschiedlichen Reaktionen auf die schließlich getroffene Entscheidung für eine parlamentarische Demokratie mit sozialstaatlichen Elementen. Die geforderte Skizzierung, also die überblicksartige Darstellung eines eng begrenzten Gebietes, verlangt ausschließlich die Wiedergabe gelernter Sachverhalte: Anforderungsbereich I – Reproduktion.*

Nach dem Zusammenbruch des alten Reiches und dem Zerfall der vom Adel und vom Großbürgertum dominierten Wilhelminischen Gesellschaft rangen verschiedene politische Parteien um die Ausgestaltung der neuen Staatsform. Zunächst schienen sich die extrem linken Kräfte durchzusetzen.
Die **KPD** forderte die Einrichtung einer **Räterepublik nach sowjetischem Vorbild** und konnte sich dabei auf die erfolgreiche Revolution in Russland berufen. In der Konsequenz dieser ideologischen Position lag selbstverständlich die Beseitigung des Privateigentums an Produktionsmitteln, also die **Durchsetzung einer sozialistischen Planwirtschaft**. Die in der Nationalversammlung getroffene Entscheidung konnte von der KPD nicht akzeptiert werden, sie lehnte das neue System ab und zwar so kategorisch, dass sie auch die Wahlen zu einem repräsentativen Parlament boykottierte.
Die **USPD**, die sich aus Protest gegen die Zustimmung der SPD zu den Kriegskrediten 1917 von der Sozialdemokratie abgespalten hatte, stand der KPD insoweit nahe, als sie ebenfalls die **Rätedemokratie** forderte und die **Sozialisierung der Wirtschaft**. Allerdings gab es innerhalb der Partei erhebliche Richtungskämpfe, da die Position zwischen der KPD auf der einen Seite und der SPD auf der anderen Seite die Partei schwächte. Wie widersprüchlich die Haltung der USPD war, wird schon daraus ersichtlich, dass sie die repräsentative Weimarer Republik und das kapitalistische Wirtschaftssystem zwar radikal ablehnte, sich aber im Gegensatz zur KPD an den Wahlen beteiligte, ehe sie sich dann 1922 auflöste, aufgerieben zwischen KPD und SPD.
Die **SPD** hatte ihre linksradikale Position bereits während des 1. Weltkriegs aufgegeben („Mehrheitssozialdemokraten" MSPD) und propagierte in der Auseinandersetzung um die neue Ordnung eine **repräsentative Demokratie** in der Form einer Republik. Bezüglich der Wirtschaftsverfassung war die SPD für einen Ausgleich zwischen Arbeit und Kapital und die **Verstärkung sozialstaatlicher Elemente**. Die Gründung der Weimarer Republik als repräsentative Demokratie wäre ohne die Zustimmung der SPD nicht möglich gewesen und so wurde die einstige Oppositionspartei nach 1919 zur staatstragenden Partei. Damit verbunden war aber auch die Notwendigkeit, mit den bürgerlichen Parteien zusammenzuarbeiten und immer wieder Kompromisse zu schließen mit der autoritären Verwaltung und der konservativen Reichswehr. Die **inneren Diskussionen in der SPD** und der Spagat zwischen der Mehrheit der Mitgliedschaft, vorwiegend Arbeiter, und neuen Wählerschichten, Angestellten und kleinen Beamten, schwächten die Partei zusätzlich.
Zu den Parteien, die die Republik weitgehend getragen haben, gehörte neben der SPD die Deutsche Demokratische Partei, die **DDP**. Es handelte sich um eine linksliberale

Partei, die zusammen mit der Deutschen Volkspartei **DVP** das Erbe des Liberalismus, v. a. der **Nationalliberalen NL,** angetreten hatte und wesentlich an der Gestaltung der Weimarer Reichsverfassung beteiligt war. Zusammen mit der SPD stand sie vorbehaltlos hinter der **Republik** und unterstützte den **Wirtschaftsliberalismus** im neuen Staat.
Das **Zentrum** zusammen mit der Bayerischen Schwesterpartei **BVP** stellte neben der SPD die größte Kraft der „Weimarer Koalition" dar, also der Parteien, die die Republik trugen. Für das ursprünglich als Partei des deutschen **Katholizismus** auftretende Zentrum war dabei die Staatsform weniger wichtig, man würde auch eine konstitutionelle Monarchie unterstützen, vielmehr war wichtig, dass im neuen Staat eigene Ziele verfolgt werden konnten: Bekenntnisschule, christliche Erziehung und Abwehr areligiöser, sozialistischer Tendenzen. Wenn Zentrum und BVP die parlamentarische Republik auch nicht leidenschaftlich begrüßten, da der Katholizismus dem Liberalismus insgesamt eher skeptisch gegenüberstand, und in beiden Parteien monarchische Tendenzen nicht zu übersehen waren, standen sie doch zur Republik. Man hat im Zusammenhang mit dieser Haltung von **„Vernunftrepublikanern"** gesprochen.
Einen autoritären Staat, ein „**Volkskaisertum**" forderte die **Deutsche Volkspartei, DVP**. Für diese Partei waren Zusammenbruch des Kaiserreichs und die Revolution eine Katastrophe, zumal für die DVP und ihre Anhänger, überwiegend Angehörige des gehobenen Bürgertums, in der neuen deutschen Republik die Gefahr einer roten Machtübernahme unübersehbar war. Jedoch zeigte sich **Gustav Stresemann**, der führende Politiker der DVP, bereit, „sich auf den Boden der gegebenen Tatsachen" zu stellen. Auch dies kann als eine Form des „Vernunftrepublikanismus" bezeichnet werden. Allerdings honorierten die Wähler der DVP die Mitarbeit an der Regierung nicht, die Partei verlor zunehmend Stimmen an die DNVP und später an die NSDAP.
Für die **DNVP**, die Deutschnationale Volkspartei, zahlte es sich offensichtlich aus, konsequent die Republik abzulehnen. Die Partei setzte den demokratischen und liberalen Werten der Weimarer Republik einen **völkisch gefärbten Nationalismus** gegenüber und trat für die **Wiederherstellung der Monarchie** ein. Dabei wurde der zunächst vor allem religiös und aristokratisch geprägte Konservativismus mehr und mehr zurückgedrängt durch den Einfluss des antisemitischen **alldeutschen Verbandes**. Die DNVP kämpfte zwar kompromisslos gegen den neuen Staat, beteiligte sich aber an den Wahlen und gewann wegen ihrer Republikfeindlichkeit immer mehr Stimmanteile.

3 *Die Aufgabe ist zweigeteilt. Zunächst wird eine Darstellung der Grundzüge der Reichsverfassung gefordert. Sie sollten auf die Staatsform, die Art der Herrschafts- oder Gewaltenverteilung, das Verhältnis von Zentralgewalt zu den Ländern und die Struktur des Rechtsstaates, konkret die Bedeutung der Grundrechte eingehen. Ausgehend von den Wesenszügen der Verfassung soll dann im zweiten Teil gezeigt werden, dass in der politischen Praxis der „Geist der Verfassung", also die Verfassungsidee, angesichts innerer Widersprüche der Verfassung selbst und der Schwäche oder des Fehlens der überzeugten Anhänger der parlamentarischen Republik immer weniger durchgesetzt werden konnte. Im ersten Teil handelt es sich ausschließlich um die Reproduktion von Verfassungsbestimmungen (Anforderungsbereich I), im zweiten Teil werden darüber hinaus Fähigkeiten gefordert, bekannte Sachverhalte in größere Zusammenhänge einzuordnen (Reorganisation, Anforderungsbereich II). Zu beachten ist, dass die gesamte Dauer der Weimarer Republik untersucht werden soll.*

Die **Weimarer Reichsverfassung** legt als **Staatsform** eine **parlamentarische Demokratie** sowohl mit **plebiszitären** als auch **präsidialen** Elementen fest. Dabei scheute die verfassungsgebende Versammlung davor zurück, das repräsentative Modell konsequent umzusetzen. Man stärkte die plebiszitären Elemente sowohl mit der **Volkswahl** des **Parlaments** als auch des **Reichspräsidenten** und mit Mitwirkungsmöglichkeiten bei der Gesetzgebung durch **Volksentscheide**.

Bedeutsam war die Entscheidung für ein **reines Verhältniswahlrecht**. Die Verfassungsväter wollten, dass der Volkswille ungefiltert zum Ausdruck käme, viele misstrauten auch den Parteien und überschätzten die demokratischen Kompetenzen und die Konsensfähigkeit von Wählern und Parlamentariern.
Bei der Ausgestaltung der **Machtverteilung zwischen den Gewalten** konnte man sich weder für einen Vorrang des Parlaments noch für eine starke Regierung entscheiden. So wurde die Macht des Reichspräsidenten gestärkt, sowohl durch die Direktwahl, als auch durch seine Rolle im Krisenmanagement durch den Art. 48 WRV, der es ihm erlaubte, das Parlament zu entmachten. Nicht zuletzt dadurch wurde die Reichsregierung, insbesondere der Kanzler, sowohl vom Parlament als auch vom Reichspräsidenten abhängig.
Schwierig war die Ausgestaltung des **Föderalismus**. Den Verfassungsvätern ging es um eine Stärkung der Zentralgewalt, so dass grundsätzlich galt: „Reichsrecht bricht Landesrecht". Verstärkt wurde die unitaristische und zentralistische Dominanz noch durch die Möglichkeit des Reichspräsidenten, gemäß Art. 48 Abs. 1 in den Ländern einzugreifen, wenn Gefahr für das Reich drohte. Ungelöst blieb die Finanzverfassung und die Frage der Verteilung der Steuereinnahmen. Konfliktträchtig war sicherlich auch die besondere **Stellung Preußens** im Reich.
Schließlich blieben die **Grundrechte**. Hier wird ein buntes Gemenge von Rechten festgelegt, da alle Parteien in der Nationalversammlung versuchten, eigene Interessen per Grundrecht zu schützen.
Am wenigstens dem Geist der Verfassung entsprach sicherlich der Gebrauch des **Art. 48 in Verbindung mit Art. 25 und Art. 53**, der dem Reichspräsidenten in Krisenzeiten das Recht gab den **Reichstag aufzulösen**, Grundrechte außer Kraft zu setzen und den Kanzler zu entlassen. Ursprünglich, also nach dem Geist der Verfassung, waren die Machtbefugnisse für den Reichspräsidenten gedacht als Abwehrmöglichkeiten gegen Gefährdungen der Republik, kämen sie von der radikalen Linken oder von der Rechten. Mit der **Wahl Hindenburgs zum Reichspräsidenten** lag die Macht schon bald in der Hand eines konservativen Repräsentanten des alten Systems, der zwar lange der Republik loyal gegenüberstand, in der Krise seit 1929 war er jedoch zunehmend bereit, das Parlament auszuschalten. Der angeblichen Interessenpolitik im Reichstag setzten die konservativen Kräfte ein **autoritäres System** entgegen, und Hindenburg half ihnen, dies durchzusetzen. Am 18. Juli 1930 löste er den Reichstag auf, der gegen die von **Brüning** geforderten Gesetze gestimmt hatte. In den Folgejahren der **Präsidialregierungen** wurde Schritt für Schritt die parlamentarische Demokratie außer Kraft gesetzt und mithilfe der starken Verfassungsstellung des Reichspräsidenten ein **autoritärer Staat** geschaffen.
Auch die Stärkung plebiszitärer Elemente in der Verfassung von Weimar, gut gemeinte Garantien einer direkten Demokratie, wurden immer wieder missbraucht für den **Kampf gegen die Demokratie**. Ein Beispiel dafür war das **Volksbegehren gegen den Young-Plan 1929**. Die Regierung sah im Young-Plan, der die Reparationszahlungen an die Leistungsfähigkeit der deutschen Wirtschaft anpassen sollte, eine Möglichkeit, die Reparationszahlungen auf ein verlässliches und erträgliches Fundament zu stellen und den Druck auf die deutsche Wirtschaft zu mindern. Doch die radikale Rechte, vom „Stahlhelm" über die DNVP bis zur NSDAP, organisierte ein Volksbegehren gegen den Plan und legte ein „Freiheitsgesetz" gegen den Young-Plan vor, mit dem alle im Versailler Vertrag dem Deutschen Reich auferlegten Lasten abgeschafft und die Zustimmung zum Plan unter Zuchthausstrafe gestellt werden sollten. Das Volksbegehren hatte zwar keinen Erfolg, aber es bot den Gegnern der Republik ein öffentliches Forum für ihr Zerstörungswerk.
In der **Endphase der Weimarer Republik** zeigte sich, dass durch das reine Verhältniswahlrecht nicht die demokratischen Kräfte gestärkt wurden, sondern das Parlament geschwächt wurde und so mehr und mehr zum Spielball des Reichspräsidenten einerseits und der Agitatoren auf der Straße andererseits wurde.

4 *Die Aufgabe verlangt eine kritische Auseinandersetzung mit einer gängigen These zur Beurteilung der Weimarer Republik. Es geht darum, aus heutiger Sicht der Behauptung vom Scheitern der Republik Argumente entgegenzusetzen, die die erste deutsche Demokratie als erfolgreich und zukunftsweisend erscheinen lassen. Die Aufgabenstellung setzt die Kenntnis der innenpolitischen, außenpolitischen, wirtschaftlichen und sozialen Bedingungen der Weimarer Republik voraus, die anhand selbst gewählter, geeigneter Kriterien bewertet werden sollen. Solche Kriterien können etwa die demokratische Tradition in Deutschland, die Lösung grundlegender sozialer und wirtschaftlicher Probleme, die Sicherung der individuellen Freiheit oder die Sicherung des Friedens durch Völkerverständigung sein*
Die Aufgabe fordert selbständiges Verarbeiten komplexer Sachverhalte, um geeignete Aspekte auszuwählen, und das anschließende Werten anhand angemessener Kriterien, also reflektierende Betrachtungsweise: Anforderungsbereich III.

Eine wesentliche Leistung der Väter der Weimarer Republik war es, zum ersten Mal eine demokratische Ordnung in der deutschen Geschichte aufzubauen. In der schwierigen Phase des verlorenen Krieges und revolutionären Umbruchs gelang es, **demokratische Strukturen** zu schaffen. **Rechtsstaatliche Prinzipien** wie die **Gewaltenteilung** oder die verfassungsmäßige Verankerung von **Grundrechten** wurden erstmals umgesetzt. In diesem Zusammenhang steht auch die Einführung des **Frauenwahlrechts** 1919. Zwar scheiterte der erste demokratische Versuch letztlich, da die Belastungen für die Republik zu groß waren und der Republik die Republikaner fehlten, aber in jedem Fall schuf Weimar das Fundament, auf dem nach dem Ende des Zweiten Weltkriegs wieder aufgebaut wurde.
Durch ihre prinzipiell freiheitliche Verfassung setzte die Republik auch neue soziale und wirtschaftliche Kräfte frei, die zu einer **Modernisierung der sozioökonomischen Verhältnisse** führten. Beispiele wären die Frauenbewegung, Fortschritte bei der **Gleichberechtigung**, der **kulturelle und künstlerische Pluralimus**, der Deutschland vor allem in den 1920er-Jahren zu einem bewunderten Experimentierfeld geistiger Kräfte werden ließ. Weimar hat darüber hinaus besondere Fortschritte bei der Überwindung des Konflikts zwischen Kapital und Arbeit gebracht. Ohne staatlichen Zwang fanden die gegensätzlichen Lager zu Beginn der Republik einen Kompromiss in der am 15. November 1918 gegründeten **Zentralarbeitsgemeinschaft** und erarbeiteten eine für die Zeit vorbildliche **Sozialverfassung** mit Anerkennung des Koalitionsrechts, der Gewerkschaften, Einführung von Tarifverträgen, Arbeiterausschüssen und Schlichtungsinstanzen, Einführung des Acht-Stunden-Tages und weiteren ausgleichenden Regelungen. **Carl Legien**, der Vorsitzende der gewerkschaftlichen Zentralorganisation, und **Hugo Stinnes**, Großindustrieller aus dem Ruhrgebiet, brachten eine Einigung zustande, die der Republik Stabilität verlieh und dem heutigen Sozialstaat den Boden bereitete.
Auch den **Frieden** sicherte die Republik. Trotz der konfliktträchtigen Bestimmungen des Versailler Vertrags gelang es den deutschen Regierungen, die Beziehungen zu den Nachbarn zu verbessern und zur **Völkerverständigung** beizutragen. Der **Vertrag von Locarno** und der **Beitritt Deutschlands zum Völkerbund** zielten auf ein kollektives Friedenssystem und ein vereintes Europa. Die erfolgreichen Verhandlungen zwischen **Stresemann und Briand** waren ein erster Schritt zur deutsch-französischen Aussöhnung. Auch in der internationalen Politik der Friedenssicherung wurden also Spuren gelegt, denen die Bundesrepublik nach 1949 folgen konnte.
Dennoch waren viele sozialpolitische Erfolge ebenso wie die verfassungsrechtlichen und außenpolitischen Leistungen der Republik noch nicht nachhaltig genug und die Anfangsbelastungen und der fehlende demokratische Konsens im Innern wie auch die unverschuldeten Probleme etwa der Weltwirtschaftskrise stoppten positive Entwicklungen.

Grundkurs Geschichte (Bayern) 2006 – Aufgabe III
Bedingungen und Probleme des Neubeginns nach dem Ende des Kriegs

		BE
1	Legen Sie dar, welche Beschlüsse bezüglich der Zukunft Deutschlands auf der Konferenz von Potsdam gefasst wurden!	10
2	Erarbeiten Sie aus dem vorliegenden Text (M 1), wie Hankey die Frage der Einheit Deutschlands beurteilt!	12
3		22
3.1	Erläutern Sie, inwiefern die deutsche Einheit zum Entstehungszeitpunkt des Textes immer weniger Chancen auf Verwirklichung hatte!	
3.2	Interpretieren Sie die beigefügte Karikatur von 1948 (M 2) in diesem Zusammenhang!	
4	Überprüfen Sie, inwieweit vergleichbare Befürchtungen, wie Hankey sie äußert, auch in den historischen Situationen von 1919 oder 1990 Auswirkungen für Deutschland hatten! Wählen Sie nur einen der beiden Bezugspunkte!	16

M 1: Aufzeichnung von R. M. A. Hankey, Leiter der u. a. für die Sowjetunion zuständigen Abteilung im britischen Foreign Office, vom 14. Mai 1948 (Auszüge)

Meiner Meinung nach wäre ein vereintes Deutschland eine viel größere Gefahr für den Frieden als ein geteiltes Deutschland, und zwar aus folgenden Gründen:

a) Rußland wird ein vereintes Deutschland zwangsläufig als eine konkrete Bedrohung für sich betrachten. Es muß immer befürchten, daß dieses Deutschland von feindlichen Mächten kontrolliert wird, und in den Augen der Russen ist jede nichtkommunistische Macht feindlich. Rußland muß daher unvermeidlich versuchen, Deutschland zu kontrollieren oder sich mit ihm zu verbünden.

b) Falls Rußland ganz Deutschland kontrolliert, es lenkt oder mit ihm verbündet ist, wird es immer versucht sein, Deutschland zu einer Expansion nach Westen hin zu ermutigen, um es auf diese Weise vom Osten abzubringen. Rußland und Deutschland zusammen würden eine fast unwiderstehliche Bedrohung für die westliche Welt sein. Die Probleme mit Rußland würden daher für uns unendlich größer, als sie es jetzt schon sind.

c) Ein vereintes Deutschland mit seinen 62 Millionen oder noch mehr Einwohnern kann nach meiner Auffassung nicht angemessen kontrolliert oder gelenkt werden mit irgendwelchen Methoden, die die Westmächte anwenden können, wie wir in der Zwischenkriegszeit erfahren haben. Nur die Russen können ein vereintes Deutschland lenken mit Hilfe der kommunistischen Partei und dem System der Geheimpolizei.

d) Ein vereintes nichtkommunistisches Deutschland, das mit den Westmächten verbündet ist, wird, wie ich vermute, bei der erstbesten Gelegenheit für Unruhe sorgen, um seine verlorenen Ostgebiete zurückzuerobern. Die Westmächte könnten dann nicht zusehen, wie dieses Deutschland vernichtet und von Rußland besetzt wird. Als Verbündeter wäre ein vereintes Deutschland daher eine höchst gefährliche Hypothek.

e) Ein vereintes nichtkommunistisches Deutschland wird nach meiner Auffassung, selbst wenn es mit dem Westen verbündet ist, immer versucht sein, uns mit der Drohung zu erpressen, sich Rußland anzuschließen, und, falls die unter Punkt c) beschriebene Situation eintritt, könnten wir dies nicht mit Sicherheit verhindern.

f) Ein Westdeutschland mit 40 Millionen Einwohnern, die allesamt vor russischem Angriff und Eindringen Angst haben, wird auf die Zusammenarbeit mit den Westmächten angewiesen sein, um Schutz zu erhalten (übrigens dürfte ja wohl klar sein, daß es wiederbewaffnet werden muß[1]), und es wird vollkommen abhängig sein von den Westmächten im Hinblick auf Rohstoffe, Nahrungsmittel und Absatzmärkte. Es ist weniger wahrscheinlich, daß Westdeutschland in Ostdeutschland einmarschiert, als daß ein vereintes Deutschland in Polen einmarschiert. Kurz gesagt; es wäre weit willfähriger und eine viel geringere Gefahr für Frankreich.

g) Auf alle Fälle darf es ganz offensichtlich kein vereintes Deutschland geben ("In any case there cannot be a united Germany"). Weder wir noch die Russen können zulassen, daß der jeweils andere Deutschland kontrolliert, und es ist auch klar nach der Erfahrung der letzten drei Jahre, daß wir uns auf dessen gemeinsame Kontrolle nicht einigen können. Angesichts der in Rußland vorherrschenden Ideologie schien dies schon seit langem unausweichlich, aber es war auch klar, daß wir das Experiment wagen mußten.

h) [...] Die Russen beabsichtigen offenkundig, ihre Zone nach ihren Vorstellungen zu lenken, möglicherweise mit einer dortigen deutschen Regierung. Ich vermute, sie warten nur darauf, bis wir als erste eine deutsche Regierung (im Westen) etablieren, damit sie uns dann bei den Völkern des sowjetischen Einflußbereiches die Schuld zuschieben können, daß wir Deutschland wiederaufbauen und damit eine erneute deutsche Gefahr schaffen, und bei dem deutschen Volk dafür, daß wir Deutschland spalten. Für die Franzosen gilt es nur eine Frage zu überlegen, nämlich ob ein balkanisiertes und damit bedürftiges Westdeutschland den Russen mehr Möglichkeiten eröffnet, um gegen uns zu intrigieren als ein geeintes und prosperierendes Westdeutschland. Die Antwort ist sonnenklar. Wohlstand und Einheit in Westdeutschland mögen bis zu einem gewissen Grad für die Westmächte eine finanzielle Belastung auf Kosten ihrer eigenen Sicherheit darstellen, aber wenn wir den russischen Aspekt berücksichtigen, ist dies eine sehr lohnenswerte Versicherungsprämie.

Aus: Rolf Steininger: Deutsche Geschichte. Darstellung und Dokumente in vier Bänden, Bd. 2: 1948–1955, Fischer Taschenbuch-Verlag Frankfurt am Main 2002, S. 41 ff.

Erläuterung:
1 Dieser Satz wurde im Original wieder gestrichen.

M 2: Karikatur von 1948

„Ostzone – Westzonen: Die deutschen siamesischen Zwillinge"

Karikatur von Ernst Maria Lang, in: Horst Pötsch: Deutsche Geschichte nach 1945 im Spiegel der Karikatur, München und Landsberg am Lech 1997, S. 43.

Erläuterungen:
Im Mittelpunkt der Aufgabe III steht die unmittelbare Nachkriegszeit, also Inhalte aus dem 2. Themenbereich des Lehrplans für die 13. Jahrgangsstufe. Insbesondere auf die verbindlichen Unterrichtsinhalte „Besatzungszonen, Flucht und Vertreibung als Folgen der Kriegsniederlage und der Konferenz von Potsdam“ wird Bezug genommen. Zu zeigen ist dabei, wie der beginnende Konflikt zwischen den USA und der Sowjetunion die Deutschlandpolitik bis 1948 bestimmte.
Die 4. Teilaufgabe weitet den historischen Raum aus und fordert die Fähigkeit, verschiedene historische Situationen zu vergleichen und Urteile zu überprüfen. Als mögliche Bezugspunkte für den Vergleich bietet die Aufgabe das Jahr 1919 mit den Grundsatzentscheidungen für die Zukunft Deutschlands nach der Niederlage im 1. Weltkrieg und das Jahr 1990 mit der Entscheidung für die Wiedervereinigung an. Die Aufgabe spannt also den Bogen von der Nachkriegsphase nach 1945 entweder zur Gründungsphase der Weimarer Republik oder zum Einigungsprozess.
Ein weiterer, methodenbezogener Schwerpunkt der Aufgabe ist der Nachweis des fachgerechten Umgangs mit historischem Quellenmaterial. Eine Textquelle und eine Karikatur sind zu erschließen und zu interpretieren.

Lösungen

1 *Die Aufgabe verlangt die Darlegung, also eine systematisch entwickelnde Darstellung der Beschlüsse der Potsdamer Konferenz, die die Zukunft Deutschlands betrafen. Bezug genommen wird auf den ersten verpflichtenden Lerninhalt des 2. Themenbereichs der 13. Jahrgangsstufe. Die sog. „5 D's“ sind als Minimalkonsens der Siegermächte mit breitem Interpretationsspielraum darzulegen, die Aufteilung in Zonen als Übergangslösung für die noch offene Zukunft Deutschlands ebenso zu erwähnen wie die vorläufige Festlegung der Oder-Neiße-Grenze als deutsche Ostgrenze und die sich daraus ergebenden Konsequenz der Vertreibung bzw. Umsiedlung der deutschen Bevölkerung aus den ehemals zum Deutschen Reich gehörenden Ostgebieten.*
Die in der Aufgabe geforderte Wiedergabe von historischen Sachverhalten in einem eng begrenzten und vom Lehrplan verpflichtend angeführten Inhaltsbereich verlangt ausschließlich reproduzierende Fähigkeiten: Anforderungsbereich I.

Die vom 17. Juli bis zum 2. August 1945 im Schloss Cecilienhof in **Potsdam** stattfindende **Konferenz der Siegermächte** war unterschwellig schon beeinflusst von dem beginnenden **Interessengegensatz** zwischen den **USA** und der **Sowjetunion**. Während **Truman**, der Nachfolger des im April 1945 verstorbenen US-Präsidenten Roosevelt, das Ziel verfolgte, Beschlüsse über eine gemeinsame Deutschlandpolitik zu vereinbaren, ging es **Stalin** überwiegend um die Festlegung hoher Reparationsleistungen Deutschlands an Russland und um eine Viermächtekontrolle im Ruhrgebiet, also um die Sicherung und Ausdehnung des russischen Einflusses auch im westlichen Besatzungsbereich. Nach dem Willen Stalins sollte in Potsdam in erster Linie das Vordringen der Sowjetunion in Osteuropa gebilligt werden .
Angesichts dieser schwierigen Ausgangsbedingungen konnte man bezüglich einer gemeinsamen Deutschlandpolitik nur einen **Minimalkonsens** erreichen. Mit den sog. **„5 D's“**, Demokratisierung, Demilitarisierung, Demontage, Denazifizierung und Dezentralisierung wurden, von der Demokratisierung abgesehen, nur negative Ziele als allgemeine Grundsätze formuliert, sodass für die verschiedenen Besatzungsmächte weite Spielräume der Interpretation und Ausgestaltung blieben. Die **Demokratievorstellung der Westmächte** und die Vorstellung von **Volksdemokratie** auf Seiten Stalins hätten unterschiedlicher nicht sein können.

Relativ schnell war man sich in Potsdam einig, dass eine Zerschlagung des Deutschen Reiches, wie sie in den Kriegskonferenzen immer wieder diskutiert wurde, nicht in Frage kam, da man andernfalls eine Gefahr für die Stabilität Europas sah. **Deutschland** sollte also **wirtschaftlich** und **politisch** als **Einheit** betrachtet werden.
Da man aber an der **Aufteilung in vier Besatzungszonen**, auf die man sich bereits während des Krieges geeinigt hatte, festhielt, musste die Frage der Regierungsgewalt in Deutschland geklärt werden. Grundsätzlich sollte die Regierungsgewalt bei den vier Besatzungsmächten liegen. Für alle die Regelungen, die Deutschland als Ganzes betrafen, sollte ein **alliierter Kontrollrat** eingerichtet werden. Zentrale deutsche Verwaltungsstellen, die dem Kontrollrat unterstellt sein sollten, wurden zwar vorgesehen, aber wegen des französischen Vetos nicht geschaffen.
Zum schwierigsten Thema wurde die Frage der Grenze zwischen Deutschland und Polen. Stalin forderte vehement die Festlegung der **Oder-Neiße-Grenze** und damit die Westverschiebung Polens. Er wollte Polen für die Abtretung polnischer Ostgebiete an die Sowjetunion entschädigen. Die westlichen Mächte gingen nach wie vor von einem Deutschland in den Grenzen von 1937 aus. Schließlich „vertagte" man gleichsam die Lösung des Problems und einigte sich darauf, die Oder-Neiße-Grenze als vorläufig, bis zur endgültigen Klärung in einem Friedensvertrag, anzusehen. Polen erhielt die bis dahin deutschen Gebiete östlich der Neiße zur Verwaltung.
In der Konsequenz dieser Entscheidung lag aber die Frage, was mit den Deutschen in den polnisch verwalteten Gebieten geschehen sollte. Die Westmächte befürchteten neue Vertreibungswellen und einen massenhaften Zustrom in ihre Besatzungszonen, der die bereits chaotische Lage noch verschlimmern würde. Sie forderten deshalb, dass die **Übersiedlung der Deutschen** „in ordnungsgemäßer und humaner Weise erfolgen solle". Vereinbart wurde darüber hinaus eine gerechte Verteilung der umzusiedelnden Deutschen aus Polen, der Tschechoslowakei und Ungarn auf die vier Besatzungszonen.

2 *Die Aufgabe nimmt Bezug auf den verbindlichen Lerninhalt „Teilung und Integration im Zeichen der weltpolitischen Blockbildung: von der Anti-Hitler-Koalition zum ‚Kalten Krieg' – Gründung der beiden Staaten in Deutschland". Aus der Textquelle soll herausgearbeitet werden, wie sich aus englischer Sicht, die weitgehend mit der westlichen Sicht gleichgesetzt werden kann, Vor- und Nachteile einer deutschen Einheit im Jahr 1948 darstellen. Wichtig ist dabei, den Zusammenhang zu erkennen zwischen den gegensätzlichen Interessen der Sowjetunion einerseits und des Westens andererseits und der sich daraus ergebenden deutschlandpolitischen Vorstellungen.*
Über das exzerpierende Erfassen der im Text genannten Argumente hinaus sind also historische Zusammenhänge aus dem Text herauszuarbeiten, die nicht unmittelbar angesprochen, aber implizit enthalten sind: beginnender Kalter Krieg, Rolle Deutschlands als Schachfigur im Ost-West-Konflikt. Die Aufgabe verlangt also überwiegend die Fähigkeit der Reproduktion (Anforderungsbereich I), teilweise ist sie aber auch dem Anforderungsbereich II (Reorganisation und Transfer) zuzuordnen.

Hankeys Position wird zu Beginn der Quelle klar formuliert: Aus seiner Sicht ist ein vereintes Deutschland gefährlicher für den Westen als ein geteiltes. In der Folge untersucht er die verschiedenen Alternativen.
Die 1. Möglichkeit, ein **vereintes** und **neutrales Deutschland**, ist für ihn aus verschiedenen Gründen nicht wünschenswert. Eine solche Lösung würde die alten Bedrohungsängste der Sowjetunion gegenüber einem starken Deutschland wieder wachrufen, die Sowjetunion würde folglich verstärkt Einfluss zu nehmen versuchen. Zu bedenken sei auch die Gefahr, dass ein vereintes Deutschland die sowjetische Führung zu einer expansiven Politik nach Westen ermutigen würde und so für den Westen eine gefährliche Lage entstehen könnte durch die **Kooperation der Sowjetunion mit Deutschland**. Diese Gefahr sei deshalb besonders groß, weil es dem Westen kaum möglich sei, ein

vereintes Deutschland zu lenken, während die Sowjetunion über die Kommunistische Partei und die Geheimpolizei dazu sehr viel mehr in der Lage sei.
Auch ein **mit dem Westen verbündetes geeintes Deutschland** sieht Hankey als problematisch an. Das gestärkte Deutschland könnte dazu verführt werden, die verlorenen Ostgebiete zurückzuholen und dabei einen militärischen Konflikt mit der Sowjetunion zu riskieren, in den der Westen mit hineingezogen würde. Andererseits könnte Deutschland den Westen erpressen, indem es mit der Annäherung an die Sowjetunion droht.
So bleibt für Hankey letztlich nur die **Teilung Deutschlands** als die einzige Lösung, die den Interessen des Westens dient. Ein geteiltes Deutschland würde sowohl sicherheitspolitisch als auch wirtschaftlich vom Westen abhängig und könnte sich eine gefährliche Schaukelpolitik nicht leisten. Zudem besitze natürlich ein geteiltes Deutschland ein deutlich geringeres Aggressionspotenzial im Vergleich zu einem vereinten Deutschland.
Aus den Argumenten Hankeys lässt sich schon recht deutlich die Zielsetzung der westlichen Deutschlandpolitik erschließen. Der zu gründende Weststaat sollte wirtschaftlich stabilisiert und eng an das westliche Sicherheitssystem angebunden werden, um als Bollwerk gegen die Sowjetunion dienen zu können.

3 *Die Aufgabe knüpft sowohl zeitlich wie auch inhaltlich an die 2. Teilaufgabe an. Es geht in den beiden Unteraufgaben 3.1 und 3.2 um das Jahr 1948, in dem sich der Ost-West-Konflikt schon derart verschärft hatte, dass die Möglichkeit einer Vereinigung der Westzonen mit der sowjetischen Zone kaum mehr bestand. Bezug genommen wird auf den gleichen verbindlichen Lerninhalt wie bei der 2. Teilaufgabe. Verlangt wird in 3.1 die Einordnung gelernter historischer Sachverhalte in die vorgegebene Hypothese, dass für die deutsche Einheit 1948 „immer weniger Chancen auf Verwirklichung" bestanden. Es handelt sich folglich um eine Aufgabe, die überwiegend dem Anforderungsbereich II – Reorganisation und Transfer – zuzuordnen ist, aber auf der Kenntnis historischer Tatsachen gründet, die zu reproduzieren sind.*
Die Aufgabe 3.2 verlangt in erster Linie die Beherrschung fachspezifischer Methoden, hier die Analyse einer Karikatur. Der Operator „Interpretieren Sie" ordnet die Aufgabe allen drei Anforderungsbereichen zu: Es werden Kenntnisse verlangt über den beginnenden Konflikt zwischen dem Westen, hier personifiziert durch die Symbolfiguren für die USA, Großbritannien und Frankreich, und der Sowjetunion, symbolisiert durch den russischen „Bären" Stalin. Nachzuweisen ist die genaue Betrachtung und deutende Dechiffrierung der Bildelemente, z. B. die unterschiedliche Darstellung der „kleinen deutschen Michels", der ausgemergelte und ängstliche auf russischer Seite, der wohlgenährte auf westlicher Seite. Interpretieren heißt aber darüber hinaus, dass nicht nur die Karikatur als Gesamtbild zu deuten ist, sondern dass auch einzelne versteckte Hinweise interpretiert werden, beispielsweise die doppelt codierte Information der engen, „siamesischen" Verbindung der Westzonen und der Ostzone: zeichnerisch durch die zusammengewachsenen Körper der Zwillinge, textlich durch die Unterschrift.

3.1 Bei Betrachtung der Geschichte der Ostzone einerseits und der Westzonen andererseits können bis zum Jahr 1948 eine ganze Reihe von Entwicklungen festgestellt werden, durch die immer höhere Barrieren für eine Wiederherstellung einer deutschen Einheit aufgetürmt wurden.
Auf der Potsdamer Konferenz hatte man sich zwar auf gemeinsame Grundsätze der Besatzungspolitik geeinigt („5 D's"), aber schon bald stellte sich heraus, dass die verschiedenen Besatzungsmächte sehr unterschiedliche Vorstellungen mit Demokratisierung, Entnazifizierung, Entmilitarisierung, Dezentralisierung oder Demontage verbanden.
Die **Sowjetunion** begann in ihrer Zone schon sehr früh mit einer raschen **Umgestaltung der politischen und wirtschaftlichen Strukturen**. Die sowjetische Militärverwaltung (SMAD) baute ein zentrales Lenkungs- und Kontrollinstrument auf, das alle wichtigen

Bereiche des Lebens erfasste. Voraussetzung dafür war, dass die Kommunisten die alleinige Führungsrolle erhielten. Zwar wahrte man mit der Erlaubnis zur Gründung von verschiedenen, auch bürgerlichen Parteien, den demokratischen Schein, aber in der Folgezeit wurde das anfangs zumindest nach außen plurale Parteiensystem im Rahmen der **Volksfrontpolitik** umgewandelt in ein faktisches **Ein-Parteien-System**. Wichtige Stationen waren dabei die am 14. Juli 1945 gegründete Aktionseinheit aller politischen Gruppierungen und die **Vereinigung von SPD und KPD zur SED** im April 1946.
Noch einschneidender waren sicherlich die **Umwälzungen im sozioökonomischen Bereich**. Bereits im September 1945 hatte die Besatzungsmacht mithilfe der Landesverwaltungen begonnen, eine tief greifende **Bodenreform** durchzuführen. Die „Naziaktivisten und Kriegsverbrecher" wurden enteignet, etwa 35 Prozent der Nutzfläche an arme oder landlose Bauern oder Umsiedler übergeben. Da diese Klein- und Kleinstbetriebe kaum wirtschaftlich produzieren konnten, wurden sie später in **Landwirtschaftliche Produktionsgenossenschaften (LPG)** überführt.
Der Sozialisierung der Landwirtschaft folgte unmittelbar und parallel die entsprechende **Umgestaltung der Industrieproduktion**. Am 30. Juni 1946 wurde in einer Volksabstimmung für die „Übergabe von Betrieben von Kriegs- und Naziverbrechern in das Eigentum des Volkes" gestimmt. 1947 wurden die letzten Banken enteignet, sodass schon zu diesem Zeitpunkt die SED, gestützt von der SMAD, die **Grundlagen für eine Zentralverwaltungswirtschaft** und eine umfassende **Sozialisierung** aller Lebensbereiche geschaffen hatte. Personalpoltisch wurde die Entwicklung begleitet von einer Besetzung aller wichtigen Schlüsselpositionen in der Verwaltung durch Kommunisten. Im Zuge der Entnazifizierung hatte man den öffentlichen Dienst „gesäubert" und so Platz geschaffen für ideologisch geschulte Genossen.
In den Westzonen hatten demgegenüber die Besatzungsmächte nach anfänglichem Zögern damit begonnen, **ein pluralistisches Parteiensystem** aufzubauen und freie Wahlen durchzuführen, also eine Ordnung nach westlichem Demokratieverständnis zu installieren.
Wichtig für die wirtschaftliche Entwicklung in den Westzonen wurde der heraufziehende Konflikt der Westmächte mit der Sowjetunion. Da man befürchtete, ein instabiles und zersplittertes Deutschland könnte expansiven Plänen der Sowjetunion Vorschub leisten, kam es zu einem **Wandel der Besatzungspolitik**. Nicht mehr die Bestrafung der Deutschen war seit Ende 1946 das Ziel, sondern der stabilisierende wirtschaftliche Aufbau. Die USA und Großbritannien einigten sich Ende 1946 auf die Zusammenlegung ihrer Zonen. Am **1. Januar 1947** wurde die **Bizone** gegründet. Frankreich, das nach wie vor eine Dezentralisierung und Zersplitterung und damit Schwächung Deutschlands wollte, lehnte die Mitarbeit ab.
Mit dem **Marshallplan** allerdings änderte sich dies schnell. Die USA forderten eine Erweiterung der Bizone um die französische Zone, um dann die vereinigten Zonengebiete in den Marshallplan einbinden zu können. Die Investoren in den USA waren nur zu einem Engagement bereit, wenn die wirtschaftliche Einheit der Westzonen Aussicht auf ein erfolgreiches Investment bot. Mit der Einbeziehung der Westzonen in den Marshallplan waren Grundsatzentscheidungen vorweg genommen: Entwicklung einer **privatwirtschaftlich organisierten Wirtschaftsordnung** und Gründung eines **Weststaates**.
Auf der **Londoner Außenministerkonferenz** im Frühjahr 1948 wurde die Vorentscheidung dann auch völkerrechtlich sanktioniert: USA, Großbritannien, Frankreich und die Beneluxländer beschlossen die Herstellung der westdeutschen Einheit.
Spätestens mit diesem Beschluss waren die Chancen für die Herstellung einer Einheit Deutschlands nur noch sehr gering.

3.2 Die Karikatur ist zweigeteilt. Die rechte Szene zeigt eine mächtige, behaarte Gestalt, die einen Bären mit den Gesichtszügen **Stalins** darstellen soll, der ein Kleinkind streichelt, das ihn eher ängstlich anblickt. Gegenüber bemühen sich drei Gestalten, die als die

Symbolfiguren **Uncle Sam (USA), Marianne (Frankreich)** und **John Bull (England)** zu identifizieren sind, um den Zwilling, der erwartungsvoll mit offenem Mund auf den Löffel wartet. Die beiden **Zwillinge** in der Mitte des Bildes, die am Rücken zusammengewachsen sind, werden durch die Unterschrift als die siamesischen deutschen Zwillinge **Ostzone und Westzonen** identifiziert. Darüber hinaus macht die Zipfelmütze als Emblem des deutschen Michel deutlich, um wen es sich handelt, wobei die abgeknickte Mütze des rechten Zwillings und seine eher ausgemergelten Gesichtszüge auf einen weniger guten Zustand hinweisen, während das linke Kleinkind mit der steil aufgerichteten Mütze gesund und gestärkt wirkt.
Der **historische Bezug** der Karikatur von 1948 ist recht klar. Die Entscheidung der Westmächte und der Beneluxstaaten, die westlichen Zonen in den Marshallplan einzubinden und einen westdeutschen Staat zu gründen, ist gleichbedeutend mit einer neuen Besatzungspolitik: **Stärkung der westdeutschen Zonen**, Aufbau eines Staates, der nicht mehr als Feind gilt, sondern als Verbündeter. Man „sorgt" sich um Westdeutschland, um es gegen die Gefahr aus dem Osten zu stärken.
Auf der anderen Seite verteilt die Sowjetunion in ihrer Zone ideologische Streicheleinheiten, die Bürger der sowjetischen Besatzungszone werden als sozialistische Brüder und Schwestern umworben, gleichzeitig wird die Zone aber durch die sowjetische Reparations- und Wirtschaftspolitik ausgebeutet und blutet aus.
Der Karikaturist steht der Politik der Sowjetunion in ihrer Zone kritisch gegenüber. Er entlarvt die die Ostzone schwächende Besatzungspolitik durch die Kontrastierung mit dem Vorgehen der Westmächte.

4 *Die Aufgabe verlangt die vergleichende Betrachtung der Situation von 1948, wie sie Hankey einschätzt, entweder mit der Situation von 1919 oder mit der von 1990. Im Folgenden werden beide Lösungsmöglichkeiten ausgeführt, in der Prüfung ist nur ein Beispiel zu entwickeln. Es geht darum zu begründen, warum sowohl 1919 als auch 1990 die Befürchtungen, ein vereintes Deutschland könnte eine Gefahr in Europa darstellen und eine riskante Schaukelpolitik zwischen dem Westen und Russland treiben, dennoch nicht dazu führten, dass die Siegermächte bzw. ehemaligen Siegermächte die Einheit verweigerten.*
Schon der Operator „Überprüfen Sie" macht deutlich, dass es sich um eine Aufgabe aus dem Anforderungsbereich III (Reflexion und Problemlösung) handelt: Sie sollten die Aussagen Hankeys daraufhin untersuchen, inwieweit sie für vergleichbare Ereignisse angemessen und gültig sind.

Die Befürchtungen Hankeys lassen sich auf zwei Aspekte konzentrieren: Deutschland als vereintes Land in der Mitte Europas wird zu stark oder/bzw. ein vereintes Deutschland bildet deswegen eine Gefahr, weil die Sowjetunion dieses Land in den eigenen Einflussbereich ziehen könnte.
Bei der **Neugestaltung Europas**, insbesondere der Frage nach dem Schicksal des Deutschen Reiches **nach dem 1. Weltkrieg** waren diese Befürchtungen ebenfalls vorhanden und bestimmten das Verhalten der Siegermächte bei den Friedensverhandlungen in **Versailles** wesentlich mit. In erster Linie hegte **Frankreich** erhebliche Bedenken gegenüber einem erneuten Hegemoniestreben eines wieder erstarkten Deutschland.
Auf der anderen Seite fürchteten die **USA** und **Großbritannien**, ein geschwächtes Reich würde seiner zugedachten Rolle als **Bollwerk** gegen den expansiven **Sowjetkommunismus** nicht gerecht werden. Man fürchtete vor allem ein Übergreifen der Dynamik der Oktoberrevolution auf Deutschland angesichts der Bürgerkriege des Jahres 1918.
Entsprechend der unterschiedlichen Befürchtungen waren auch die unterschiedlichen Interessen und Zielsetzungen bei der Ausgestaltung des Friedensvertrages. Den Interessen Frankreichs, das eine Schwächung Deutschlands wollte, kam man durch erhebliche Machtbeschränkungen und Fesselungen des Reiches entgegen. Neben hohen **Reparati-**

onsforderungen, der **Beschränkung der Reichswehr** auf ein eher symbolisches Heer wurden schmerzliche **Gebietsabtretungen vor allem im Osten** und die Einrichtung der **entmilitarisierten Zone** im Rheinland beschlossen. Auch das **Vereinigungsverbot mit Österreich** wäre hier zu nennen.
Auf der anderen Seite wurde das Reich in seinem Bestand nicht in Frage gestellt, man verzichtete auch auf eine Einmischung in die inneren Belange Deutschlands, sieht man einmal von der indirekten Einflussnahme durch die Reparationsverhandlungen ab. Prinzipiell waren sich aber die Siegermächte einig, dass ein **stabiles** und **leidlich starkes Deutschland** in der Mitte Europas unverzichtbar war, um das Vordringen des Kommunismus zu verhindern. Schon damals war man sich einig, dass ökonomisch geschwächte und instabile Regionen einen fruchtbaren Boden für sozialistische und kommunistische Revolutionen darstellten.

Die Situation des Jahres **1990** stellte sich für die verantwortlichen Mächte etwas anders dar. Die Ängste vor einem gestärkten und dominanten vereinten Deutschland waren nach wie vor sehr groß, vor allem bei Frankreich und Großbritannien. Die USA war in dieser Frage eher indifferent und stimmte mehr oder weniger vorbehaltlos einer Wiedervereinigung Deutschlands zu. Das lag vor allem auch daran, dass die Befürchtungen, Russland könnte ein vereintes Deutschland auf seine Seite ziehen, kaum mehr bestanden. Die Sowjetunion verfiel zu diesem Zeitpunkt bereits, ihr Machtbereich bröckelte zusehends ab, eine echte Bedrohung ging von der Sowjetunion nicht mehr aus, die Ost-West-Beziehungen entspannten sich.
Bei den Ergebnissen der **„Zwei-plus-vier-Konferenzen“**, in denen über die Wiedervereinigung Deutschlands beraten und entschieden wurde, lassen sich sowohl die Bedenken gegenüber einem erstarkten Deutschland als auch die Befriedung des Ost-West-Konflikts nachspüren. Besonders wichtig war die Festlegung der „**Oder-Neiße-Linie**“ als deutsche Ostgrenze. Eine Revision dieser Grenze, die die Bundesrepublik bis dahin immer wieder gefordert hatte, war angesichts der Bedenken nicht nur der Sowjetunion, die die Westverschiebung Polens ja verantwortete, aber auch angesichts noch vorhandener Befürchtungen Frankreichs und Englands nahezu ausgeschlossen. Die Zustimmung der Bundesrepublik war nicht nur realpolitischer Sachzwang, sondern sicherlich auch kluge Bescheidung.
Die Befürchtungen der europäischen Nachbarn wurden auch dadurch verringert, dass sich das neue Deutschland verpflichtete, in der **NATO** und in der **EG** zu bleiben. Beide internationalen Bindungen wären für ein wiedervereinigtes Deutschland sicherlich in der Zeit des Kalten Krieges nicht möglich gewesen, da die Sicherheitsinteressen der Sowjetunion dies nicht zugelassen hätten.
Die **Selbstbeschränkung** des zukünftig vereinten Deutschland und die **Einbindung** in das dominierende kollektive **Sicherheitssystem** sowie die Zugehörigkeit zu einem fortgeschrittenen **vereinten Europa** schufen die Voraussetzung, dass die ehemaligen Siegermächte keine Notwendigkeit mehr sahen, sich in die inneren Angelegenheiten Deutschlands einzumischen. Die Sowjetunion zog ihre Truppen aus der ehemaligen DDR zurück, die Alliierten verzichteten auf ihre Vorbehaltsrechte, die seit dem Deutschlandvertrag galten. Damit hatte Deutschland nicht nur die Wiedervereinigung erreicht, sondern die **volle Souveränität** war wieder hergestellt.
Auch 1990 lassen sich also vergleichbare Befürchtungen gegenüber einem vereinten Deutschland feststellen, aber sie waren im Westen durch die enge Einbindung der Bundesrepublik in das westliche Bündnis und im Osten durch die Reformpolitik Gorbatschows und die Ohnmacht der Sowjetunion so schwach geworden, dass sie die Wiedervereinigung nicht mehr verhinderten. Der **Ost-West-Konflikt**, der ein vereintes Deutschland verhindert hatte, war nun einer kompromissbereiten Zusammenarbeit zwischen den Siegermächten gewichen.

Grundkurs Geschichte (Bayern) 2006 – Aufgabe IV
Europäische Einigung und neuere weltpolitische Konstellationen

		BE
1	Fassen Sie die wichtigsten Thesen Churchills (M 1) zur Situation Europas und zur internationalen Sicherheit zusammen und arbeiten Sie dabei die jeweilige Rolle heraus, die er den verschiedenen Staaten zumisst!	14
2	Skizzieren Sie die Entwicklung des europäischen Integrationsprozesses von den fünfziger bis in die neunziger Jahre des 20. Jahrhunderts und zeigen Sie dabei, inwieweit Churchills Vision von der Entwicklung des Verhältnisses zwischen Frankreich und Deutschland verwirklicht worden ist!	20
3	Interpretieren Sie die Karikatur von Jupp Wolter (M 2)!	8
4	*„Augenblicklich leben wir in seltsamer und bedenklicher Weise unter dem Schild, und ich will sogar sagen Schutz, der Atombombe."* Erklären Sie diese Aussage Churchills von 1946 und begründen Sie, dass sie das Verhältnis der Machtblöcke auch in späteren Phasen des Kalten Kriegs grundsätzlich zutreffend charakterisiert!	18

M 1: Winston Churchill: Rede in Zürich am 19. September 1946 (Auszüge)

Ich möchte heute über Europas Tragödie zu Ihnen sprechen [...] Zwar haben sich einige der kleineren Staaten gut erholt, aber in weiten Gebieten starren ungeheure Massen zitternder menschlicher Wesen gequält, hungrig, abgehärmt und verzweifelt auf die Ruinen ihrer Städte und Behausungen und suchen den düsteren Horizont angestrengt nach dem Auftauchen einer neuen Gefahr, einer neuen Tyrannei oder eines neuen Schreckens ab. Unter den Siegern herrscht ein babylonisches Stimmengewirr, unter den Besiegten das trotzige Schweigen der Verzweiflung [...] Hätte nicht die große Republik jenseits des Atlantischen Ozeans schließlich begriffen, dass der Untergang oder die Versklavung Europas auch ebenso ihr eigenes Schicksal bestimmen würde, und hätte sie nicht ihre Hand zu Beistand und Führung ausgestreckt, so wäre das finstere Mittelalter mit seiner Grausamkeit und seinem Elend zurückgekehrt. Meine Herren, es kann noch immer zurückkehren.

Und doch gibt es all die Zeit hindurch ein Mittel, das, würde es allgemein und spontan von der großen Mehrheit der Menschen in vielen Ländern angewendet, wie durch ein Wunder die ganze Szene veränderte und in wenigen Jahren ganz Europa, oder doch dessen größten Teil, so frei und glücklich machte, wie es die Schweiz heute ist. Welches ist dieses vorzügliche Heilmittel? Es ist die Neuschöpfung der europäischen Völkerfamilie, oder doch soviel davon, wie möglich ist, indem wir ihr eine Struktur geben, in welcher sie in Frieden, in Sicherheit und in Freiheit bestehen kann. Wir müssen eine Art Vereinigte Staaten von Europa errichten [...]

Ich war sehr froh, vor zwei Tagen in den Zeitungen zu lesen, dass mein Freund Präsident Truman diesem großen Plan sein Interesse und seine Sympathie bezeugt. Es gibt keinen Grund, weshalb eine regionale europäische Organisation auf irgendeine Weise mit der Weltorganisation der Vereinten Nationen in Konflikt geraten sollte [...] In der westlichen Hemisphäre gibt es bereits eine natürliche Gruppierung. Wir Briten haben unser eigenes Commonwealth. Dieses schwächt die Weltorganisation nicht, im Gegenteil, es stärkt sie. Es ist in der Tat ihre stärkste Stütze [...] Deutschland muss der Macht beraubt werden, sich wieder zu bewaffnen und einen neuen Angriffskrieg zu entfesseln. Aber wenn all das getan worden ist, so wie es getan werden wird, so wie man es bereits jetzt tut, dann muss die Vergeltung ein Ende haben. Dann muss das stattfinden, was Gladstone vor vielen Jahren „einen segensreichen Akt des Vergessens“ genannt hat. Wir alle müssen den Schrecknissen der Vergangenheit den Rücken kehren [...]

Ich sage Ihnen jetzt etwas, das Sie erstaunen wird. Der erste Schritt zu einer Neuschöpfung der europäischen Völkerfamilie muss eine Partnerschaft zwischen Frankreich und Deutschland sein. Nur so kann Frankreich seine moralische und kulturelle Führerrolle in Europa wiedererlangen. Es gibt kein Wiederaufleben Europas ohne ein geistig großes Frankreich und ein geistig großes Deutschland [...]

Aber ich muss Sie warnen. Vielleicht bleibt wenig Zeit. Gegenwärtig gibt es eine Atempause. Die Kanonen sind verstummt. Die Kampfhandlungen haben aufgehört; aber die Gefahren haben nicht aufgehört. Wenn wir die Vereinigten Staaten von Europa, oder welchen Namen sie haben werden, bilden wollen, müssen wir jetzt anfangen.

Augenblicklich leben wir in seltsamer und bedenklicher Weise unter dem Schild, und ich will sogar sagen Schutz, der Atombombe. Bisher ist die Atombombe nur in den Händen eines Staates und einer Nation, von der wir wissen, dass sie sie niemals brauchen wird, ausgenommen für die Sache von Freiheit und Recht. Aber es ist wohl möglich, dass dieses ungeheuerliche Zerstörungsmittel in ein paar Jahren weitverbreitet sein wird, und die Katastrophe, die seinem Gebrauch durch verschiedene kriegsführende Nationen folgen würde, bedeutete nicht nur das Ende all dessen, was wir Zivilisation nennen, sondern könnte wahrscheinlich sogar den Erdball selbst zerstören.

Ich will nun die Aufgaben, die vor Ihnen stehen, zusammenfassen. Unser beständiges Ziel muss sein, die Vereinten Nationen aufzubauen und zu festigen. Unter- und innerhalb dieser weltumfassenden Konzeption müssen wir die europäische Völkerfamilie in einer regionalen Organisation neu zusammenfassen, die man vielleicht die Vereinigten Staaten von Europa nennen könnte. Der erste praktische Schritt wird die Bildung eines Europarates sein [...]

Bei all diesen dringenden Aufgaben müssen Frankreich und Deutschland zusammen die Führung übernehmen. Großbritannien, das britische Commonwealth, das mächtige Amerika, und, so hoffe ich wenigstens, Sowjetrussland – denn dann wäre tatsächlich alles gut – sollen die Freunde und Förderer des neuen Europa sein und dessen Recht, zu leben und zu leuchten, beschützen. Darum sage ich Ihnen: Lassen Sie Europa entstehen!

Winston Churchill, His Complete Speeches 1897–1963, Ed. by Robert Rhodes James, Vol. VII: 1943–1949, New York/London 1974. Übersetzung durch den Aufgabensteller.

M 2: Karikatur von Jupp Wolter aus dem Jahr 1967

„Giganitsch! Und dieses niedliche Köpfchen!"

© Jupp Wolter (Künstler), Haus der Geschichte, Bonn

Erläuterungen:
Die Aufgabe bezieht sich im Schwerpunkt auf den 4. Inhaltsbereich der 13. Jahrgangsstufe, beschäftigt sich überwiegend mit der internationalen Politik nach 1945. Die Teilaufgaben 2 und 3 zielen konkret auf den verbindlichen Lerninhalt „Einigung Europas seit 1948", während die 4. Teilaufgabe den „Ost-West-Konflikt" unter dem Aspekt der Politik der Abschreckung anspricht. Die 1. Teilaufgabe bezieht sich in erster Linie auf den 2. Hauptbereich der 13. Jahrgangsstufe: „Bedingungen und Probleme des Neubeginns nach dem Ende des Krieges", speziell auf den verbindlichen Lerninhalt „Teilung und Integration im Zeichen der weltpolitischen Blockbildung".
Wesentliche Voraussetzung für eine gelungene Lösung ist die Beherrschung fachspezifischer Methoden: Text- und Bildquelle sind zu bearbeiten, die Karikatur darüber hinaus zu interpretieren, wobei nicht nur historische Kenntnisse gefordert sind, sondern auch die Fähigkeit ästhetischer Dechiffrierung.

Lösungen

1 *Zunächst sollten Sie eine formale und sprachliche Analyse des Textes vornehmen und dabei auf den Charakter des Textes (öffentliche Rede) hinweisen. Churchill bedient sich einer überaus bildhaften Sprache, die die Zuhörer auch emotional zu beeinflussen sucht. Anschließend sollten die wesentlichen Thesen sichtbar gemacht werden, die in einem Plädoyer für die europäische Einigung gipfeln. Erkennen sollten Sie auch, wie wichtig für Churchill die Zusammenarbeit zwischen Frankreich und Deutschland ist. In der Schweiz war das Interesse am Schicksal der beiden bisher feindlichen Nachbarn groß. Historisch zu erklären ist sicherlich auch Churchills Hoffnung auf Beteiligung der Sowjetunion am europäischen Einigungsprozess, 1946 spielte man die drohende Blockbildung zumindest in öffentlichen Stellungnahmen noch herunter.*

Churchill schlägt in seiner Rede einen stark appellativen Ton an, will also in der Schweizer Öffentlichkeit für ein vereintes Europa werben. Sein Sprachduktus wirkt eindringlich, weil er offensichtlich davon ausgeht, dass der Widerstand gegen eine Aussöhnung mit Deutschland groß ist. Er beginnt mit einer Zustandsbeschreibung der Situation nach dem Ende des Krieges. Er spricht von der **Tragödie Europas** und dem Elend des Kontinents und beklagt die **Uneinigkeit der Sieger** („babylonisches Sprachengewirr"), der die Besiegten gelähmt und mit „trotzigem Schweigen der Verzweiflung" gegenüberstehen. Die sich abzeichnende Hilfe der USA reicht nach Churchills Einschätzung nicht aus, um den Rückfall Europas ins Mittelalter zu verhindern.
Eine „Heilung" sieht er nur durch die **europäische Integration**, an deren Ende die **„Vereinigten Staaten von Europa"** stehen sollten. Wenn Churchill dabei von einer „Neuschöpfung" spricht, wird deutlich, dass er an alte Traditionen einer europäischen Völkerfamilie, also an gemeinsame Wertvorstellungen, kulturelle Gemeinsamkeiten und womöglich politische (Reichs-)Ideen anknüpfen möchte. Der englische Premierminister sieht das vereinigte Europa dabei nicht als Konkurrenz für die UNO, sondern wie das britische Commonwealth als Stütze der Vereinten Nationen. Als ersten Schritt schlägt er die Bildung eines **Europarates** vor. Wichtige Bedingung für den Einigungsprozess ist die **Partnerschaft** zwischen **Frankreich und Deutschland**.
Schließlich geht er auf die internationale Sicherheitslage ein und stellt die These auf, dass der bislang noch sehr instabile Weltfrieden durch die Atombombe gesichert werde, solange sie nicht verwendet werde. Churchill weist aber bereits auf die Gefahren einer zukünftigen Weiterverbreitung der Atomwaffen hin.
Er geht bei seiner Analyse der internationalen Lage von vergleichbaren, aber auch **unterschiedlichen Interessen und Rollen der einzelnen Staaten** aus. Grundsätzlich glaubt er, dass die europäische Integration im Interesse aller Staaten, vor allem der Siegermächte sei. Nach Churchill habe die USA mittlerweile „begriffen", dass ihre eigene Sicherheit von der Stabilität Europas abhänge. Von der zweiten großen Macht, der **Sowjetunion**, hofft Churchill, dass sie den Prozess der Integration Europas ebenfalls unterstützen, wie dies auch Großbritannien und das Commonwealth tun würden. Allerdings schließt Churchill eine Beteiligung Großbritanniens an einem Vereinten Europa aus, sieht er doch Frankreich und Deutschland, nicht aber Großbritannien als Führungsmächte, sein eigenes Land vielmehr nur als Förderer.
Für ihn müssen Frankreich und Deutschland die Führung bei dem Integrationsprozess übernehmen. Voraussetzung ist eine Partnerschaft zwischen den beiden ehemals verfeindeten Nachbarn, wobei Frankreich eine kulturelle und moralische Führungsrolle zukomme. Deutschland, das von Churchill als „geistig großes" Land charakterisiert wird, sollte zwar entmilitarisiert werden, um nie wieder einen Angriffskrieg führen zu können, aber die bisherige von Vergeltung bestimmte Politik müsse abgelöst werden von einer Politik der europäischen Einigung mit einem „geistig großen Frankreich und einem geistig großen Deutschland" als Führungsmächten.

2 *Der Operator „Skizzieren Sie ..." verlangt eine knappe Darstellung der wichtigsten Stationen eines langen Entwicklungsprozesses von der Montanunion bis zur Europäischen Gemeinschaft. Wichtig ist die Auswahl der markanten Schritte auf dem Weg zur Einigung Europas. Da es hier um die Darstellung historischer Ereignisse in einem gelernten Zusammenhang geht, ist die Aufgabe überwiegend dem AFB I (Reproduktion) zuzuordnen. Da Sie darüber hinaus aufzeigen sollen, inwieweit Churchills Vision von der Entwicklung des Verhältnisses zwischen Frankreich und Deutschland verwirklicht wurde, greift die Aufgabenstellung abschließend auf den AFB II über, soll doch ein bekannter Sachverhalt unter einer neuen Perspektive betrachtet werden.*

Das **deutsch-französische Verhältnis** entwickelte sich in den fünfziger Jahren durchaus im Sinne Churchills. Zunächst stand zwar noch die **Saarfrage** einer Annäherung im Wege, da Frankreich die Abspaltung des Saarlands von Deutschland betrieb und somit auch die von den westlichen Mächten geforderte Mitarbeit der Bundesrepublik im Europarat erschwerte. Doch als im Mai 1950 die französische Regierung vorschlug, die französische und die deutsche Kohle- und Stahlproduktion einer europäischen Organisation zu unterstellen, war ein erster wichtiger Schritt der Zusammenarbeit eingeleitet. Nach dem damaligen französischen Außenminister wurde der Vorschlag als **Schuman-Plan** bekannt, obwohl der eigentliche „Vater" dieses Planes **Jean Monnet** war. Sehr rasch wurde der Plan dann in die politische Wirklichkeit umgesetzt und am 18. April 1951 wurde der **„Vertrag über die Gründung der Europäischen Gemeinschaft für Kohle und Stahl"** **(EGKS,** auch als **Montanunion** bekannt) in Paris unterzeichnet. Am 5. Mai trat dann die Bundesrepublik dem Europarat bei.
Das deutsch-französische Verhältnis hatte schließlich auch Bedeutung für die **Wiederbewaffnung** Westdeutschlands. Die Siegermächte forderten schon sehr früh einen Wehrbeitrag der Bundesrepublik im Rahmen eines Sicherheitsbündnisses gegen die Sowjetunion. Anfangs lehnte Frankreich einen Beitritt der Bundesrepublik zur 1949 gegründeten NATO ab, der Koreakrieg, der 1950 ausbrach, veränderte jedoch die Lage grundsätzlich. Die USA forderten nun offen einen Wehrbeitrag Westdeutschlands. Erneut war es Jean Monnet, der die Wünsche der USA, die Interessen der Bundesrepublik und vor allem das Sicherheitsbedürfnis Frankreichs in einem Plan zusammenfügte: eine deutsche Armee sollte Teil einer europäischen Armee werden und eine **Europäische Verteidigungsgemeinschaft (EVG)** entstehen. Obwohl es in Deutschland scharfen Widerstand der Opposition und weiter Teile der Öffentlichkeit gab und erhebliche Verfassungsbedenken bestanden, stimmte der Bundestag am 19. März 1953 für den EVG-Vertrag. Die europäische Verteidigungsgemeinschaft scheiterte kurze Zeit später jedoch am **Widerstand Frankreichs**. Die neue Regierung in Paris unter Mendès-France war ebenso gegen die Pläne wie das französische Parlament, das am 30. August 1954 gar nicht erst abstimmte. Doch schon vor diesem absehbaren Scheitern hatten englische und amerikanische Experten eine Alternative entwickelt. Die Bundesrepublik sollte **Mitglied in der NATO** werden, verbunden mit dem Zugeständnis der vollen Souveränität. Den Bedenken Frankreichs trug man dadurch Rechnung, dass die Armee der Bundesrepublik vollständig unter der Kontrolle der NATO stehen sollte. Nachdem der letzte gravierende Streitpunkt zwischen Frankreich und der Bundesrepublik, die Saarfrage, durch die Zustimmung Adenauers zu einem Referendum vor einer Lösung stand, stimmte Frankreich der Unterzeichnung der **„Pariser Verträge"** am 23. Oktober 1954 zu. Die Bundesrepublik wurde mit Wirkung vom 6. Mai 1955 Mitglied der NATO, im Deutschlandvertrag wurde mit Wirkung vom 5. Mai das Besatzungsstatut beendet.
Ein Meilenstein auf dem Weg zur Einigung Europas waren die „**Römischen Verträge**", die am 25. März 1957 von Belgien, Frankreich, der Bundesrepublik, Italien, Luxemburg und den Niederlanden unterzeichnet wurden. Es entstanden dadurch die **Europäische Wirtschaftsgemeinschaft (EWG)** und die **Europäische Atomgemeinschaft (Euratom)**. Um das Ziel einer **europäischen Zollunion** und eines gemeinsamen Marktes zu

erreichen, wurde die Bildung supranationaler Organisationen vereinbart: Ministerrat, Europäische Kommission, Versammlung. Die problemlose Annahme der Römischen Verträge sowohl im französischen Parlament wie im Bundestag zeigte, wie „normal" das Verhältnis zwischen Frankreich und der Bundesrepublik bereits geworden war.
Einen Höhepunkt erreichte die deutsch-französische Annäherung und Aussöhnung mit dem **Elysée-Vertrag**, den **Konrad Adenauer** und **Charles de Gaulle** am 22. Januar 1963 unterzeichneten. Darin wurden die bilaterale Zusammenarbeit in der Außen-, Verteidigungs-, Bildungs- und Jugendpolitik sowie regelmäßige Konsultationen auf Regierungsebene vereinbart. Die Weiterentwicklung der europäischen Einigung führte am 1. Juli 1967 zur **Gründung der Europäischen Gemeinschaft (EG)**: Die Exekutiv organe der bisher getrennten Organisationen EGKS, EWG und Euratom wurden fusioniert und ein gemeinsamer Rat und eine gemeinsame Kommission gebildet.
Nicht nur organisatorisch vertieft, sondern auch auf eine breitere Basis gestellt wurde der Einigungsprozess durch die **Erweiterung der EG**. Aus dem Europa der Sechs war bis zum Jahr 1995 eine Europa der Fünfzehn geworden. 1973 waren Dänemark, Irland und Großbritannien, 1981 Griechenland, 1986 Spanien und Portugal und 1995 Finnland, Österreich und Schweden beigetreten. Churchills Vision einer engen Partnerschaft zwischen Deutschland und Frankreich als Kern eines vereinigten Europa wurde also durchaus Wirklichkeit, obwohl die politische und kulturelle Einheit hinter der wirtschaftlichen zurückblieb.

3 *Die Interpretation einer Karikatur fordert in einem ersten Schritt die Beschreibung der bildlichen Gestaltungsmittel, der sich eine Deutung anschließt. Dabei sollten Sie auch das Entstehungsjahr 1967 beachten, das für die Verknüpfung der Bildebene mit der Bedeutungsebene wichtig ist.*
Die Aufgabe fordert sowohl inhaltsbezogene wie auch methodenbezogene Fähigkeiten und Kenntnisse auf der Ebene des Anforderungsbereiches II (Reorganisation und Transfer).

Zentrales **Motiv der Karikatur** ist ein riesiger Dinosaurier, auf dessen massigem Körper der Schriftzug „wirtschaftlich" steht, während der schmale Hals und der sehr kleine Kopf mit „politisch" beschriftet sind. Eine Gruppe klein wirkender Menschen steht vor dem eigentlich schon ausgestorbenen Tier und die Bildunterschrift drückt aus, was sie denken: „Gigantisch! Und dieses niedliche Köpfchen!" Vor dem Saurier steht wie in einem Zoo ein Schild „EWG", wodurch der Betrachter einen Schlüssel für die Deutung der Karikatur erhält.
Der Dinosaurier soll die **Europäische Wirtschaftsgemeinschaft** darstellen. Schon die Wahl dieses Tieres durch den Karikaturisten legt eine kritische Sicht nahe: die EWG als eine Organisation, deren Zeit um zu sein scheint. Kritisch ist auch die Relation des riesigen Körpers zu dem winzigen Kopf: In der EWG **dominieren** eindeutig die **wirtschaftlichen Entwicklungen**, während die **politische Integration weit zurückgeblieben** ist. Der Kommentar der Betrachter, die das „niedliche Köpfchen" bestaunen, ist folglich ironisch zu verstehen als Hinweis auf die unterentwickelten politischen Strukturen, mit denen der Riesenleib gesteuert werden soll.
Insgesamt stellt die Karikatur eine Kritik an dem ungleichen Tempo von wirtschaftlicher und politischer Entwicklung der europäischen Einigung dar, wobei die Wahl des Saurier-Motivs Skepsis gegenüber der Zukunft der europäischen Integration erkennen lässt.

4 *Die Aufgabe wird durch zwei Operatoren gegliedert. Zunächst soll die Aussage Churchills „erklärt" werden, ehe dann ihre Gültigkeit für spätere Phasen des Kalten Krieges „begründet" werden soll. Die Erklärung ist dabei ein Hinweis auf den Anforderungsbereich II (Reorganisation und Transfer), soll doch eine bisher unbekannte These ange-*

sichts eines bekannten historischen Sachverhalts erklärt werden. Die im zweiten Teil geforderte Begründung der Gültigkeit der These Churchills ist zwar im Ansatz ebenfalls dem AFB II zuzuordnen, da eine Aussage durch Argumente gestützt werden soll, die sich auf historische Fakten gründen, allerdings geht es darüber hinaus auch um eine Beurteilung von Sachverhalten und ihres Stellenwerts für eine bestimmte Position. Wichtig ist dabei, dass die Sichtweise Churchills übernommen wird. Die Aufgabe reicht also in den Anforderungsbereich III (Reflexion und Problemlösung) hinein.

Die Aussage Churchills von 1946 ist zu erklären vor dem Hintergrund des zu diesem Zeitpunkt noch bestehenden **Atomwaffenmonopols der USA**, das für Churchill einen Schutzschild für die westliche Welt darstellt, die er wohl mit „wir" meint [Z. 42]. Er geht in diesem Zusammenhang sicher davon aus, dass die seit 1945 sich abzeichnende **Blockbildung** sich weiter vertiefen und verschärfen wird. Die Atombombe stellt dann einen Schutz dar gegenüber der vermuteten konventionellen militärischen Übermacht der Sowjetunion.
Churchill sieht allerdings nicht nur die Vorzüge der atomaren Abschreckung, sondern auch die Gefahr: In den späteren Phasen der sich nicht zuletzt durch den **Verlust des Atomwaffenmonopols** 1949 zum **Kalten Krieg** verschärfenden Blockbildung sollte sich Churchills Einschätzung weitgehend als richtig erweisen.
Für die folgenden Jahre lassen sich gute Argumente dafür finden, dass das **atomare Patt** sich friedenssichernd auswirkte, also tatsächlich einen „Schutz" im Sinne Churchills bot. Weder die SU noch die USA wollten einen atomaren Konflikt riskieren und entwickelten deshalb Strategien, die den Weltfrieden sichern sollten. Die Sowjetunion gab ihren aggressiven Anspruch auf die Weltrevolution in der Praxis auf zugunsten einer **„friedlichen Koexistenz"**, während die USA zusammen mit der NATO mit der **„flexible response"** ein strategisches Konzept entwickelten, das die Notwendigkeit eines atomaren Schlages so weit wie möglich hinausschieben sollte.
Die Politik der atomaren Abschreckung schien sich auch in ernsten Konflikten zu bewähren. Dies zeigte sich in der **Suez-Krise 1956**, als der ägyptische Präsident Nasser den Suez-Kanal verstaatlichte und Israel, Großbritannien und Frankreich gegen diese Entscheidung militärisch vorgingen und Ägypten angriffen. Die USA setzten allerdings mit Hilfe der UNO und auch der Sowjetunion und durch wirtschaftlichen Druck auf Großbritannien einen Waffenstillstand und den Rückzug der Truppen aus Ägypten durch. Man wollte wegen des Suez-Kanals keinen Weltkrieg riskieren. Aus dem gleichen Grund vermieden die USA und die Sowjetunion eine direkte Konfrontation im **Korea-Krieg**.
Diese **Politik der Konfliktvermeidung** praktizierten die Großmächte auch immer dann, wenn es um kritische Situationen im jeweils gegnerischen Lager ging. Die USA griffen deshalb nicht ein, als es in den Staaten des Ostblocks immer wieder zu **Volksaufständen gegen das kommunistische Regime** kam. 1953 in der **DDR**, 1956 in **Ungarn** und vor allem auch 1968 in der **CSSR** („Prager Frühling") beschränkte sich der Westen auf Protestnoten und sah ansonsten zu, wie die Sowjetunion ihren Machtbereich durch Niederschlagung der Aufstände sicherte. Umgekehrt verzichtete die Sowjetunion nach massiven Drohungen der USA auf die Stationierung von Atomraketen in **Kuba** 1962. Das **Gleichgewicht des Schreckens** führte also dazu, dass die Lage in der aufgeteilten Welt stabil blieb, der große Weltkrieg trotz vieler Krisen nicht ausbrach, allerdings auf Kosten vieler Stellvertreterkriege in der Dritten Welt.
Letzten Endes waren die atomare Aufrüstung und die damit verbundenen wirtschaftlichen Belastungen auch ausschlaggebend dafür, dass in den **70er Jahren** die beiden Großmächte eine **Phase der Entspannungspolitik** einleiteten und zu bilateralen Abkommen im Bereich der Rüstungskontrolle, Rüstungsbegrenzung und Abrüstung nutzten. Von **SALT I**, einem Abkommen zur Rüstungsbegrenzung bei atomaren Systemen von 1972, über **SALT II** von 1979 schritten die beiden Mächte voran bis zum **INF-Vertrag** von

1987, der erstmals zu einer echten Abrüstung führte und die Verschrottung der Mittelstreckenraketen vorsah. Erst vor dem Hintergrund dieser Abrüstungs- und Entspannungspolitik waren auch die **KSZE-Verhandlungen** möglich.
Doch auch Churchills Skepsis gegenüber der atomaren Abschreckung lässt sich im Kalten Krieg als realistisch bewerten. Gerade in den fünfziger Jahren, insbesondere im Korea-Krieg, gab es viele Stimmen vor allem unter den Militärs, die einen atomaren Schlag für sinnvoll und Erfolg versprechend hielten. Schließlich drohten die vielen Stellvertreterkriege außerhalb der USA und Europas immer wieder sich zu direkten Konflikten zwischen der SU und den USA auszuweiten und schürten **Bedrohungsängste** in beiden Lagern. Missverständnisse oder technische Pannen konnten in diesem Klima der Angst schnell zu unkontrollierbaren Eskalationen führen und einen Weltbrand auslösen. Zu Recht spricht Churchill in diesem Zusammenhang von einem Schild, unter dem wir „in seltsamer und bedrohlicher Weise leben".
Eine weitere Gefahr der atomaren Waffen besteht über den Kalten Krieg hinaus bis heute: die **Weiterverbreitung der Atomwaffe** in Staaten, die wenig Interesse an einer stabilen internationalen Lage haben.

Grundkurs Geschichte (Bayern) 2007 – Aufgabe I
Bayern auf dem Weg zum modernen Staat
Die Reichsgründung und ihre Europäische Bedeutung – Das Kaiserreich

BE

1 Arbeiten Sie jeweils die Haltung des Würzburger Bürgermeisters und Abgeordneten Joseph Behr zur Bayerischen Konstitution in den Jahren 1819 (M 1) und 1832 (M 2) heraus! 16

2 Erklären Sie vor dem Hintergrund der politischen Entwicklung bis 1832 die Veränderung von Behrs Haltung gegenüber der bayerischen Verfassung! 14

3 *„Einseitig von den Regenten ausgegangene Verfassungsakte werden nie deren Aufgabe vollkommen lösen; durch sie soll eine hinreichend wirksame Controlle der Staatsmacht ins Leben gerufen […] werden".*

Zeigen Sie, wie diese Einschätzung auch unter den Verhältnissen der Reichsverfassung von 1871 bestätigt wird! 14

4 Diskutieren Sie anhand von Beispielen aus der Geschichte des 19. und 20. Jahrhunderts, wie stark die Akzeptanz des politischen Systems dadurch beeinflusst wurde, ob die Verfassungsgebung durch das Volk erfolgt ist! Wählen Sie zwei der folgenden Beispiele: Reichsverfassung 1871; Weimarer Verfassung 1919; Grundgesetz 1949; Verfassungen der DDR; Verfassungsverhältnisse in Deutschland seit 1990! 16

M 1: Am Abend des 26. Mai 1819 hielt der Abgeordnete der Zweiten Kammer der bayerischen Ständeversammlung Wilhelm Jos. Behr, gleichzeitig Bürgermeister von Würzburg, eine Festrede, mit der er vor den versammelten Abgeordneten sowie den Vertretern der königlichen Regierung des Erlasses der bayerischen Verfassung vor genau einem Jahr gedachte. Daraus stammt der folgende Auszug.

Was ist uns durch die Verfassung bereits wirklich geworden?
Was verspricht sie uns ferner zu werden?
Diese beiden Fragen sind es, durch deren einfach kurze Lösung, meines Ermessens, die heutige Feier am würdigsten begangen wird; hiermit werden wir zugleich ihres wohlthätigen Wirkens in demjenigen Grade bewußt werden, welcher die Dauer ihrer, auf Ueberzeugung gegründeten, Empfindung und Anerkennung, die Dauer des reinsten und lebendigsten Dankes verbürgt.
Daß wir, was von andern Völkern oft mit Strömen Bürgerbluts theuer nur erkauft werden konnte, oft in Jahrhunderten durch alle Schrecknisse von Revolutionen mühsam nur errungen wurde, im Wege friedlicher Reform erhielten, das Emporgehobenseyn aus dem Zustande leidender Hingebung an unbedingte Herrschaft, zur mitthätigen Theilnahme an den wichtigsten Angelegenheiten unsers Bürgervereins,* daß unsere schrankenlose Monarchie in eine verfassungsmäßig beschränkte aus eignem Antriebe umgestaltet wurde, für wahr, die Größe dieses Schritts zum Bessern an sich, der Werth dieses Ueberganges darf nur in seiner ganzen Fülle unbefangen ins Auge gefaßt und gewogen werden, um der Ueberzeugung sich hingeben zu müssen, daß wir volle Ursache haben, den Jahrtag dieses wesentlichen Abschnitts in unserm öffentlichen Leben, das Beginnen dieser wesentlich neuen Epoche als den Tag der ersehnten Wiedergeburt unsers Volks, mit

der würdevollsten Feier zu begehen, diesen Jahrtag zu einem bleibenden Staatsfeste zu erheben.

Von einem Uebergange nur habe ich gesprochen, nicht von einem Sprunge zum Höchsten, Besten, zum Ideale einer Verfassung; bis dahin liegen noch manche Zwischenstufen mitten inne, die wir selbst würdig erst zu betreten lernen müssen; aber unverkennbar ist der gemachte wesentliche Fortschritt, unverkennbar das Gehobenseyn auf eine passende Uebergangsstufe zum Höheren, Besseren, in sich tragend die Elemente zur Vollendung, die gesundesten Keime zur üppigen Entwicklung.

[Behr würdigt im Anschluss eine Reihe von Verfassungsartikeln und fährt dann fort:]

Dies, meine Herren! Sind die nun verfassungsmäßig gewordenen Hauptmaximen unserer Regierung; dies, im kurzen Ueberblicke die grundgesetzlichen Normen des Machtgebrauchs, an die der König sich und seine Thronfolger unwandelbar – denn sie können, ohne des Volkes Zustimmung nicht zurück genommen werden – gebunden hat.

Erläuterung:

* Bürgerverein: gemeint ist die bürgerliche Gesellschaft

M 2: Die folgenden Auszüge stammen aus Behrs Rede, die er im Jahre 1832 zur Verfassungsfeier auf dem unterfränkischen Schloss Gaibach gehalten hat, wo im Konstitutionssaal des Schlosses und an der Konstitutionssäule jährliche Verfassungsfeiern stattfanden. Behrs Äußerungen in Gaibach führten zu seiner Amtsenthebung als Bürgermeister und Verhaftung, 1835 zu seiner Verurteilung zu lebenslänglicher Festungshaft (begnadigt 1847).

Meine Herren!

[...] Am Jahrtage des Hervortritts der Staatsverfassung ist es natürlich, diese ins Aug zu fassen, den Werth derselben sich ins Bewußtsein zu rufen, sie nicht blind zu bewundern, sondern unbefangen gründlich zu prüfen; hierzu aber ist es erforderlich auf dem höheren Standpunkte zu stehen, der den Zweck und die Aufgabe einer Staatsverfassung richtig erfaßt; denn hierin allein liegt der wahre Maßstab ihrer Güte und Zweck- oder Unzweckmäßigkeit. [...]

[...] einseitig von den Regenten ausgegangene Verfassungsakte werden nie deren Aufgabe vollkommen lösen; durch sie soll eine hinreichend wirksame Controlle der Staatsmacht ins Leben gerufen, soll allem Mißbrauche der Staatsgewalt ein unübersteiglicher Damm entgegen gesetzt werden, und ich frage: Läßt sich solches von den Macht-Inhabern selbst und allein mit Grund zu erwarten? nimmermehr! täuschen wir uns nicht. Es hieße übermenschliches von den Regenten fordern, wollte man ihnen zumuthen, dass sie selbst, allein und selbstthätig, sich selbst in solcher Art die Hände binden sollten: Sie müßten um solches zu können, mehr, als Menschen, übermenschliche Wesen, sie müßten Götter seyn. Die Erfahrung zeigt auch unwidersprechlich, daß von den Regenten einseitig ausgegangene Staatsverfassungen die gerechtesten Erwartungen der Völker immerhin, mehr oder weniger, wirklich unbefriedigend gelassen haben. Wirklich befriedigende, ihrer Aufgabe wahrhaft genügende Staatsverfassungen können nur durch das Zusammenwirken von Fürst und Volk ins Daseyn gelangen, und ich habe längst den nie widerlegten Beweis geführt, daß die Völker im Acte des Verfassers ihrer Staaten vertragsmäßig mitzuwirken berechtigt seyen. Dieses Recht wurde auch in Würtemberg, Sachsen, Churhessen und anderen Staaten praktisch anerkannt. Warum sollten wir Bayern schlimmer daran seyn? Warum nicht hoffen dürfen, daß auch dieses Recht des bayerischen Volkes geltend werde?

Darum mache ich den Vorschlag, in einer Adresse an Se. Majestät, den König – nicht die Bitte, denn hier besteht ein Recht, zu verlangen, sondern – den Antrag zu stellen, daß die Verfassung des bayerischen Staates dahin geändert werden möge, daß sie ihrem

Zweck wirklich entspreche, ihre Aufgabe wirklich befriedigend löse. Bis dahin aber, wo solches erfolgt seyn wird, mahne auch ich ausdrücklich und wiederholt zum Halten der bestehenden Verfassung.

[...]

Wenn Rechtsverletzungen von oben möglich sind, so ist dieß ein Beweis, daß die Verfassung eines Staats keinen ausreichenden Damm gegen jene enthalte, und nicht damit ist uns geholfen, daß Rechtsverletzungen, einmal eingetreten, wieder reparirt werden, sondern nur damit, daß jene möglichst verhütet werden, daß der Fall wirklicher Rechtsverletzungen gar nicht vorkommen könne. So lang dieser Fall eintreten, und immer wieder kehren kann, vermögen wir uns in einem wirklich gesicherten Rechtszustande zu glauben?

Lösungen

1 *Die erste Teilaufgabe erfordert eine intensive Quellenarbeit. Es geht dabei nicht nur darum, wesentliche Aussagen der beiden Redeauszüge zusammenzufassen, vielmehr soll auch die Haltung des Redners aufgespürt werden. Sie sollen erkennen, dass die positive Einstellung Behrs aus dem Jahr 1819, also kurz nach Erlass der bayerischen Verfassung, innerhalb von 13 Jahren einer tiefen Enttäuschung gewichen ist. Die Gründe für Behrs Zustimmung zur Verfassung in M 1 sowie die entsprechenden Argumente für ihr Ungenügen in M 2 sind herauszuarbeiten. Der Operator „arbeiten Sie ... heraus", weist auf den Anforderungsbereich II hin (Reorganisation und Transfer).*
Erschwert wird die Aufgabe durch die stellenweise ein wenig sperrige Sprache der Zeit, vor allem erkennbar in der enthusiastischen Diktion der Festrede von 1819.
Bei der Bearbeitung sollten Sie auf eine genaue Ausrichtung auf die Fragestellung achten, um eine allzu langatmige Paraphrasierung der beiden Texte zu vermeiden.

In seiner Rede vor den Abgeordneten der Zweiten Kammer und vor Vertretern der königlichen Regierung würdigt Behr das „wohlthätige Wirken" (Z. 4 f.) der **vom König dem Volk geschenkten Verfassung**. Behr hebt ausdrücklich hervor, dass im Gegensatz zu anderen Ländern in Bayern die Verfassung nicht erkämpft wurde, sondern **Ergebnis einer „friedlichen Reform**" (Z. 10) gewesen sei. Der Monarch selbst habe die absolute Monarchie in eine verfassungsmäßig beschränkte umgewandelt. Zwar sieht Behr die **Verfassung von 1818** noch nicht als das Ideal einer Verfassung, aber als einen wichtigen Schritt dorthin. Behr preist also die Verfassung am ersten Jahrestag als eine bedeutsame Stufe zum „Höheren, Besseren" (Z. 25) und lobt die in ihr enthaltenen Elemente als „gesundeste Keime zur üppigen Entwicklung" (Z. 26)

Eben diese Entwicklung vermisst Behr jedoch dreizehn Jahre später. Er geht dabei vom **Wesen einer Verfassung** aus, die in erster Linie eine **wirksame Kontrolle der Staatsmacht** ermöglichen und Missbrauch der Macht verhindern soll. Behr bezweifelt allerdings, dass der Monarch in der Lage sei, seine Macht so wirksam zu beschränken, wie es Verfassungen könnten, die vom Regenten zusammen mit dem Volk vereinbart wurden. Für Behr hat die bayerische Verfassung also ihre vordringlichste Aufgabe und damit die Erwartung des Volkes nicht erfüllt.
Behrs Kritik gipfelt in der Forderung, die bayerische Verfassung so zu ändern, also die **Rechte des Volkes** insoweit zu **stärken**, dass es „im Acte des Verfassers ihrer Staaten vertragsmäßig mitzuwirken berechtigt" sei (Z. 21 f.). Er will dies nicht als Bitte an den Monarchen verstanden wissen, sondern als Recht, das dem Volk zusteht. Für Behr ist eine so tief greifende Änderung nötig, da die bisherige Praxis, „Rechtsverletzungen von oben" (Z. 33) durch Wiedergutmachungen im Einzelfall zu heilen, das eigentliche Problem, nämlich den Zustand der Rechtsunsicherheit, nicht zu lösen vermöge.

2 *Die zweite Teilaufgabe signalisiert durch den Operator „erklären Sie" zwar, dass es sich um eine Aufgabe zum Anforderungsbereich II (Reorganisation und Transfer) handelt, dass also ein historischer Sachverhalt, hier die Änderung der Haltung Behrs, in einen größeren Zusammenhang begründet eingeordnet werden soll. Mit der Ergänzung „vor dem Hintergrund der politischen Entwicklung bis 1832" wird jedoch klar, dass es sich überwiegend um eine Aufgabe aus dem Anforderungsbereich I (Reproduktion) handelt. Sie müssen hier einschlägige historische Sachverhalte eines bestimmten Zeitraums darstellen, die für den Einstellungswandel Behrs relevant sind.*

Als im Oktober 1825 der beliebte **König Max I. Joseph**, der „Vater Max", starb, wurde sein Sohn Ludwig zum Nachfolger gekrönt. Endlich konnte der neue **König Ludwig I.** der nüchternen **Modernisierung der Montgelas-Zeit** seine eigene stark **christlich geprägte Staatsvorstellung** entgegensetzen. Er sah sich weniger als konstitutioneller Herrscher in den Grenzen der Verfassung, sondern als Hausvater, der seine Untertanen wie eine Familie regierte. Dabei hatten die liberal gesinnten Bürger hohe Erwartungen in den neuen König gesetzt, der 1827 Weiterentwicklungen der Verfassung angekündigt hatte. Aber bald stellte sich heraus, dass der Versuch Ludwigs I.**, liberale und demokratische Bestrebungen zu verbinden, mit seiner christlich-konservativen Staatsauffassung** scheitern musste. Unter dem Eindruck der **Juli-Revolution 1830 in Frankreich** wurden die Stimmen immer lauter, die mehr politische Freiheit für die Bürger forderten. In Bayern richtete sich der Protest gegen die im Januar 1831 wieder eingeführte Pressezensur. In seinem Verhalten gegenüber dem Landtag im Jahr 1831 zeigte sich, dass der König nun nicht mehr bereit war, den Wünschen der Liberalen entgegenzukommen, vielmehr forderte er von seiner neuen Regierung hartes Durchgreifen.

Gegen die **restaurative Politik Ludwigs I.** formierte sich der liberale und demokratische und vor allem auch nationale Widerstand umso heftiger. Auf dem **Verfassungsfest** im Hof des unterfränkischen **Schlosses Gaibach** und, berühmter geworden, auf einem Fest im Mai 1832 am **Hambacher Schlossberg** in der bayerischen linksrheinischen Kurpfalz, fanden Kundgebungen statt, die offiziell den Jahrestag der bayerischen Verfassung feiern sollten, in Wirklichkeit aber zu **Angriffen auf die fürstliche Souveränität und das monarchische Prinzip** genutzt wurden. Vor dem Hintergrund dieser kämpferischen **Stimmung des deutschen Vormärz** ist auch die Rede Behrs auf der Feier in Gaibach zu verstehen.

3 *In der dritten Teilaufgabe geht es darum, Belege für die These Behrs zu liefern, dass vom Herrscher dem Volk „geschenkte" Verfassungen der eigentlichen Verfassungsaufgabe, die monarchische Regierung zu kontrollieren, nicht gerecht werden können. Dabei sollen Sie sich auf die Verhältnisse beziehen, wie sie von der Reichsverfassung 1871 geschaffen wurden. Wie der Operator „zeigen Sie ..." deutlich macht, handelt es sich um eine Aufgabe aus dem Anforderungsbereich I (Reproduktion), historische Sachverhalte, hier der Charakter und die Wirkung der Verfassung von 1871, sollen also unter einem bestimmten Aspekt auf das Wesentliche reduziert werden.*

Die **Reichsverfassung von 1871** war im Kern identisch mit der **Verfassung des Norddeutschen Bundes**, also nicht das Ergebnis eines souveränen Willens der Nation, sondern ein **Instrument preußischer Hegemonialpolitik**. Die Verfassung, die im Reichstag des Norddeutschen Bundes 1867 verabschiedet worden war, wurde nach dem Sieg über Frankreich bei der Gründung des Deutschen Reiches 1871 nahezu textgleich übernommen. Hinter der Verfassung stand also nicht das Volk, sondern sie war das **Ergebnis des von Bismarck durchgesetzten dynastischen Willens** vorwiegend Preußens. So gesehen ist die Verfassung durchaus ein Akt, der von den Regenten ausging, die sich zu einem „ewigen Bund" zusammenschlossen.

Die von Behr in seiner These beklagte **mangelnde Kontrolle der monarchischen Regierung** lässt sich an der Reichverfassung von 1871 klar belegen. Der **Reichstag**, das eigentliche Kontrollorgan, besaß gegenüber der Regierung nur geringe Kontrollmöglichkeiten. Mit der **Erblichkeit des Kaisers** und der alleinigen **Verantwortung des Kanzlers** und preußischen Ministerpräsidenten gegenüber seinem Kaiser und König nahm die Verfassung dem Reichstag eine wichtige Möglichkeit, sich der Regierung entgegenzustellen. Selbst bei der Ernennung des Reichskanzlers, also des Regierungschefs, war der Kaiser souverän.

Die **fehlende Verantwortlichkeit der Regierung gegenüber dem Parlament** hatte schließlich zur Folge, dass im Falle eines Widerstandes, etwa durch Verweigerungen beim Etat, der Kanzler sich von Fall zu Fall neue Mehrheiten suchte, eine **Schaukelpolitik** betrieb und so den **Reichstag zum Spielball** seiner Interessen machte. Verstärkt wurde die Schwäche des Reichstags zusätzlich durch die Macht starker gesellschaftlicher Gruppen, die unmittelbar auf die Regierung einzuwirken versuchten.

Solange der Kanzler das Vertrauen des Kaisers hatte, war er in seinen Entscheidungen weitgehend autonom, ohne dass es eine wirksame verfassungsmäßige Gegengewalt gegeben hätte. Zwar hatte der **Bundesrat, also die Vertretung der „verbündeten Regierungen"**, eigene souveräne Rechte, doch in der politischen Praxis lag die Macht beim preußischen König und seinem verantwortlichen Minister, auf keinen Fall aber beim Parlament. Selbst das **Recht der Gesetzgebung**, also der formellen Verabschiedung der von der Regierung eingebrachten Gesetze, musste sich der Reichstag mit dem Bundesrat teilen.
Für den Fall eines **Konflikts zwischen dem Reichstag und der Regierung** sah die Verfassung darüber hinaus in **Art. 68** vor, dass die preußische Regierung den Ausnahmezustand ausrufen konnte und somit in der Lage war, den Reichstag völlig auszuschalten.
Behr ist also im Falle der Reichsverfassung von 1871 durchaus Recht zu geben, wenn er es für unmöglich hält, dass eine auf fürstlicher Souveränität gegründete, dem Volk nur „geschenkte" Verfassung in der Lage sei, eine wirksame „Controlle der Staatsmacht" zu organisieren. Eine derartige Verfassung verfehlt damit nach Behr ihren eigentlichen Zweck.

4 *Teilaufgabe 4 mit dem Operator „diskutieren Sie ..." ist dem Anforderungsbereich III (Reflexion und Problemlösung) zuzuordnen. Sie sollen also das Problem der Akzeptanz ausgewählter politischer Systeme daraufhin untersuchen, inwieweit die Verfassungsgebung durch das Volk dabei eine Rolle spielte. Wichtig sind genauere historische Kenntnisse der infrage stehenden Entstehungsbedingungen der Verfassungen in Deutschland seit 1871. Dabei sollten Sie darauf achten, dass Sie nicht zu sehr auf Details der Verfassungen eingehen, denn vorwiegend geht es um die Entstehungsbedingungen.*
Die hier formulierte „Lösung" ist deutlich länger als die, die von Ihnen verlangt wird, da im Folgenden alle in der Frage genannten Beispiele bearbeitet werden, Sie sich in der Prüfung aber auf zwei beschränken können.

Die **Verfassung von 1871** war ohne Zweifel nicht das Ergebnis einer Willensäußerung des Volkes, sondern einer **Übereinkunft der Gliedstaaten des Deutschen Reiches**. Nach dem Sieg über Frankreich stimmten die Souveräne der an der Reichsgründung beteiligten Staaten einer Verfassung zu, die weitgehend von Bismarck entworfen worden war und bereits vor 1871 im Norddeutschen Bund galt. Trotz des konstitutionellen Zuschnitts der Reichsverfassung mit dem monarchischen Prinzip und dem Fehlen echter parlamentarischer Verantwortlichkeiten fand die Verfassung überwiegend **Zustimmung in der Gesellschaft**. Grund dafür war zum einen die **nationale Begeisterung** nach dem Sieg über Frankreich, aber vor allem auch die endlich vollzogene nationale Einheit.

Selbst als die Euphorie der ersten Jahre verflogen war, wurde die Verfassung trotz mancher Kritik insbesondere von liberaler und sozialistischer Seite akzeptiert. Da auch die zeitweise ausgegrenzten **„Reichsfeinde", etwa das Zentrum im Kulturkampf oder vor allem die Sozialdemokratie in der Zeit der Sozialistengesetze**, trotz allem nie aufhörten, im Parlament mitzuarbeiten und Verantwortung zu übernehmen, wurden das Reich und seine Verfassung auch von anfänglichen Skeptikern schließlich akzeptiert. Dazu mag sicherlich der **wirtschaftliche Erfolg des Deutschen Reiches** beigetragen haben, ebenso wie der Aufstieg Deutschlands zum Machtstaat, zumal das in der Verfassungstheorie eher machtlose Parlament in der politischen Praxis zunehmend an Bedeutung gewann.

Ganz anders verhielt es sich mit der Entstehung und Akzeptanz der Weimarer Reichsverfassung von 1919. Ausgearbeitet und verabschiedet wurde sie von der gewählten Nationalversammlung in Weimar, nachdem vorher schon nach dem Zusammenbruch des Kaiserreiches erbittert um den richtigen Weg zu einer neuen Verfassung gestritten worden war, und die Alternative Räterepublik und Räteverfassung durchaus möglich schien.

Im Gegensatz zu 1871 waren die **Ausgangsbedingungen** in Weimar **denkbar ungünstig**. Die Verfassung wurde mit einer militärischen Niederlage und mit den **Friedensbestimmungen von Versailles** in Verbindung gebracht, die weite Kreise der Bevölkerung als nationale Schmach empfanden. Von Anfang an besaß die Verfassung von 1919 also eine **Legitimitätsschwäche**. Pointiert zusammengefasst wurde diese fehlende Akzeptanz der Weimarer Reichsverfassung und der damit konstituierten Republik mit dem Etikett **„Republik ohne Republikaner**".
Diese Einstellung verstärkte sich eher noch, zumal die Weimarer Republik mit den ökonomischen, politischen und sozialen Belastungen des verlorenen Krieges zeit ihres Bestehens zu kämpfen hatte. Die **Schwäche des parlamentarischen Systems** angesichts der dauernden Krisen führte zu einem weiteren Akzeptanzverlust und zu einem Anwachsen der Gegner der Republik und ihrer Verfassung bei den linken und vor allem rechten politischen Gruppierungen.
Der vom Volk in einer repräsentativen Entscheidung legitimierten Verfassung fehlten die emotionale Legitimation und die Möglichkeit der Identifikation durch den mangelnden Erfolg der Republik.

Das **Grundgesetz der Bundesrepublik Deutschland von 1949** erwies sich als eine **überaus erfolgreiche und akzeptierte Verfassung**, obwohl es zunächst nur als Provisorium konzipiert war. Da Deutschland 1949 als Folge des sich verschärfenden Ost-West-Gegensatzes bereits geteilt war, und die westlichen Siegermächte im Zuge der **amerikanischen Containment-Politik** auf eine Einigung der drei Westzonen drängten und damit die Hoffnung auf eine nationale Einheit zunächst zerstörten, weigerten sich die westdeutschen Politiker, eine Nationalversammlung einzuberufen, da diese nur vom ganzen deutschen Volk legitimiert werden könne. So wurde das Grundgesetz im **Parlamentarischen Rat** beraten und beschlossen. Auch eine Volksabstimmung zur In-Kraft-Setzung fand nicht statt, sondern nur Abstimmungen in den Landtagen. Nicht zuletzt wichtige Auflagen der Alliierten ließen sich als Argument dafür vorbringen, dass das **Grundgesetz von 1949 letzten Endes nicht vom souveränen Volk legitimiert wurde**.
Und dennoch fand diese Verfassung sehr schnell eine hohe Akzeptanz. Schon in den 50er-Jahren erwies sich die **Bundesrepublik Deutschland**, im Gegensatz zur Weimarer Republik, von Anfang an wirtschaftlich und politisch unterstützt von den westlichen Siegermächten, **als erfolgreiches politisches System**, das seinen Bürgern Sicherheit, Freiheit und steigenden Wohlstand bescherte.
Die **innere Krise seit 1969** und die Erschütterungen durch den **RAF-Terrorismus** führten schließlich nicht wie in Weimar zu einer Zerstörung der Republik, sondern zu einer

kritisch-distanzierten, aber im Kern **breiten Identifikation mit den Grundwerten der Verfassung** und ihren politischen Organisationsstrukturen. Die radikalen Gegner der Verfassung blieben eine Minderheit und verstärkten im Grunde durch ihren Angriff die breite **Zustimmung zur „freiheitlich-demokratischen Grundordnung**".

Die **Entwicklung in der DDR** verlief nur ganz am Anfang vergleichbar. Auch in der Sowjetischen Besatzungszone hatte die Besatzungsmacht starken Einfluss auf die **von der SED seit 1948 gesteuerte Verfassungsbewegung**, die als **Volkskongressbewegung** propagiert wurde und durchaus Resonanz in der Bevölkerung fand. Eine Woche nach dem Inkrafttreten des Grundgesetzes am 23. Mai 1949 wurde am 30. Mai der Verfassungsentwurf für die DDR vom 3. Deutschen Volkskongress in Berlin angenommen.

Im Gegensatz zur Entwicklung in der Bundesrepublik verlief die der DDR jedoch **weniger erfolgreich**, zumal die Sowjetunion keine dem Westen vergleichbare Hilfestellung bot, sondern im Gegenteil ihre Satelliten eher wirtschaftlich unter Druck setzte. Der **Aufstand in Ost-Berlin von 1953**, bei dem ein Streik gegen die Erhöhung von Leistungsnormen um 10 %, praktisch also eine Lohnkürzung, zum Ausgangspunkt für eine Erhebung in allen Bezirken Ost-Berlins wurde, zeigt deutlich, wie viel Akzeptanz die sozialistische Regierung und damit das politische System verloren hatte. Täglich konnte dieser Vertrauensschwund auch an der **zunehmenden Fluchtbewegung** abgelesen werden, die schließlich die DDR, gestützt von der Sowjetunion, zwang, am **13. August 1961 eine Mauer zu bauen** und so das Ausbluten des eigenen Territoriums zu verhindern.

Obwohl sich die DDR-Führung immer wieder bemühte, den Lebensstandard und die soziale Sicherheit ihrer Bevölkerung zu verbessern und sich im Zuge der **Ostverträge der sozial-liberalen Regierung unter Brandt** auch für Westbesucher öffnete, gelang es ihr nicht, die Mehrheit der Bevölkerung für das politische System der DDR zu gewinnen.

Das zeigte sich zunehmend Mitte der Achtzigerjahre, als oppositionelle Kräfte in der DDR immer deutlicher die **Umsetzung der Schlussakte von Helsinki** forderten. Dort hatten am 1. August 1975 die Repräsentanten von 35 Staaten Europas, der USA und Kanadas eine politische Absichtserklärung über die Ost-West-Grenzen hinweg unterzeichnet. Sie bot vor allem den Oppositionellen in den Ostblock-Staaten die Möglichkeit, Reformen und Öffnungen ihrer politischen Systeme einzufordern.

Im Zuge des **Zusammenbruchs der Sowjetunion** und ihres Imperiums wurde schließlich der Widerstand gegen das SED-Regime so stark, dass am Ende die Eigenstaatlichkeit der DDR von ihren Bürgern selbst infrage gestellt wurde. Damit hatte auch die Verfassung der DDR als einer sozialistischen Nation jede Akzeptanz verloren.

Im Zuge der **Wiedervereinigung** stellte sich nahezu zwangsläufig die **Frage nach einer Verfassungsrevision für das neue Deutschland**. Nun war schließlich der Zeitpunkt gekommen, da das ganze deutsche Volk über seine Verfassung abstimmen konnte, das „Provisorium" Grundgesetz also nicht mehr nötig war. Doch selbst eine Volksabstimmung über das Grundgesetz fand nicht mehr statt. Zwar gab es auch in der alten Bundesrepublik **Erscheinungsformen von Staats- und Parteiverdrossenheit**, die sich nach 1990 noch verstärkten, und im sich einenden Deutschland war ein deutliches Unbehagen an der politischen Kultur wahrzunehmen. Zudem machten sich sowohl ökonomische als auch soziale Bedrohungsängste in den neuen, aber auch in den alten Bundesländern, bemerkbar. Aber die vom Grundgesetz geschaffene Grund- und Wertordnung der freiheitlichen Demokratie fand selbst in den neuen Bundesländern eine so hohe Akzeptanz, dass die Verfassungsdiskussion in der breiten Öffentlichkeit sehr bald verstummte.

In gewisser Weise hatten die Bürger der ehemaligen DDR durch ihre friedliche Revolution und den bald übermächtigen Ruf nach der Wiedervereinigung das Grundgesetz als gemeinsame Verfassung legitimiert.

Grundkurs Geschichte (Bayern) 2007 – Aufgabe II
Deutschland unter dem Nationalsozialismus

BE

1 Erarbeiten Sie, wie die unterschiedlichen Perspektiven und Intentionen von M 1 und M 2 die jeweilige Darstellung von Vorgeschichte und Verlauf des Boykotts vom 1. April 1933 beeinflussen! 14

2 Geben Sie einen strukturierten Überblick über die weiteren antijüdischen Maßnahmen des NS-Regimes bis zum Beginn der systematischen Ermordung der Juden! 12

3 18

3.1 Ermitteln Sie, welches Bild von Ablauf und Charakter der „nationalen Revolution“ in M 1 gezeichnet wird!

3.2 Überprüfen Sie diese Selbstdarstellung des NS-Regimes anhand der innenpolitischen Maßnahmen im Jahr 1933!

4 Wählen Sie <u>eine</u> der folgenden Aufgaben zur Bearbeitung aus! 16

a) Totalitäre bzw. diktatorische Regime vermitteln ihrer Bevölkerung durch staatliche Propaganda ein verzerrtes Bild der jeweiligen politischen, gesellschaftlichen und wirtschaftlichen Situation.
Diskutieren Sie die Wirksamkeit dieser Propaganda am Beispiel der vom NS-Regime gesteuerten Vermittlung der deutschen Außenpolitik seit 1933 sowie des Kriegsverlaufs!

<u>oder</u>:

b) Totalitäre bzw. diktatorische Regime vermitteln ihrer Bevölkerung durch staatliche Propaganda ein verzerrtes Bild der jeweiligen politischen, gesellschaftlichen und wirtschaftlichen Situation.

Diskutieren Sie die Wirksamkeit dieser Propaganda am Beispiel der DDR.

M 1: Auszug aus dem „Aufruf der Parteileitung der N.S.D.A.P.“ von der Titelseite des „Völkischen Beobachter“ vom 29. März 1933

An alle Parteiorganisationen der N.S.D.A.P.
Nationalsozialisten! Parteigenossen! Parteigenossinnen!
Nach vierzehnjähriger innerer Zerrissenheit hat das deutsche Volk, seine Stände, Klassen, Berufe und konfessionellen Spaltungen politisch überwindend, eine Erhebung durchgeführt, die dem marxistisch-jüdischen Spuk blitzschnell ein Ende bereitete.
In den Wochen nach dem 30. Januar hat sich eine einzigartige nationale Revolution in Deutschland vollzogen.
Trotz schwerster Bedrückungen und Verfolgungen haben die Millionen-Massen, die hinter der Regierung der nationalen Revolution stehen, in vollster Ruhe und Disziplin der neuen Reichsführung die legale Deckung gegeben zur Durchführung der Reform der deutschen Nation an Haupt und Gliedern. Am 5. März hat die weitaus überwiegende

Mehrzahl der wahlberechtigten Deutschen dem neuen Regiment das Vertrauen ausgesprochen. Die Vollendung der nationalen Revolution ist dadurch zur Forderung des Volkes geworden.

In jämmerlicher Feigheit haben die jüdisch-marxistischen Bonzen ihre Machtstellungen geräumt. Trotz allem Geschrei wagte kein einziger ernstlichen Widerstand zu leisten. […]

Nur der beispiellosen Disziplin und Ruhe, mit der sich dieser Akt des Umsturzes vollzog, haben es die Urheber und Nutznießer unseres Unglücks zuzuschreiben, wenn sie fast ausnahmslos ungeschoren blieben.

Kaum ein Härchen wurde ihnen gekrümmt. […] Man vergleiche […] die furchtbaren Kämpfe und Zerstörungen der Revolution dieser Novembermänner selbst, ihre Geiselerschießungen in den Jahren 1918 und 19, das Niedermetzeln wehrloser Gegner und man wird wieder den Unterschied zur nationalen Erhebung als einen unerhörten finden. […]

Nun, da die Feinde der Nation im Innern vom Volke selbst unschädlich gemacht worden sind, trifft das ein, was wir längst erwartet hatten. Die kommunistischen Verbrecher und ihre jüdisch-intellektuellen Anstifter, die mit ihren Kapitalien rechtzeitig in das Ausland ausrückten, entfalten nun von dort aus eine gewissenlose landesverräterische Hetzkampagne gegen das deutsche Volk überhaupt. […]

Lügen und Verleumdungen von geradezu haarsträubender Perversität werden über Deutschland losgelassen. Greuelmärchen von zerstückelten Judenleichen, von ausgestochenen Augen und abgehackten Händen werden verbreitet zu dem Zweck, das deutsche Volk in der Welt zum zweitenmal so zu verfemen, wie ihnen das im Jahre 1914 bereits gelungen war. […] Die deutschen Waren, die deutsche Arbeit soll dem internationalen Boykott verfallen. Die Not in Deutschland ist ihnen also zu klein, sie muß noch größer werden! […]

Wollte man diesem wahnwitzigen Verbrechen länger zusehen, würde man sich zum Mitschuldigen machen. Die nationalsozialistische Partei wird daher nunmehr den Abwehrkampf gegen dieses Generalverbrechen mit den Mitteln aufnehmen, die geeignet sind, die Schuldigen zu treffen. Denn die Schuldigen sind bei uns, sie leben unter uns und missbrauchen Tag für Tag das Gastrecht, das ihnen das deutsche Volk gewährt hat. […]

Denn verantwortlich für diese Lügen und Verleumdungen sind die Juden unter uns. Von ihnen geht diese Kampagne des Hasses und der Lügenhetze gegen Deutschland aus. In ihrer Hand läge es, die Lügner in der übrigen Welt zurechtzuweisen.

Da sie dies nicht wollen, werden wir dafür sorgen, dass dieser Haß- und Lügenfeldzug gegen Deutschland sich nicht gegen das unschuldige deutsche Volk, sondern gegen die verantwortlichen Hetzer richtet.

Die Boykott- und Greuelhetze darf nicht und wird nicht das deutsche Volk treffen, sondern in tausendfacher Schwere die Juden selbst.

Es ergeht daher an alle Parteidienststellen und Parteiorganisationen folgende Anordnung:

Punkt 1: Aktionskomitees zum Boykott gegen die Juden

In jeder Ortsgruppe und Organisationsgliederung der N.S.D.A.P. sind sofort Aktionskomitees zu bilden zur praktischen planmäßigen Durchführung des Boykotts jüdischer Geschäfte, jüdischer Waren, jüdischer Ärzte und jüdischer Rechtsanwälte. […]

Punkt 5: Zeitungsüberwachung

Die Aktionskomitees überwachen auf das Schärfste die Zeitungen, inwieweit sie sich an dem Aufklärungsfeldzug des deutschen Volkes gegen die jüdische Greuelhetze im Ausland beteiligen. […]

Punkt 8 Der Boykott beginnt am 1. April!

Der Boykott setzt nicht verzettelt ein, sondern schlagartig. In dem Sinne sind augenblicklich alle Vorarbeiten zu treffen. Es ergehen die Anordnungen an die S.A. und S.S., um vom Augenblick des Boykotts ab durch Posten die Bevölkerung vor dem Betreten der jüdischen Geschäfte zu warnen. Der Boykottbeginn ist durch Plakatanschlag und durch die Presse, durch Flugblätter usw. bekanntzugeben.

Der Boykott setzt schlagartig, Samstag, den 1. April, Punkt 10 Uhr vormittags ein. Er wird fortgeführt solange, bis nicht eine Anordnung der Parteileitung die Aufhebung befiehlt. [...]

Punkt 11: Ruhe, Disziplin und keine Gewalttätigkeiten! Die Aktionskomitees sind dafür verantwortlich, daß sich dieser gesamte Kampf in vollster Ruhe und größter Disziplin vollzieht. Krümmt auch weiterhin keinem Juden auch nur ein Haar! [...]

Nationalsozialisten! Samstag, Schlag 10 Uhr, wird das Judentum wissen, wem es den Kampf angesagt hat.

Nationalsozialistische Deutsche Arbeiterpartei, Parteileitung

M 2: Auszüge aus den Tagebüchern des deutschen Juden Martin Hauser

Unter dem Datum 10. März 1933 führt Martin Hauser aus:

Pogromstimmung! Man traut sich abends nicht auf die Straße; Tag für Tag Überfälle und Verschleppungen; Kinder werden überfallen, verschleppt und schwer misshandelt. Man darf nichts sagen, nichts schreiben, nicht klagen, man findet nirgends Recht oder Hilfe, die Polizei ist nationalsozialistisch und wird überall von Hilfspolizei aus den Reihen der SA, SS und des „Stahlhelm" ergänzt.

Als Reaktion finden im Ausland ungeheuere Demonstrationen und Protestversammlungen statt, und man beginnt, Deutschland zu boykottieren. Daraufhin ordnet die NSDAP. einen riesigen Boykott der deutschen Juden an, der am 1. April um 10 Uhr beginnen soll. Im Radio wird gehetzt, in Versammlungen, in der Presse, in Broschüren etc, wird Gift und Galle gegen das Judentum ins Volk gespritzt. Die jüdischen Ärzte werden aus den Krankenhäusern entfernt, den Rechtsanwälten der Zutritt zum Gericht verboten, Richter und Staatsanwälte abgesetzt, Hochschulen und Schulen geschlossen usw.

Unter dem 4. April 1933 fasst Martin Hauser die Ereignisse der letzten Tage zusammen:

Mit mir war es so: Im Laboratorium arbeitete ich zusammen mit einem Kollegen, einem Nazi, mit dem ich schon einmal sehr scharf zusammengestoßen war. Am Donnerstag den 30. März hatte ich Prüfung vor der Prüfungskommission des Reichsverbandes deutscher Dentisten (die Mitglieder alle in Naziuniform). Meine Abwesenheit im Laboratorium benutzte der Kollege, um bei den anderen Technikern Erkundigungen über mich einzuziehen, ob ich Greuelmärchen aufgetischt habe, und was ich erzählt hätte. Gewiß habe ich oft empört über die schamlosen Übergriffe auf jüdisches Leben und Eigentum, aber nie etwas von abgehackten Händen und ausgestochenen Augen erzählt. Der Hund raffte all das, was er gehört hatte, zusammen, dichtete 90 Prozent hinzu und ging zur SA, um mich zu verraten. Er war nun so dämlich, sich dessen gegenüber verschiedenen Kollegen noch zu brüsten. Diese berichteten mir das sofort am Freitag früh, als ich ahnungslos ins Geschäft kam. Verrat an die SA bedeutet Auflauern und die schlimmsten Schläge, wenn nicht noch mehr. [...]

Bis in die Nacht hinein packte ich, was ich konnte, in Koffer und Rucksack. Sonntagfrüh fuhr ich los, und jetzt bin ich hier in Wien.

Was sich um mich herum abspielte? Am Sonnabend dem ersten April früh um 8 Uhr zogen SA-Leute vor alle jüdischen Warenhäuser, Restaurants und dergleichen mit Plakaten, die vor Einkauf warnten; sie klebten auf die Fensterscheiben gelbe Zettel mit schwarzen Punkten (Mittelalter!), die die Aufschrift trugen: „Warnung! Einkauf bei Juden mit Lebensgefahr verbunden! Boykott zentraler Aktionsausschuß." Sie beschmierten die Scheiben mit Worten wie „Dreckjude! – Saujude! – Getaufter Jude! – Juden raus!" [...]

Die persönlichen Überfälle häuften sich, trotzdem man wenig erfuhr, weil allen Tod durch Erschießen bei Verrat der Vorfälle angedroht worden war. – Die Hölle war los.

Quelle: Martin Hauser: Shalom al Israel. Aus den Tagebüchern eines deutschen Juden 1929–1967. Bonn: Osang 1980.

Lösungen

1 *Die erste Teilaufgabe mit dem Operator „erarbeiten Sie …“ ist dem Anforderungsbereich II (Reorganisation und Transfer) zuzuordnen. Sie verlangt, aus Materialien historische Sachverhalte herauszufinden und aus der Art der Darstellung auf die Position und die Intention des Verfassers zu schließen.*
Wegen des Umfangs des Materials müssen Sie sich auf Wesentliches beschränken, da eine paraphrasierende Darstellung viel zu zeitaufwendig wäre. Die Grundverschiedenheit der Quellen führt allerdings dazu, dass der Blick für das Wichtige geschärft wird. Für Quelle M 1 bietet sich unter Umständen eine Sprach- und Stilanalyse an, mit der das Freund-Feind-Schema der Darstellung aufgedeckt werden kann.

Sehr schnell erkennt man in dem **Text aus dem „Völkischen Beobachter“**, der Parteizeitung der NSDAP, dass überaus **holzschnittartig gezeichnet** wird. Auf der einen Seite steht das Judentum als Feindbild, auf der anderen Seite wird die nationalsozialistische Revolution als „Reform der deutschen Nation an Haupt und Gliedern“ (Z. 10 f.) hymnisch gefeiert. Die **Machtergreifung als „Vollendung der nationalen Revolution“** (Z. 13) muss, so der propagandistische Aufruf der Parteileitung der NSDAP, gegen den „marxistisch-jüdischen Spuk“ (Z. 5) verteidigt werden, der nach der Flucht aus Deutschland nun aus dem Ausland eine „gewissenlose landesverräterische Hetzkampagne gegen das deutsche Volk“ (Z. 28 f.) betreibt. Immer wieder werden der „beispiellosen Disziplin und Ruhe“ (Z. 18) bei der nationalsozialistischen Machtübernahme die verbrecherischen Gräueltaten der „Novembermänner“ (Z. 22) und die „Lügen und Verleumdungen von geradezu haarsträubender Perversität“ (Z. 30) der „jüdisch-intellektuellen Anstifter“ (Z. 27) gegenübergestellt und der Feind mit Attributen des Verbrecherischen und Kranken versehen, gegen den das „unschuldige deutsche Volk“ (Z. 46) seinen **Abwehrkampf** führen muss, ganz so, wie es Hitler mit seiner Ideologie dem Volk einzureden versucht. So liegt schließlich die Schlussfolgerung nahe: Gegen den jüdischen Hetzangriff von außen ist der **Boykott der jüdischen Geschäfte quasi ein Akt der „Notwehr“**.

Die beim Leser intendierte Vorstellung eines Kampfes gegen den „marxistisch-jüdischen“ Feind spiegelt sich auch in der Darstellung des Verlaufs der Aktion. Es wird der **Eindruck einer generalstabsmäßigen Planung** vermittelt sowie eines nahezu militärisch-disziplinierten, straff organisierten Ablaufs der Boykottmaßnahmen, die ergänzt werden sollen durch Unterdrückungsaktionen gegen Zeitungen, die den Kampf nicht unterstützen, und durch vielfältige Propagandamaßnahmen.

Die **Auszüge aus den Tagebüchern eines betroffenen deutschen Juden** (M 2) stellen der **kollektiven Täterperspektive die persönlichen Erfahrungen und Reflexionen eines Opfers gegenüber**. Martin Hauser erfährt den Antisemitismus der Nationalsozialisten als tägliche Bedrohung, die durchaus mit Gewalt einhergeht. Für Hauser sind deshalb die Demonstrationen und Protestveranstaltungen im Ausland gegen Deutschland nicht ursächlich, sondern Reaktionen auf die gesellschaftliche Ächtung der Juden im Reich. Der **Boykott-Aufruf der NSDAP** ist danach nur ein Beispiel dafür, wie das NS-Regime die Aktionen im Ausland propagandistisch benutzt, um den Kampf gegen die Juden zu intensivieren.

Den Ablauf der Ereignisse erlebt Hauser zunächst als aggressive propagandistische Vorbereitung des Boykotts, ganz persönlich dann als Denunziation durch einen Kollegen, die ihn zur Flucht aus Deutschland zwang. Vorher hatte er den 1. April 1933 als die „Hölle“ (Z. 37) erlebt mit **Gewaltandrohungen, Verleumdungen und Hassausbrüchen gegen die jüdische Bevölkerung**. Damit hatte die bürgerliche Vernichtung des Judentums in Deutschland planmäßig begonnen.

2 *Die zweite Teilaufgabe wird durch den Operator „geben Sie einen strukturierten Überblick" als Aufgabe aus dem Anforderungsbereich I (Reproduktion) ausgewiesen. Die Maßnahmen der Nationalsozialisten zur Vernichtung der bürgerlichen und schließlich der biologischen Existenz der Juden in Deutschland sollen also nicht aufzählend und allzu detailliert beschrieben, sondern systematisiert und auf Wesentliches komprimiert wiedergegeben werden. Als zeitliche Grenze wird der Beginn des Holocaust gesetzt, die Phasen der Massenvernichtung selbst sind also nicht mehr gefragt.*

Zwar scheint die **Judenpolitik des NS-Regimes** entsprechend den ideologischen Zielen Hitlers von Anfang an planmäßig auf die Massenvernichtung hin ausgerichtet gewesen zu sein, doch zeigt die konkrete Politik keinen vorher festgelegten Fahrplan, sondern ein **Wechselspiel von Terrorakten**, das, wie der Boykott am 1. April 1933, entweder von der Partei ausging oder aber von staatlichen Organen, etwa die Entlassung von jüdischen Beamten im April 1933.
Alle Maßnahmen gegen die jüdischen Mitbürger lassen sich drei sich ergänzenden Zielen zuordnen: **wirtschaftliche Schwächung des Judentums**, **gesellschaftliche Ausgrenzung** und schließlich **Angriffe auf Leib und Leben** der Juden.

Die wirtschaftlichen Maßnahmen begannen mit der bereits erwähnten Entlassung von jüdischen Beamten aus dem Staatsdienst. Es folgten immer wieder neue **Berufsverbote**, die gestützt auf die noch zu erwähnenden Nürnberger Gesetze die Juden aus nahezu allen Berufen drängten. Im September 1935 traf es die Kunst- und Antiquitätenhändler sowie die Kinobesitzer, ohne „Arierparagraph" konnte man nicht Apotheker und nicht Viehzüchter sein, schließlich wurden den Juden 1939 alle kaufmännischen Tätigkeiten untersagt. Parallel dazu liefen die **Enteignungen**, gipfelnd in den sog. „Sühnemaßnahmen" im Zusammenhang mit der „Reichskristallnacht", dem Pogrom gegen die Juden nach der Ermordung des deutschen Botschafters von Rath in Paris durch einen siebzehnjährigen deutsch-polnischen Juden am 9. November 1938. Am Tag nach dem Pogrom verhaftete die Gestapo zwischen 20 000 und 30 000 vermögende Juden, enteignete sie und steckte sie in Konzentrationslager. Insgesamt wurde den deutschen Juden eine **Sühnezahlung von einer Milliarde Reichsmark** auferlegt, darüber hinaus wurden die Versicherungsleistungen für die Schäden in der Pogromnacht nicht an die jüdischen Bürger ausgezahlt, sondern fielen an den Staat. Zu Beginn des Jahres 1939 war die gesamte jüdische Bevölkerung weitgehend enteignet und aus dem Wirtschaftsleben ausgeschaltet.

Hand in Hand mit der Zerstörung ihrer ökonomischen Lebensgrundlagen ging die **Ausgrenzung** der Juden aus der Gesellschaft. Auf der Grundlage der „**Nürnberger Gesetze**" von 1935 verloren die Juden ihren Status als Reichsbürger, wurden in rasch folgenden Ausführungsgesetzen aus Schulen und Universitäten ausgeschlossen und daran gehindert, den ordentlichen Rechtsweg zu beschreiten. Juden waren längst Bürger minderen Rechts geworden. Zusätzlich stigmatisiert wurden sie durch den Eintrag eines „J" in die Reisepässe.
Schließlich wurde den jüdischen Bürgern verboten, Kinos, Bäder oder Theater zu besuchen, sie mussten spezielle Abteile in öffentlichen Verkehrsmitteln benutzen.
Mit Hilfe der Bürokratie waren die Juden nun völlig entrechtet, der Weg war schließlich frei für den letzten Schritt, die **physische Vernichtung** des Judentums.

Die **Angriffe auf Leib und Leben** begannen schon sehr früh durch Terrormaßnahmen insbesondere der SS. Betroffen waren anfangs in erster Linie Intellektuelle, die sich dem Druck des NS-Regimes widersetzten. Der Angriff auf das Leben der Juden ging mit der **Pogromnacht am 9./10. November 1938**, als über 90 Menschen ermordet oder erschlagen wurden, mehr und mehr in staatliche Regie über. In den folgenden Wochen wurde die systematische Ausrottung der Juden immer unverhüllter angekündigt, mit Beginn des Krieges und den ersten Deportationen in die Lager auch umgesetzt.

3 *Die dritte Teilaufgabe ist unterteilt in zwei Aufgabenstellungen. Zunächst soll aus dem Text M 1 das Verständnis der NSDAP vom Ablauf und dem Charakter der von ihr sogenannten „nationalen Revolution" „ermittelt" werden. Der Operator „ermitteln Sie …" wird hier synonym verwendet zu dem Operator „herausarbeiten", ist also dem Anforderungsbereich II (Reorganisation und Transfer) zuzuordnen. Aus dem Material soll ein spezifischer Blickwinkel auf einen historischen Sachverhalt herausgefunden werden.*
In der zweiten Aufgabenstellung geht es um die Überprüfung dieser Selbstdarstellung, also die Untersuchung, ob und inwieweit das Urteil der Parteileitung der NSDAP mit der historischen Realität übereinstimmt. Der Operator „überprüfen Sie" ist eindeutig dem Anforderungsbereich III (Reflexion und Problemlösung) zuzuordnen. Wichtig ist, dass die zeitliche Begrenzung auf das Jahr 1933 beachtet wird.

3.1 Im **Aufruf der Parteileitung der NSDAP** wird die Machtergreifung Hitlers als „einzigartige nationale Revolution" (Z. 6) gerühmt, mit der die gesellschaftliche und politische Spaltung des deutschen Volkes überwunden worden sei. Hervorgehoben wird, dass diese Umwälzung „in vollster Ruhe und Disziplin" (Z. 9) abgelaufen sei und in der Wahl vom 5. März 1933 von der „weitaus überwiegende[n] Mehrzahl der wahlberechtigten Deutschen" (Z. 11 f.) die Zustimmung erhalten habe. Die „**nationale Revolution**" sei demnach **durch die Wahl im März legitimiert** worden, ihre Vollendung sei die „Forderung des Volkes" (Z. 13 f.).
Selbst aus den Reihen der Feinde des deutschen Volkes, der „jüdisch-marxistischen Bonzen" (Z. 15) habe es keinen ernsthaften Widerstand gegeben, sie hätten vielmehr „in jämmerlicher Feigheit … ihre Machtstellungen geräumt" (Z. 15 f.).
Wenn von einem **blitzschnellen Ende des „marxistisch-jüdischen Spuks**" (Z. 5) die Rede ist, so feiert die NSDAP damit den schlagartigen Zusammenbruch des bisherigen Systems der „Novembermänner" (Z. 22) als Ergebnis der nationalsozialistischen Machtübernahme.

3.2 Die **Innenpolitik im Deutschen Reich im Jahr 1933** zeigt im Wesentlichen ein anderes Bild, als es die Parteileitung der NSDAP in ihrer Propaganda vermittelt.
Nach der Ernennung Hitlers zum Reichskanzler am 30. Januar 1933 und der Auflösung des Reichstages am 1. Februar begann ein ungehemmter und von Terroraktionen begleiteter Wahlkampf der Nationalsozialisten. Göring ließ als preußischer Ministerpräsident oppositionelle Politiker und Beamte ihrer Ämter entheben, durch **Notverordnungen des Reichspräsidenten** wurde die Pressefreiheit eingeschränkt.

Erheblich verschärft wurden die **Einschränkungen der Grundrechte** nach dem Reichstagsbrand am 27. Februar 1933. Schon am 28. Februar wurde mit der „**Verordnung des Reichspräsidenten zum Schutz von Volk und Staat**" gleichsam ein Ausnahmezustand verkündet, in dem wesentliche Grundlagen des Rechtsstaates beseitigt wurden. Die sog. Reichstagsbrandverordnung hatte im Grunde bis zum Ende der NS-Diktatur praktisch Verfassungsrang. Im Zuge der Polizeiaktionen zur Aufklärung des Reichstagsbrandes wurden viele sozialdemokratische und kommunistische Funktionäre verhaftet und die **ersten Konzentrationslager** errichtet.
Und dennoch konnte die NSDAP nicht den Sieg erringen, den sie sich erwartet hatte. Trotz des Verbots der sozialdemokratischen Presse konnte sich die SPD beispielsweise bei den **Wahlen am 5. März** behaupten wie auch das Zentrum, die Bayerische Volkspartei und die Deutschnationalen. Die Nationalsozialisten gewannen zwar erheblich an Stimmen, vor allem auf Kosten der Kommunisten, erreichten aber mit 44 % nicht die erforderliche absolute Mehrheit, um alleine regieren zu können. Erst zusammen mit den Deutschnationalen und der „Kampffront Schwarz-Weiß-Rot" schafften sie im Reichstag eine Mehrheit von 52 % der Sitze.

Nach der Wahl wurde unter der Regie des neuen Reichsministers für Volksaufklärung und Propaganda, **Joseph Goebbels**, der **Prozess der politischen und gesellschaftlichen Gleichschaltung** vorbereitet. So wurde der „**Tag von Potsdam**" am 21. März 1933, der Tag der feierlichen Eröffnung des neuen Reichstags, von Goebbels umfunktioniert zu einer Demonstration des neuen Deutschland, in dem sich die Nationalsozialisten mit den Repräsentanten des alten Preußen, allen voran **Hindenburg**, aussöhnten und ein **weihevolles Schauspiel nationaler Einheit** boten.
Damit war der Boden für die nächsten Schritte der Gleichschaltung bereitet. Am 24. März verabschiedete der Reichstag das **Ermächtigungsgesetz**, das die verfassungsmäßige Gesetzgebung und horizontale Gewaltenteilung beseitigte. Mit der **Einsetzung von Reichsstatthaltern in** den Ländern am 7. April verloren die Länder ihre Autonomie, die **vertikale Gewaltenteilung war beseitigt**.
Die Gleichschaltung der Staatsorgane, vollendet mit der Säuberung des Beamtenapparats, wurde durch die **Gleichschaltung der intermediären Gewalten** ergänzt. Am 2. Mai, also einen Tag nach den Maifeiern zum Tag der Arbeit, wurden die Gewerkschaften aufgelöst, die „**Deutsche Arbeitsfront**" gebildet, im Juni und Juli folgte die **Auflösung der Parteien**, ehe am 14. Juli mit dem Gesetz gegen die Neubildung von Parteien die **NSDAP praktisch zur einzigen (Staats-)Partei** wurde.
Überprüft man diese historischen Fakten, so kann von einer friedlichen Revolution kaum die Rede sein. Die Machtübernahme der Nationalsozialisten, die als nationale Revolution gefeiert wurde, wurde politisch begünstigt durch die **Zerstörung des Verfassungsstaates**, die vor 1933 begann und nach dem 30. Januar 1933 immer rascher voranschritt. Die Terroraktionen im Umfeld des Reichstagsbrandes waren auch nur der Gipfel eines **ständigen Terrors der SS und SA**, mit dem die Bevölkerung eingeschüchtert und Gegner mundtot gemacht oder beseitigt wurden.
Und dennoch ist es der NSDAP nicht gelungen, bei den letzten halbwegs freien Wahlen am 5. März 1933 die Mehrheit des Volkes zu gewinnen. Nach außen feierte man das Wahlergebnis als Sieg, hinter den Kulissen war man enttäuscht, dass die Mehrheit der Deutschen nicht die NSDAP gewählt hatte.
Mit einem Urteil in ihrem Aufruf trifft die NSDAP die politische Wirklichkeit: Das bisherige politische und gesellschaftliche System leistete gegen den Umsturz der Nationalsozialisten wenig Widerstand, die Gleichschaltung von Staat und Gesellschaft ging in kürzester Zeit vor sich.

4 *In der vierten Teilaufgabe sollten Sie entweder am Beispiel des NS-Regimes oder am Beispiel des Regimes der SED in der DDR die beiden Thesen zur Funktion der Propaganda in „totalitären bzw. diktatorischen Regimen" erörtern. Die Frage der Vergleichbarkeit der beiden Regime stellt sich nicht. Der Operator „diskutieren Sie ..." ordnet die Aufgabe dem Anforderungsbereich III (Reflexion und Problemlösung) zu.*
Zu beachten ist, dass am Beispiel des Nationalsozialismus ausschließlich die propagandistische Vermittlung der Außenpolitik diskutiert werden soll, während am Beispiel der DDR eine solche Eingrenzung nicht zulässig ist.

Beispiel Nationalsozialismus
Einer der **Kernpunkte der nationalsozialistischen Ideologie** und damit auch der Propaganda war das **Führerprinzip**, zunehmend gesteigert zum Führerkult. Alle „Erfolge" der nationalsozialistischen Außenpolitik wurden als Werk des Führers dargestellt.
In den ersten Jahren der **nationalsozialistischen Außenpolitik** galt es dabei, die wahren Ziele zu verschleiern. Insbesondere im Ausland waren die Befürchtungen groß, dass Deutschland unter Hitler eine aggressive und militante **Revisionismus-Politik** betreiben könnte, wie sie die Nationalsozialisten vor 1933 lautstark und kompromisslos gefordert hatten. Es musste also jetzt darum gehen, immer wieder den Friedenswillen zu betonen, solange man noch nicht in der Lage war, die expansive Politik in die Tat umzusetzen.

Bis 1939, also bis zum Ausbruch des Zweiten Weltkrieges, feierte die Propaganda die zunächst auch vom Ausland tolerierbaren Schritte wie die **Einführung der allgemeinen Wehrpflicht**, später jedoch immer riskanteren Aggressionen, etwa die **Zerschlagung der „Rest-Tschechei“**, als friedliche Revisionspolitik zum Schutz des Deutschen Reiches und zur Sicherung des Friedens in Europa.

Im Krieg hatte es die Propaganda zunächst einfach, als die deutschen Truppen an nahezu allen Fronten vorrückten. Der **Mythos vom unbesiegbaren Führer**, der dem deutschen Volk von der „Vorsehung“ geschickt worden sei, war im Volk weit verbreitet. Ergänzt wurde die fast religiöse Aufwertung Hitlers durch den dauernden Appell an die **Zusammengehörigkeit und Opferbereitschaft des deutschen Volkes**. Die Kehrseite dieser Aufwertung der eigenen Kampfgemeinschaft bildete die Dämonisierung und Verteufelung der Gegner, insbesondere der Sowjetunion.

Misserfolge wurden anfangs von der Propaganda verschwiegen oder als feindliche Hetze abgetan. Als sich jedoch nicht mehr leugnen ließ, dass sich der Krieg gewendet hatte, **steigerte sich die NS-Propaganda zu fanatischen Durchhalteparolen**.
Wirksam war die Propaganda des NS-Regimes ohne Zweifel in Deutschland, aber auch weitgehend im Ausland, zumindest bis zum **Münchner Abkommen am 29. September 1938**. Noch einmal wurde Hitler als der große Friedenswahrer gefeiert, zumal in den Tagen davor die Aggressionen gegen die Tschechei zu einer deprimierten Kriegsstimmung in Deutschland führten. Bis zum Vorabend des Krieges war die Zustimmung zu Hitlers Außenpolitik auch deshalb sehr groß, weil sie einherging mit dem Gefühl des wirtschaftlichen Aufschwungs, und weil die Erfolgspropaganda auf den **fruchtbaren Boden einer gedemütigten Nation** fiel.
Doch schon vor dem Ausbruch des Krieges wuchs auch die Skepsis gegenüber der NS-Außenpolitik, da immer mehr Menschen klar wurde, dass Deutschland auf einen Krieg zusteuerte. Und spätestens nach der Wende des Krieges, insbesondere nach Bekanntwerden der **Katastrophe von Stalingrad**, verblasste auch der Führer-Mythos.
Die **Verlogenheit und Wirklichkeitsferne der Propaganda** wurde schließlich offensichtlich, als der Krieg unmittelbar nach Deutschland einbrach und die Menschen in ihrem Alltag die Diskrepanz von Lügenparolen der Propaganda einerseits und ihrem Ausgeliefertsein gegenüber der Kriegssituation andererseits erfahren mussten. Die Propaganda war zum höhnischen Ärgernis geworden.

Solange also die Bürger die Propaganda der Nationalsozialisten in ihrem Alltag bestätigt sahen und die mit riesigem Aufwand unter das Volk gebrachten Parolen nicht in Zweifel gezogen wurden oder werden konnten, so lange war die Propaganda hoch wirksam. Sie verlor ihre Macht über die Menschen aber dann, wenn die **erlebte Realität in Widerspruch zur Propaganda** geriet und diese als ideologische Verfälschung entlarvte.

Beispiel DDR
Die **Propaganda der DDR** versuchte von Anfang an, den „Arbeiter- und Bauernstaat“ als friedliebende und demokratische Alternative zur kapitalistischen und faschistischen Bundesrepublik aufzuwerten. Die Sowjetunion wurde als der wohlwollende „große Bruder“ dargestellt, unter dessen Führung man gemeinsam mit den anderen sozialistischen Bruderstaaten den Weg in eine bessere Zukunft gehen werde.

Zentrales „Glaubensbekenntnis“ der DDR-Propaganda war die angeblich wissenschaftlich beweisbare **Überlegenheit des Sozialismus**, die sich schon nach kurzer Zeit in einem wirtschaftlichen und gesellschaftlichen Vorsprung gegenüber den kapitalistischen Ländern, insbesondere gegenüber der Bundesrepublik zeigen werde.
Gerade diese zentrale Aussage der DDR-Propaganda aber erwies sich als ihre Schwäche. Da die DDR von Anfang an, insbesondere auch aufgrund der unterschiedlichen Hilfestellungen der westlichen Alliierten auf der einen Seite und der Sowjetunion auf der anderen Seite, in der **sozio-ökonomischen Entwicklung** hinter der Bundesrepublik her

hinkte und der Abstand im Lauf der Jahre nicht kleiner, sondern größer wurde, blieb die Propaganda auf Dauer wirkungslos. Im Gegenteil: Die **Fluchtbewegung aus der DDR**, die das Regime schließlich zum Bau der Mauer zwang, war im Grunde eine Abstimmung mit den Füßen und ein Beweis, dass man der Propaganda vom überlegenen Sozialismus nicht mehr glaubte. Immer wieder versuchte die DDR zwar, durch neue Pläne und Korrekturen am System die Effizienz der Wirtschaft zu steigern und den Konsum zu verbessern, doch es bleib bei der **Mangelwirtschaft**, die von den Menschen auch so empfunden und immer weniger hingenommen wurde. Ein letzter Beweis, dass man den Vertröstungen durch die Propaganda nicht mehr glaubte, war schließlich die **friedliche Revolution von 1989 und der sang- und klanglose Untergang der DDR**.

Es war jedoch nicht nur das ökonomische Scheitern der DDR, das die Propaganda bei vielen Bürgern als wirklichkeitsfremd erscheinen ließ, sondern es gab noch eine Vielzahl von weiteren **Diskrepanzen zwischen erlebter Wirklichkeit und Propaganda**.

So verstand sich die DDR als friedliebender Staat, betrieb aber von Anfang an eine **weitgehende Militarisierung**; neben der Nationalen Volksarmee gab es Betriebskampfgruppen; auch die FDJ, die staatliche Jugendorganisation, trug paramilitärische Züge. Schwer zu vermitteln war den Bürgern auch die Vorstellung eines demokratischen Gemeinwesens, wenn gleichzeitig die **Wahlfreiheit durch Einheitslisten eingeschränkt** wurde, Zwangskollektivierungen den Privatbesitz ablösten und eine **allgegenwärtige „Stasi“** das Leben überwachte. Zum demokratischen Ideal der Propaganda wollten auch die **Freiheitsbeschränkungen für alle Bürger**, die ihr Land nicht verlassen konnten, oder die Dissidentenverfolgungen und Ausbürgerungen nicht passen.

Eine erhebliche Differenz zwischen der konkreten Erfahrung und dem von der Propaganda vermittelten Bild bestand in Bezug auf die **Sowjetunion**. Sie wurde weniger als der große Bruder denn als Besatzungsmacht verstanden, die eine eigenständige Entwicklung der DDR zu verhindern versuchte. Spätestens der **Aufstand vom 17. Juni 1953** entlarvte die Propaganda als ideologische Verzerrung.

Dass die Propaganda in der DDR die von der SED erhoffte Wirkung nicht erzielte, lag sicherlich wesentlich auch daran, dass die Bürger der DDR die ideologischen Wunsch- und Zerrbilder durch zunehmende Kontakte mit Bürgern aus dem Westen und durch **Informationen aus westlichen Medien** recht gut überprüfen konnten.

Grundkurs Geschichte (Bayern) 2007 – Aufgabe III
Deutschland unter dem Nationalsozialismus – Internationale Politik und Zweiter Weltkrieg

BE

1 18

1.1 Klären Sie anhand des Flugblatts (M) die Ziele und Motive des Widerstands der „Weißen Rose“!

1.2 Zeigen Sie die unterschiedlichen Formen des Widerstands anhand des Vergleichs der „Weißen Rose“ mit einem anderen Beispiel der Opposition gegen das NS-Regime!

2 Kennzeichnen Sie Gemeinsamkeiten und Unterschiede der deutschen Besatzungspolitik in Ost- und Westeuropa! 12

3 Charakterisieren Sie die Ziele der Entnazifizierung gemäß den Vereinbarungen der Potsdamer Konferenz und ihre Umsetzung durch die USA und die Sowjetunion! 14

4 *„Nur eines will eindeutig und klar herausgehoben werden: Jeder einzelne Mensch hat einen Anspruch auf einen brauchbaren und gerechten Staat, der die Freiheit des Einzelnen als auch das Wohl der Gesamtheit, sichert.“*

Überprüfen Sie anhand eines Beispiels aus der deutschen Geschichte vor 1933 oder nach 1945, inwieweit der Staat aus heutiger Sicht jeweils diesem Anspruch genügt! Wählen Sie eines der folgenden Beispiele: Kaiserreich, Weimarer Republik, Bundesrepublik Deutschland oder DDR! 16

M: Drittes Flugblatt der Weißen Rose vom Juli 1942

„Salus publica suprema lex.“[1]

Alle idealen Staatsformen sind Utopien. Ein Staat kann nicht rein theoretisch konstruiert werden, sondern er muss ebenso wachsen, reifen, wie der einzelne Mensch. Aber es ist nicht zu vergessen, dass am Anfang einer jeden Kultur die Vorform des Staates vorhanden war. Die Familie ist so alt, wie die Menschen selbst und aus diesem anfänglichen Zusammensein hat sich der vernunftbegabte Mensch einen Staat geschaffen, dessen Grund die Gerechtigkeit und dessen höchstes Gesetz das Wohl Aller sein soll. Der Staat soll eine Analogie der göttlichen Ordnung darstellen und die höchste aller Utopien, die civitas Dei[2] ist das Vorbild, dem er sich letzten Endes nähern soll. Wir wollen hier nicht urteilen über die verschiedenen möglichen Staatsformen, die Demokratie, die konstitutionelle Monarchie, das Königtum, usw. Nur eines will eindeutig und klar herausgehoben werden: Jeder einzelne Mensch hat einen Anspruch auf einen brauchbaren und gerechten Staat, der die Freiheit des Einzelnen als auch das Wohl der Gesamtheit, sichert. Denn der Mensch soll nach Gottes Willen frei und unabhängig im Zusammenleben und Zusammenwirken der staatlichen Gemeinschaft sein natürliches Ziel, sein irdisches Glück in Selbststän[d]igkeit und Selbsttätigkeit zu erreichen suchen.

Unser heutiger „Staat“ aber ist die Diktatur des Bösen. „Das wissen wir schon lange,“ höre ich Dich einwenden, „und wir haben es nicht nötig, dass uns dies hier noch mal vorgehalten wird.“ Aber, frage ich Dich, wenn ihr das wisst, warum regt ihr euch nicht, warum duldet ihr, dass diese Gewalthaber Schritt für Schritt offen und im Verborgenen

eine Domäne eures Rechtes nach der anderen rauben, bis eines Tages nichts, aber auch gar nichts übrigbleiben wird als ein mechanisiertes Staatsgetriebe, kommandiert von Verbrechern und Säufern? Ist euer Geist schon so sehr der Vergewaltigung unterlegen, dass ihr vergesst, dass es nicht so sehr nur euer Recht, sondern eure sittliche Pflicht ist, dieses System zu beseitigen? Wenn aber ein Mensch nicht mehr die Kraft aufbringt, sein Recht zu fordern, dann muss er mit absoluter Notwendigkeit untergehen. Wir würden es verdienen, in alle Welt verstreut zu werden, wie der Staub vor dem Winde, wenn wir uns in dieser zwölften Stunde nicht aufrafften und endlich den Mut aufbrächten, der uns seither gefehlt hat. Verbergt nicht eure Feigheit unter dem Mantel der Klugheit! Denn mit jedem Tag, da ihr noch zögert, da ihr dieser Ausgeburt der Hölle nicht widersteht, wächst eure Schuld gleich einer parabolischen Kurve höher und immer höher.
Viele, vielleicht die meisten Leser dieser Blätter, sind sich darüber nicht klar, wie sie einen Widerstand ausüben sollen. Sie sehen keine Möglichkeiten. Wir wollen versuchen, Ihnen zu zeigen, dass ein jeder in der Lage ist, etwas beizutragen zum Sturz dieses Systems. Nicht durch individualistische Gegnerschaft, in der Art verbitterter Einsiedler, wird es möglich werden, den Boden für einen Sturz dieser „Regierung" reif zu machen oder gar den Umsturz möglichst bald herbeizuführen, sondern nur durch Zusammenarbeit vieler überzeugter, tatkräftiger Menschen, die sich einig sind, mit welchen Mitteln sie ihr Ziel erreichen wollen. Wir haben keine reiche Auswahl an solchen Mitteln, nur ein einziges steht uns zur Verfügung – der passive Widerstand.
Der Sinn und das Ziel des passiven Widerstandes ist, den Nationalsozialismus zu Fall zu bringen und in diesem Kampf ist vor keinem Weg, vor keiner Tat zurückzuschrecken, mögen sie auf Gebieten liegen auf welchen sie auch wollen. An allen Stellen muss der Nationalsozialismus angegriffen werden, an denen er nur angreifbar ist. Ein Ende muss diesem Unstaat möglichst bald bereitet werden – ein Sieg des faschistischen Deutschland in diesem Krieg hätte unabsehbare, fürchterliche Folgen. Nicht der militärische Sieg über den Bolschewismus darf die erste Sorge für jeden Deutschen sein, sondern die Niederlage der Nationalsozialisten. Dies muss unbedingt an erster Stelle steh[e]n. Die größere Notwendigkeit unserer letzten Forderung werden wir Ihnen in einem unserer nächsten Blätter beweisen.
Und jetzt muss sich ein jeder entschiedene Gegner des Nationalsozialismus die Frage vorlegen: Wie kann er gegen den gegenwärtigen „Staat" am wirksamsten ankämpfen, wie ihm die empfindlichsten Schläge beibringen? Durch den passiven Widerstand – zweifellos. Es ist klar, dass wir unmöglich für jeden Einzelnen Richtlinien für sein Verhalten geben können, nur allgemein andeuten können wir, den Weg zur Verwirklichung muss jeder selber finden.
Sabotage in Rüstungs- und kriegswichtigen Betrieben, Sabotage in allen Versammlungen, Kundgebungen, Festlichkeiten, Organisationen, die durch die nat.soz. Partei ins Leben gerufen werden, Verhinderung des reibungslosen Ablaufs der Kriegsmaschine (einer Maschine, die nur für einen Krieg arbeitet, der allein um die Rettung und Erhaltung der nat.soz. Partei und Diktatur geht). Sabotage auf allen wissenschaftlichen und geistigen Gebieten, die für eine Fortführung des gegenwärtigen Krieges tätig sind – sei es in Universitäten, Hochschulen, Laboratorien, Forschungsanstalten, technischen Büros. Sabotage in allen Veranstaltungen kultureller Art, die das „Ansehen" der Faschisten im Volke heben könnten. Sabotage in allen Zweigen der bildenden Künste, die nur im geringsten im Zusammenhang mit dem Nationalsozialismus stehen und ihm dienen. Sabotage in allen Schriften, allen Zeitungen, die im Solde der „Regierung" stehen, für ihre Ideen, für ihre Verbreitung der braunen Lüge kämpfen. Opfert nicht einen Pfennig bei Straßensammlungen (auch wenn sie unter dem Deckmantel wohltätiger Zwecke durchgeführt werden. Denn dies ist nur eine Tarnung. In Wirklichkeit kommt das Ergebnis weder dem Roten Kreuz noch den Notleidenden zugute. Die Regierung braucht dieses Geld nicht, ist auf diese Sammlungen finanziell nicht angewiesen – die Druckmaschinen laufen ja ununterbrochen und stellen jede beliebige Menge von Papier-

geld her. Das Volk muss aber dauernd in Spannung gehalten werden, nie darf der Druck der Kandare nachlassen! Gebt nicht für die Metall- Spinnstoff- und andere Sammlungen! Sucht alle Bekannte auch aus den unteren Volksschichten, von der Sinnlosigkeit einer Fortführung, von der Aussichtslosigkeit dieses Krieges, von der geistigen und wirtschaftlichen Versklavung durch den Nationalsozialismus, von der Zerstörung aller sittlichen und religiösen Werte zu überzeugen und zum passiven Widerstand zu veranlassen!

Erläuterungen:
1 Das allgemeine Wohl ist das höchste Gesetz
2 Gottesstaat

Lösungen

1 *Die Aufgabe ist noch einmal unterteilt in zwei Teilaufgaben, wobei sich die erste unmittelbar auf den beigefügten Text, ein Flugblatt der „Weißen Rose", bezieht, während die zweite darauf aufbauend einen strukturierten Überblick über die Formen des deutschen Widerstands fordert.*
Teilaufgabe 1.1 verlangt von Ihnen, die Ziele und Motive der „Weißen Rose" herauszuarbeiten und kurz zu erklären; der Operator „klären Sie..." verweist dabei auf den Anforderungsbereich II (Reorganisation und Transfer).
Die Teilaufgabe 1.2 mit dem Operator „zeigen Sie ...anhand des Vergleichs..." (Anforderungsbereich I: Reproduktion) fordert einen Vergleich der Bewegung der „Weißen Rose" mit einem von Ihnen frei auszuwählendem weiteren Beispiel einer Widerstandsbewegung. Allerdings zwingt die Aufgabenstellung über den Vergleich hinausgehend „unterschiedliche Formen des Widerstands" knapp darzustellen. Die Kriterien für einen Vergleich können Sie selbst wählen, dabei könnten Sie sich wie im Falle der Aufgabe 1.1 an Zielen bzw. Motiven orientieren, aber auch an der Organisationsform oder am Herkunftsmilieu. In jedem Fall empfiehlt es sich, ein Beispiel zu wählen, das sich möglichst deutlich von der „Weißen Rose" unterscheidet. In der vorliegenden Lösung wird näher auf die Widerstandsbewegung vom 20. Juli 1944 eingegangen.

1.1 Bei der „Weißen Rose" handelt es sich um eine **Widerstandsgruppe um die Geschwister Hans und Sophie Scholl** sowie den **Musikprofessor Kurt Huber** an der Universität München. Am 18. Februar 1943 wurden die Geschwister von der Gestapo beim Verteilen von Flugblättern verhaftet, anschließend drei weitere Mitglieder der Gruppe; sie wurden kurze Zeit später vor dem Volksgericht zum Tode verurteilt und hingerichtet.
Unmissverständlich bekennt sich die Gruppe in dem Flugblatt zur Notwendigkeit, das NS-Regime möglichst schnell zu beseitigen und zwar mit dem Mittel des **passiven Widerstandes:** „Der Sinn und das Ziel des passiven Widerstandes ist, den Nationalsozialismus zu Fall zu bringen […]." (Z. 41 f.). Dabei drängt die Zeit, da eine Fortführung des sinnlosen und aussichtslosen Krieges (Z. 76 f.), im schlimmen Fall ein Sieg des Nationalsozialismus (Z. 45 f.) verhindert werden müsse.
Die „Weiße Rose" ruft konkret zum passiven Widerstand in Form der Sabotage in allen Bereichen des öffentlichen Lebens auf, wo man dem Regime schaden kann. Dabei sei dahingestellt, ob man **Sabotage** in Rüstungsbetrieben, die im Flugblatt als Beispiel vorgeschlagen wird, noch als passiven Widerstand bezeichnen kann.
Immer wieder spürbar wird in dem Flugblatt als Motiv der Widerstandsgruppe die tiefe **Abscheu vor den nationalsozialistischen Machthabern**, die als „Verbrecher und Säufer" (Z. 23) bezeichnet werden.
Der erste Abschnitt des Flugblattes belegt andererseits sehr deutlich, dass die Mitglieder der „Weißen Rose" auch geleitet sind von der positiven Motivation, einen besseren Staat

zu schaffen, der sich am „**Ideal eines Staates**" als einer „**Analogie der göttlichen Ordnung**" (Z. 8 f.) orientieren sollte. Daraus lässt sich auch die „sittliche Pflicht", das NS-System zu beseitigen (Z. 24 f.), ableiten und so der Weg für das Erreichen des irdischen Glücks aller Menschen (Z. 15 f.) finden.

1.2 Handelte es sich bei der „Weißen Rose" um ein relativ kleine Gruppe von Studenten und Professoren mit einer völlig **informellen Organisationsstruktur**, so war die **Widerstandsbewegung vom 20. Juli 1944 um den Grafen von Stauffenberg** eine weitverzweigte Gruppe von Politikern und Militärs, die den Staatsstreich planten.

Wesentliche Unterschiede bestanden aber vor allem in der Strategie und Form des Widerstandes sowie in der Zukunftsplanung. Während die „Weiße Rose" den Sturz des Regimes durch einen massenhaften passiven Widerstand der Bevölkerung zu erreichen versuchte und über die Zukunft nur sehr vage und idealistisch-abstrakte Vorstellungen von einem idealen Staat zu erkennen gab, waren die Überlegungen des **militärischen Widerstandes** sehr viel konkreter. Nicht nur dass man den Sturz des Regimes wie einen Putsch plante, an dessen Anfang die Ermordung Hitlers stehen sollte, man hatte auch sehr konkrete Vorstellungen über die persönlichen Verantwortungen in der neuen Regierung und über die Umwandlung der Diktatur in eine konservativ-autoritäre Staatsform.

Im Grunde besaß nur der militärische Widerstand um den **Grafen von Stauffenberg** seit Beginn des Krieges die Möglichkeit, eine direkte Aktion gegen Hitler oder andere führende Funktionäre des NS-Regimes erfolgreich durchzuführen. Gruppen wie die **kommunistische „Rote Kapelle"** dagegen hatten nicht den dafür notwendigen Zugang zum inneren Kreis der Macht.

Ein Vergleich der „Weißen Rose" mit der „Roten Kapelle" verdeutlicht ein weiteres charakteristisches Merkmal des Widerstands gegen den Nationalsozialismus: die **weltanschauliche und ideologische Bandbreite**. Der eher christlich geprägten Utopie eines gerechten göttlichen Staates der Gruppe um die Geschwister Scholl standen die Pläne sozialistischer oder kommunistischer Gruppen gegenüber, die sich nach dem Sturz der NS-Diktatur eine direkte Demokratie, im Extremfall in Anlehnung an die Sowjetunion erhofften. Dazwischen bewegten sich der **kirchliche Widerstand** mit Repräsentanten wie **Dietrich Bonhoeffer** und dem Jesuitenpater **Alfred Delp**, die den grundsätzlichen Widerspruch zwischen christlicher Lehre und nationalsozialistischer Ideologie erkannten, oder der **sozialistisch-gewerkschaftliche Widerstand** um Wilhelm Leuschner, Julius Leber oder Jakob Kaiser, dem es um die Wiederherstellung der freien Gewerkschaftsbewegung und die Autonomie der Arbeiterschaft ging. Hervorzuheben ist unter den Gruppen der **Kreisauer Kreis** um den Grafen **Helmut James von Moltke** und um **Peter Graf Yorck von Wartenburg**, eine lockere Verbindung von NS-Gegnern, die sich Gedanken über eine mögliche Nachkriegsordnung in Deutschland und Europa machten.

Eine besondere Rolle spielte der **jüdische Widerstand**. Wegen der massiven Verfolgung war es für die Juden in Deutschland schwierig, einen Widerstand zu organisieren, doch zeigt der Aufstand im Warschauer Ghetto 1943, dass sich das jüdische Volk nicht ohne Gegenwehr in sein Schicksal ergab.

Die Vielfalt der Formen und Motive der Widerstandsbewegungen war sicherlich verantwortlich dafür, dass eine erfolgreiche Zusammenarbeit kaum möglich war.

2 *Der Operator „kennzeichnen Sie …“ ordnet die zweite Aufgabe dem Anforderungsbereich I (Reproduktion) zu. Historische Sachverhalte, hier die Merkmale der deutschen Besatzungspolitik im Zweiten Weltkrieg, sollen erkannt und zutreffend formuliert werden. Die Unterscheidung der Politik in Westeuropa und in Osteuropa liegt nahe, da das NS-Regime aufgrund seiner rassistischen Ideologie gegenüber den slawischen Völkern im Grunde keine Besatzungs-, sondern eine Vernichtungspolitik betrieb.*

Gemeinsam war der **deutschen Besatzungspolitik** in allen besetzten Gebieten die **Ausbeutung der heimischen Wirtschaft**, insbesondere für die Rüstungsindustrie. Vor allem nach den Erfahrungen der militärischen Winterkrise von 1941/42 verstärkte das Regime seine Anstrengungen, die Wirtschaft der besetzten Länder in den Griff zu bekommen. Im Westen und Norden Europas geschah dies durch Kontrolle und dirigistische Beeinflussung der Betriebe, die allerdings noch in einheimischem Besitz blieben, im Osten unter direkter deutscher Leitung. Seit Februar 1942 war **Albert Speer als „Reichsminister für Bewaffnung und Munition“** für die Wirtschaft in den besetzten Gebieten zuständig. Er nahm in der Folge auch eine Arbeitsteilung vor: Im Westen sollten vorwiegend Konsumgüter für die Wehrmacht und die Zivilbevölkerung produziert werden, während die deutsche Industrie vorwiegend für die Rüstung produzieren sollte. Das Regime scheute angesichts des kriegsbedingten Arbeitskräftemangels auch nicht davor zurück, in allen besetzten Gebieten **Zwangsarbeiter** zu rekrutieren und den Konsum in diesen Gebieten stark zu drosseln. Am Ende des Krieges arbeiteten schätzungsweise 7,5 Millionen Fremdarbeiter im Reichsgebiet, von denen nach Aussage Fritz Sauckels, des „Generalbevollmächtigten für den Arbeitseinsatz“, höchstens 200 000 freiwillig gekommen waren. Im Übrigen geschahen die **Zwangsrekrutierungen** im Osten teilweise durch regelrechte Razzien, in Nord- und Westeuropa konnten Fremdarbeiter dagegen zum Teil auch angeworben werden.

Ein gemeinsames Merkmal der Besatzungspolitik waren Judenverfolgung, Judendeportationen sowie die **Ausschaltung der politischen Gegner**. Teilweise geschah dies durch die Machtusurpation einheimischer nationalsozialistischer Gruppen wie in Norwegen unter Quisling, in Dänemark durch Fritz Clausen, aber auch in Holland und Frankreich.
In den **besetzten Gebieten Osteuropas** wurde den dortigen slawischen Völkern, die für die Nationalsozialisten als Untermenschen galten, von vornherein keinerlei Eigenstaatlichkeit und Gleichberechtigung zugestanden. Besatzungsherrschaft war dort nahezu ausschließlich Willkürherrschaft, seit dem 6. Februar offiziell unter der Regie des SS-Führers **Heinrich Himmler**. Ziel des **„Generalplans Ost“**, der 1942 vom Reichssicherheitshauptamt ausgearbeitet worden war, war die **Aussiedlung der einheimischen Bevölkerung** bis nach Sibirien und die Besiedelung der Gebiete durch Bürger des Reiches oder „Volksdeutsche“. Diese **Germanisierungspolitik** sollte dem Ziel dienen, dem deutschen Volk den ihm zustehenden Raum im Osten zu verschaffen.
Besonders in **Polen** verfolgte das NS-Regime dabei eine **rücksichtslose Ausrottungspolitik** gegenüber den politischen und kulturellen Eliten, die zu einer Vernichtung der einheimischen Führungsschichten führte.

Ein Kennzeichen der deutschen Besatzungspolitik in Osteuropa war die systematische **Ghettoisierung und Massenvernichtung der Juden**. Hatte man anfangs noch geplant, die Juden zunächst nach Polen und bei einem erwarteten Sieg über Russland in Gebiete östlich des Urals zu deportieren, so wurde mit Beginn des Russlandfeldzugs die **„physische Endlösung der Judenfrage“**, d. h. die massenweise Vernichtung des europäischen Judentums organisatorisch vorbereitet und realisiert. Man muss davon ausgehen, dass Hitler im Sommer 1941 den Befehl zum Holocaust gab. Systematisch durchkämmten die **Einsatzkommandos der SS** im Rücken der Wehrmacht die besetzten Gebiete und ermordeten die Juden sofort oder brachten sie in Vernichtungslager. Auch andere Bevölkerungsgruppen wie die **Sinti und die Roma** wurden Opfer dieser „Säuberungen“.

3 *Die dritte Teilaufgabe verlangt eine genauere Darstellung der Entnazifizierung, wie sie in der Potsdamer Konferenz von den Siegermächten vereinbart wurde. Mit dem Operator „charakterisieren Sie ..." wird deutlich gemacht, dass es sich um eine Aufgabe aus dem Anforderungsbereich II (Reorganisation und Transfer) handelt, ein historischer Sachverhalt soll also beschrieben und in einer bestimmten Weise strukturiert werden, hier nach Zielen und Praxis. Mit der Beschränkung auf die Umsetzungen durch die USA und die Sowjetunion zielt die Aufgabenstellung besonders auf die Gegensätzlichkeiten im beginnenden Ost-West-Konflikt ab.*

Schon im Mai 1945 hatte der amerikanische **General Clay** auf einer Pressekonferenz betont, eine „Entnazisierung" Deutschlands könne schnell durchgeführt werden, wobei er von der **Beseitigung aller Nationalsozialisten aus der Verwaltung** sprach. Im Vorschlag der amerikanischen Delegation für die Behandlung Deutschlands vom 17. Juli werden unter den politischen Grundsätzen die **Zerschlagung der nationalsozialistischen Partei** und das Verbot jeder nazistischen Tätigkeit, die **Aburteilung der Kriegsverbrecher** und der führenden Funktionäre der NSDAP, die Entfernung der Mitglieder der NSDAP aus der Verwaltung und aus führenden Funktionen der Wirtschaft sowie die Kontrolle des deutschen Erziehungswesens, um nazistische Auffassungen auszuschalten, genannt. Nahezu wörtlich sind diese Vorschläge schließlich im **Abschlussprotokoll der Potsdamer Konferenz** übernommen worden, das die Umgestaltung des politischen Lebens in Deutschland auf demokratischer Grundlage regelte.

Die drei Delegationen der USA, Großbritanniens, der Sowjetunion und kurze Zeit später auch Frankreichs stimmten dem Abkommen zwar zu, aber schon bald stellte sich heraus, dass es **zwischen den USA und der Sowjetunion erhebliche Differenzen** in der Auslegung des Begriffs „demokratische Grundlagen" gab und damit auch in der Umsetzung der Entnazifizierung.
Einig war man sich aber über die Bestrafung der Kriegsverbrecher und der führenden Repräsentanten des NS-Regimes. In den **Nürnberger Prozessen** (1945–1949) urteilten die Siegermächte in mehreren Verfahren die militärischen und politischen Führer des nationalsozialistischen Deutschland noch gemeinsam ab. Recht unterschiedlich handhabten die Besatzungsmächte dann aber die Entnazifizierung jeweils in ihren Zonen.
Die amerikanische Besatzungsmacht ging zunächst von einer **Kollektivschuld** aus und entließ alle Beamten und alle Führungskräfte, die schon in der Zeit der nationalsozialistischen Herrschaft Verantwortung getragen hatten. Als sich jedoch herausstellte, dass eine Verwaltung der Zone ohne deutsche Fachkräfte nicht möglich war, erließ die Militärbehörde ein „**Befreiungsgesetz**", das ein **Spruchkammerverfahren** vor einem Laiengericht vorsah, in dem anhand von Fragebögen die individuelle Schuld festgestellt werden sollte. Letzten Endes blieb der Erfolg der Entnazifizierung aber fraglich, da sie wegen des riesigen Aufwandes und der häufigen Denunziationen in die Kritik geriet und praktisch gegen Ende der 40er-Jahre eingestellt wurde. Wichtiger war jetzt der politische und wirtschaftliche Aufbau des Weststaates.

Ganz anders handhabte die **Sowjetische Militärregierung** die Entnazifizierung in ihrer Zone, die sie als Rechtfertigung für eine grundlegende **Umgestaltung der Gesellschaft** nutzte. Die individuell gehandhabte Entnazifizierung, wie sie von den USA praktiziert wurde, fand in der SBZ nicht statt, vielmehr galten alle Gegner der kommunistischen Lehre als Faschisten. So konnte man die Enteignung der Großgrundbesitzer begründen, die die **Bodenreform** ermöglichte, und so rechtfertigte die Besatzungsmacht die Sozialisierungen und **Kollektivierungen** in der Groß- und Mittelindustrie. Selbst für Todesurteile gegen politische Gegner wurde das Argument der Entnazifizierung bemüht.

Da die Sowjetunion diese Maßnahmen sehr früh und energisch begonnen hatte, konnte man 1947 die Entnazifizierung für beendet erklären. Sie war zu einem wirksamen Mittel bei der Sowjetisierung Ostdeutschlands und damit im Ost-West-Konflikt geworden.

4 *Die vierte Teilaufgabe gliedert sich in zwei Teile. Zunächst gilt es, das Zitat aus dem Flugblatt der „Weißen Rose" zu präzisieren, um dann in einem zweiten Schritt die dabei gewonnenen Kriterien für einen „brauchbaren und gerechten Staat" auf eines der angegebenen Beispiele anzuwenden.*
Mit dem Operator „überprüfen Sie ..." wird die Aufgabe dem Anforderungsbereich III (Reflexion und Problemlösung) zugewiesen. Die Vorstellung vom brauchbaren und gerechten Staat ist demzufolge an historischen Sachverhalten auf ihre Berechtigung hin zu untersuchen.
Die vorliegende Lösung behandelt alle vier Beispiele, in Ihrer Abiturprüfung müssen Sie aber nur ein Beispiel bearbeiten.

In dem Zitat aus dem Flugblatt wird ein Staat gefordert, der **„brauchbar und gerecht"** ist, der die **Freiheit des Einzelnen** ebenso sichert wie das Wohl der Gesamtheit. Wann aber ist ein Staat brauchbar, wann ist er gerecht? Im Kontext des Flugblattes und vor allem des Zitats wird ein Staat nur dann als brauchbar bezeichnet werden können, wenn er eine Ordnung garantiert, in der die Freiheit des Einzelnen nicht nur anerkannt, sondern geschützt wird. Es darf aber keine Ordnung sein, in der die individuelle Freiheit auf Kosten des Gemeinwohls ausgelebt werden kann, vielmehr soll der Staat einen harmonischen Ausgleich schaffen. Die Verfasser des Flugblatts vergleichen die wünschenswerte staatliche Ordnung mit der göttlichen Ordnung. Gerecht ist demzufolge ein Staat, der sich auf ein von Gott gegebenes Recht gründet. Seit der Aufklärung wird dieses „göttliche" Recht als Naturrecht interpretiert, das sich in den Verfassungen in Form von **Grund- und Menschenrechten** niederschlägt.
Zu „messen" sind die historischen Staatsordnungen also daran, ob sie **gerecht im Sinne einer über- oder vorstaatlichen Rechtsordnung mit rechtsstaatlichen Normen** sind, ob sie die Freiheit des Einzelnen in der Verfassungstheorie wie in der politischen Praxis sichern und ob sie politisches Handeln am Wohl der Gesamtheit orientieren. Wichtig ist es darüber hinaus, zwischen der formalen Verfassungsordnung einerseits und der politischen Praxis andererseits zu unterscheiden.

Die Verfassung des Kaiserreichs von 1871 wurde diesen Ansprüchen nur in Ansätzen gerecht. So wurden die Grundrechte nicht genannt, eine wesentliche Grundlage des Rechtsstaates und damit der Sicherung der individuellen Freiheit vor staatlicher Willkür fehlte also. Das Wahlrecht als wichtigster Ausdruck individueller politischer Freiheit war zwar in der Verfassung verankert, jedoch auf die männliche Bevölkerung ab 25 Jahren beschränkt. Allerdings waren wichtige Bürgerrechte wie die Rede-, die Religions- und die Versammlungsfreiheit in den Länderverfassungen festgelegt. Anders stand es mit der Verpflichtung zum Gemeinwohl, die als Staatsziel in der Präambel der Verfassung niedergelegt war.
Ob ein Staat „brauchbar und gerecht" ist, lässt sich jedoch nicht allein an der Verfassung überprüfen. Aussagekräftiger scheint vielmehr das **Verhalten des Staates gegenüber dem Bürger und seine Leistungsfähigkeit im Sinne des Wohls der Gesamtheit**. Einen deutlichen Fortschritt brachte diesbezüglich das Kaiserreich durch die **Sozialgesetzgebung Bismarcks**. Die existenziellen Sicherungen vor allem auch für sozial Schwächere bedeutete ein Mehr an materieller Gerechtigkeit und individueller Sicherheit, die wiederum als Grundlage für individuelle Freiheit gelten kann. Letzten Endes sprach auch die zunehmende Bedeutung der Arbeiter- und Gewerkschaftsbewegung für einen Zuwachs an individueller Freiheit.
Insgesamt gesehen stellte das politische System des Deutschen Reiches von 1871 bis 1918 jedoch eine **autoritär-monarchische Ordnung** dar, in der die persönliche Freiheit geringer geschätzt wurde als die staatliche Macht. Der Kulturkampf wie auch die Sozialistengesetze zeigen darüber hinaus, dass der Staat im Konfliktfall seinen eigenen Machterhalt über die Freiheit von Bürgern stellte.

Die Weimarer **Republik mit ihrer Verfassung von 1919** stellte den Versuch dar, ein hohes Maß an Gerechtigkeit und Freiheit zu verwirklichen. Zu demonstrieren ist dies an den teilweise mutigen **demokratischen Elementen der Verfassung**, etwa dem Wahlrecht, den Möglichkeiten des Plebiszits oder der Rolle des Parlaments, und an dem detaillierten und umfassenden **Grundrechtskatalog**, mit dem die Nationalversammlung die rechtsstaatliche Tradition in Deutschland fortführte und vertiefte. Nicht zuletzt das klare **Bekenntnis zur Republik und zur Volkssouveränität** lässt die Weimarer Republik als Versuch eines „gerechten Staates" im Sinne der „Weißen Rose" erscheinen.
Weitgehende Schritte auf dem Weg zur Verwirklichung eines gerechten politischen Systems waren auch die **Neuerungen in der Sozial- und Wirtschaftsverfassung**, z. B. der Acht-Stunden-Tag oder die Arbeitslosenversicherung. Von besonderem Gewicht für die fortschrittliche Sozialverfassung der Weimarer Republik war die im November 1918 gegründete „Zentralarbeitsgemeinschaft", in der sich Arbeitnehmer und Arbeitgeber zusammenfanden und eine Ordnung schufen mit Anerkennung des Koalitionsrechts, Tarifverträgen, Schlichtungsausschüssen und weiteren Errungenschaften. Das war zwar nicht das Werk des Staates, aber er stellte die Rahmenbedingungen und versuchte diese Ordnung zu sichern.
Dass sich die Weimarer Republik am Ende jedoch als **wenig effizient bzw. „brauchbar"** erwies, lag zum einen an der **inneren Schwäche**, die durch ungenügend demokratische Staatsorgane wie die Justiz, die **„auf dem rechten Auge blind"** zu sein schien, geprägt war, sowie an der mangelnden Verwurzelung demokratischer Tugenden in der Bevölkerung. Dazu kamen die Belastungen und Störungen von außen, mit denen der Staat nicht fertig wurde. In diesem Sinne war die Weimarer Republik „unbrauchbar", konnte sie doch zu wenig tun für das materielle Wohl der Gesamtheit. Massenarbeitslosigkeit und schleichende Enteignung durch Inflation waren prägende Erfahrungen der Bürger in der Weimarer Republik, die deren Image negativ beeinflussten.
Auch den **Gefährdungen der öffentlichen Sicherheit** durch paramilitärische Verbände, terroristische Schlägertrupps extremer Parteien und durch politische Morde konnte die Republik wenig entgegensetzen.
Die Weimarer Republik war zwar in ihrem demokratischen Wollen und in ihrer geschriebenen Verfassung ein durchaus „gerechter Staat", aber in der politischen Praxis und im Ergebnis war sie kein „brauchbarer Staat", da es ihr letzten Endes nicht gelang, die Freiheit der Individuen, und zwar aller Individuen, vor dem Angriff des totalitären Systems zu sichern.

Völlig anders verlief die Entwicklung in der **Bundesrepublik Deutschland** seit 1949. Das Grundgesetz verankert den Rechtsstaat nicht nur formal in nahezu idealer Weise, sondern ergänzt den formalen Rechtsstaat durch das materielle Prinzip der Wertbindung, das sich in der Unveränderlichkeit des Verfassungskerns, in dem Prinzip der streitbaren Demokratie und in der herausragenden Stellung und Rolle des Bundesverfassungsgerichts manifestiert. Die Westbindung des Grundgesetzes mit dem vom Bundesverfassungsgericht festgelegten Vorrang der individuellen Freiheit vor der staatlichen Ordnung kommt noch am ehesten den Vorstellungen der „Weißen Rose" nahe.
Ergänzt werden die rechtsstaatlichen Garantien durch eine **Politik der sozialen Sicherung**, die traditionelle Sicherungssysteme aufgegriffen hat und neue Elemente hinzufügte, von der **dynamischen Rente** über die **paritätische Mitbestimmung** und den Mieterschutz bis hin zur Anerkennung gleicher Bildungschancen mit entsprechenden Reformen.
Die wirtschaftlichen Erfolge der Bundesrepublik gingen dabei Hand in Hand mit einem hohen Maß an **äußerer Sicherheit durch die Integration in die europäische Gemeinschaft und die westliche Sicherheitsallianz**. Der Staat erwies sich also von Anfang an als erfolgreich bei der Schaffung eines breiten Wohlstands und bei der Garantie der äußeren Sicherheit trotz der Gefährdung im Ost-West-Konflikt.

Auch im Innern war die Bundesrepublik erfolgreicher, also „brauchbarer" im Vergleich zur Weimarer Republik. Dies lag zum einen darin begründet, dass es gelang, radikale und möglicherweise gewaltbereite Gruppen an den Rändern zu integrieren oder sie wie die „Rote Armee Fraktion" erfolgreich zu bekämpfen.
Wenn Stimmen laut werden, die der Bundesrepublik Deutschland die Qualität eines „brauchbaren und gerechten Staates" absprechen, dann geht es häufig um das Entstehen einer **neuen sozialen Frage oder einer neuen Armut**. Der wirtschaftliche Aufstieg der Bundesrepublik ist mehr und mehr verbunden mit einem starken **Wohlstandsgefälle**, in den letzten Jahren verstärkt durch **hohe Arbeitslosigkeit**. In diesem Zusammenhang wird dem Staat, konkret den etablierten Parteien, Ohnmacht, also „Unbrauchbarkeit" vorgeworfen. Aktuell ist auch die Kritik an den ungleichen Bildungschancen für Kinder aus sozial schwächeren Milieus, die als ungerecht empfunden werden.

Betrachtet man die **Geschichte der DDR** unter den genannten Kriterien, so können auf der positiven Seite einer Bilanz einige **soziale Errungenschaften** angeführt werden. Beispielsweise schuf die DDR-Regierung die Voraussetzungen, etwa durch Errichtung von **Kinderkrippen**, dass Frauen im Beruf gleichberechtigt waren. Verwirklicht wurde auch das Recht auf Arbeit, wobei jedoch einschränkend zu vermerken ist, dass es ein Recht auf die freie Wahl des Arbeitsplatzes nicht gab.
Schwerwiegender waren jedoch die Mängel des politischen Systems der DDR.
Zwar waren die Grundrechte in der Verfassung verankert, doch gab es keinen effizienten Schutz dieser Grundrechte durch unabhängige Gewalten und den materiellen Rechtsstaat. In der Praxis führte dies zu massiven **Einschränkungen der persönlichen Freiheit**, die im Zweifelsfall immer dem von der Partei definierten Willen des Proletariats geopfert werden konnte. Nicht zuletzt die erheblichen Einschränkungen der Reisefreiheit belegen dies. Im System des demokratischen Zentralismus und der kommunistischen Ideologie erhält der Wille des Proletariats den Vorrang vor der individuellen Freiheit. Die Gleichsetzung des Gemeinwohls mit dem Interesse der Arbeiterklasse dürfte aber sicher nicht im Sinne der Ideen der „Weißen Rose" gewesen sein.
Auch die politische Freiheit stand in der DDR auf dem Papier, doch konnte in der **Praxis des politischen Prozesses** in Ostdeutschland kaum von freien und geheimen Wahlen gesprochen werden, vielmehr handelte es sich um Akklamationsveranstaltungen, mit denen sich die SED selbst feierte. Oppositionelle Gruppierungen wurden behindert, von der **Stasi** massiv bespitzelt und ausgeschaltet.
Von entscheidendem Gewicht für die eher negative Einschätzung des Systems der DDR selbst durch die eigenen Bürger war jedoch der **wirtschaftliche Misserfolg**. Die vom Staat gelenkte **sozialistische Zentralverwaltungswirtschaft** erwies sich z. B. gegenüber der sozialen Marktwirtschaft in der Bundesrepublik als ineffektiv, sodass der Lebensstandard der Bürger der DDR weit hinter dem des Westens zurückblieb. Der eigene Staat wurde in hohem Maß als „unbrauchbar" empfunden und schließlich auch 1989/90 gleichsam aufgekündigt.

Grundkurs Geschichte (Bayern) 2007 – Aufgabe IV
Bedingungen und Probleme des Neubeginns nach dem Ende des Krieges – Deutschland seit den fünfziger Jahren – Europäische Einigung und neuere weltpolitische Konstellationen

BE

1 20

1.1 Erarbeiten Sie aus dem folgenden Text (M 1), wie Konrad Adenauer die innere und äußere Situation der Bundesrepublik Deutschland beurteilt!

1.2 Erschließen Sie durch eine Interpretation der Karikatur (M 2) die Darstellung der Bundesrepublik Deutschland aus der Sicht der DDR! Vergleichen Sie die Intentionen des Redners (M 1) und des Zeichners (M 2)!

2 Skizzieren Sie die wirtschaftliche Entwicklung der Bundesrepublik Deutschland in der Ära Adenauer und charakterisieren Sie gesellschaftliche Grundstimmungen in dieser Zeit! 12

3 Erläutern Sie die deutschlandpolitischen Positionen der Regierungen in der Bundesrepublik Deutschland und in der DDR zu Beginn der 1960er-Jahre! 12

4 Erörtern Sie, inwieweit die Ansicht Adenauers aus den 1960er-Jahren zutrifft, dass die deutsche Frage von internationalen Entwicklungen abhängig ist! Gehen Sie bei Ihren Ausführungen auf zwei der folgenden Beispiele ein: Reichseinigung 1866–1871; Frage der deutschen Grenzen 1919–1933; Teilung Deutschlands nach dem Zweiten Weltkrieg; Wiedervereinigung 1989/90! 16

M 1: Auszug aus der Rede Konrad Adenauers vor dem Deutschen Bundestag am 15. Oktober 1963, gehalten anlässlich seiner Verabschiedung als Bundeskanzler

Herr Bundestagspräsident!* Meine Damen und Herren! Ich bin Ihnen, Herr Bundestagspräsident, von Herzen dankbar für Ihre Worte, und ich bin Ihnen meine verehrten Mitglieder, Kolleginnen und Kollegen im Bundestag, von Herzen dankbar dafür, daß Sie die Schlußworte des Herrn Bundestagspräsidenten in dieser markanten Weise durch Ihr Aufstehen gutgeheißen und unterstrichen haben.

Wenn ich am heutigen Tage zu Ihnen spreche, dann bin auch ich von Dank erfüllt, von Dank für das deutsche Volk. Sicher, meine verehrten Damen und Herren, wenn wir an das Jahr 1949 zurückdenken, wenn wir von den Trümmerfeldern hören, von denen der Herr Präsident soeben gesprochen hat, dann wollen wir auch den Blick noch hinausgehen lassen über die Grenzen unseres Landes und wollen daran denken, wie der deutsche Name damals in der Welt gewertet wurde und wie es heute anders geworden ist. Wenn wir vieles, nicht alles, wiederaufgebaut haben und wenn der deutsche Name im Ausland wieder seinen Klang hat, dann, meine Damen und Herren, wäre das nicht möglich gewesen ohne das deutsche Volk selbst. (Beifall im ganzen Hause.) […]

Und darum bin ich stolz auf das deutsche Volk – ich darf das wohl auch mit dem Blick über unsere Grenzen hinaus heute sagen –: Ich bin stolz auf das, was das deutsche Volk in dieser verhältnismäßig kurzen Spanne Zeit geleistet hat. Wir Deutschen dürfen unser Haupt wieder aufrecht tragen, denn wir sind eingetreten in den Bund der freien Nationen und sind im Bund der freien Nationen ein willkommenes Mitglied geworden. (Beifall bei den Regierungsparteien.) [...]

Lassen Sie mich einige Worte sagen über unser Verhältnis zum Ausland. Der Herr Präsident hat es schon gekennzeichnet, und ich möchte es wiederholen: Wir haben die Wiedervereinigung noch nicht erreicht, obgleich ich glaube, daß wir am Horizont Möglichkeiten einer Wiedervereinigung kommen sehen, wenn wir achtsam und vorsichtig und geduldig sind, bis der Tag gekommen ist. Ich bin fest davon überzeugt, daß dieser Tag einmal da sein wird. Denn man kann einem Volke wie dem deutschen Volke nicht widersprechen und man kann ihm keinen Widerstand leisten, wenn es in Frieden seine Einheit wiederherstellen will. (Beifall bei den Regierungsparteien und bei der SPD.)

Aber, meine Damen und Herren, seien wir uns auch darüber klar, daß die Bundesrepublik heute ein wertvolleres Land für den Gegner vom Osten ist als vor zwanzig Jahren dank unseres wirtschaftlichen Emporsteigens, dank auch der ganzen Kraft, die das deutsche Volk durch den Wiederaufbau gezeigt hat.

Und über eines seien wir uns klar: Mehr denn je zuvor ist Deutschland ein Angelpunkt der weltpolitischen Spannungen, die über die Kontinente hinweggehen. Daher dürfen wir nicht etwa glauben, diese unsere Last der Trennung werde von uns genommen werden, ohne daß gleichzeitig die Last der Spannungen auch von den anderen Völkern genommen wird. Das erfordert von uns um so größere Achtsamkeit, um so größere Sorge und um so größere Geduld.

Vergessen wir doch nicht, meine Damen und Herren, was Herr Präsident Gerstenmaier soeben gesagt hat: Eine Lösung der deutschen Frage ist nicht möglich allein zwischen uns und dem Gegner, der uns bedrückt; eine Lösung dieser Frage ist nur möglich mit Hilfe unserer Freunde. Und wir danken Gott, daß wir wieder Freunde in der Welt gefunden haben. (Beifall bei der CDU/CSU und bei Abgeordneten der FDP und der SPD.)

Wenn Sie sich vorstellen, meine Damen und Herren, wir hätten diese Freunde nicht wieder gefunden; was wäre in der Zwischenzeit aus Deutschland geworden oder was würde jetzt aus Deutschland! Gerade diese Freundschaft in Europa, außerhalb Europas, mit den Vereinigten Staaten, mit allen freien Völkern der Welt gibt uns erst ein Recht, mit Sicherheit zu erwarten, daß eines Tages auch die Wiedervereinigung in Freiheit erfolgen wird. (Beifall bei der CDU/CSU und bei Abgeordneten der FDP.) [...]

Erläuterung:

* Gemeint ist Eugen Gerstenmaier (CDU), 1954–1969 Bundestagspräsident

M 2: Plakat von Leo Haas (DDR 1961)

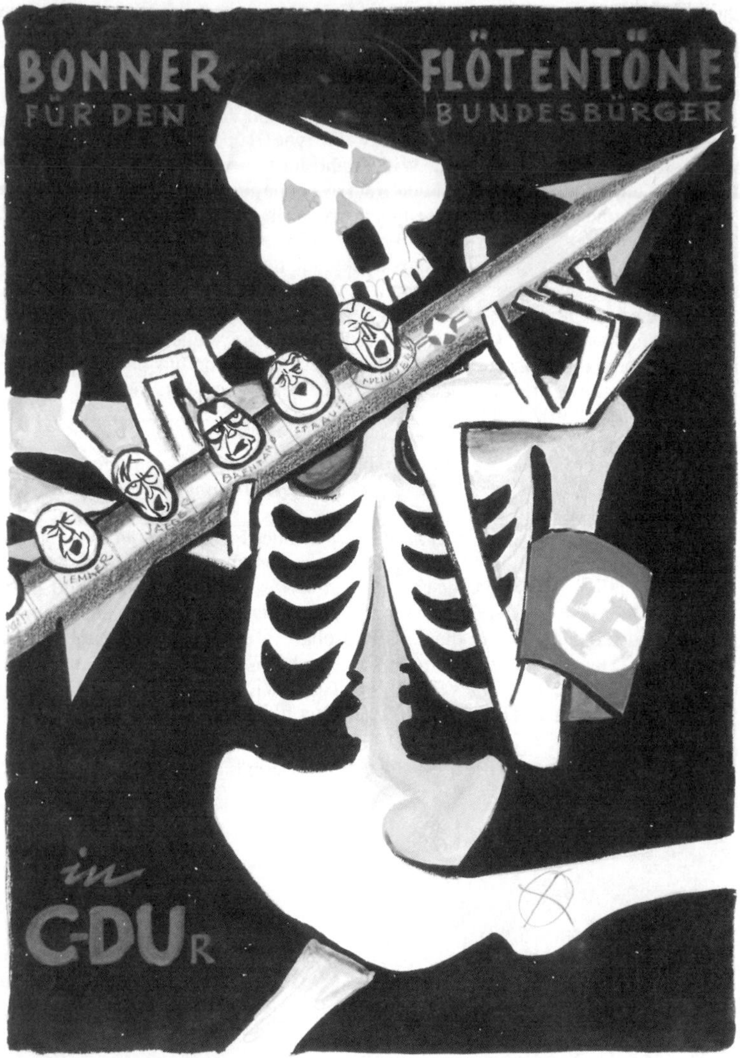

Hinweis: Die als Flötenklappen abgebildeten Köpfe stellen führende Politiker der CDU/CSU aus der Ära Adenauer dar (von rechts nach links: Adenauer, Strauß, von Brentano, Jäger, Lemmer).

Lösungen

1 *Die erste Aufgabe ist unterteilt in zwei Teilaufgaben. Sie beschäftigen sich mit der Beurteilung der Bundesrepublik aus der Perspektive Ost- und Westdeutschlands auf der Grundlage völlig unterschiedlicher Quellen.*
Während in Aufgabe 1.1 anhand eines Redeausschnitts Konrad Adenauers eine Bilanz der Geschichte der Bundesrepublik bis 1963 gezogen wird, geht es in Aufgabe 1.2 um eine Karikatur zum Charakter der Bundesrepublik aus Sicht eines Zeichners der DDR.
Zunächst sollen Sie aus der Textquelle herausfinden, wie Adenauer die innere und äußere Situation der Bundesrepublik beurteilt.
Die Teilaufgabe 1.2 setzt zunächst ein genaue Analyse der Karikatur voraus, wobei eine Fülle von gestalterischen Details zu berücksichtigen ist.
Die Operatoren der beiden Aufgaben, „erarbeiten Sie …" bzw. „erschließen Sie …" sind dem Anforderungsbereich II (Reorganisation und Transfer) zuzuordnen. Sie verlangen die Auswertung bzw. Interpretation von verschiedenen Materialien, um historische Sachverhalte zu identifizieren.
Aufgabe 1.2 fordert darüber hinaus einen „Vergleich" der gegensätzlichen Intentionen des Redners bzw. des Karikaturisten und geht damit über den Anforderungsbereich II hinaus.

1.1 **Konrad Adenauer** zieht bei seiner Verabschiedung als Bundeskanzler – er war am 15. Oktober 1963 nach 14 Jahren Kanzlerschaft zurückgetreten – verständlicherweise eine positive Bilanz.
Vor allen Dingen hebt er den **wirtschaftlichen Wiederaufbau** der Bundesrepublik hervor, der nicht zuletzt dafür verantwortlich sei, dass „der deutsche Name im Ausland wieder seinen Klang" (Z. 12 f.) habe. Wiederaufbau im Innern und **Rückkehr „in den Bund der freien Nationen**" (Z. 18) sind für Adenauer die offensichtlich wichtigsten Meilensteine auf dem bisherigen Weg der Bundesrepublik. Er hebt in diesem Zusammenhang auch hervor, dass Deutschland „mit allen freien Völkern der Welt" (Z. 47) ein freundschaftliches Verhältnis gewonnen habe.
Trotz dieser überaus positiven Bilanz ist nach Adenauer jedoch ein wichtiges Ziel deutscher Politik nicht erreicht worden: die **Wiedervereinigung**. Der berechtigte Wunsch nach nationaler Einheit ist dabei für den abtretenden Kanzler nur mit Achtsamkeit, Vorsicht und Geduld (Z. 24 f.) und mit Unterstützung der „Freunde" (Z. 42) zu verwirklichen. Allerdings sieht Adenauer Möglichkeiten, auf dem Weg zur Wiedervereinigung weiter zu gehen, wenn es gelänge, die internationalen Spannungen zu verringern, denn die deutsche Frage sei „ein Angelpunkt der weltpolitischen Spannungen" (Z. 33 f.), zumal Deutschland, insbesondere die Bundesrepublik, „ein wertvolleres Land für den Gegner vom Osten" (Z. 30) sei als unmittelbar nach Kriegsende.
Adenauer stellt in seiner Abschiedsrede also den wirtschaftlichen Aufbau und die **Westintegration der Bundesrepublik** als die großen Leistungen seiner Amtszeit heraus und betont als sein Vermächtnis die enge Bindung an das westliche Bündnis unter Führung der USA. Außerhalb dieses Bündnisses sieht er keine Möglichkeit für eine Wiedervereinigung und widerspricht damit vielen Stimmen aus der Opposition.

1.2 Die **Karikatur von Leo Haas** aus dem Jahr 1961 sieht die Bundesrepublik Deutschland als einen Staat, in dem nach wie vor oder erneut der todbringende **Geist des nationalsozialistischen Faschismus** herrschst. Sichtbar wird das an dem Skelett mit dem Kopf Hitlers und der Hakenkreuzbinde am Arm. Die Darstellung des Gerippes als Flötenspieler auf einem Instrument, an dem die Köpfe führender CDU/CSU-Politiker von Adenauer über Verteidigungsminister Strauß und Außenminister Brentano bis zu Bundestagsvizepräsident Jäger die Klappen bilden, assoziiert die Meinung des Zeichners, dass die Politik der CDU/CSU ganz in der **Tradition Nazi-Deutschlands** stehe.

Neben dem dominierenden faschistischen Geist unterstellt Leo Haas der Bundesrepublik auch eine **militärisch-aggressive Politik**. Er bringt das dadurch zum Ausdruck, dass er der Flöte die Form einer Rakete gibt. Das amerikanische Hoheitszeichen auf dieser Rakete soll verdeutlichen, dass der **westdeutsche Militarismus und Imperialismus in enger Zusammenarbeit mit den USA** eine Bedrohung für die Welt darstellen. Das dominierende Bildmotiv des im Marschtritt auftretenden Hitler-Skeletts unterstellt dabei die Nähe der Bundesrepublik zur Aggressivität und zur verbrecherischen Zerstörungskraft Hitler-Deutschlands.
Nicht nur die Köpfe der CDU/CSU-Politiker an der Flöte, sondern darüber hinaus der Bildtext in der linken unteren Ecke, das Wortspiel „Marsch in C DUR“, sollen die **christlich-sozialen Regierungsparteien als stimmführende Kraft der reaktionären militaristischen Politik der Bundesrepublik** entlarven.
Vergleicht man die Intentionen Adenauers und des DDR-Karikaturisten, so könnte der Unterschied kaum größer sein. Während der erste Kanzler der Bundesrepublik die Situation seines Landes positiv darstellt und damit auch seine eigene Leistung ins rechte Licht rücken will, stellt der Zeichner aus der DDR den westdeutschen Staat ganz im Zeichen des Kalten Krieges negativ dar. Sein Bild spiegelt im Grunde die damalige **offizielle Sicht der DDR** wider, die sich von der Bundesrepublik abzugrenzen versuchte. Da sie dabei wirtschaftlich kein gutes Bild abgab, versuchte die SED-Führung die Bundesrepublik als faschistischen und militaristischen Staat zu verunglimpfen. Der Zeichner überspitzt diese Sicht des SED-Regimes in maßlos-schockierender Weise.
Die **Problematik eines Vergleichs** so unterschiedlicher Quellen-Materialien wird in der vorliegenden Aufgabe besonders deutlich: Eine schon fast **als Festrede zu bezeichnende Parlamentsrede** lässt sich nur schwer in Beziehung setzen zu einer **ideologisch-polemischen Karikatur**. Andererseits sind beide Materialien doch auch Ausdruck der jeweils herrschenden Sicht und des **Zeitgeistes im Kalten Krieg**.

2 *Die Aufgabe verlangt im ersten Teil die Darstellung der Wirtschaftsgeschichte der Bundesrepublik von 1949 bis 1963, wobei mit dem Operator „skizzieren Sie …“ die Zuordnung zum Anforderungsbereich I (Reproduktion) verdeutlicht wird. Dabei wird eine knappe, zutreffend formulierte Darstellung gefordert, die sich auf wesentliche Sachverhalte beschränkt. Im zweiten Teil sollen „gesellschaftliche Grundstimmungen in dieser Zeit“ charakterisiert werden. Der Operator „charakterisieren Sie …“ ist kennzeichnend für Aufgaben zum Anforderungsbereich II (Reorganisation und Transfer), historische Sachverhalte sollen in ihrer Eigenart beschrieben und akzentuiert zusammengefasst werden. Da der Begriff „gesellschaftliche Grundstimmung“ nicht eindeutig zu definieren ist, kommt es hier vor allem darauf an, dass Sie sich über die reinen Fakten hinaus mit der Ära Adenauer auseinandersetzen.*

Die **wirtschaftliche Entwicklung in der Ära Adenauer** war wesentlich geprägt vom sogenannten **Wirtschaftswunder**. Verantwortlich für die Wirtschaftspolitik war in jenen Jahren Bundeswirtschaftsminister **Ludwig Erhard**, der allerdings anfangs mit großen Schwierigkeiten zu kämpfen hatte: hohe Arbeitslosigkeit, heftige Preisanstiege durch starke Nachfragesteigerungen bei Konsum- und Investitionsgütern infolge des **Korea-Krieges**, der einen Boom auslöste. Grund waren gestiegene Exporte v. a. in die USA, aber auch „Hamster-Käufe“ im Inland aus Angst vor einer militärischen Konfrontation in Europa. Ein **Außenhandelsdefizit** und eine **Zahlungsbilanzkrise** ließen die Politik Erhards zunächst als gescheitert erscheinen, zumal die Alliierte Hohe Kommission ihn zu widersprüchlichen Maßnahmen drängte.

Im Jahr 1952 allerdings wendete sich das Blatt, nachdem Erhard beharrlich an seinem **marktwirtschaftlichen Konzept** festgehalten hatte, den Forderungen nach mehr dirigistischen Maßnahmen häufig nur zum Schein nachgab und Schritte häufig ankündigte, ohne sie wirklich zu gehen. Mit dem **Investitionshilfegesetz** vom 7. Januar 1952 wurde schließlich ein Rahmen geschaffen, der den Teilen der Wirtschaft, die ihren Investitionsbedarf nicht selbst decken konnten, das nötige Kapital zur Verfügung stellte. Erhard stimmte zu, weil die gewerbliche Wirtschaft selbst die notwendigen Mittel aufbrachte und nicht der Staat.

Nachdem sich der Preisauftrieb seit 1952 beruhigte, die Löhne aber weiter stiegen, erhöhte sich auch der **Lebensstandard der Bevölkerung** spürbar, zumal die Arbeitslosigkeit stark zurückging, und bereits 1955 mit der **Anwerbung ausländischer Arbeitskräfte** durch einen ersten Vertrag mit Italien begonnen wurde. Mit Wachstumsraten von teilweise über 10 Prozent erholte sich die Wirtschaft der Bundesrepublik so rasch, dass vor allem auch im Ausland von einem „Wunder" gesprochen wurde. Umso wichtiger war es, dass Erhard gegen große Widerstände seitens der Industrie 1957 ein **Kartellgesetz** durch den Bundestag brachte, das für den Wirtschaftsminister das Kernstück der sozialen Marktwirtschaft war. Damit besaß die Politik ein Instrument, um den Wettbewerb zu schützen und dort wiederherzustellen, wo er außer Kraft gesetzt worden war.

Dass der wirtschaftliche Aufschwung in den Fünfzigerjahren jedoch nicht auf dem Rücken der Schwachen ausgetragen wurde, sondern breite Schichten am Wohlstand beteiligt wurden, ist nahezu ein **„soziales Wunder" der Adenauer-Ära**. Vor allem ist die erfolgreiche **Eingliederung der Vertriebenen** innerhalb von etwa 10 Jahren zu nennen, die in den Nachkriegsjahren nicht für möglich gehalten worden war. Ein staatlich organisierter **Lastenausgleich** (1952), mit dem Kriegsopfer und Vertriebene entschädigt wurden, war dafür ebenso verantwortlich wie Anstrengungen der Sozialverwaltungen und der Wohlfahrtsverbände. Ein weiterer Meilenstein war die **Rentenreform von 1957** mit der Einführung der dynamischen Rente. Die Aufbauleistung der Rentnergeneration wurde von der Gesellschaft nun honoriert.

Möglich waren die sozialen Leistungen durch die anhaltend günstige Wirtschaftsentwicklung mit **Vollbeschäftigung**: 1961 war die Arbeitslosigkeit unter 1 Prozent gesunken. So konnte auch der notwendige **Strukturwandel von der Industrie- zur Dienstleistungsgesellschaft** problemlos gelingen.

Die Erfolge der sozialen Marktwirtschaft, insbesondere der zunehmende Wohlstand weiter Bevölkerungsteile prägten natürlich auch die **Grundstimmung der Zeit**. Die Resignation der Nachkriegsjahre und die damit verbundene politische Apathie wichen nun einem neuen Selbstbewusstsein. Insbesondere mit dem Sieg bei der Fußballweltmeisterschaft 1954 setzte sich die Stimmung durch: „Wir sind wieder wer!"

Verständlich war es deshalb, dass die Auseinandersetzung mit der Vergangenheit wenig Raum erhielt, die NS-Zeit wurde verdrängt, mit dem **Anti-Kommunismus** hatte sich ein neues Feindbild in der Gesellschaft etabliert.

Kaum verwunderlich war auch, dass in der zweiten Hälfte der Fünfzigerjahre die meisten Familien, die erst jetzt den Nachholbedarf der Mangeljahre gedeckt hatten, den **Konsum und die Freizeit** entdeckten. Als erste hatten 1956 die Metallarbeiter die **45-Stunden-Woche** erstritten, erst 1963 wurde ein Mindesturlaub von drei Wochen gesetzlich festgelegt. Die Gesellschaft der Bundesrepublik wurde mehr und mehr zu einer **Freizeitgesellschaft**, wie die Reisewellen Ende der Fünfzigerjahre belegen.

Der **Vorrang materieller Bedürfnisse** und der immer stärker werdende **Einfluss des amerikanischen Lebensstils** in der Bundesrepublik führten allerdings auch zu Widersprüchen zwischen den traditionellen Wertvorstellungen vor allem der älteren Generation und der zunehmend liberalisierten Art zu leben bei den jüngeren Menschen.

In der öffentlichen Diskussion jener Zeit war die **Auseinandersetzung um die Wiederbewaffnung** in Deutschland ein prägendes Thema, an dem sich auch ablesen ließ, wie schnell die Gesellschaft der Bundesrepublik die wirtschaftlichen, sozialen und politischen Verwerfungen der NS-Zeit und des verlorenen Krieges überwunden hatte. Eine wirkliche Aufarbeitung der Vergangenheit stand aber noch aus.

3 *Es geht bei dieser Teilaufgabe um einen Vergleich der deutschlandpolitischen Positionen in der Bundesrepublik und in der DDR zu Beginn der 60er-Jahre, also der Phase der deutschen Nachkriegsgeschichte, in der durch den Mauerbau am 13. August 1961 die Chance auf die Wiedervereinigung zunächst in weite Ferne gerückt war. Mit dem Operator „erläutern Sie ...", zuzuordnen dem Anforderungsbereich II (Reorganisation und Transfer), fordert die Aufgabe eine begründete Einordnung der unterschiedlichen Positionen in ihrer Gegensätzlichkeit und als Ausdruck grundsätzlicher Standpunkte.*

Für die **Deutschlandpolitik der Bundesrepublik Deutschland** galt als fundamentale Prämisse das in der **Präambel des Grundgesetzes** festgelegte **Wiedervereinigungsgebot**. Da die Anerkennung der DDR aus Sicht der Bonner Regierung, wie übrigens auch vieler Staatsrechtler, diesem im Grundgesetz verankerten Staatsziel widersprochen hätte, entwickelte die Bundesrepublik den **Alleinvertretungsanspruch**. Eine Wiedervereinigung „in Frieden und Freiheit", wie die Regierung Adenauer immer wieder betonte, war aus Bonner Sicht nur denkbar als **Ergebnis freier Wahlen** in beiden Teilen Deutschlands, was einer Auflösung der DDR gleichgekommen wäre.
Um den Alleinvertretungsanspruch der Bundesrepublik zur Geltung zu bringen und gleichzeitig die DDR zu isolieren, entwickelte der Staatssekretär im Außenministerium, **Walter Hallstein**, eine **Doktrin**, wonach die Bundesrepublik keine diplomatischen Beziehungen mit einem Land unterhalten könne, das die DDR anerkannt hatte oder anerkennen würde. Diese Bedingungen galten auch zu Beginn der 60er-Jahre für die bundesrepublikanische Deutschlandpolitik.

Die **Reaktion des Westens auf den Mauerbau**, also die Beschränkung auf verbale Proteste und der Verzicht auf jede Art von Gewalt, zeigte der Regierung in Bonn, dass **die Westmächte den Status quo akzeptierten**, solange auch die Sowjetunion dies tat. Für die Deutschlandpolitik der Bundesregierung bedeutete dies, dass eine Hilfe des Westens bei aktiven Schritten zur Wiedervereinigung, die den Status quo gefährden könnten, nicht zu erwarten war. Entsprechend musste die Bundesrepublik Abschied nehmen von der Illusion, es liege im Interesse der Großmächte, die deutsche Frage zu lösen.

Dem Alleinvertretungsanspruch der Bundesrepublik und der These von Deutschland als Einheit setzte die **DDR** mit Unterstützung der Sowjetunion ihre **Zwei-Staaten-Theorie** entgegen. Das außenpolitische Bemühen des SED-Regimes war deshalb ganz auf die **Anerkennung des eigenen Staates** gerichtet. Ende der 50er-Jahre hatte **Chruschtschow** den **ungeklärten Status von Berlin** benutzt, um den Westen zur Anerkennung der DDR zu zwingen. Mit ultimativen Drohungen, die Zufahrtswege nach Berlin zu sperren und den Ostteil der Stadt in das Staatsgebiet der DDR zu integrieren, schwor er eine **Berlin-Krise** herauf, die den Westen beunruhigte.
Die SED-Führung beharrte auf ihrer Forderung, eine Wiedervereinigung könne nur durch Verhandlungen zweier gleichberechtigter souveräner Staaten zustande kommen. Im Übrigen hielt die DDR offiziell an der **Einheit der Nation** fest, zu der sich die DDR-Verfassung von 1949 bekannt hatte.

Die **praktische Deutschlandpolitik der DDR** wurde von dem Prinzip der **Abgrenzung und Abschottung von der Bundesrepublik** bestimmt. Dies war einerseits aus ideologischen Gründen notwendig, da nur so eine eigene staatliche Souveränität zu rechtfertigen war, wurde gegen Ende der 50er-Jahre und zu Beginn der 60er-Jahre aber lebensnotwendig für die DDR, da der **Anstieg der Fluchtbewegung** die DDR ernsthaft in ihrer Existenz bedrohte. Der **Bau der Berliner Mauer** 1961 war gleichsam auch eine Notwehr-Maßnahme des SED-Regimes und der Sowjetunion.

4 *Der Operator „erörtern Sie …" weist die Teilaufgabe dem Anforderungsbereich III (Reflexion und Problemlösung) zu. Hier sollen Sie den Begriff „deutsche Frage" zutreffend als Problem eines deutschen Nationalstaates und der deutschen Einheit deuten. Zu beachten ist dabei, dass von den vier in der Aufgabe genannten Beispielen nicht nur eines, sondern zwei zu behandeln sind. Die vorliegende Lösung beschäftigt sich mit allen vier Beispielen. Die Lösung fällt also deutlich länger aus, als das von Ihnen im Abitur erwartet wird.*

Die **Abhängigkeit der deutschen Frage von internationalen Entwicklungen** und Machtstrukturen ist im Wesentlichen eine **Folge der Lage Deutschlands** im Zentrum Europas. Nicht zuletzt diese Mittellage dürfte auch dazu beigetragen haben, dass Deutschland sein **wirtschaftliches und politisches Potenzial** nicht isoliert entwickeln konnte, sondern immer in starker Abhängigkeit von den anderen zunächst europäischen, später globalen Mächten.

Für **Bismarck** war diese enge Verflechtung in der **Zeit der Reichseinigung 1866–1871** eine wesentliche Bedingung seiner Politik. Die in der ersten Hälfte des 19. Jahrhunderts seit dem Wiener Kongress vergleichsweise stabilen **Machtverhältnisse zwischen den fünf Großmächten** England, Russland, Frankreich, Preußen und Österreich-Ungarn begannen seit dem **Krimkrieg (1853–1856)** zu zerfallen. Der Versuch Russlands, die Türkei zu zerschlagen und endlich Zugang zum Mittelmeer zu gewinnen, scheiterte am gemeinsamen Widerstand Englands, Frankreichs und Österreich-Ungarns. Bedeutsamer als das unmittelbare Kriegsergebnis war die **tiefgreifende Veränderung der Machtstrukturen in Europa**. Russland verlor die Vormachtstellung als führende Kontinentalmacht an Frankreich, der Interessengegensatz zu England vertiefte sich. Die **Pentarchie**, die bis dahin den Status quo in Europa gesichert hatte, war nicht mehr handlungsfähig.

Dies zeigte sich schon an der **Einigung Italiens**, die von Sardinien im Bündnis mit Frankreich gegen Österreich-Ungarn durchgesetzt werden konnte. Die gelungene italienische Einigung gab den Kräften in Deutschland Auftrieb, die die Errichtung eines deutschen Nationalstaates forderten.
Allerdings war insbesondere Bismarck klar, dass ein **deutscher Nationalstaat in der Mitte Europas** das Mächtegleichgewicht stark erschüttern würde und daher von den anderen Großmächten kaum unterstützt werden würde. In den vorbereitenden „**Einigungskriegen**" musste Preußen deshalb versuchen, die Machtstrukturen so zu seinen Gunsten zu verändern, dass eine Einigung möglich wurde, die von den übrigen Mächten akzeptiert werden konnte.
Zunächst entschied Preußen im **Krieg von 1866** den **Dualismus mit Österreich-Ungarn** für sich und ebnete den Weg für eine **kleindeutsche Lösung** der nationalen Frage. Die großdeutsche Alternative musste nicht nur am Widerstand Österreichs scheitern, das den eigenen Vielvölkerstaat nicht zugunsten eines deutschen Nationalstaats aufgeben konnte, sondern wäre sicherlich auch von Russland, England und Frankreich nicht akzeptiert worden. Da Frankreich auch einem kleindeutschen Nationalstaat, der gleichbedeutend mit einer Machtsteigerung Preußens war, ablehnend gegenüberstand, war Preußen unter Bismarcks Führung gezwungen, den westlichen Nachbarn im **Krieg von 1870/71** derart zu schwächen, dass von Paris kein Widerstand zu befürchten war, vielmehr die Einigung geduldet werden musste.
Es darf jedoch nicht übersehen werden, dass die deutsche Einigung nicht nur eine Folge veränderter internationaler Strukturen seit dem Krimkrieg war, sondern besonders auch eine **Folge innerer Entwicklungen**. Das **Machtstreben Preußens**, das den Dualismus mit Österreich für sich entschied, war ebenso ausschlaggebend wie die **drängende nationale Bewegung** vor allem im deutschen Bürgertum. Entscheidend verstärkt wurde der Ruf nach der Einigung in der zweiten Hälfte des 19. Jahrhunderts durch die wirtschaftliche Entwicklung und die von der **Industrialisierung ausgehenden Zwänge**,

also die Schaffung eines einheitlichen Wirtschaftsgebietes ohne hinderliche Zollschranken mit einheitlicher Währung, einheitlichen Maßen und einer abgestimmten Infrastrukturplanung. Schließlich war es dann auch die wirtschaftliche Überlegenheit Preußens und des Norddeutschen Bundes, die dazu führte, dass die eher **schwachen Mittel- und Kleinstaaten** sich der Einigung nicht mehr entgegenstellen konnten.
Für die Zeit der Einigung und der Reichsgründung hat Adenauer also durchaus Recht, wenn er behauptet, die deutsche Frage sei von internationalen Entwicklungen abhängig. Das bedeutet jedoch nicht, dass das **Schicksal des deutschen Nationalstaates** ausschließlich von externen Faktoren abhängt, vielmehr spielen innerdeutsche Entwicklungen und Kräfte eine ebenso entscheidende Rolle.

Nahezu ausschließlich von der internationalen Entwicklung bestimmt wird die **Frage der deutschen Grenzen in der Zeit der Weimarer Republik**.
Die territoriale Situation Deutschlands entschied sich durch die Siegermächte des Ersten Weltkriegs. In den **Friedensverträgen von Paris** wurden insbesondere im Osten und Südosten neue Ordnungen geschaffen. In Folge der **Gründung neuer Staaten** wie etwa der Tschechoslowakei, Jugoslawiens, Polens und der Baltischen Staaten **verlor das Deutsche Reich erhebliche Gebiete**: Posen und Westpreußen, Oberschlesien, das Hultschiner Ländchen, die Freie Stadt Danzig und das Memelland. Nordschleswig musste an Dänemark abgetreten werden, Eupen-Malmedy an Belgien, Elsaß-Lothringen an Frankreich. Folgenreich war auch das **Anschlussverbot Deutsch-Österreichs**.
Zwar geriet das **Versailler System** nach 1920 nicht nur in Deutschland immer stärker unter Kritik, aber insbesondere **Frankreich** hielt an den Regelungen der Pariser Vorortverträge fest und fand dabei Unterstützung der neu geschaffenen Staaten in Ost- und Südosteuropa. Nicht zuletzt das Konfliktpotential durch **deutsche Minderheiten** in diesen Staaten hielt die deutsche Frage immer wach. Der Wunsche nach **Revision des Versailler Vertrages** wurde Dauerthema der deutschen Politik.
Aufgrund der Machtverhältnisse und der Interessen der europäischen Nachbarn des Deutschen Reiches waren die Forderungen nach Wiederherstellung der Grenzen von 1914 allerdings nicht durchsetzbar.
So bleibt festzuhalten, dass die Frage der deutschen Grenzen zwischen 1919 und 1933 weitgehend eine Folge der Entscheidungen der Siegermächte war und von der deutschen Politik kaum beeinflusst werden konnte.

Auch bei der Teilung Deutschlands nach dem Zweiten Weltkrieg spielten die politischen Interessen der Deutschen keine Rolle. Bereits auf der Konferenz von Teheran vom 28. November bis zum 1. Dezember 1943 hatten Roosevelt für die USA, Churchill für England und Stalin für die Sowjetunion die Aufteilung des noch zu besiegenden Deutschland in Besatzungszonen vereinbart. Doch selbst auf der Konferenz von Potsdam war trotz der endgültigen Bildung von Besatzungszonen noch von der Einheit Deutschlands die Rede. Erst der Zerfall der Anti-Hitler-Koalition und der beginnende Ost-West-Konflikt besiegelten die deutsche Teilung. Mit der Sowjetisierungspolitik in der eigenen Besatzungszone und in den Staaten Osteuropas schuf die Sowjetunion schon ab 1945 Tatsachen, die auf eine Teilung Europas und Deutschlands hinausliefen. Die USA als westliche Führungsmacht reagierten 1947 mit der Truman-Doktrin und dem Marshall-Plan. Ziel dieser Eindämmungspolitik (Containment) war die politische Stabilisierung und wirtschaftliche Stärkung der westlichen Zonen, um ein Bollwerk gegen die befürchtete sowjetische Expansion aufzubauen. Die Gründung der Bundesrepublik Deutschland wie auch die der DDR lagen demzufolge im Interesse der großen Mächte und waren eine Folge der weltpolitischen Lage. Die deutschen Interessen nach einer nationalen Einheit waren in dieser Situation nicht durchsetzbar, die letzte Ministerpräsidentenkonferenz Anfang Juni 1947 in München, an der Vertreter aller vier Zonen teilnahmen, war bereits im Vorfeld durch die Unvereinbarkeit und Unversöhn-

lichkeit der unterschiedlichen Positionen von Ost und West geprägt. So musste auch dieser letzte Versuch, eine Zentralregierung für einen Einheitsstaat zu bilden, scheitern.
Nach der Verschärfung des Ost-West-Konflikts zum **Kalten Krieg** führte das Sicherheitsbedürfnis in der Bundesrepublik und wohl auch in der DDR zu einer immer stärkeren **Eingliederung der beiden deutschen Staaten in die gegnerischen Bündnisse** und Machtblöcke, die Teilung vertiefte sich. Der **Abgrenzungspolitik des SED-Staates** stand in der Bundesrepublik die vorbehaltlose **Integration in die Europäische Wirtschaftsgemeinschaft (EWG) und das westliche Verteidigungsbündnis (NATO)** gegenüber. Getragen wurde diese von Adenauer durchgesetzte Politik der **Westintegration** von einer breiten antikommunistischen bzw. antisowjetischen Grundstimmung in der Bevölkerung, sodass an eine Vereinigung kaum zu denken war.
Hatte folglich die deutsche Teilung nach 1945 zweifellos ihre Ursachen in der Entwicklung der internationalen Politik nach dem Zusammenbruch des Deutschen Reiches und dem Ende der Anti-Hitler-Koalition, so vertiefte sich die Teilung doch aufgrund innerdeutscher Interessenlagen, die sich nicht zuletzt an den **Abgrenzungsbestrebungen der politischen Parteien** erkennen lassen. Zwischen den neu gegründeten Parteien in den Westzonen und der KPD/SED in der Ostzone war schon vor der Gründung der beiden deutschen Staaten kaum eine Zusammenarbeit denkbar.

Die Verflechtung internationaler und innerdeutscher Entwicklungen lässt sich in besonderem Maße an der Wiedervereinigung 1989/ 90 demonstrieren.
Die Opposition gegen das SED-Regime und das sozialistische System gewannen durch die **Reformbewegungen in der Sowjetunion und den ehemaligen Ostblockstaaten** an Stärke. Dabei bot den oppositionellen Gruppen in Osteuropa insbesondere die **Schlussakte von Helsinki**, die auch von den Staaten des Warschauer Paktes unterzeichnet worden war, ein argumentatives Fundament für ihren Protest. Als dann die Sowjetunion aufgrund ihrer inneren politischen und vor allem wirtschaftlichen Probleme zusammenbrach, **fand auch der Ost-West-Konflikt ein Ende**. Die eigentliche Ursache der deutschen Teilung war verschwunden, die Sowjetunion verlor ihr Interesse an der DDR.
Auf der anderen Seite erwies sich die Integration der Bundesrepublik in die EU und in die Nato als derart stabil, dass die westlichen Nachbarn, vor allem aber die USA, bereit waren, die Wiedervereinigung zu unterstützen, und Ängste vor einem zu mächtigen Deutschland nicht beherrschend wurden. In den **Zwei-plus-Vier-Verhandlungen**, die am 13. Februar 1990 mit einem Treffen der beiden deutschen Außenminister und der Außenminister der USA, der Sowjetunion, Englands und Frankreichs im kanadischen Ottawa begannen, wurden die **Rahmenbedingungen für die Wiedervereinigung** gesteckt. Das Zwei-plus-Vier-Abschlussdokument vom 12. September 1990 sieht die endgültige Anerkennung der **Oder-Neiße-Grenze**, den **Abzug der sowjetischen Truppen** aus der DDR, die volle **Souveränität** für das vereinte Deutschland und dessen Mitgliedschaft in der Nato vor.
Ohne die völlige Veränderung der internationalen Lage und ohne die Zustimmung der Siegermächte des Zweiten Weltkrieges wäre die deutsche Wiedervereinigung nicht möglich gewesen, aber besonders wichtig waren die **innerdeutschen Entwicklungen**, in erster Linie die **friedliche Revolution in der DDR**, das **Beharren der Bundesrepublik auf dem Wiedervereinigungsgebot im Grundgesetz** und im besonderen Maße auch die **politische und ökonomische Stärke der Bundesrepublik**. Die Attraktivität des westdeutschen Staates war Grund dafür, dass aus der Kritik an der SED-Führung zunehmend ein Ruf nach Wiedervereinigung der ostdeutschen Bevölkerung wurde.
Konrad Adenauer liegt mit seiner Einschätzung richtig. Die deutsche Frage war tatsächlich seit dem 19. Jahrhundert weitgehend abhängig von der internationalen Entwicklung. Inwieweit die deutschen Interessen, also im Wesentlichen der Wunsch nach nationaler Einheit, durchzusetzen waren, hing weitgehend von den europäischen und im 20. Jahrhundert von den weltpolitischen Machtverhältnissen ab.

Grundkurs Geschichte (Bayern) 2008 – Aufgabe I
Bayern auf dem Weg zum modernen Staat
Die Reichsgründung und ihre europäische Bedeutung – Das Kaiserreich

BE

1 — 34

1.1 Arbeiten Sie die Hauptgedanken des Kronprinzen aus dem beigegebenen Text heraus!

1.2 „Wenn wir auf den Beginn des Krieges zurückblicken, so war offenbar Deutschland der beleidigte und angegriffene Teil“: Diskutieren Sie vor dem Hintergrund der Sichtweise des Kronprinzen die Frage der Verantwortung für den Krieg von 1870/71!

2 — 32

2.1 Der Kronprinz ist der Auffassung, dass Bismarcks „Genie hauptsächlich darin besteht, Auswege aus unbequemen Verpflichtungen[1] zu finden“. Zeigen Sie, wie Bismarcks Politik im preußischen Verfassungskonflikt 1862–1866 die Einschätzung des Kronprinzen bestätigt!

2.2 Belegen Sie an zwei Beispielen, inwiefern auch Bismarcks Außenpolitik nach 1871 so charakterisiert werden kann, wie es in der zitierten Äußerung des Kronprinzen (vgl. Aufgabe 2.1) zum Ausdruck kommt!

3 „Wohl sind wir unbestritten das erste Kulturvolk der Welt“. Legen Sie für die Zeit bis zum Ersten Weltkrieg die Grundlinien der wirtschaftlichen, wissenschaftlichen und kulturellen Entwicklung des Deutschen Kaiserreichs dar, die die Zeitgenossen in einer solchen Selbsteinschätzung bestärken konnten! — 22

4 Erörtern Sie, welcher Stellenwert Einzelpersonen für historische Entwicklungen im Verhältnis zu anderen Faktoren zuzuschreiben ist! Wählen Sie entweder Hindenburg und die Endphase der Weimarer Republik, Hitler und die Außenpolitik des Dritten Reichs oder Adenauer und die Westorientierung der Bundesrepublik! — 32

M: Aus den Tagebuchaufzeichnungen des Kronprinzen Friedrich Wilhelm (des späteren Kaisers Friedrich III., 1888) vom 31. Dezember 1870

Es ist für uns heute geradezu unmöglich, auf den Besitz von Elsaß und Lothringen zu verzichten, selbst wenn wir uns sagen müssen, daß der Gewinn ein prekärer und schwerlich die Ströme Blutes wert ist, die seinetwegen geflossen sind. Selbst Bismarck, dessen Genie hauptsächlich darin besteht, Auswege aus unbequemen Verpflichtungen zu finden, würde in die allergrößte Verlegenheit geraten, wenn er nach Vorwänden für das Aufgeben der beiden Provinzen suchen müßte. Jedermann in Deutschland verlangt, gleichviel ob mit Recht oder Unrecht, ihren Besitz, und auch vom militärischen Standpunkte aus wird derselbe als eine Notwendigkeit betrachtet. Wenn wir auf den Beginn des Krieges zurückblicken, so war offenbar Deutschland der beleidigte und angegriffene Teil. Ganz Europa war über die Art, wie wir überfallen und aus friedlicher Ruhe aufgeschreckt wurden, empört und entrüstet. Die Welt sympathisierte mit dem edlen Aufschwung, der die Deutschen durchdrang und zu rascher Einigung führte […]. Wohl waren wir darauf gefaßt, anfangs Nachteile zu erleiden. Um desto mehr erfüllten unsere wunderbaren Erfolge uns und alle Welt mit atemlosen Staunen und niemals haben Siege großartiger und mächtiger gewirkt als die von Weißenburg, Wörth und Sedan. Das Zusammenbrechen des napoleonischen Kaisertums mit seiner Armee, seinem Beamtentum, seinem ganzen auf Lug und Trug, Frivolität und Korruption begründeten Organismus erfreute die denkende Menschheit, welche lange genug unter dem verderblichen Eindrucke dieses Blendwerks gelitten hatte. Man schien zu der Annahme berechtigt, daß Frankreich nach der Schlacht von Sedan völlig überwunden, daß die Nation moralisch gebrochen und jedes Widerstandes unfähig sei, daß selbst Paris, die Hauptstadt des Genusses, sofort kapitulieren werde, „wenn es nur einen Tag ohne Erdbeeren wäre". Aber von alldem zeigte sich das gerade Gegenteil. Das französische Volk erhob sich von Tag zu Tag mehr aus seiner Erniedrigung; es schien, als ob der Sturz seiner bisherigen Regierung ihm Kraft, Mut und Ehre wiedergegeben, als ob Generale und Staatsmänner, die ihm bisher gefehlt, plötzlich aufgetaucht seien, um das Verlorene wiederzugewinnen. Männer wie Trochu und Gambetta entbehrten wenigstens der Kühnheit und Gewandtheit nicht. Und zu alledem sehen wir neue Armeen, von Freiwilligen gebildet, aus dem Nichts entstehen, die freilich einem Heer von geschulten Soldaten nicht gewachsen, uns aber numerisch oft bedeutend überlegen sind, von Tag zu Tag an Kriegstüchtigkeit und militärischer Brauchbarkeit gewinnen, und deren Überwindung uns große Opfer kosten wird. Die Hauptstadt aber hält uns vor ihren Toren fest und stellt unsere Ausdauer auf die ernsteste Probe. Je länger dieser Kampf dauert, desto besser für die Franzosen und desto schlimmer für uns. Die öffentliche Meinung Europas ist von diesem Schauspiel nicht unberührt geblieben. Man erblickt in uns nicht mehr die unschuldig Bedrohten, sondern vielmehr die übermütigen Sieger, die sich an der Bezwingung des Gegners nicht mehr genügen lassen, sondern sein gänzliches Verderben herbeiführen wollen. Die Franzosen erscheinen den Neutralen nicht mehr als eine lügenhafte, verächtliche Nation, sondern als das heldenmütige Volk, das unter dem Druck eines überlegenen Gegners seine teuersten Güter in ehrenvollem Kampfe verteidigt. Ja man geht in seiner Teilnahme für Frankreich bis zum Hasse gegen Deutschland. Man will in der Nation von Denkern und Philosophen, von Dichtern und Künstlern, von Idealisten und Schwärmern nichts weiter erkennen als ein Volk von Eroberern und Zerstörern, dem kein gegebenes Wort und kein geschlossener Vertrag heilig, das roh und beleidigend von anderen spricht, die ihm kein Leid getan, und mit Hohn selbst der Gaben spottet, die ihm als Zeichen der Teilnahme und des Wohlwollens dargebracht worden sind. So grundfalsch diese Anschauungen auch sind, man kann ihr Vorhandensein leider nicht leugnen und muß zugestehen, daß sie ganz geeignet sind, den Glanz des guten Namens zu trüben, dessen wir bisher genossen. Wohl sind wir unbestritten das erste Kulturvolk der Welt, aber zur Stunde will es scheinen, als seien wir weder geliebt noch geachtet, sondern lediglich gefürchtet. Man hält uns für jeder Schlechtigkeit fähig, und das Mißtrauen gegen uns steigert sich mehr und mehr. Das ist nicht die Folge dieses Krieges allein – so weit hat uns die von Bismarck erfundene und seit Jahren in Szene gesetzte Theorie von Blut und Eisen gebracht! Was nützt uns alle Macht, aller kriegerischer Ruhm und Glanz, wenn Haß und Mißtrauen uns überall begegnen, wenn man jeden Schritt uns argwöhnisch mißgönnt, den wir in unsrer Entwicklung vorwärts tun? Bismarck hat uns groß und mächtig gemacht, aber er raubte uns unsere Freunde, die Sympathien der Welt und – unser gutes Gewissen. Ich beharre noch heute fest bei der Ansicht, daß Deutschland ohne Blut und Eisen, allein mit seinem guten Rechte „moralische Eroberungen" machen und einig, frei und mächtig werden konnte. Dann erlangte es ein ganz anderes Übergewicht als lediglich durch die Gewalt der Waffen, weil deutsche Kultur, deutsche Wissenschaft und deutsches Gemüt uns Achtung, Liebe und Ehre gewinnen mußten. Der kühne, gewalttätige Junker hat es anders gewollt.

Quelle: Wolfgang Lautemann/Manfred Schlenke (Hg.): Geschichte in Quellen. Bd. V: Das bürgerliche Zeitalter 1914–1945. Bearb. v. Günter Schönbrunn, München 1980, S. 366–368.

Lösungen

1.1 *Die erste Teilaufgabe verlangt von Ihnen, die „Hauptgedanken des Kronprinzen" zu erfassen. Dabei ist es wichtig, sich auf das Wesentliche zu konzentrieren, also eine weitschweifige Paraphrasierung der Quelle zu vermeiden (AFB II).*

Zunächst übt Kronprinz Friedrich Eilhelm in seinen Tagebuchaufzeichnungen während des **deutsch-französischen Krieges** zwar Kritik an einem der Kriegsziele, der Annexion Elsaß-Lothringens, die zu viele Opfer gekostet habe, aber er sieht keine Möglichkeit, einen Verzicht in der Öffentlichkeit zu vermitteln. Auch militärisch sei der Besitz der Provinzen notwendig.
Unabhängig von der **Frage Elsaß-Lothringens** beklagt der Kronprinz die eingetretene Entwicklung. Frankreich habe nicht wie erwartet frühzeitig kapituliert, sondern sein Widerstandsgeist sei nach der Schlacht von Sedan und dem Zusammenbruch der napoleonischen Herrschaft gewachsen. Angesichts der Länge des Krieges verliere Deutschland mehr und mehr an Ansehen im Ausland. Man sehe die Deutschen nicht mehr als „unschuldig Bedrohte" (Z. 35), sondern als ein „Volk von Eroberern und Zerstörern" (Z. 42 f.). Demgegenüber wachse die Sympathie für das „heldenmütige Volk" (Z. 38) der Franzosen.
Der Kronprinz macht für das **schlechte Bild Deutschlands** aber nicht nur den Krieg gegen Frankreich verantwortlich, sondern die **Politik Bismarcks**. Dessen in die Tat umgesetzte „Theorie von Blut und Eisen" (Z. 53) habe nicht nur Sympathie in der Welt gekostet, sondern den Deutschen auch ihr „gutes Gewissen" (Z. 57).
Zu Bismarcks Politik hat es nach Meinung des Kronprinzen eine Alternative gegeben. Mit „moralischen Eroberungen" (Z. 59) durch die Wirkung „deutscher Kultur, deutscher Wissenschaft und deutschen Gemüts" (Z. 61) hätte das Reich „einig, frei und mächtig" (Z. 59) gemacht werden können, ohne Anwendung der „Gewalt der Waffen" (Z. 60).

1.2 *In der zweiten Teilaufgabe wird gefordert, zu der These des Kronprinzen vom angegriffenen Deutschland eine Argumentation zu entwickeln und darauf eine eigene begründete Stellungnahme aufzubauen (AFB III). Dabei gilt es in einem ersten Schritt, die Sichtweise des Kronprinzen zu skizzieren und anschließend mögliche Gegenpositionen zu entwickeln, ehe ein eigenes Urteil gefällt wird.*

Wenn Kronprinz Friedrich Wilhelm behauptet, Deutschland sei „der beleidigte und angegriffene Teil" (Z. 9), so trifft dies insoweit zu, als Frankreich Deutschland den Krieg erklärte und Vermittlungsversuche Englands scheitern ließ. Auch im Ausland erschien Frankreich im Juli 1870 als der Schuldige am Krieg. Friedrich Wilhelm trifft also die Sachlage, wenn er in seinem Tagebuch festhält: „Ganz Europa war über die Art, wie wir überfallen und aus friedlicher Ruhe aufgeschreckt wurden, empört und entrüstet" (Z. 9 ff.).
Der **Krieg zwischen Frankreich und Preußen** kam aber nicht überraschend. Denn die Bemühungen Bismarcks, den Norddeutschen Bund um die süddeutschen Staaten zum deutschen Nationalstaat zu erweitern, konnten vom westlichen Nachbarn nicht ohne Weiteres hingenommen werden. Ein mögliches Tauschgeschäft – die süddeutschen Staaten an Preußen, dafür Luxemburg (und Belgien) an Frankreich – scheiterte insbesondere auch am **Widerstand Englands**. Der Konflikt zwischen Preußen und Frankreich eskalierte schließlich, als das spanische Parlament den vakanten Thron in Madrid dem Erbprinzen Leopold von Hohenzollern-Sigmaringen anbot. Frankreich konnte eine solche **dynastische Umklammerung durch die Hohenzollern** nicht akzeptieren und drohte mit Krieg. Der **Verzicht des Erbprinzen auf den spanischen Thron** genügte Frankreich jedoch nicht, sondern man forderte vom preußischen König als Chef des Hauses Hohenzollern eine für alle Zukunft bindende Erklärung zum Verzicht auf den spanischen

Thron. Der König lehnte dies in Bad Ems gegenüber dem französischen Botschafter ab, informierte Bismarck über die Ereignisse telegrafisch und erlaubte ihm, die sog. „**Emser Depesche**", die am 13. Juli 1870 in Berlin eintraf, zu veröffentlichen. Als Bismarck schließlich die Depesche so kürzte, dass der Eindruck entstehen musste, die Ablehnung der Garantieerklärung durch den preußischen König Wilhelm sei ultimativ und demütigend für Frankreich gewesen, blieb Frankreich kaum eine andere Wahl als Preußen den Krieg zu erklären.
Formal trägt also Frankreich ohne Zweifel die Verantwortung für den Krieg. Ursächlich waren darüber hinaus auch dynastische und **machtpolitische Interessen Napoleons III,** der eine weitere Stärkung Preußens und des Hauses Hohenzollern als Bedrohung empfinden musste.
Auf der anderen Seite kamen Bismarck die Vorgänge in Bad Ems und die internationale Krise um die spanische Erbfolge überaus gelegen, um Frankreich zur Kriegserklärung zu provozieren. Für ihn war die militärische Auseinandersetzung mit dem westlichen Nachbarn unausweichlich auf dem Weg zur deutschen Einigung. Die **Bereitschaft der süddeutschen Staaten**, an der Seite Preußens in den Krieg zu ziehen, und schließlich die Reichsgründung 1871 geben dem späteren Reichskanzler Recht.
Die These des preußischen Kronprinzen trifft also nur vordergründig die historische Wirklichkeit, die Verantwortung für den Krieg von 1870/71 lag weitgehend bei Preußen und insbesondere Bismarck und seinen Plänen, Preußens Macht durch die Gründung eines deutschen Nationalstaates auszudehnen.

2.1 *Die Teilaufgabe fordert die Darstellung des preußischen Verfassungskonflikts in der Zeit von 1862–1866 (AFB I). Die Aufgabe wird durch das Zitat aus der Quelle präzisiert und strukturiert: Sie müssen die historischen Tatsachen so auswählen, dass sie Bismarcks „Genie" zeigen, „aus unbequemen Verpflichtungen" Auswege zu finden. Übersehen Sie dabei nicht, dass von mehreren Verpflichtungen die Rede ist, also auch mehrere Aspekte angesprochen werden müssen.*

Der **Verfassungskonflikt in Preußen** war die Folge der von König Wilhelm I. angestrebten **Heeresreform**, der die Mehrheit im Parlament, insbesondere die Liberalen, die Zustimmung und damit die Budgetbewilligung versagte. Hauptgrund war die geplante Beseitigung der Landwehr zugunsten einer Erhöhung der Rekrutenquote und damit eine Stärkung der adligen Offiziere und damit der monarchischen Gewalt. Um den Konflikt zugunsten des Königs zu entscheiden, löste die Regierung im März 1862 das Parlament auf. Aus dem **Budgetkonflikt** war ein Verfassungskonflikt geworden. Als die Neuwahlen die linke Mehrheit im Parlament stärkte und der König an Abdankung dachte, bestellte dieser auf Betreiben des Kriegsministers von Roon eine neue, konservative Regierung unter der Führung **Otto von Bismarcks**, der in einer Art „**Vasallenschwur**" dem König unbedingte Gefolgschaft und die Durchsetzung der Heeresreform auch gegen das Parlament versprach. Hier also steht Bismarck vor der ersten „unbequemen Verpflichtung", für die er einen Ausweg finden muss.
Als die Liberalen auf Bismarcks Angebot zu Gesprächen nicht reagierten, entwickelte der Ministerpräsident seine „**Lückentheorie**". Danach habe die preußische Verfassung keine Regelung für den Fall getroffen, dass der Landtag ein Budget verweigere. In so einem Fall, so die Interpretation Bismarcks, müsse die Regierung die „Lücke" ausfüllen, da sie für das Land die Verantwortung trage. Bismarck hebelte damit das für die liberalen Kräfte ungemein wichtige Budgetrecht des Parlaments aus. Wiederum hatte er in einer schwierigen Situation einen Ausweg gefunden. Deutlich wurde bei seiner Rede im Landtag in diesem Zusammenhang auch seine Grundüberzeugung: „nicht durch Reden und Majoritätsbeschlüsse werden die großen Fragen der Zeit entschieden […] sondern durch **Blut und Eisen**".

Klar war, dass Bismarck mit derartigen Argumenten bei großen Teilen der Parteien als erzkonservativer Antidemokrat gelten musste, die Opposition im Landtag nahm zu, der Verfassungskonflikt verschärfte sich. Auf die Dauer schwächte der immerwährende Kampf gegen den Landtag die Position Bismarcks, bis die Außenpolitik ihm die Chance bot, den Verfassungskonflikt endgültig zu überwinden.

Der **Dualismus zwischen Österreich und Preußen** um die Vorherrschaft im Deutschen Bund eskalierte im **Konflikt um Schleswig-Holstein**, in dem es um die Frage ging, inwieweit die nördlichen Herzogtümer zum Deutschen Bund gehören sollten. Als es schließlich wegen der Herzogtümer 1864 zum **Krieg mit Dänemark** kam, gelang es Bismarck, Österreich an die Seite Preußens zu zwingen und den Krieg gegen Dänemark zu führen. Nach seiner schnellen Niederlage trat der dänische König im Wiener Frieden vom 30. Oktober 1864 die beiden Herzogtümer an Österreich und Preußen ab. Damit war ein neuer Konfliktherd zwischen Preußen und Österreich geschaffen.
Im Jahr 1866 verschärften sich die Spannungen zwischen Berlin und Wien, von Bismarck angeheizt, der die Auseinandersetzung mit Österreich für notwendig hielt, um die Hegemonie in Deutschland zu gewinnen. Am 15. Juni 1866 begann der **Krieg um die Vorherrschaft in Deutschland** und endete am 26. Juli mit dem Vorfrieden von Nikolsburg nach einer vernichtenden Niederlage Österreichs bei **Königgrätz**. Bismarck war der große Sieger, in Deutschland wuchs bei den kleinen und mittleren Staaten die Zustimmung zu seiner Strategie einer kleindeutschen Lösung der nationalen Frage. Entsprechend reagierten auch die Liberalen im preußischen Landtag. Bismarcks Vorschlag, den nach wie vor schwelenden Verfassungskonflikt durch eine nachträgliche Genehmigung des Heeresbudgets beizulegen, war erfolgreich. Am 3. September 1866 stimmte der preußische Landtag der „**Indemnitätsvorlage**“ zu und beendete dadurch den Verfassungsstreit.
Zum wiederholten Male war es Bismarcks „Genie“ gelungen, einen Ausweg für eine „unbequeme Verpflichtung“ zu finden.

2.2 *Der Operator „Belegen Sie …“ ist im Grunde synonym zu lesen mit „Zeigen Sie …“, verweist also ebenfalls auf den AFB I (Reproduktion). Ihre Aufgabe ist es, zwei Beispiele der Außenpolitik Bismarcks seit 1871 darzustellen, die die zitierte Aussage des Kronprinzen untermauern. Sie müssen also Ereignisse auswählen, die einerseits belegen, dass Bismarck vor schwierigen Situationen stand, und die andererseits zeigen, dass er nahezu „genial“ einen Ausweg fand. Als Beispiele bieten sich der Abschluss des Zweibunds, der Dreikaiserbund oder der Rückversicherungsvertrag an. Im Folgenden werden die beiden letztgenannten genauer ausgeführt.*

Aus Sicht Bismarcks stellte die Reichsgründung von 1871 eine tief greifende **Veränderung des Machtsystems in Europa** dar. Die grundlegende schwierige Aufgabe war es, die neu geschaffene Situation abzusichern und vor allem alles zu vermeiden, was zu einem Zweifrontenkrieg des Reiches gegen das auf Revanche sinnende Frankreich und einen weiteren mächtigen Gegner führen könnte. Insbesondere Russland galt für Bismarck als möglicher Bündnispartner Frankreichs, den es zu verhindern galt.
Zur Strategie Bismarcks gehörte auch die Bedingung eines saturierten Reiches, das heißt die öffentliche Bekundung, dass das Deutsche Reich keine weiteren territorialen Ansprüche mehr habe.

Eine „unbequeme“ Situation für das Reich entstand im Zuge der **Orientkrise 1877/78**. In die seit 1876 sich zum Krieg verschärfenden Auseinandersetzungen zwischen Serbien und der Türkei mischte sich Russland durch Freiwillige und Waffenhilfe für Serbien ein. Nach der Niederlage der Serben griff Russland im April 1877 selbst die Türkei an, und seine Truppen rückten bis zum Januar 1878 bis in die Nähe von Istanbul vor. Im **Frieden von San Stefano** zerschlugen die Russen den europäischen Machtbereich der

Türkei und störten damit das europäische Gleichgewicht. England und Österreich-Ungarn signalisierten, notfalls auch mit militärischen Mitteln gegen die in San Stefano getroffenen Entscheidungen vorgehen zu wollen. Es drohte ein europäischer Krieg. Auf Wunsch Russlands sollte die Krise auf einem **europäischen Mächtekongress** beigelegt werden, der am 13. Juni 1878 **in Berlin** begann. Das Zarenreich hoffte auf Rückendeckung durch Deutschland, wurde jedoch enttäuscht, da der Friede von San Stefano praktisch für nichtig erklärt wurde.
Obwohl Bismarck mit Erfolg alles getan hatte, um eine Demütigung Russlands zu verhindern, war dennoch eine Situation eingetreten, die Bismarck fürchtete: Russland fühlte sich vom Deutschen Reich im Stich gelassen, denn man wollte eine freie Mittlerstellung des Deutschen Reiches zwischen Russland auf der einen Seite und England und Österreich auf der anderen Seite nicht akzeptieren. Die **Rolle des „ehrlichen Maklers“**, die Bismarck auf dem Kongress spielen wollte, erwies sich als unmöglich, das Reich musste sich entscheiden. Bismarck wählte die Option eines Defensivbündnisses mit Österreich-Ungarn, auch um Russland unter Druck zu setzen.

Ein weiteres Beispiel für Bismarcks Geschick – nach Ansicht des Kronprinzen für sein Genie –, Auswege aus schwierigen Situationen zu finden, ist auch der **Dreikaiserbund von 1881**. Nach der Verärgerung Russlands in der Folge des Berliner Kongresses und nach der Ermordung Zar Alexanders II., der die preußisch-russische Freundschaft als Grundbedingung seiner Außenpolitik ansah, wuchs die Gefahr einer russisch-französischen Annäherung. So versuchte Bismarck, an die konservative Allianz in der Tradition des seit dem Wiener Kongress bestehenden europäischen Mächtesystems anzuknüpfen und Russland, Österreich und das Reich als antirevolutionäre Mächte zusammenzuführen. Die in dem Bund verabredete Neutralität Russlands für den Fall eines französischen Angriffs bedeutete eine erhebliche Absicherung gegen französische Revanchegelüste.

Als noch genialer im Sinne des Kronprinzen musste der **Rückversicherungsvertrag von 1887** erscheinen. Als die Bulgarien-Krise von 1885/86 den permanent schwelenden und von den Anhängern des Panslawismus geschürten Konflikt zwischen Russland und Österreich fast zum Krieg anheizte, zeigte sich, dass das Dreikaiserabkommen keinen Wert mehr besaß. Eine erneut **drohende Allianz zwischen Russland und Frankreich** zwang den deutschen Reichskanzler zum Handeln. Er fand einen Ausweg in einem geheimen Bündnis mit Russland, dem sog. Rückversicherungsvertrag, der am 18. Juni 1887 unterzeichnet wurde. Russland versprach Neutralität für den Fall eines Krieges zwischen Deutschland und Frankreich, demgegenüber zeigte sich Deutschland in einem „ganz geheimen Zusatzprotokoll“ bereit, ein russisches Vordringen zu den Meerengen zwischen Schwarzem Meer und Mittelmeer nicht zu behindern. Der Rückversicherungsvertrag war von Bismarck auch so gedacht, dass der Drang Russlands zum Mittelmeer zum Konflikt mit England führen würde und London sich veranlasst sehen könnte, sich die Unterstützung Berlins zu sichern.

3 *Der Operator „darlegen“ verlangt einerseits die zusammenhängende Wiedergabe historischer Sachverhalte für einen bestimmten Zeitraum, hier 1871 bis 1914 (AFB I), andererseits eine Art Nachweis für die Berechtigung der Selbsteinschätzung der deutschen Zeitgenossen als Kulturvolk (AFB II). Wichtig ist, dass Sie in Ihrer Darstellung die Aspekte Wirtschaft, Wissenschaft und Kultur berücksichtigen. Die Lösung sollte entsprechend strukturiert werden.*

Die **wirtschaftliche Entwicklung im Kaiserreich** gab durchaus Anlass für die Annahme, die Deutschen seien „das erste Kulturvolk der Welt“ (Z. 49). Die Industrialisierung in Deutschland hatte zwar schon vor der Reichsgründung begonnen, aber erst nach 1871 entwickelte sich die Infrastruktur und die Produktion mit einem so rasanten

Tempo, dass das Deutsche Reich zur führenden Wirtschafts- und Industrienation in Europa wurde. Zwar kam es in der **Gründerkrise zwischen 1873 und 1879** zu einem Konjunktureinbruch, doch in der Folge sorgten Konzentrationsprozesse und Rationalisierungen für eine neue Dynamik der wirtschaftlichen Entwicklung. In der Elektroindustrie und insbesondere in der Großchemie stieg das Reich zur führenden Wirtschaftsnation auf, und deutsche Firmenlogos wie die von Bayer oder Siemens wurden in aller Welt zu Markenzeichen überlegener deutscher Produktion.

Vom **Aufstieg der deutschen Wirtschaft** profitierten jedoch nicht nur die Unternehmer, auch die Kaufkraft der Arbeiter stieg kontinuierlich. Im Verbund mit der stetigen Verbesserung sozialer Sicherungen durch die Sozialgesetzgebung Bismarcks entstand in Deutschland bei großen Teilen der Bevölkerung ein Gefühl der Überlegenheit und des Stolzes.

Dazu trugen in hohem Maße auch die **Erfolge der Wissenschaft zwischen 1871 und 1914** bei. Die dynamischen Entwicklungen in der deutschen Industrie waren nur erklärbar in der Wechselwirkung zu Entdeckungen und Erfindungen. Die Patentanmeldungen stiegen im Reich von 4000 im Jahr 1880 auf 12000 im Jahr 1910. Die Entwicklung des Verbrennungsmotors durch Nikolaus August Otto, patentiert 1876, und die des Diesel-Motors durch Rudolf Diesel 1892, um nur herausragende Beispiele zu nennen, begründen bis heute den Erfolg der deutschen Automobilindustrie. Die Entdeckung des dynamoelektrischen Prinzips durch Werner von Siemens erlaubte die Elektrifizierung der Eisenbahn und stand am Anfang der Entwicklung einer Weltfirma. Die Bedeutung der deutschen Wissenschaft lässt sich auch an der Liste der **Nobelpreisträger seit 1901** ablesen. Sowohl im Bereich der Chemie (z. B. Adolf v. Baeyer oder Eduard Buchner) wie in dem der Physik (W. C. Röntgen oder Max von Laue) gewannen jeweils fünf deutsche Forscher diese höchste wissenschaftliche Auszeichnung, im Bereich Medizin waren es zwischen 1901 und 1910 vier Forscher, die die Auszeichnung erhielten, darunter Emil Behring oder Robert Koch.

Die **kulturelle Entwicklung der Kaiserzeit** war geprägt von einer großstädtisch-urbanen Lebensweise, in der sich adelige und bürgerliche Schichten trafen. Die Theater in Berlin, allen voran die Königliche Oper und das Deutsche Theater unter Max Reinhardt, gewannen Weltgeltung, blieben aber schon aufgrund der Eintrittspreise bürgerlichen Schichten vorbehalten. Allerdings nahm um die Jahrhundertwende die Kritik an der Repräsentationskunst der Wilhelminischen Zeit zu: Literatur und Malerei, aber auch die Architektur, waren in einem zunehmend leeren und erschöpften Stil erstarrt, gegen den sich junge Künstler wandten. **Impressionismus, Expressionismus und abstrakte Kunst** wurden zu viel beachteten Ausdrucksformen der Zeit. Hatte sich die Kultur vor 1900 häufig noch in repräsentativen Ausdrucksformen erschöpft, die in einem weltweit kolonialen Rahmen Verbreitung fanden, so lebte die Kultur vor dem Ersten Weltkrieg in einer erstaunlichen Vielfalt der Modernität auf. So ließ sich also auch aus kultureller Sicht von einem „Kulturvolk“ sprechen, zumindest aus Sicht des Bildungsbürgertums.

Wenn der Kronprinz behauptet, das deutsche Volk sei „unbestritten das erste Kulturvolk der Welt“ (Z. 49 f.), so ist dies ansatzweise mit der allgemeinen Wahrnehmung der wirtschaftlichen und wissenschaftlichen Dynamik der Zeit und mit dem kulturellen Stolz auf die Stellung des Kaiserreiches zu erklären. Verstehen kann man eine solche Einstellung allerdings nur vor dem Hintergrund einer nationalen Überspannung, wie sie im Zeitalter des Imperialismus nicht nur in Deutschland üblich war.

4 *Der Operator „Erörtern Sie ...“ weist die vierte Aufgabe eindeutig dem Anforderungsbereich III zu. An drei Beispielen, von denen nur eines gewählt werden muss, soll die Rolle der Einzelperson in der Geschichte entwickelt und beurteilt werden. Zu beachten ist die jeweilige Eingrenzung des historischen Feldes: bei Hindenburg auf die Endphase der Weimarer Republik, bei Hitler auf die Außenpolitik und bei Adenauer auf die Westintegration der Bundesrepublik.*

Hindenburg spielte in der Endphase der Weimarer Republik schon deshalb eine wichtige Rolle, weil er als Reichspräsident von der Verfassung mit einer großen Machtfülle ausgestattet war. Der Art. 48 WRV erlaubte es ihm, die parlamentarische Legitimation von Regierungen zu umgehen und sog. **Präsidialregierungen** zu stützen. So wurde die Entwicklung der Republik, die durch die Weltwirtschaftskrise erschüttert war, immer stärker von Entscheidungen Hindenburgs beeinflusst. Dies gab dem politischen und persönlichen Umfeld des Präsidenten erhebliche Möglichkeiten, das Schicksal der Republik ohne parlamentarische Kontrolle zu bestimmen. Insoweit war Hindenburg tatsächlich eine Schlüsselfigur in der Endphase der Republik, der er mit der Ernennung Hitlers zum Reichskanzler den endgültigen Todesstoß versetzte.
Auf der anderen Seite **scheiterte die Weimarer Republik** sicherlich nicht vorrangig an der Person Hindenburgs, sondern an den sozialen und politischen **Auswirkungen der Weltwirtschaftskrise**. Die vor 1929 erkennbare Stabilisierung der Republik fand ein jähes Ende, wovon vor allem die extremistischen Parteien profitierten, die die Möglichkeiten der Verfassung benutzten, um die Republik zu schwächen. Die Parteien der Mitte, die die Demokratie hätten erhalten können, waren nicht in der Lage, eine konsensfähige Mehrheit zu bilden, und richteten sich mit den Präsidialregierungen ein, überließen also Hindenburg das Gesetz des Handelns.
Dass dieser Übergang von einer parlamentarischen Demokratie zu einem Präsidialsystem nahezu reibungslos stattfinden konnte, lag zwar auch am Nimbus Hindenburgs als militärischer Führer der Vergangenheit, aber mehr noch an der Sehnsucht weiter Teile der deutschen Bevölkerung nach einem „Ersatzmonarchen“. Die ungünstigen Bedingungen der Geburt der deutschen Demokratie in der Niederlage 1918 /19 wirkten hier ebenso nach wie der **Anti-Parteien-Effekt**, der im Kaiserreich entstanden war.
So ist der Einfluss Hindenburgs auch mit der republik-skeptischen Einstellung des Reichspräsidenten zu erklären, die er mit großen Teilen der Bevölkerung teilte.

Hitlers Außenpolitik war in den ersten Jahren eine Fortsetzung der Außenpolitik Weimars. Es ging um die **Revision des Versailler Vertrages** und die Wiederherstellung der Machtstellung des Reiches.
Erst in der zweiten Hälfte der dreißiger Jahre wurde zusehends deutlich, dass Hitler sehr viel weiter gehende Ziele anstrebte und auch andere Mittel einsetzte. Ihm ging es ganz im Sinne seiner **völkisch-rassisch geprägten Ideologie** um die Eroberung von Lebensraum im Osten und um die Vorbereitung des Krieges. Die Skrupellosigkeit, mit der Hitler seine Ziele formulierte und anstrebte, wird auch in der Art der Durchsetzung sichtbar. So nutzte er die günstige internationale Situation aus, um das **kollektive Bündnissystem** in Europa zu beseitigen und an dessen Stelle **bilaterale Bündnisse** zu setzen. Anschließend verfolgte Hitler unbeirrt seine Expansionspläne mit dem Anschluss Österreichs, der „Lösung“ der Sudetenfrage durch schrittweise Zerstörung der CSR bis hin zur Herbeiführung des Krieges 1939. Widerspruch gegen den Entschluss zum Frankreich-Feldzug 1940, vor allem aber gegen Planung und Durchführung des Russland-Feldzuges 1940 und 1941 duldete Hitler nicht und setzte seinen Willen durch. Auch nach der Wende im Krieg dachte der Diktator nicht daran, seine Ziele zugunsten einer Verringerung der Verluste an Menschen und Schäden für das Deutsche Reich zu revidieren.

Dabei fielen seine revisionistischen und expansiven Ziele in weiten Teilen der militärischen und politischen Führungseliten auf fruchtbaren Boden. Die Machtpolitik des Kaiserreiches nach Bismarck hatte in den Führungsschichten Hoffnungen geweckt, die durch das Ende des Kaiserreiches und den Versailler Friedensvertrag tief enttäuscht worden waren. Die „Erfüllungspolitik" der Weimarer Republik vertiefte den Groll. Umso größer war die **Zustimmung zu Hitlers Zielen** und weitgehend auch zu seinen Umsetzungen. Hitler war geprägt von den politischen Umständen in der Weimarer Republik und der sich verändernden Weltlage mit dem expansiven Druck der Sowjetunion. Ganz und gar einzigartig und wesentlich von der Person Hitlers abhängig war in jedem Fall die Brutalität und kriminelle Energie, mit der das Regime seine Ziele auch in der Außenpolitik durchsetzte.

Als eine der großen Leistungen **Konrad Adenauers** wird bis heute die gelungene **Westintegration der Bundesrepublik Deutschland** gesehen, die Deutschland dauerhaft eine freiheitliche Grundordnung bescherte, einen raschen wirtschaftlichen Aufstieg nach 1945 und die richtungweisende Prägung der deutschen Geschichte bis in die Zeit der deutschen Einigung.

Adenauers Verdienst war es sicherlich, dass er keine Alternative zur Westintegration sah und diese deshalb mit aller Kraft und gegen viele Widerstände durchsetzte. Selbst die Verlockung eines Wiedervereinigungsangebots 1952 durch Stalin konnte den ersten Kanzler der Bundesrepublik nicht von seinem Ziel abbringen. Die Macht dazu gab ihm die Verfassung, die den politischen Einfluss des Kanzlers derart stärkte, dass von einer Kanzlerdemokratie gesprochen werden kann. Darüber hinaus besaß Konrad Adenauer das Ansehen und die Popularität einerseits und den politischen Fintenreichtum andererseits, um die Westintegration, die keinesfalls unumstritten war, durchzusetzen.

Die Frage stellt sich jedoch, ob es zur Westintegration überhaupt eine politisch durchsetzbare Alternative gegeben hätte. Eine mögliche Neutralität kam anfangs in der weltpolitischen Situation nicht in Frage, da die Siegermächte ihren Einfluss auf Deutschland keineswegs aufgeben wollten. In der sich mehr und mehr abzeichnenden **Blockbildung seit 1947/48** hätte eine Entscheidung für eine Integration in das östliche Lager mit Sicherheit keine Mehrheit gefunden. Die Erfahrungen mit der Nazi-Diktatur hatten nicht allein wegen der „re-education" in der Besatzungszeit bei weiten Teilen der westdeutschen Bevölkerung die Einstellung zu diktatorischen und totalitären Systemen geprägt. Adenauer verstand es, diese antikommunistische und antisowjetische Haltung zu verstärken und für seine Ziele einzusetzen.

Auch im Falle Konrad Adenauers ist die **Rolle der Einzelperson** für den Verlauf der Geschichte nicht zu unterschätzen, da sie Entwicklungen zumindest beschleunigen oder hemmen kann, Chancen wahrnehmen oder verspielen kann. Die großen Weichenstellungen jedoch sind in der Regel Folgen längerfristiger historischer Prozesse. Der Stellenwert von Einzelpersonen wird dabei oft nicht so sehr vom individuellen Charakter bestimmt, sondern von den sie tragenden oder hemmenden Rahmenbedingungen.

Grundkurs Geschichte (Bayern) 2008 – Aufgabe II
Die Neuordnung Europas und die Weimarer Republik – Deutschland unter dem Nationalsozialismus

		BE
1	Stellen Sie die Bedeutung des Vertrags von Locarno für die außenpolitische Stellung des Deutschen Reichs in der Weimarer Zeit dar!	18
2	Zeichnen Sie den Gedankengang des jeweiligen Rede-Auszugs (M 1–M 3) in eigenen Worten nach und charakterisieren Sie die Haltung der einzelnen Redner zum Vertrag von Locarno!	28
3	Zeigen Sie auf, wie der in der Rede Strassers (M 1) zum Ausdruck kommende Umgang mit dem innenpolitischen Gegner seit 1933 in konkrete Politik umgesetzt worden ist!	18
4	Überprüfen Sie unter Heranziehung des Geschichtsatlasses, inwieweit die von Strasser indirekt erhobenen territorialpolitischen Forderungen (M 1) bis zum Beginn des Zweiten Weltkriegs vom NS-Staat durchgesetzt wurden und inwieweit eine Wiederherstellung der Vorkriegsgrenzen bis zu diesem Zeitpunkt gelungen ist!	22
5	In der Reichstagsdebatte, der die Redeausschnitte entnommen sind, äußerte der Reichstagsabgeordnete Otto Wels (SPD): „Jetzt erst beginnt sich das Verständnis dafür zu regen, daß wir alle, die wir auf diesem Erdteil leben, durch Schicksalsgemeinschaft miteinander verbunden sind, daß unsere inneren Händel und Streitigkeiten Erbärmlichkeiten sind und daß wir gute Europäer sein müssen, wenn wir gute Deutsche, gute Franzosen sein wollen.“ Erläutern Sie dieses Zitat und diskutieren Sie, welche Bedeutung das deutsch-französische Verhältnis für den Frieden in Europa hatte! Wählen Sie für Ihre Ausführungen exemplarisch einen der folgenden Zeiträume: von 1870/71 bis 1914; von 1918 bis 1939; seit 1949!	34

Reden aus der Debatte des deutschen Reichstags bei der Beratung über die Verträge von Locarno und den Eintritt Deutschlands in den Völkerbund

M 1: Aus der Rede des Abgeordneten Strasser (NSDAP)

Festhalten will ich den Verrat, den die Regierung in Locarno begangen hat an deutschem Land, an deutscher Ehre und an deutscher Zukunft und den der Deutsche Reichstag, dem das seit dem 9. November 1918 nichts Neues mehr ist, sich zu sanktionieren anschickt. Zeigen will ich dem deutschen Volk noch einmal von dieser Stelle und über die Wände dieses Saales hinaus, daß die Verträge von Locarno das dritte Versailles bedeuten.

Sicherheitspakt und Westverträge, das heißt nichts anderes [...] als die Anerkennung des territorialen Status quo nach dem Friedensvertrag von Versailles, das heißt nichts anderes als die erste freiwillige und dauernde Anerkennung des Verlustes von Elsaß-Lothringen, das ist [...] die erste und freiwillige und dauerhafte Anerkennung des Raubes von Eupen und Malmedy, das ist die erste und freiwillige und dauerhafte Anerkennung der Vergewaltigung des deutschen Saarlandes, das ist die freiwillige und dauerhafte Anerkennung der Abtretung Nordschleswigs, das ist die freiwillige und dauernde Anerkennung der Artikel 42 und 43 des Friedensvertrags, worin Deutschland sich verpflichtet, auf die Militärhoheit im besetzten Gebiet zu verzichten, das ist nichts anderes als die nochmalige und freiwillige und dauerhafte Anerkennung all der Ungeheuerlichkeiten des Friedensvertrags, der Verzicht auf die deutsche Zukunft.

Völkerbundsbeitritt und Ostverträge – das ist der Verzicht auf die Änderung der unmöglichen Ostgrenzen, ist der Verzicht auf Danzig und Memel, was auch hier nicht erwähnt worden ist, ist der Verzicht auf die Rückgewinnung des Korridors, auf Posen, auf Gnesen, auf Thorn, ist die Anerkennung des Raubes von Oberschlesien, ist die ewige Abschnürung von Ostpreußen, ist die Verbarrikadierung der letzten Wege zur Freiheit und ist nicht zuletzt der Verrat an unseren Brüdern in Österreich und an den Sudetendeutschen. [...]

Eintritt in den Völkerbund heißt, Versailles wieder unterschreiben [...]. Es ist der Verrat an unseren Brüdern in den abgetrennten und geraubten Gebieten, ist der Verrat an den Deutschen in Österreich und in den Sudetenlanden (Rufe links: Schon einmal gesagt!) Das ist der Verrat an der nationalen und an der sozialen Zukunft des deutschen Volkes.

Anerkennung der Grenzen von Versailles im Norden, Westen, Süden und Osten, das ist die Anerkennung des Raubes von Elsaß-Lothringen, ist der Verrat an unseren Brüdern in Österreich und in den Sudetenlanden. (Rufe links: Noch einmal!) Das kann man Ihnen nicht oft genug sagen, weil Sie gewohnheitsmäßige Landesverräter sind.

M 2: Aus der Rede des Abgeordneten Fehrenbach (Zentrum)

Oberstes Gesetz unseres politischen Handelns nach dem unglücklichen Ausgang des Weltkrieges ist die Wiederaufrichtung unseres Deutschen Reiches aus Knechtschaft zur Freiheit, aus Not und Elend zur wirtschaftlichen Gesundung. Dabei sind wir uns bewußt, daß dieses hohe Ziel nur auf dem Wege friedlicher Verständigung mit den anderen Nationen in stufenweise sich aufbauenden Teilerfolgen zu erreichen ist [...].

Von dieser Überzeugung durchdrungen, haben wir im Vorjahre dem Londoner Abkommen und den Dawes-Gesetzen zugestimmt, um unseren wirtschaftlichen Wiederaufstieg zu ermöglichen. In demselben Geiste nehmen wir heute Stellung zu den Verträgen von Locarno, die der politischen Befriedung Europas dienen sollen.

Wir fragen uns: sind diese Verträge in Wirklichkeit ein Instrument des Friedens, eines Friedens, dem Deutschland in Ehren zustimmen kann?

Dazu ist unseres Erachtens zunächst erforderlich, daß sowohl in der Form wie in der Sache die volle Gleichberechtigung Deutschlands gewahrt ist und dem deutschen Volke nichts zugemutet wird, was seiner nationalen Würde und unveräußerlichen, durch die natürliche Ordnung der Dinge garantierten Rechten eines jeden Staatsvolkes zuwiderliefe.

Diese Bedingung ist erfüllt. Nach der formalen Seite ist das unbestritten. Aber auch der Inhalt der Verträge entspricht der gestellten Anforderung.

Wir leisten keine neue – diesmal freiwillige – Unterschrift unter das Versailler Diktat. [...]

Wir sprechen in dem Vertrag von Locarno auch keinen Rechtsverzicht auf deutsches Land und Volk aus. [...]

Die gleiche Folgerung ergibt sich aus dem Charakter der Schiedsverträge, die sowohl mit den westlichen wie mit den östlichen Nachbarstaaten Deutschlands vorgesehen sind. [...] Sie enthalten keine uneingeschränkte Unterwerfung unter irgendwelche Schiedssprüche, es sei denn, daß es sich lediglich um eine Auslegung von Rechtsbestimmungen handelt.

Wir ziehen daraus den Schluß: die Gleichberechtigung Deutschlands mit den übrigen Vertragsstaaten ist in Locarno gewahrt worden, und unveräußerliche Rechte der Nation sind keineswegs preisgegeben.

M 3: Aus der Rede des Abgeordneten Thälmann (KPD)

Locarno ist nicht der Friede, Locarno ist nicht der Weg zum Frieden, Locarno ist nicht der Versuch, auf dem Wege der diplomatischen Erörterungen, durch Abschluß von Verträgen den Krieg zu verhindern, sondern Locarno ist der Versuch der Einbeziehung Deutschlands in eine europäische Konzentration unter der Führung Englands gegen Sowjetrußland [...].

Der Locarno-Pakt bedeutet eine dreifache Bedrohung des Friedens. Der Konflikt auf den westlichen Grenzen wird entbrennen, sobald England die Stunde für gekommen hält, mit Deutschlands Hilfe seine Gegensätze gegen Frankreich auszutragen, und der Konflikt an den Ostgrenzen bricht los, sobald der englische Imperialismus die Zeit für gekommen hält, Deutschland in den Krieg mit Polen zu hetzen. Aber nicht nur durch die unmittelbare Frage der Westgrenzen und der Ostgrenzen, durch den Zündstoff im Rheinland und im polnischen Korridor wird die Kriegsgefahr heraufbeschworen, sondern auch durch den Eintritt Deutschlands in den Völkerbund. [...] Der Völkerbund unter englischer Leitung ist nicht ein Friedensinstrument, sondern eine Organisation zur Vorbereitung des Angriffskrieges gegen Sowjetrußland.

Quellen: Gebhard Diemer (Hg.): Europa zwischen den Weltkriegen. Friedenssicherung und Revisionspolitik. 2. Aufl., Würzburg 1975; Wolfgang Michalka/Gottfried Niedhart (Hg.): Die ungeliebte Republik. Dokumentation zur Innen- und Außenpolitik Weimars 1918–1933. München 1980, S. 172 f.

Lösungen

1 *Gefordert wird zunächst die Beschreibung, Erklärung und schließlich Beurteilung des Locarno-Vertrags im Zusammenhang der deutschen Außenpolitik in der Weimarer Zeit. Zu klären ist, ob und wie sich die außenpolitische Stellung Deutschlands durch den Vertrag von Locarno geändert hat (AFB I, II und III, überwiegend jedoch I).*

Nach dem Ersten Weltkrieg hatte sich das **Mächtegleichgewicht** verschoben. Der Vertrag von Versailles legte die Koordinaten dafür fest: Den siegreichen Westmächten, allen voran England und Frankreich, standen mit Russland und dem Deutschen Reich isolierte Mächte gegenüber. Für die deutsche Politik musste es in dieser Situation darum gehen, aus der Isolation herauszukommen, um das eigentliche Ziel, die **Revision des Versailler Vertrages**, mit friedlichen Mitteln zu erreichen.

Mit dem **Vertrag von Rapallo** hatte das Reich 1922 als erste große europäische Macht wieder diplomatische Beziehungen zur bis dahin geächteten Sowjetunion aufgenommen. Die Westmächte befürchteten daraufhin eine einseitige Orientierung des Deutschen Reiches nach Osten. Es war das Verdienst **Gustav Stresemanns**, die Gefahr einer einseitigen Bindung zu erkennen. Er wollte deshalb eine Normalisierung der Beziehungen zu den Westmächten und bot im Februar 1925 einen Sicherheitspakt zwischen Deutschland, Frankreich und Belgien an, dem Großbritannien und Italien als Garantiemächte beitreten sollten. Im Oktober 1925 traf man sich in **Locarno**, und durch die Annäherung Frankreichs, vertreten durch Außenminister **Briand**, und Deutschlands, vertreten durch Gustav Stresemann, kam es zu einer Reihe von wichtigen Verträgen. Wesentlich war dabei die Anerkennung der bestehenden Westgrenze durch Deutschland, im Gegenzug akzeptierten die übrigen Mächte den Standpunkt Deutschlands, dass die Ostgrenze noch offen sei.
Mit Locarno hatte Deutschland die Konfliktpotentiale gegenüber den westlichen Mächten erheblich reduziert, war nun als gleichberechtigter Partner anerkannt, die Grundlagen für einen **Beitritt zum Völkerbund** waren geschaffen. Es war also gelungen, die Isolation auch gegenüber den westlichen Mächten zu durchbrechen. Der Geist von Locarno, der am Ende der Konferenz in Europa gefeiert wurde, war auch ein erster wichtiger Schritt zur Aussöhnung mit den ehemaligen Kriegsgegnern.
Weniger gefeiert wurde der Vertrag in Russland. Das seit Rapallo gute Verhältnis zwischen dem Reich und der Sowjetunion verschlechterte sich, bis Stresemann als Gegenstück zum Locarno-Vertrag am 24. April 1926 in Berlin mit dem sowjetischen Außenminister einen **deutsch-russischen Freundschaftsvertrag** schloss (**Berliner Vertrag**).
Am 10. September 1926 wurde das Deutsche Reich offiziell in den Völkerbund aufgenommen, eine deutsche Delegation nahm erstmals in Genf an einer Vollversammlung der supranationalen Organisation teil.

Die durch Locarno **verbesserte Stellung des Deutschen Reiches** spiegelt sich auch in Erfolgen beim grundlegenden Ziel damaliger deutscher Außenpolitik, der Revision des Versailler Vertrages. Nicht nur, dass die deutsche Ostgrenze in den Verträgen ausdrücklich als offen erklärt wurde, der deutschen Regierung also friedliche Revisionen zugestanden wurden, auch in der **Reparationsfrage** wurden Fortschritte erzielt. Großbritannien fand sich nämlich bereit, weiteren Erleichterungen für Deutschland zuzustimmen. Auf einer Konferenz in Paris wurde von einem Sachverständigengremium der **Young-Plan** verabschiedet, der zwar den Deutschen nach wie vor hohe Reparationszahlungen für die Dauer von 59 Jahren auferlegte, aber die Kontrollen über die deutsche Wirtschaft und Finanzen fielen weg. Vor allem, und das war ein großer Erfolg für Stresemann kurz vor seinem Tod, wurde die vorzeitige **Räumung des Ruhrgebiets** von belgischen und französischen Truppen zugestanden und am 30. Juni 1930 vollzogen.

2 *Im ersten Teil der Aufgabe wird gefordert, den Gedankengang der drei Redner jeweils zu erfassen und mit eigenen Worten wiederzugeben (AFB I). Wichtig ist dabei, dass Sie sich auf das Wesentliche konzentrieren und langatmige Paraphrasierungen vermeiden. Im zweiten Teil der Aufgabe geht es um die Charakterisierung der Haltung des jeweiligen Redners, also um die zusammenfassende Beschreibung der Eigenarten der drei Redetexte (AFB II).*

Der Abgeordnete der NSDAP greift die Regierung an und wirft ihr vor, mit der Unterzeichnung der Locarno-Verträge gegen deutsche Interessen gehandelt zu haben. Mit Locarno und dem Beitritt zum Völkerbund habe man die Gebietsverluste und die Beschränkungen der deutschen Souveränität des Versailler Vertrages anerkannt. Für Strasser stellen der Völkerbundsbeitritt und die Locarno-Verträge nichts anderes als **Verrat an Deutschland** und den Deutschen dar.
Demgegenüber geht der Zentrums-Abgeordnete Fehrenbach von einer grundlegenden Zielbestimmung der deutschen Außenpolitik aus, nämlich der **Wiedergewinnung der vollen Souveränität** und der wirtschaftlichen Erholung mit friedlichen Mitteln. Fehrenbach misst die Verträge von Locarno an diesen Zielen und kommt zu dem Schluss, dass sie ein Schritt auf dem Weg dorthin sind wie schon das Londoner Abkommen (1921) und der Dawes-Plan (1924). Deutschland habe an Souveränität gewonnen, sei von den Westmächten nun als gleichberechtigter Partner anerkannt, ohne auf Rechtspositionen verzichtet zu haben.
Für den KPD-Abgeordneten Thälmann stellen die Locarno-Verträge nicht ein Instrument des Friedens dar, sondern verfolgen das Ziel, Deutschland in ein von England geführtes Bündnis gegen die Sowjetunion zu integrieren. Für Thälmann dienen die Verträge den Interessen Englands und seiner imperialistischen Politik, die Grenzfragen im Westen wie im Osten sind in diesem Zusammenhang Mittel, um Deutschland an der Seite Englands in einen Krieg mit Frankreich bzw. mit Russland zu ziehen. Auch der Völkerbund ist nach seinem Verständnis nur dazu da, einen Angriffskrieg der Westmächte unter Einschluss Deutschlands gegen die Sowjetunion vorzubereiten.

Die **Haltung der drei Redner** lässt sich aus den Redeausschnitten leicht ableiten.
Strasser geht es nicht um eine differenzierende Wertung der Verträge von Locarno, sondern um eine **ideologisch motivierte polemische Diffamierung** der Regierung als Verräter, also um reine politische Opposition. Der Gewaltverzicht bei der Grenzrevision im Westen wird verfälscht zu einem Verzicht auf deutsche Gebiete, das Ziel einer friedlichen Koexistenz in Europa und des Gewinns neuer Handlungsfreiheit für das Deutsche Reich wird auch nicht ansatzweise diskutiert. Unausgesprochen steht das Ziel Strassers zwischen den Zeilen: Revision des Versailler Vertrages mit allen Mitteln, also auch mit dem Kalkül militärischer Auseinandersetzungen.
Fehrenbach unterstützt die Position der Regierung, allen voran Stresemanns, der die Locarno-Verträge als Chance für den **Beginn eines europäischen Friedens- und Versöhnungsprozesses** sieht. Er betrachtet das Vertragswerk sehr viel differenzierter als Strasser und liefert mit seiner Zielformulierung auch nachvollziehbare Kriterien der Bewertung. Allerdings wird verschwiegen, dass der grundsätzliche Gewaltverzicht de-facto einer Anerkennung der Westgrenzen gleichkommt.
Thälmann wertet die Locarno-Verträge ausschließlich aus einer **prosowjetischen kommunistischen Perspektive**. Seine Konstruktion einer deutsch-englischen Partnerschaft gegen Frankreich und vor allem gegen Russland verfälscht die historische Realität erheblich und wird auch den konkreten Regelungen des Vertragswerks von Locarno nicht gerecht, auf die Thälmann gar nicht eingeht.

Zusammenfassend lässt sich feststellen, dass sowohl Strasser wie auch Thälmann die Verträge von Locarno ideologisch pauschalierend ablehnen, während Fehrenbach mit einer sehr viel differenzierenden Argumentation den Verträgen zustimmt.

3 *In dieser Teilaufgabe wird nach dem Umgang der Nationalsozialisten mit dem innenpolitischen Gegner nach der Machtübernahme der Nationalsozialisten 1933 gefragt (AFB I). Eine Schwierigkeit der Aufgabe ist, dass leitende Aspekte für die Darstellung der NS-Innenpolitik aus der Aufgabe 2 ermittelt werden müssen. Damit reicht das Niveau der Aufgabe in den AFB II hinein.*

Strassers Haltung dem politischen Gegner gegenüber ist nicht die argumentative parlamentarische Diskussion um politische Ziele und um den richtigen Weg zu gemeinsamen Zielen, sondern es geht um die Bekämpfung des politischen Gegners als Feind. Dies zeigt schon die Diffamierung der Regierung als „Landesverräter“ (M 1, Z. 32).

Dass es der NSDAP nach der Ernennung Hitlers zum Reichskanzler am 30. Januar 1933 nicht um die parlamentarische Auseinandersetzung mit den konkurrierenden Fraktionen ging, sondern um deren Unterdrückung, Ausschaltung und schließlich Vernichtung, wurde schon sehr bald deutlich. Einen Tag nach dem **Reichstagsbrand** am 27. Februar begann mit der „Verordnung des Reichspräsidenten zum Schutz von Volk und Staat“ (sog. „**Reichstagsbrandverordnung**“) die Ausschaltung der politischen Gegner mit den Mitteln staatlicher Macht. Die Grundrechte wie die freie Meinungsäußerung und der Schutz der Privatsphäre wurden aufgehoben und die rechtlichen Grundlagen für das KZ-System gelegt.
Doch die Nationalsozialisten entzogen der Opposition nicht nur die Rechte und die Plattform zur öffentlichen Auseinandersetzung, sie griffen politisch Andersdenkende auch direkt an. Schon im März wurden die ersten **Konzentrationslager** eingerichtet, politische Gegner in „Schutzhaft“ genommen und in solche Lager eingewiesen. Es entstand der SS-Staat.
Mit der **Aufhebung der Gewerkschaften** am 2. Mai 1933 und der **Auflösung der Parteien** im Juni und Juli 1933 wurden die letzten offenen Aktionsmöglichkeiten der politischen Gegner beseitigt. Das „Gesetz gegen die Neubildung von Parteien“ vom 14. Juli 1933 machte die NSDAP zur alleinigen Staatspartei (Einparteienstaat).
Widerstände gegen das Regime gab es teilweise noch aus den Ländern und aus der Verwaltung. Doch mit der „Säuberung“ des Beamtenapparates (Gesetz zur Wiederherstellung des Berufsbeamtentums vom 7. April 1933) und der **Gleichschaltung der Länder** im Gesetz „über den Neuaufbau des Reiches“ vom 30. Januar 1934 wurde die staatliche und politische Gleichschaltung abgeschlossen. Politische Gegner konnten sich von da an nur noch im Untergrund illegal organisieren und zu Wort melden.

4 *Verlangt wird eine Untersuchung bzw. ein Vergleich der territorialpolitischen Forderungen Strassers in der Rede 1925 und den realen Gegebenheiten bis zum Ausbruch des Zweiten Weltkriegs sowie ein Vergleich der tatsächlichen territorialen Verhältnisse zu Beginn des Zweiten Weltkriegs mit den Grenzen des Deutschen Reiches von 1914 (AFB III). Wichtig ist, dass Sie im Geschichtsatlas die entsprechenden Karten finden, die einmal Deutschland in den Grenzen von 1914 zeigen und dann das Reich in den Grenzen von 1939.*

Wenn Strasser von Gebietsverlusten im Zusammenhang mit dem Versailler Vertrag spricht, kann man daraus schließen, dass die vom ihm genannten Gebiete im Zuge der Revision des Vertrages wiedergewonnen werden sollen. Nach der Forderung Strassers müsste demzufolge der NS-Staat an der Westgrenze Elsaß-Lothringen sowie Eupen und Malmedy zurückgewinnen, an der Nordgrenze Nordschleswig. Das Saarland müsste in das Reich zurückgegliedert werden. An der Ostgrenze geht es um die Wiedererlangung von Danzig, des Memellandes, des sogenannten polnischen Korridors, von Posen, Gnesen, Thorn und den verlorenen Teilen Oberschlesiens. Strassers These von einem Verrat an den Brüdern in Österreich und im Sudetenland lässt darauf schließen, dass er die Eingliederung dieser Gebiete in das Reich fordert.

Gemäß der Regelung im Versailler Vertrag fand am 13. Januar 1935 eine **Abstimmung im Saargebiet** statt, bei der sich 91 % für eine Rückgliederung in das Deutsche Reich entschieden. Der Völkerbund beschloss am 17. Januar die Rückgabe des Saargebiets an Deutschland. An der Ostgrenze konnte lediglich das **Memelland** wiedergewonnen werden. Am 23. März 1939 marschierten deutsche Truppen aufgrund eines Abkommens mit Litauen in dieses Gebiet ein.
Verwirklicht wurde vom NS-Regime vor dem Ausbruch des Zweiten Weltkriegs die **Eingliederung Österreichs und des Sudetenlandes in das Reich**. Anders als im Versailler Vertrag festgelegt wurde am 13. März 1938 nach dem Einmarsch deutscher Truppen Österreich an das Reich angeschlossen, nachdem der österreichische Kanzler Schuschnigg durch nationalsozialistischen Druck von innen und außen zum Rücktritt gezwungen worden war.
Die englische **Politik des Appeasement**, also des Versuchs, Hitler-Deutschland durch Duldung zu einem friedlichen Ausgleich zu bewegen, ermöglichte schließlich auch die Besetzung des Sudetenlandes. Am 1. Oktober 1938 marschierten deutsche Truppen in das Sudetenland ein, nachdem Hitler auf der **Münchner Konferenz** Italien, Frankreich und England dazu gebracht hatte, die Tschechoslowakei zu zwingen, die deutsch besiedelten Randgebiete in Böhmen, Mähren und Schlesien zu räumen.
Die überaus geschwächte Rest-Tschechei, von der sich die Slowakei im März 1939 lossagte, wurde schließlich von Hitler zu einem Vertrag gezwungen, der seit dem 15. März 1939 den Einmarsch deutscher Truppen und die Schaffung des „**Reichsprotektorats Böhmen und Mähren**" zur Folge hatte.

Fasst man die territorialen Veränderungen von 1933 bis 1939 zusammen, so lässt sich feststellen, dass die Vorkriegsgrenzen von Deutschland auch von den Nationalsozialisten nicht wiederhergestellt werden konnten, sieht man von der Ausnahme des Memellandes ab. Auf der anderen Seite wurden mit der Machtübernahme in Österreich und der Besetzung des Sudetenlandes sowie der Annexion des „Protektorats Böhmen und Mähren" territoriale Ziele durchgesetzt, die über die Vorkriegsgrenzen hinausgehen, also auch nicht mit einer Revision des Versailler Vertrages begründet werden konnten.

Strassers Forderungen wurden diesbezüglich erfüllt. Ihm ging es schließlich nicht primär um die Revision des Versailler Vertrages, sondern um eine **Expansion des Reiches**.

5 *Die Aufgabenstellung ist zweigeteilt: Zunächst müssen Sie das Zitat von Otto Wels mit eigenen Worten wiedergeben (AFB II). Anschließend geht es darum, die „Bedeutung des deutsch-französischen Verhältnisses für den Frieden in Europa" anhand eines von drei möglichen Zeiträumen argumentativ zu entwickeln und zu einer begründeten Stellungnahme fortzuführen (AFB III). Aus naheliegenden Gründen werden hier alle drei Zeiträume betrachtet.*

Otto Wels geht von der Erkenntnis aus, dass die europäischen Gemeinsamkeiten stärker ins Gewicht fallen als die nationalen Unterschiede. Aus den Erfahrungen des Ersten Weltkriegs zieht er den Schluss, dass nur ein friedliches Miteinander für die europäischen Nationen möglich und sinnvoll ist und dass eine solche europäische Politik letztlich auch den jeweiligen Nationalstaaten nützt. Am **deutsch-französischen Verhältnis** im Laufe der Zeit lässt sich dies überprüfen.

In der **Zeit des Kaiserreichs** von der Reichsgründung bis zum Beginn des Ersten Weltkrieges hatte das deutsch-französische Verhältnis einen zentralen Einfluss auf den Frieden in Europa. Die Gründung des Reiches als Ergebnis des Krieges gegen Frankreich zeigt deutlich, dass die Geburtstunde des neuen Kaiserreichs in der Mitte Europas offensichtlich nur gegen die Interessen Frankreichs durchgesetzt werden konnte. Für Frankreich war diese neue Macht im Zentrum Europas und in unmittelbarer Nachbarschaft ein gefährlicher Konkurrent um die Hegemonie auf dem Festland. Die **Annexion Elsaß-**

Lothringens verstärkte zusammen mit der Schmach der Reichsgründung auf französischem Boden den **Wunsch nach Revanche in Frankreich**. Für **Bismarck** waren die revanchistischen Bestrebungen des westlichen Nachbarn eine Grundbedingung seiner Außenpolitik. Die sogenannte „**Erbfeindschaft**“ wurde zu einem zentralen Punkt sowohl seines eigenen als auch des französischen Bündnissystems, da jeder versuchte, den Gegner zu isolieren und zu schwächen.

Aber für den Frieden in Europa wurden um die Wende vom 19. zum 20. Jahrhundert andere Faktoren wesentlich. Im **Zeitalter des Imperialismus**, also des Bestrebens der europäischen Mächte, ihren Macht- und Einflussbereich vor allem auch durch Kolonialpolitik auszudehnen, war der deutsch-französische Konflikt zwar immer latent vorhanden, wurde jedoch mehr und mehr überlagert von **Konfliktlinien**, die **im Nahen Osten** ihren Ursprung hatten. Der Versuch Russlands, zu den Meerengen vorzudringen und so endlich Zugang zum Mittelmeer zu bekommen, stieß auf den erbitterten Widerstand Englands und letztlich auch Österreich-Ungarns.

Die Donaumonarchie selbst erwies sich in ihrer Rolle als Ordnungsmacht auf dem Balkan als zunehmend unfähig, den aggressiven **Panslawismus** in die Schranken zu weisen. Die Balkankonflikte mit Serbien und mit Russland wurden zu dauerhaften Gefahrenherden, die den Frieden in Europa gefährdeten.

Die **innere Schwäche des Vielvölkerstaates** wurde zudem sichtbar in dem Konflikt mit Italien. Die Donaumonarchie war kaum mehr in der Lage, die nationalen Bewegungen, die die Existenz des Habsburger Reiches gefährdeten, im Zaum zu halten.

So lässt sich für die Zeit von 1870/71 bis 1914 zusammenfassend sagen, dass das deutsch-französische Verhältnis, die „Erbfeindschaft“, zwar die internationale Politik in Europa wesentlich mitbestimmte, dass aber der Frieden in Europa letztlich stärker durch das Konfliktfeld auf dem Balkan gefährdet wurde. Am Beginn des Ersten Weltkriegs stand deshalb auch nicht ein aktueller Konflikt zwischen Frankreich und Deutschland.

In der **Zeit von 1918 bis 1939** muss die Bedeutung des deutsch-französischen Verhältnisses für den Frieden in Europa ebenfalls sehr differenziert gesehen werden.

Zweifellos spielten die Sicherheitsinteressen und das Revanchebedürfnis Frankreichs bei der **Neugestaltung der europäischen Ordnung** in den Pariser Friedensverträgen eine entscheidende Rolle. Deutschland befand sich nun in einer ähnlichen Rolle wie Frankreich nach 1871: Wichtige Regelungen im Versailler Friedensvertrag wie etwa die Gebietsverluste im Osten, die Besetzung des Rheinlandes, die Eingriffe in die militärische Souveränität Deutschlands durch Beschränkung der Truppenstärken und letztlich die Reparationen auch als Mittel des Eingriffs in die deutsche Wirtschaft konnten vom Reich nicht hingenommen werden. Die **deutsche Revisionspolitik** wurde deshalb zu einem dauernden Konfliktpotential.

Dennoch war es insbesondere das deutsch-französische Verhältnis, das die **Entspannungsphase seit 1925** einleitete: Mit **Aristide Briand** auf französischer Seite und **Gustav Stresemann** auf deutscher Seite bestimmten vor allem auch in Locarno Politiker die Außenpolitik ihres Landes, die in einer Annäherung Frankreichs und Deutschlands einen wichtigen Schritt zu einer dauerhaften europäischen Friedenslösung sahen. Das **kollektive Sicherheitssystem**, für das der Völkerbund in dieser Zeit stand, schien den Frieden in Europa herbeiführen zu können.

Doch auch in dieser historischen Phase darf die Bedeutung des deutsch-französischen Verhältnisses für den Frieden in Europa nicht isoliert betrachtet werden. Das deutsche Reich war schließlich weder wirtschaftlich noch militärisch eine Bedrohung für die übrigen europäischen Mächte.

Dass Deutschland dann nach der **Machtübernahme der Nationalsozialisten** mehr und mehr zur Bedrohung für den Frieden in Europa wurde, lag nicht in erster Linie an der französischen Politik, sondern vielmehr an der englischen Appeasement-Politik. England setzte der zunehmend unverhüllten **Expansionspolitik Hitlers** kaum Widerstand entge-

gen, wie das Münchner Abkommen von 1938 beweist. Man wollte den Frieden um jeden Preis erhalten und das Reich als Bollwerk gegen den revolutionären Sowjetkommunismus benutzen, war aber nicht im Stande, Hitlers Ziele und die Brutalität seines Vorgehens richtig einzuschätzen.
Hitler ging es um **Raumgewinn im Osten**, um seine abartige „Lebensraum-Politik" zu verwirklichen. Wie unbedeutend das deutsch-französische Verhältnis war, wird besonders deutlich beim Ausbruch des Krieges. Nachdem sich Hitler im Pakt mit Stalin am 23. August 1939 von dem sowjetischen Diktator grünes Licht für sein Vordringen nach Polen hatte geben lassen, bildeten die französischen und britischen Garantieerklärungen für Polen kein ernst zu nehmendes Hindernis mehr für Hitler. Am 1. September 1939 begann der Zweite Weltkrieg mit dem **Überfall auf Polen**.
Zusammenfassend lässt sich sagen, dass in der Weimarer Republik das deutsch-französische Verhältnis eine erhebliche Bedeutung für den Frieden in Europa hatte, dass aber spätestens mit der Machtergreifung der Nationalsozialisten das Verhältnis zum westlichen Nachbarn keine entscheidende Rolle mehr spielte.

Die **Zeit seit 1949**, also seit der **Gründung der Bundesrepublik Deutschland**, war in den ersten Jahren wesentlich mitbestimmt vom deutsch-französischen Verhältnis. Erneut waren es zwei Politiker, **Konrad Adenauer und Charles de Gaulle**, die eine deutsch-französische Annäherung und Aussöhnung für eine wichtige Grundlage eines europäischen Friedenssystems hielten. Im **Elysée-Vertrag** legten sie 1963 eine gemeinsame Zusammenarbeit auf den Gebieten der Außen-, der Sicherheits- und der Kulturpolitik mit regelmäßigen Konsultationstreffen der Regierungen fest.
Möglich wurde dieser Vertrag aber erst durch eine schrittweise Annäherung der beiden Staaten seit 1949 und der **Einbindung in supranationale Organisationen**, die vor dem Hintergrund des Ost-West-Konflikts gegründet wurden und den Weg für die umfassendere europäische Einigung ebneten. Die „**Europäische Gemeinschaft für Kohle und Stahl**" (EGKS), die 1951 gegründet wurde, und vor allem die „**Europäische Wirtschaftsgemeinschaft**" (EWG) von 1957 schufen den Rahmen für eine europäische Zusammenarbeit und die friedliche Kontrolle nationaler Machtressourcen. Die deutsch-französische Zusammenarbeit war für den Einigungsprozess in Europa dabei von grundlegender Bedeutung. Allerdings sollte nicht übersehen werden, dass die deutsch-französische Aussöhnung und die europäische Einigung vor dem Hintergrund und unter dem Druck des **Kalten Krieges** standen. Nicht mehr die europäischen Mächte bestimmten die internationale Politik, sondern der Konflikt zwischen den USA und der Sowjetunion und ihren jeweiligen Machtblöcken. Die europäischen Mächte, auch Frankreich und Deutschland, hatten ihren Großmachtstatus verloren, auch wenn Frankreich unter de Gaulle sich dagegen zu stemmen versuchte. Über Krieg und Frieden bestimmten nicht mehr die Konflikte innerhalb der Machtbereiche, also etwa innerhalb der europäischen Gemeinschaft, sondern **Konflikte entlang der Block-Grenzen**.

Zusammenfassend kann festgestellt werden, dass die deutsch-französischen Beziehungen für den europäischen Integrationsprozess und damit für eine anhaltende Friedensordnung in Europa von eminenter Bedeutung waren. Bis zum Ende der achtziger Jahre, bis zum Zusammenbruch der Sowjetunion also und dem Ende des Kalten Krieges, wurde die Frage nach Krieg und Frieden von den Blöcken, in erster Linie von den beiden Führungsmächten bestimmt. In der **Zeit nach 1990** entstanden völlig neue Konflikt- und Kraftfelder, in denen die europäische Einigung nach wie vor ihre friedenserhaltende Bedeutung bewiesen hat, in denen aber die deutsch-französischen Beziehungen zumindest als Krisenherd keine Rolle mehr spielen.

Grundkurs Geschichte (Bayern) 2008 – Aufgabe III
Deutschland unter dem Nationalsozialismus –
Internationale Politik und Zweiter Weltkrieg

		BE
1	Erschließen Sie die Karikatur (M 1) im Hinblick auf die deutsche und die britische Politik!	16
2		38
2.1	Erarbeiten Sie aus der vorliegenden Proklamation (M 2) die Grundaussagen Hitlers zur britischen Politik gegenüber dem Deutschen Reich und bestimmen Sie die Intention dieser Proklamation!	
2.2	Überprüfen Sie, inwieweit das Urteil Hitlers aus dem Text der tatsächlichen Deutschlandpolitik Großbritanniens gerecht wird!	
3	Beschreiben Sie Hitlers Polenpolitik ab 1939 und die ihr zugrunde liegenden Motive!	18
4	Skizzieren Sie die Rolle Großbritanniens als militärischer Gegner des Deutschen Reichs im Zweiten Weltkrieg!	16
5	In der Direktive JCS 1067 an den Oberbefehlshaber der Besatzungstruppen der USA über die Ziele der Militärregierung in Deutschland vom 26. 4. 1945 heißt es: „Deutschland wird nicht besetzt zum Zwecke seiner Befreiung, sondern als ein besiegter Feindstaat." Erörtern Sie, wie sich die Wahrnehmung der Besatzungszeit durch die Deutschen zwischen den beiden im Zitat genannten Polen bewegte!	32

M 1: Karikatur vom 2. September 1939: „It now remains for us to set our teeth."

Anmerkung zur Karikatur: *In einer Rede vor dem Unterhaus sagte der britische Premierminister Neville Chamberlain am 1. September 1939: „It now remains for us to set our teeth and enter upon this struggle, which we ourselves earnestly endeavoured to avoid, with determination to see it through the end."*
Übersetzung: *„Es bleibt uns nun nichts anderes übrig, als fest entschlossen zu sein und diesen Kampf, den wir so ernsthaft zu vermeiden bemüht waren, zu beginnen und ihn mit Entschlossenheit zu Ende zu bringen."*

M 2: Proklamation Adolf Hitlers an das deutsche Volk (3. September 1939), nachdem die englischen und französischen Ultimaten mit der Forderung, die deutschen Truppen aus Polen auf das deutsche Reichsgebiet zurückzuziehen, abgelaufen sind. Mit dem Verstreichen dieser Ultimaten ist der Kriegszustand mit England und Frankreich eingetreten.

Aufruf an das deutsche Volk!
Seit Jahrhunderten hat England das Ziel verfolgt, die europäischen Völker der britischen Welteroberungsidee gegenüber dadurch wehrlos zu machen, daß ein Gleichgewicht der Kräfte proklamiert wurde, nachdem England das Recht in Anspruch nahm, den ihm jeweils am gefährlichsten erscheinenden europäischen Staat unter fadenscheinigen Vorwänden anzugreifen und zu vernichten. So hat es einst die spanische Weltmacht bekämpft, später die holländische, dann die französische und seit dem Jahre 1871 die deut-

sche. Wir selber sind Zeugen gewesen des von England getriebenen Einkreisungskampfes gegen das Deutschland der Vorkriegzeit.

Sobald sich das Deutsche Reich unter seiner nationalsozialistischen Führung von den furchtbaren Folgen des Versailler Diktates zu erholen begann und die Krise zu überstehen drohte, setzte die britische Einkreisung sofort wieder ein. Die uns seit dem Weltkrieg bekannten britischen Kriegshetzer wollen nicht, daß das deutsche Volk lebt. Sie haben vor dem Weltkriege gelogen, daß ihr Kampf nur dem Hause Hohenzollern oder dem deutschen Militarismus gelte, daß sie keine Absichten auf deutsche Kolonien hätten, daß sie nicht daran dächten, uns die Handelsflotte zu nehmen, und sie haben dann das deutsche Volk unter das Versailler Diktat gezwungen. Die getreue Erfüllung dieses neuen Diktates hätte früher oder später 20 Millionen Deutsche ausgerottet.

Ich habe es unternommen, den Widerstand der deutschen Nation dagegen zu mobilisieren und in einer *einmaligen* friedlichen Arbeit dem deutschen Volk wieder Arbeit und Brot zu sichern. In eben dem Ausmaß, in dem die friedliche Revision des Versailler Gewaltdiktates zu gelingen schien und das deutsche Volk wieder zu leben begann, setzte die neue englische Einkreisungspolitik ein. Die gleichen Kriegshetzer wie vor 1914 traten auf.

Ich habe England und dem englischen Volk zahlreiche Male die Verständigung und die Freundschaft des deutschen Volkes angeboten. Meine ganze Politik war auf den Gedanken dieser Verständigung aufgebaut. Ich bin stets zurückgewiesen worden und unter heuchlerischen Erklärungen wurden immer neue Vorwände gesucht, um den deutschen Lebensraum einzuengen und um da, wo wir niemals britische Interessen bedrohten, das eigene Leben zu erschweren oder zu unterbinden. England hat Polen zu jener Haltung veranlaßt, die eine friedliche Verständigung unmöglich machte. Es hat durch seine Garantieerklärung der polnischen Regierung die Aussichten eröffnet, ohne jede Gefahr Deutschland zu provozieren, ja angreifen zu dürfen.

Die britische Regierung hat sich aber in einem getäuscht: das Deutschland des Jahres 1939 ist nicht mehr das Deutschland von 1914! Und der Kanzler des heutigen Reiches heißt nicht mehr *Bethmann Hollweg*.

Ich habe ferner in meiner Rede in Saarbrücken und in Wilhelmshaven erklärt, daß wir uns gegen die britische Einkreisungspolitik zur Wehr setzen werden.

Ich habe vor allem keinen Zweifel darüber gelassen, daß trotz aller Geduld und Langmut die polnischen Angriffe gegen Deutsche sowohl als gegen die Freie Stadt Danzig ein Ende finden müssen. Gestärkt durch die britische Garantieerklärung und durch die Versicherungen britischer Kriegshetzer hat Polen geglaubt, diese Warnung in den Wind schlagen zu dürfen. Seit zwei Tagen kämpft nun die deutsche Wehrmacht im Osten, um die Sicherheit des Reichsgebietes wieder herzustellen. Der polnische Widerstand wird von unseren Soldaten gebrochen. England aber kann glauben: Heute sind im Deutschen Reich *90 Millionen Menschen* vereinigt. Sie sind entschlossen, sich von England nicht abwürgen zu lassen. Sie haben nicht hierzu wie England *40 Millionen Quadratkilometer* auf dieser Erde durch Krieg erobert. Aber sie haben den Willen, auf diesem Boden, der ihnen gehört, zu leben und sich das Leben von England auch nicht nehmen zu lassen.

Wir wissen, daß nicht das britische Volk im ganzen für all dies verantwortlich gemacht werden kann. Es ist jene jüdisch-plutokratische[1] und demokratische Herrenschicht, die in allen Völkern der Welt nur gehorsame Sklaven sehen will, die unser neues Reich haßt, weil sie in ihm Vorkämpfer einer sozialen Arbeit erblickt, von der sie fürchtet, daß sie ansteckend auch in ihrem eigenen Lande wirken könnte.

Den Kampf gegen diesen neuen Versuch, Deutschland zu vernichten, nehmen wir nunmehr auf. Wir werden ihn mit nationalsozialistischer Entschlossenheit führen. Die britischen Geld- und Machtpolitiker aber werden erfahren, was es heißt, *ohne jeden Anlaß* gegen das nationalsozialistische Deutschland in den Krieg ziehen zu wollen.

Ich war mir seit Monaten bewußt, daß das Ziel dieser Kriegshetzer ein schon seit langem gefaßtes war. Die Absicht, bei irgendeiner günstigen Gelegenheit, Deutschland zu überfallen, stand fest. Mein Entschluß aber, diesen Kampf zu führen und zurückzuschlagen, steht noch fester.

Deutschland wird nicht mehr kapitulieren! Ein Leben unter einem zweiten noch schlimmeren Diktat von Versailles hat keinen Sinn.

Sklavenvolk sind wir nicht gewesen und wollen wir auch in Zukunft nicht sein! Was viele Deutsche in der Vergangenheit für den Bestand unseres Volkes und unseres Reiches an Opfern bringen mußten, sie sollen nicht größer gewesen sein, als jene, die wir bereit sind, heute auf uns zu nehmen. Dieser Entschluß ist ein unerbittlicher.

Er bedingt daher einschneidende Maßnahmen. Er zwingt uns vor allem eines jetzt auf: Wenn der Soldat an der Front kämpft, soll niemand am Kriege verdienen. Wenn der Soldat an der Front fällt, soll sich niemand zu Hause seiner Pflicht entziehen – Wer sich diesen Geboten widersetzt, hat nicht damit zu rechnen, daß die Volksgemeinschaft auf ihn Rücksicht nimmt. Im übrigen wissen wir:

So lange das deutsche Volk in seiner Geschichte einig war, ist es noch nie besiegt worden. Nur die Uneinigkeit des Jahres 1918 führte zum Zusammenbruch. Wer sich daher jetzt an dieser Einigkeit versündigt, hat nichts anderes zu erwarten, als daß er als Feind der Nation vernichtet wird. Wenn unser Volk in solchem Sinne seine höchste Pflicht erfüllt, wird uns auch jener Herrgott beistehen, der seine Gnade noch immer dem gegeben hat, der entschlossen war, sich selbst zu helfen.

Die für die Verteidigung und Sicherung des Reiches notwendigen Gesetze werden erlassen, die für ihre Durchführung und Einhaltung vorgesehenen Männer bestimmt. Ich selbst begebe mich heute an die Front.

Berlin, 3. September 1939. *Adolf Hitler*

Quelle: Max Domarus (Hg.): Hitler. Reden und Proklamationen 1932–1945. Kommentiert von einem deutschen Zeitgenossen. Teil II: Untergang. Dritter Band 1939–1940. 4. Aufl. Leonberg 1988, S. 1339–1341.

Erläuterung:
1 Plutokratie: Geldherrschaft

Lösungen

1 *Die Erschließung einer Karikatur fordert in einem ersten Schritt die Beschreibung der bildlichen Gestaltungsmittel, der sich dann eine Einordnung in den größeren historischen Zusammenhang und schließlich die Deutung anschließen (AFB II). Achten Sie bei der Analyse auch auf das Erscheinungsdatum der Karikatur, das für die Verknüpfung der bildlichen Ebene mit der Bedeutungsebene bedeutsam ist.*

Die Karikatur zeigt eine Häuserzeile bei Nacht. Ein Einbrecher, am Schnauzbart und dem Hakenkreuz auf dem Beutesack eindeutig als **Hitler** zu identifizieren, steigt gerade in ein Haus ein, vor dem eine Bulldogge steht, die ihn offensichtlich beobachtet, aber nicht angreift. Die Bulldogge steht für **England**, was an dem Hut zu erkennen ist, den sonst John Bull, die Personifikation des Königreichs England, trägt. Die einzelnen Häuser sind mit den Namen von Ländern oder Städten beschriftet, die einen deutlichen Hinweis auf die Sinnerschließung enthalten. Es handelt sich um die Länder, die bisher der nationalsozialistischen Expansionspolitik zum Opfer gefallen sind: **Österreich, die Tschechoslowakei, Böhmen sowie Danzig**.

Die Karikatur zeigt den Moment, da der Einbrecher, also Hitler, in das „Haus" Polen einsteigt. Die Karikatur erschien am 2. September 1939 und greift damit den aktuellen Anlass des **deutschen Angriffs auf Polen** einen Tag zuvor auf. Das Bildmotiv des Einbruchs offenbart die Wertung des Karikaturisten, der Hitlers Expansionspolitik für aggressiv und kriminell hält.

Die Darstellung der Dogge als nächtlicher Wachhund, der jedoch keine Anstalten macht, den Einbruch zu verhindern, symbolisiert die **englische Appeasement-Politik**. England sieht sich danach zwar als Hüter des Friedens, kann aber den „Einbruch“, also letztlich den Krieg nicht verhindern, da man nur drohend beobachtet, aber nicht handelt. Die Aussage der Karikatur, die Kritik an der englischen Zurückhaltung, wird unterstrichen durch das Zitat aus der Rede des englischen Premierministers: Den Worten vom entschlossenen Vorgehen Englands gegen den Aggressor Hitler-Deutschland folgen keinen Taten.

2.1 *In dieser Teilaufgabe sollen Sie aus dem vorliegenden Material, der Proklamation Hitlers zum Beginn des Zweiten Weltkriegs, zentrale Aussagen unter einem bestimmten Aspekt, der Einschätzung der englischen Politik durch Hitler, herausfinden (AFB II). In einem zweiten Teil soll die Intention der Proklamation bestimmt werden. Hier gilt es, die Absicht Hitlers zu erfassen und zu beschreiben.*

Aus der **Sicht Hitlers** ist die **britische Politik gegenüber dem Deutschen Reich** schon seit 1871 von Englands Bemühen bestimmt, das neu gegründete Reich niederzuhalten. Die **Gleichgewichtspolitik** sei dafür nur ein Vorwand gewesen. Der zunehmenden Macht Deutschlands vor dem Ersten Weltkrieg sei England mit einer „Einkreisungspolitik“ (Z. 23) begegnet. England war Hitler zufolge auch maßgeblich am „Versailler Diktat“ (Z 11) beteiligt, riss die deutschen Kolonien an sich und verhinderte den Aufbau der deutschen Handelsflotte, obwohl all dies so nicht vereinbart war.
England nahm schließlich, so Hitler, seine **Einkreisungspolitik** wieder auf, nachdem es den Nationalsozialisten gelungen sei, die Fesseln des Versailler Vertrages zu beseitigen. England treibe eine Politik, die dem deutschen Volk das Lebensrecht abspreche. So erklärt Hitler auch, dass England seine Versuche zur Verständigung zurückgewiesen habe. Bezogen auf die unmittelbare Gegenwart beschuldigt Hitler Großbritannien, Polen durch seine Garantieerklärung zu Provokationen und zum Angriff auf Deutschland ermuntert und damit das Scheitern der friedlichen Verständigung des Reiches mit Polen verhindert zu haben.
Die eigentliche Schuld sieht Hitler bei der „jüdisch-plutokratischen und demokratischen Herrenschicht“ (Z. 50), die als Führungsgruppe in England alle Völker zu versklaven suche. So sei es auch ein lang gehegter Plan Großbritanniens, Deutschland bei nächster Gelegenheit grundlos zu überfallen.

Die **Intention der Proklamation** ist zunächst einmal, England die Verantwortung für den Kriegsausbruch zuzuschieben. Gegen die expansive, aggressive und hinterhältige Politik Englands müsse Deutschland seine Lebensinteressen behaupten.
Das nationalsozialistische Deutschland, so will es Hitler glauben machen, habe eine friedliche und nicht expansive Politik betrieben, müsse jetzt aber auf eine englische Aggression reagieren, die hinter den polnischen Provokationen stecke.
Hitler will also mit der Proklamation den ausbrechenden Krieg mit Polen und England als **Abwehrkampf um deutsche Lebensinteressen** rechtfertigen und damit seine Forderung nach unbedingter Einigkeit durchsetzen.

2.2 *In dieser Teilaufgabe sollen die Aussagen Hitlers mit der Realität in Beziehung gesetzt werden (AFB III). Dazu ist es notwendig, dass Sie die von Hitler genannten Punkte über die Deutschlandpolitik Großbritanniens mit Ihren Kenntnissen vergleichen. Schwierig ist, dass in der Aufgabe keine zeitliche Begrenzung angegeben wird. Da Hitler selbst das Jahr 1871 nennt, kann dieser zeitliche Rahmen gewählt werden, wobei der Schwerpunkt auf der englischen Deutschlandpolitik seit 1933 liegen sollte.*

Wenn Hitler die englische Politik der „balance of power“ verkürzt und einseitig als Versuch versteht, die europäischen Kontinentalmächte „der britischen Welteroberungsidee gegenüber […] wehrlos zu machen“ (Z. 2 f.), so zeigt er sich völlig verständnislos gegenüber dem auch in der englischen Innenpolitik geltenden Prinzip der „checks and balances“ als ordnungs- und friedensstiftendem Instrument.

Die Zeit vor dem Ersten Weltkrieg als Einkreisungskampf Englands gegen das Deutsche Reich zu verstehen, stellt ebenfalls eine ausgesprochen „einfache“ Deutung der Geschichte dar. England hatte vielmehr versucht, die durch die Reichsgründung veränderte Machtbalance in Europa zu akzeptieren und ermunterte weder Frankreich noch Russland zu einer reichsfeindlichen Politik. **Englands Interessen** lagen in dieser Zeit nahezu ausschließlich bei dem Bemühen, den Zerfall des Kolonialreiches zu verhindern. Erst als das Deutsche Reich unter Wilhelm II. versuchte, einen „Platz an der Sonne“ zu erobern und damit mit den englischen Interessen als Kolonial- und Seemacht kollidierte, gab Großbritannien seine Neutralität in Europa auf. Das Kriegsbündnis gegen das Reich war weniger ein Werk einer aktiven englischen Politik, als vielmehr die reaktive Folge einer deutschen Politik, die das Reich zunehmend isolierte.

Völlig abwegig ist Hitlers Urteil über die englische Politik gegenüber Deutschland nach 1919. Die britische Regierung, die schon bald nach dem Versailler Frieden ihre feindliche Haltung gegenüber dem Reich zugunsten einer Verständigungspolitik aufgegeben hatte, bemühte sich, das Deutsche Reich in das **kollektive Sicherheitssystem in Europa** einzubinden. Man suchte auch dann noch die Verständigung, als Hitler mit dem **Austritt aus dem Völkerbund** am 19. Oktober 1933 und der **Einführung der allgemeinen Wehrpflicht** am 16. März 1935 die labile Ordnung in Europa zusätzlich störte. Doch England blieb gegenüber Deutschland bei seiner Politik des verbalen Protestes, wie die Konferenz von Stresa im April zeigte. England, Frankreich und Italien, die sog. **Stresa-Front**, verurteilten zwar den einseitigen Bruch des Versailler Vertrages durch Deutschland, lehnten jedoch Sanktionen durch den Völkerbund ab. Im Gegenteil, kurze Zeit nach Stresa, am 18. Juni 1935, kam es zum **deutsch-englischen Flottenabkommen**, in dem England der deutschen Regierung erneut Konzessionen zubilligte und eine Seeaufrüstung des Reiches auf 35 % der englischen Kriegsflotte zugestand. Ein letztes folgenreiches Beispiel war die **Konferenz von München** am 29. September 1938. Hitlers Forderungen gegenüber der Tschechoslowakei wurden erfüllt, Hitler und Chamberlain unterzeichneten eine deutsch-britische Nichtangriffserklärung.

Wenn Hitler England in seiner Proklamation vorwirft, es habe Polen zu einer provokanten Politik gegenüber Deutschland ermuntert, so verdreht er die historischen Tatsachen gründlich. England reagierte mit seiner **Garantieerklärung** für Polen am 31. März 1939 und dem britisch-polnischen Beistandspakt vom 25. August 1939 auf die zunehmend aggressive Politik Hitlers. Das Ende der Appeasement-Politik war von Hitler mit dem Bruch des Münchner Abkommens provoziert worden.

Die **Kriegserklärung Englands an Deutschland** vom 3. September nach Ablauf eines Ultimatums an das Reich war die vorhersehbare und unausweichliche Folge des Einmarsches deutscher Truppen in Polen.

3 *In dieser Teilaufgabe sollen Sie wesentliche historische Sachverhalte von Hitlers Polenpolitik ab 1939, also während der Zeit des Zweiten Weltkriegs, darstellen (AFB I). Der Hinweis auf „zugrunde liegende Motive“ erweitert die Aufgabe sowohl zeitlich als auch inhaltlich und gibt Ihnen eine Hilfestellung für eine mögliche Gliederung Ihrer Ausführungen.*

Die **Motive für Hitlers Polenpolitik** lassen sich weitgehend aus den grundsätzlichen außenpolitischen Zielen der NS-Ideologie ableiten. Im Vordergrund steht dabei die Eroberung von Lebensraum im Osten. Hitler legitimiert seine **Lebensraum-Politik** mit dem Anspruch der „arischen Herrenrasse“ gegenüber den slawischen „Sklavenvölkern“. So sind die Versklavung und Ausbeutung des polnischen Volkes ein aus Sicht des Diktators berechtigtes Instrument zur Errichtung eines Großgermanischen Reiches. Dabei war Polen für Hitler nicht nur ein Land, das er von Juden säubern wollte, es schien ihm auch geeignet als Raum, in dem die **Judenvernichtung** durchgeführt werden könnte.

Der **deutsche Überfall auf Polen** wurde von Hitler im Jahr 1939 planmäßig vorbereitet. Am 21. März forderte Deutschland von Polen die Rückgabe Danzigs und einen exterritorialen Korridor nach Ostpreußen sowie eine langfristige Garantie der deutsch-polnischen Grenze. Nachdem Polen, gestärkt durch erwartete englisch-französische Garantieerklärungen, die deutschen Forderungen abgelehnt hatte, kündigte das Deutsche Reich im April den 1934 abgeschlossenen Nichtangriffspakt. Hitler befahl am 3. April die **Vorbereitung des „Falles Weiß“**, des Angriffs auf Polen.
Grünes Licht für seinen Feldzug gegen den östlichen Nachbarn erhielt Hitler durch den **Pakt mit Stalin** am 23. August 1939. In einem geheimen Zusatzprotokoll einigten sich die beiden Diktatoren über eine Aufteilung der Interessensphären in Ostmitteleuropa, die auf eine Teilung Polens hinauslief.
Am 1. September um 4 Uhr 45 überschritten deutsche Truppen die Grenze nach Polen, der Zweite Weltkrieg begann. Am 18. September wurde Warschau eingeschlossen, gleichzeitig marschierten sowjetische Truppen in Ostpolen ein. Schon am 6. Oktober endeten nach der **Kapitulation Warschaus** am 27. September die Kampfhandlungen in Polen. Die durch den Versailler Vertrag an Polen gefallenen Gebiete wurden wieder in das Reich eingegliedert, der Rest Polens bis zu der mit Stalin vereinbarten Narew-Bug-San-Linie wurde zum Generalgouvernement erklärt.

Die **Besatzungspolitik im Generalgouvernement** war der Beginn der nationalsozialistischen Ausrottungs- und Kolonisationspolitik in Osteuropa. Die als rassisch minderwertig angesehenen Polen wurden in großer Zahl als Arbeitssklaven nach Deutschland deportiert. Noch im September kündigte Hitler darüber hinaus die Ausrottung der polnischen Intelligenz an, mit der die SS beauftragt wurde.
Die **Einsatzgruppen der SS**, die von Himmler und Heydrich gelenkt wurden, verfolgten und vernichteten aber nicht nur die polnischen geistigen und politischen Eliten, sondern betrieben gleichzeitig die Ausrottung der Juden. In großen Ghettos in Warschau, Krakau, Lemberg und Lublin wurden sie auf engstem Raum zusammengetrieben, wenn sie nicht schon durch Massenerschießungen getötet wurden. Polen wurde zum Versuchsfeld für die rassistische Volkstumspolitik der Nationalsozialisten und für die „Endlösung“ der Judenfrage. Mit dem **Aufbau der Vernichtungslager** seit Ende 1941 erreichte der Kampf gegen die Juden in Europa seinen Höhepunkt. Aus allen eroberten Ländern wurde die jüdische Bevölkerung deportiert und zu Tausenden in den Vernichtungslagern in Polen getötet: Auschwitz, Maidanek, Treblinka, Sobibor, Belzec und Chelmno wurden zu Zentren des Holocaust.

4 *Die Aufgabe fragt nach Ihren Kenntnissen über die Rolle Großbritanniens im Zweiten Weltkrieg, die Sie schlüssig und zusammenhängend darstellen müssen (AFB I).*

Nach **Ablauf des Ultimatums**, das England dem Deutschen Reich nach dem Überfall auf Polen gesetzt hatte und das den Rückzug der deutschen Truppen forderte, befanden sich beide Länder am 3. September 1939 nach 11 Uhr im Kriegszustand. Dabei griff England anfangs nicht unmittelbar in den Krieg ein, obwohl man dies Polen für den 15. Tag des Krieges zugesagt hatte, sondern beschränkte sich auf Erkundungsaktionen und eine Blockade Deutschlands, die jedoch wirkungslos blieb, da die Sowjetunion lebenswichtige Rohstoffe lieferte. Zu ersten militärischen Auseinandersetzungen zwischen englischen und deutschen Truppen kam es in **Norwegen**, das Hitler am 9. April 1940 überfallen ließ und wo am 14./15. April englische Truppen landeten. Aber erst der blitzkriegartige Erfolg der deutschen Truppen in Frankreich zwang England zu einem stärkeren militärischen Engagement. Das „**Wunder von Dünkirchen**", als am 26. Mai 1940 mehr als 300 000 britische und französische Soldaten über den Kanal gerettet werden konnten, war ein erster, wenn auch bescheidener Erfolg der Engländer.
Nach der Kapitulation Frankreichs und dem Abschluss des Waffenstillstands zwischen Hitler und General Petain wurde es für die weiteren Pläne Hitlers wichtig, wie sich England verhalten würde, das angesichts der Erfolge Hitlers und des Zulaufs zu den faschistischen Bewegungen in Europa in einer schwierigen Lage war. Insbesondere **Churchill** kämpfte in London für eine Fortsetzung des Widerstandes und gegen eine Verständigung mit Hitler. Gestärkt wurde England durch die USA, es entwickelte sich eine enge **Zusammenarbeit zwischen Churchill und Roosevelt**. So kam es schließlich vom 13. August an zur „**Luftschlacht um England**", in der die deutsche Luftwaffe nach Anfangserfolgen am Widerstand der englischen Armee und am schlechten Wetter scheiterte und die Aktion am 16. September einstellte.
Nach dem **Beginn des Russlandfeldzuges** am 22. Juni 1941 formierte sich dann die Anti-Hitler-Koalition, in der England neben den USA und der Sowjetunion eine maßgebliche Rolle spielte. Als der rasche Vormarsch der deutschen Truppen im Winter 1941 zum Erliegen kam und auch die Sommer-Offensive 1942 von der sowjetischen Armee gestoppt und die deutschen Truppen in **Stalingrad** im November 1942 eingekesselt wurden, leistete England wichtige Hilfe: Kurz vor der Offensive von Stalingrad hatte der englische **General Montgomery** mit seinen Truppen die deutsch-italienische Stellungen bei El Alamein durchbrochen, englische und amerikanische Truppen landeten in Marokko und Algerien und eröffneten eine neue Front gegen die Achsenmächte. Der November 1942 wurde zur endgültigen **Wende im Krieg**. Auf einem Treffen Roosevelts mit Churchill in **Casablanca** (14.–26. Januar) einigte man sich auf ein gemeinsames Kriegsziel: die bedingungslose Kapitulation Deutschlands („the Unconditional Surrender").
In der **Endphase des Krieges** hatte England wiederum eine bedeutende Rolle inne. Als am 10. Juli 1943 die alliierten Truppen in Sizilien gelandet waren, brach das faschistische System in Italien zusammen, die neue Regierung erklärte Deutschland den Krieg. Am 4. Juni erreichten die alliierten Truppen Rom und rückten weiter nach Norden vor.
Der **6. Juni 1944** wurde schließlich zum Tag des Triumphes für die englischen und amerikanischen Truppen. Sie landeten mit über 6 000 Landungsfahrzeugen in der **Normandie**, errichteten Brückenköpfe und drängten die deutsche Westfront immer weiter zurück.

Gleichzeitig bombardierte die **englische Luftwaffe** zusammen mit der Luftflotte der US-Air Force deutsche Städte in einem solchen Ausmaß, dass die deutsche Luftabwehr kaum noch Widerstand leisten konnte.

Insgesamt lässt sich sagen, dass England, anders als Hitler es erwartet hatte, nicht zu einer Verständigung und Interessenteilung in Europa bereit war, vielmehr erbitterten Widerstand leistete und schließlich im engen Bündnis mit den USA entscheidend zur Niederlage des Deutschen Reiches beigetragen hat.

5 *In dieser anspruchsvollen Aufgabe sollen Sie wie bei einer Erörterung anhand von Pro- und Contra-Argumenten die Art der Wahrnehmung der Besatzungszeit seitens der Deutschen diskutieren (AFB III). Dazu ist eine zutreffende Analyse der historischen Situation der unmittelbaren Nachkriegszeit notwendig. Somit weist der Operator eigentlich auf alle drei Anforderungsbereiche hin. Bedeutsam für eine gute Leistung ist die Differenzierung des allgemeinen Begriffs „die Deutschen". Die hier gewählte Einteilung geht von der jeweiligen Betroffenheit durch NS-Regime oder Krieg aus.*

Da es grundsätzlich nicht möglich ist, von einer einheitlichen Wahrnehmung eines Volkes auszugehen, scheint es umso weniger geraten, das deutsche Volk in der Besatzungszeit als Einheit zu betrachten. Zu unterschiedlich waren die Erfahrungen mit den Besatzungsmächten, aber auch die Erfahrungen mit dem Nationalsozialismus und dem Krieg. Je nach diesen Erfahrungen lassen sich unterschiedliche Gruppen mit unterschiedlichen Wahrnehmungen vermuten.
Betrachtet man die **Opfer** des NS-Regimes und des SS-Terrors, die bei Kriegsende in den Konzentrationslagern überlebt hatten, so war für sie die Besatzung eine Befreiung, nicht nur buchstäblich durch das Öffnen der Lagertore. Gleiches gilt für die Anhänger der verbotenen Parteien und Verbände, die nun wieder offener agieren konnten, oder für die Mitglieder der verfolgten Kirchen. Auch die aus dem Exil zurückkehrenden Deutschen fühlten sich in einem befreiten Land.
Anders sah das bei den „**Tätern**" aus, also den mehr oder weniger glühenden Anhängern des Nationalsozialismus und denjenigen, die unmittelbar oder mittelbar in NS-Vergehen verstrickt waren. Sie mussten die Niederlage, die Verurteilungen in den Nazi-Prozessen und die Entnazifizierung als Handlungen eines Feindes wahrnehmen, der sich nun am deutschen Volk rächte. Hervorzuheben ist die **Wahrnehmung der Frauen**. Für die meisten von ihnen wurde die unmittelbare Nachkriegs- und Besatzungszeit zu einer schlimmen Erfahrung, da sie die größte Last beim Beseitigen der Kriegsschäden tragen und häufig ohne Männer ihre Kinder ernähren mussten. Die Trümmerfrauen und Kriegerwitwen konnten die Besatzungszeit kaum als eine Zeit der Befreiung wahrnehmen.

Sehr unterschiedlich war das Schicksal der **Vertriebenen**. Zunächst war die Vertreibung selbst aus Sicht der Betroffenen eine nahezu unerträgliche Belastung, verstanden als eine Folge einer vernichtenden Niederlage und als Leiden eines besiegten Volkes. Dies konnte sich aber ändern, sobald die Menschen eine neue Heimat gefunden hatten und sich unter dem Schutz der Besatzungsmächte eine neue Existenz aufbauen konnten. Wer wieder eine Zukunft sah, empfand die Niederlage nicht mehr so sehr als Machtübernahme durch einen Feind, sondern als Befreiung vom Nationalsozialismus und vom Leiden des Krieges.

Die Art der Erfahrung war aber in hohem Maß abhängig von der jeweiligen **Besatzungszone**. Während die **sowjetische Besatzungsmacht** in ihrem Machtbereich zunächst schon früh politische Mitwirkungsmöglichkeiten zu bieten schien, zeigte sich bald, dass nicht nur politisch, sondern vor allem auch wirtschaftlich in der Sowjetischen Besatzungszone neue Belastungen zugemutet wurden. Die Errichtung eines Ein-Parteien-Systems und die mangelnde ökonomische Effizienz der kommunistischen Zentralverwaltungswirtschaft waren dafür verantwortlich. Verstärkt wurde dies durch die Abschottung Ostdeutschlands von den wirtschaftlich **sich erholenden Westzonen**, die schon früh zusammenarbeiteten und mit der Bi- und später der Trizone Räume bildeten, in denen sich der Wiederaufbau besser organisieren ließ.

Die **Direktive JCS 1067** vom 26. 04. 1945 wandte sich an ein deutsches Volk, das noch unmittelbar unter den direkten Folgen des verlorenen Krieges und der zerstörerischen Bombardierungen der deutschen Städte litt. Die Hoffnungslosigkeit und der verzweifelte Kampf um das tägliche Überleben ließen kaum Raum für Zukunftserwartungen. So musste man nahezu zwangsläufig das Verhalten der Besatzungsmächte als das von Siegern gegenüber besiegten Feinden empfinden. Die Rationierung der Energie und der Lebensmittel, die Hamsterfahrten oder die Tauschgeschäfte auf dem Schwarzmarkt führten den Menschen täglich vor Augen, dass sie ein besiegtes Volk waren und kein Erbarmen zu erwarten hatten. Mit zunehmendem Abstand vom Kriegsende und vor allem mit dem zögerlichen Wandel der Besatzungspolitik änderte sich dies. Sobald die Hilfen sich nicht mehr nur in Aktionen karitativer Organisationen wie den Care-Paketen oder der Schulspeisung der Quäker erschöpften, sondern vor dem Hintergrund des beginnenden Ost-West-Konflikts in Form umfassender Wirtschaftshilfe in Gestalt des **Marshall-Planes** geleistet wurden, besserte sich in den Westzonen nicht nur die politische und wirtschaftliche Lage. Das deutsche Volk erwachte mehr und mehr aus der politischen Apathie, demokratische Institutionen wie die kommunale Selbstverwaltung und politische Parteien boten **Möglichkeiten der Mitgestaltung**, die Presselandschaft gewann an Vielfalt. Mehr und mehr wurden die Besatzungsmächte nicht mehr als willkürliche und feindliche Sieger gesehen, sondern als Partner und Verbündete im Wiederaufbau. Eine gegenläufige Entwicklung fand allerdings in der SBZ statt, wo die sowjetische Besatzungsarmee die Freiheiten weiter Teile der Bevölkerung einschränkte, durch Enteignungen und durch eine Bodenreform die Belastungen für die Menschen erhöhte.

An den dargestellten Beispielen wird verdeutlicht, dass eine einheitliche Wahrnehmung der Besatzungszeit gar nicht möglich war. Es war oft persönliches Schicksal, ob das Ende des Krieges die Not von Menschen linderte oder gar erhöhte, und es hing von individuellen Lebensumständen ab, wie schnell sich das Los der Menschen verbesserte, nicht zuletzt war es auch eine Frage, in welcher der Besatzungszonen man leben durfte oder musste.

Grundkurs Geschichte (Bayern) 2008 – Aufgabe IV
Deutschland seit den fünfziger Jahren – Europäische Einigung und neuere weltpolitische Konstellationen

BE

1 Charakterisieren Sie die amerikanisch-sowjetischen Beziehungen von Beginn der 1950er-Jahre bis zum Zeitpunkt der Rede Kennedys (M 1)! 18

2 38

2.1 Erarbeiten Sie aus dem Text (M 1) die zentralen Aussagen Kennedys!

2.2 Überprüfen Sie an der Entwicklung der Ost-West-Beziehungen in den 1960er- und 1970er-Jahren, inwieweit die Vorstellungen Kennedys politisch umgesetzt werden konnten!

3 32

3.1 Ermitteln Sie durch eine Interpretation der Karikatur (M 2), wie die sich abzeichnenden Veränderungen im Verhältnis zwischen den USA und der SU aus deutscher Sicht dargestellt werden!

3.2 Erläutern Sie, wie die Regierung der Bundesrepublik Deutschland unter Brandt/Scheel in der Außen- und Deutschlandpolitik auf die veränderte internationale Lage reagierte!

4 Zeigen Sie äußere und innere Faktoren auf, welche die Entwicklung der Beziehungen zwischen Nationen bestimmen! Erörtern Sie den Einfluss der jeweiligen Faktoren am Beispiel des Verhältnisses Deutschlands zu einer anderen Nation aus <u>einem</u> der folgenden Zeitabschnitte: Deutsches Kaiserreich 1871 bis 1914; Weimarer Republik 1919 bis 1932; NS-Zeit 1933 bis 1945! 32

M 1: Auszug aus einer Rede des amerikanischen Präsidenten John F. Kennedy am 10. Juni 1963 an der Universität Washington

Ich habe daher diesen Zeitpunkt und diesen Ort gewählt, um ein Thema zu erörtern, über das zu oft Unwissenheit herrscht und bei dem die Wahrheit zu selten gesehen wird – und doch ist es eines der wichtigsten Themen auf Erden: der Weltfrieden.

Welche Art von Frieden meine ich? Nach welcher Art von Frieden streben wir? Nicht nach einer Pax Americana, die der Welt durch amerikanische Kriegswaffen aufgezwungen wird. Nicht nach dem Frieden des Grabes oder der Sicherheit des Sklaven. Ich spreche hier von dem echten Frieden – jenem Frieden, der das Leben auf Erden lebenswert macht, jenem Frieden, der Menschen und Nationen befähigt, zu wachsen und zu hoffen und ein besseres Leben für ihre Kinder aufzubauen, nicht nur ein Friede für Amerikaner, sondern ein Friede für alle Menschen. Nicht nur Frieden in unserer Generation, sondern Frieden für alle Zeiten.

Ich spreche vom Frieden, weil der Krieg ein neues Gesicht bekommen hat. Ein totaler Krieg ist sinnlos in einem Zeitalter, in dem Großmächte umfassende und verhältnismäßig unverwundbare Atomstreitkräfte unterhalten können und sich weigern, zu kapitulieren, ohne vorher auf diese Streitkräfte zurückgegriffen zu haben. Er ist sinnlos in einem Zeitalter, in dem eine einzige Atomwaffe fast das Zehnfache an Sprengkraft aller Bomben aufweist, die von den gesamten alliierten Luftstreitkräften während des Zweiten Weltkrieges abgeworfen wurden. Und er ist sinnlos in einem Zeitalter, in dem die bei einem Atomkrieg freigesetzten tödlichen Giftstoffe von Wind und Wasser, Boden und Saaten bis in die entferntesten Winkel des Erdballs getragen und sich selbst auf die noch ungeborenen Generationen auswirken würden. Es ist heute, wenn der Friede gewahrt werden soll, unerlässlich, jedes Jahr Milliarden von Dollar für Waffen auszuwerfen, die lediglich zu dem Zweck geschaffen werden, sicherzustellen, daß wir sie niemals einzusetzen brauchen. Aber zweifellos ist die Anlage solcher unnützer Arsenale, die nur der Vernichtung und niemals dem Aufbau dienen können, nicht der einzige, geschweige denn der wirksamste Weg zur Gewährleistung des Friedens.

Ich spreche daher vom Frieden als dem zwangsläufig vernünftigen Ziel vernünftiger Menschen. Ich bin mir bewußt, daß das Streben nach Frieden nicht so dramatisch ist wie das Streben nach Krieg – und oft treffen die Worte desjenigen, der nach Frieden strebt, auf taube Ohren. Und doch gibt es keine dringlichere Aufgabe für uns.

Manche sagen, es sei zwecklos, von Weltfrieden, internationalem Recht oder internationaler Abrüstung zu sprechen – und alles sei nutzlos, solange die Führer der Sowjetunion keine aufgeschlossenere Haltung einnehmen. Ich hoffe, sie werden dies tun. Ich glaube, wir können ihnen dabei helfen. Aber ich glaube auch, daß wir unsere eigene Haltung überprüfen müssen – als Einzelpersonen und als Nation –, denn unsere Einstellung ist genauso wichtig wie die ihre. Jeder Absolvent dieser Universität, jeder denkende Bürger, der den Krieg verabscheut und mithelfen will, Frieden zu schaffen, sollte damit beginnen, in sich zu gehen und seine eigene Einstellung zu den Möglichkeiten des Friedens, zur Sowjetunion, zum Verlauf des Kalten Krieges, zur Freiheit sowie zum Frieden hier im eigenen Lande zu überprüfen.

Lassen Sie uns zunächst unsere Haltung gegenüber dem Frieden selbst überprüfen. Zu viele von uns halten ihn für unmöglich. Zu viele von uns halten ihn für nicht zu verwirklichen. Aber das ist ein gefährlicher, defätistischer Glaube. Er führt zu der Schlussfolgerung, daß der Krieg unvermeidlich ist, daß die Menschheit zum Untergang verurteilt ist, daß wir uns in der Gewalt von Kräften befinden, die wir nicht kontrollieren können.

Wir brauchen diese Ansicht nicht zu akzeptieren. Unsere Probleme sind von Menschen geschaffen, deshalb können sie auch von Menschen gelöst werden. Die Größe, die der menschliche Geist erreichen kann, bestimmt der Mensch selbst. Kein schicksalhaftes Problem der Menschheit liegt außerhalb der Reichweite des Menschen. Die menschliche Vernunft und der menschliche Geist haben oftmals das scheinbar Unlösbare gelöst – und wir glauben, daß sie dies erneut tun können.

Ich spreche jetzt nicht von der absoluten, nicht mehr fassbaren Idee des Weltfriedens und des guten Willens, von der einige Phantasten und Fanatiker immer noch träumen. Ich leugne nicht den Wert von Hoffnungen und Träumen, aber wir würden lediglich Entmutigung und Ungläubigkeit Tür und Tor öffnen, wenn wir das zu unserem einzigen und unmittelbaren Ziel machen würden.

Wir sollten uns statt dessen auf einen praktischeren, erreichbareren Frieden konzentrieren, der nicht auf einer plötzlichen Revolution der menschlichen Natur, sondern auf einer allmählichen Evolution der menschlichen Institutionen basiert – auf einer Reihe von konkreten Maßnahmen und wirksamen Übereinkünften, die im Interesse aller Betroffenen liegen.

Für diesen Frieden gibt es keinen einfachen Schlüssel, keine großartige oder magische Formel, die sich eine oder zwei Mächte aneignen könnten. Der echte Friede muß das Produkt vieler Nationen sein, die Summe vieler Maßnahmen. Er muß dynamisch, nicht statisch sein, er muß flexibel sein, um den großen Aufgaben einer jeden Generation zu entsprechen. Denn der Friede ist ein Prozeß – ein Weg, Probleme zu lösen.

Bei einem solchen Frieden wird es Streitigkeiten und entgegengesetzte Interessen geben, wie dies innerhalb von Familien und Nationen der Fall ist. Der Weltfriede, wie auch der

Friede in Stadt und Land erfordern nicht, daß jeder seinen Nachbarn liebt. Er erfordert lediglich, daß man in gegenseitiger Toleranz miteinander lebt, seine Streitfälle einer gerechten und friedlichen Lösung unterwirft.
Und die Geschichte lehrt uns, daß Feindschaften zwischen Nationen wie zwischen einzelnen nicht ewig dauern. Wie fest unsere Neigungen und Abneigungen auch immer erscheinen mögen, der Gang der Zeit und der Ereignisse wird oft überraschende Verlagerungen in den Beziehungen zwischen Nationen und Nachbarn bringen.
So wollen wir unermüdlich weiterarbeiten. Der Friede braucht nicht unerreichbar zu sein [...]

Quelle: Wolfgang Lautemann/Manfred Schlenke (Hg.): Geschichte in Quellen. Bd. VII: Die Welt seit 1945. Bearb. v. Helmut Krause und Karlheinz Reif. München 1980. S. 580–581.

M 2: Karikatur von Wolfgang Hartung, erschienen am 7. Januar 1964 in der Tageszeitung „Die Welt"

Setz dich doch, Brüderchen – Michel bezahlt!

Quelle: Wolfgang Marienfeld: Die Geschichte des Deutschlandproblems im Spiegel der politischen Karikatur. Bonn 1989. S. 140.

Anmerkung: *Bei den abgebildeten Politikern handelt es sich um den sowjetischen Regierungschef (Generalsekretär der KPdSU) Nikita Chruschtschow und den US-amerikanischen Präsidenten Lyndon B. Johnson.*

Lösungen

1 *Die materialunabhängige Aufgabe verlangt eine Beschreibung und Zusammenfassung der amerikanisch-sowjetischen Beziehungen im Zeitraum von 1950 bis 1963 (AFB II).*

Zu **Beginn der fünfziger Jahre** war das Verhältnis zwischen den USA und der Sowjetunion von einem tiefen gegenseitigen Misstrauen geprägt. Der Sieg Mao Tsetungs in China und die erste sowjetische Atombombenexplosion der UDSSR 1949 steigerten die **Angst der USA** vor einem weltweiten Vordringen des Kommunismus, die Wirkungen des Marshall-Planes und die Angst vor dem Dollar-Imperialismus schürten das Misstrauen der Sowjetunion. Die amerikanische Regierung verschärfte ihre Eindämmungspolitik („**containement policy**") und steigerte sie zum **Konzept des Roll-back**, also der Strategie, die Sowjetunion zurückzudrängen und ihren Machtbereich einzuengen.

Die Konfrontation der beiden Supermächte und damit auch der von ihnen geführten Blöcke eskalierte, als am 25. Juni 1950 **nordkoreanische Truppen in Südkorea einmarschierten**, auch um einem von Südkorea vorbereiteten Angriff zuvorzukommen. Nach einigem Zögern griffen die USA mit Luft- und Seestreitkräften auf Seiten Südkoreas ein. Nordkorea wurde indirekt unterstützt von der Sowjetunion, chinesische Truppen waren zeitweise in die Kämpfe verwickelt. Aus dem Konflikt zwischen Nord- und Südkorea war eine globale Krise geworden und ein „**Stellvertreterkrieg**".
Der Korea-Krieg führte auch dazu, dass in Deutschland die Diskussion um die **Wiederbewaffnung** intensiv geführt wurde, in deren Folge die Bundesrepublik nach dem Scheitern der Europäischen Verteidigungsgemeinschaft in die NATO aufgenommen wurde. Die Sowjetunion versuchte die Integration der Bundesrepublik in das westliche Verteidigungsbündnis zu verhindern und machte 1952 in den **Deutschlandnoten** zunächst das Angebot eines Friedensvertrages mit Deutschland, der ein wiedervereinigtes Land westlich der Oder-Neiße-Grenze vorsah, und bot in einer zweiten Note sogar gesamtdeutsche Wahlen an. Der Westen lehnte diesen Plan, der auf eine Neutralisierung Deutschlands hinausgelaufen wäre, jedoch ab.
Parallel dazu betrieb die Sowjetunion zu Beginn der fünfziger Jahre eine kompromisslose Politik der Sicherung des eigenen Lagers. Nach **Stalins Tod** am 5. März 1953 mehrten sich zunächst die Anzeichen für eine Entspannung zwischen der Sowjetunion und den USA, und in den sozialistischen Ländern im Machtbereich der Sowjetunion wuchsen die Widerstände gegen die kommunistischen Regime. Da der Westen aber die Signale der Annäherung wiederum als taktische Manöver ansah, vollzog die Sowjetunion eine Wende ihrer Politik. Als am 17. Juni 1953 die Arbeiter in der DDR gegen eine erhebliche Erhöhung der von ihnen geforderten Arbeitsnormen auf die Straßen gingen, schlug die Besatzungsmacht den **Aufstand in Ostberlin** mit Truppen nieder. Auch in **Ungarn** wurde der Versuch, das Land zu reformieren und zu liberalisieren, 1956 gewaltsam niedergeschlagen.

In der Folge verschärfte sich der Kalte Krieg durch einen ungebremsten **Rüstungswettlauf** auf beiden Seiten. Allerdings gab es mehr und mehr auch Stimmen, die angesichts der immensen Kosten Verhandlungen über Rüstungsbeschränkungen und Abrüstung forderten. Doch die Angst vor der atomaren Bedrohung war zu groß, das atomare Patt lähmte die Politik der Supermächte.
Noch gefährlicher wurde die Konfrontation 1962, als die Sowjetunion versuchte, auf **Kuba**, also vor der Haustür der USA, Raketenstellungen zu installieren. Als sich russische und amerikanische Schiffe, die eine Seeblockade um Kuba errichtet hatten, unmittelbar gegenüberstanden, drohte eine atomare Auseinandersetzung. Doch **Chruschtschow**, der nach Stalins Tod die Macht übernommen und den Ost-West-Konflikt vor allem durch seine Berlin-Ultimaten verschärft hatte, scheute den atomaren Schlagabtausch, die sowjetischen Schiffe drehten ab. Von da an brach der sowjetische Führer seine Politik

der Erpressungen und Nadelstiche ab, die USA unter Kennedy gaben ihrerseits ihre Politik des Roll back auf. Beide Mächte akzeptierten von nun an ihre jeweiligen Machtbereiche. Der **Bau der Berliner Mauer 1961** und die Duldung durch den Westen waren ein erstes Indiz dieser Politik.

Auf der Grundlage des **Gleichgewichts des Schreckens** ging der Westen auf das sowjetische Angebot einer „**friedlichen Koexistenz**" ein. Ein Zeichen der neuen Politik zwischen den Großmächten war 1963 die Einrichtung des „heißen Drahtes". Nicht mehr Konfrontation bestimmte nun die Politik, sondern Entspannung.

2.1 *Bei dieser Teilaufgabe sollen Sie aus der Rede Kennedys wesentliche Aussagen zu historischen Sachverhalten herausfinden und im Zusammenhang darstellen (AFB II). Achten Sie darauf, dass Sie eine zu ausführliche oder allzu textnahe Paraphrasierung vermeiden.*

John F. Kennedy setzt sich in seiner Rede an der Universität Washington im Jahre 1963 mit der Möglichkeit des Weltfriedens auseinander. Dabei grenzt er den von ihm erstrebten Frieden einerseits von einer „Pax Americana" (Z. 5), also einem von den USA erzwungenen Frieden, ab, und andererseits von einem nur kurzzeitigen oder auch von einem utopischen Frieden „des guten Willens" (Z. 53). Vielmehr ist sein Ziel ein dauerhafter Frieden für alle Völker.
Notwendig ist eine solche **Friedenspolitik** aus Sicht Kennedys, weil angesichts der Zerstörungskraft der atomaren Waffen jede Art von Krieg sinnlos geworden sei und die ganze Menschheit, egal an welchem Ort der Erde, bedrohe. Darüber hinaus verlangten der Rüstungswettlauf und seine immensen Kosten nach der Alternative eines dauerhaften Friedens „als vernünftigem Ziel vernünftiger Menschen" (Z. 27 f.).
Für erreichbar hält Kennedy diesen Frieden durch eine **Annäherung zwischen der Sowjetunion und den USA**. Möglich hält er einen solchen Prozess, weil er glaubt, die Führer der Sowjetunion dafür gewinnen zu können, wenn sich auch die Einstellung der Amerikaner ändern sollte. Prinzipiell glaubt Kennedy, dass menschlicher Geist und menschliche Vernunft das Problem lösen könnten. Sicherlich betont er dies besonders angesichts des Ortes seiner Rede, der Universität Washington, und demzufolge seiner intellektuellen Zuhörer.
Für Kennedy kann die Lösung nur ein **pragmatischer Frieden** sein, der die Gegebenheiten der menschlichen Natur und der politischen Verhältnisse anerkennt. Mit „wirksamen Übereinkünften" (Z. 60), also einer von gegenseitiger Toleranz geprägten Kooperation, können nach seiner Meinung die Konflikte ohne Krieg gelöst werden. Dabei versteht er den Frieden als einen evolutionären Prozess, nicht als einen Zustand.
Schließlich sieht sich Kennedy von der Geschichte bestärkt, in der sich gezeigt habe, dass scheinbar unüberwindbare Gegensätze und Feindschaften nicht ewig dauern.

2.2 *Anschließend an die Ergebnisse der vorherigen Aufgabe soll nun die These Kennedys von einer Annäherung zwischen der Sowjetunion und den USA als Voraussetzung für einen Weg zu einem pragmatischen Weltfrieden an der historischen Realität der 1960er- und 1970er-Jahre daraufhin untersucht werden, ob sie der Wirklichkeit gerecht geworden ist (AFB III).*

Spätestens mit dem Einlenken Chruschtschows und der Beilegung der Kuba-Krise setzte sich in der Sowjetunion und in den USA die **Status-quo-Politik** durch. Beide Führungsmächte akzeptierten den Machtbereich des Gegners, wurden dadurch frei für erste Annäherungen und Vereinbarungen. Der **sowjetisch-amerikanisch-britische Vertrag über die Einstellung der Kernwaffentests vom 25. Juli 1963** war dafür ein erster wichtiger Schritt.

Status-quo-Politik wurde von beiden Mächten aber auch so verstanden, dass keine Destabilisierung des eigenen Machtbereichs geduldet werden konnte. So erklärt sich die **militärische Intervention der USA in Vietnam**. Der seit 1957 schwelende Konflikt zwischen der Regierung Südvietnams und der „Nationalen Befreiungsfront" (FLN), in den die USA auf Seiten der Regierungstruppen verwickelt waren, eskalierte 1964 nach dem Zwischenfall im Golf von Tongking. Nordvietnam griff auf Seiten der FLN in den Krieg ein, die USA verstärkten ihr militärisches Engagement in Form von Bombenangriffen auf Nordvietnam erheblich. Die USA reagierten gemäß der **Domino-Theorie**: Würden die USA ihren Garantieversprechen für Südvietnam nicht gerecht werden, so würde man ihnen weder in Kambodscha und Thailand noch in Berlin und Deutschland glauben.
Auf der anderen Seite reagierte auch die Sowjetunion unerbittlich, als in der Tschechoslowakei die Destabilisierung des kommunistischen Regimes und damit des Ostblocks drohte. Truppen des Warschauer Paktes marschierten am 20. August 1968 in Prag ein und erstickten den „**Prager Frühling**".
Entgegen der Hoffnungen Kennedys wurde auf beiden Seiten trotz der Entspannungsphase auch das Wettrüsten fortgesetzt, das immer höhere Kosten verursachte. Man wollte das Gleichgewicht des Schreckens erhalten. So liefen also einerseits die Entspannungsbemühungen der beiden Supermächte und andererseits die Verfestigungen der Machtblöcke parallel, die Vorstellungen Kennedys konnten nur teilweise durchgesetzt werden.

Zu **Beginn der siebziger Jahre** überwogen jedoch Signale, die auf eine Entspannung hindeuteten. Nicht nur die Führungsmächte bemühten sich mehr und mehr um eine politisch-vertragliche Regulierung des Ost-West-Konflikts, sondern auch die im Schatten der Großmächte handelnden europäischen Staaten untereinander. Der Besuch des amerikanischen Präsidenten Nixon in Moskau im Mai 1972 führte zur Unterzeichnung des **SALT 1-Abkommens** mit erheblichen beiderseitigen Beschränkungen des atomaren Arsenals. Noch wichtiger wurden die Annäherungen der Bündnissysteme untereinander. Die Sowjetunion schlug eine „**Konferenz über Sicherheit und Zusammenarbeit in Europa" (KSZE)** vor, die am 18. September 1973 in Genf begann und am 1. August in Helsinki mit der Schlussakte ihren Abschluss fand. Noch vor Beginn der KSZE kam es am 27. Januar 1973 in Paris zum **Waffenstillstandsabkommen über Vietnam**.
Von einem globalen Frieden konnte jedoch trotz aller Entspannungsbemühungen zu Beginn der siebziger Jahre nicht die Rede sein, da die Blöcke sich nach wie vor hoch gerüstet gegenüberstanden und die ideologischen und politischen Gegensätze unüberbrückbar schienen.

Ende der 70er-Jahre geriet die Entspannungspolitik allerdings in Verruf. In den USA, die vom Vietnam-Krieg, von der Watergate- und der Geisel-Affäre im Iran erschüttert waren, sah man in der Entspannungspolitik nur noch Vorteile für die Sowjetunion, doch auch dort zweifelte die Führung am Erfolg für das eigene Lager, da die erhoffte wirtschaftliche Unterstützung durch den Westen ausblieb und die KSZE-Schlussakte für erhebliche Unruhen im eigenen Block sorgte.

Ein erheblicher Rückschlag für die Entspannungspolitik war dann auch die Entscheidung der Sowjetunion, ab 1976 ihre gegen Westeuropa gerichteten Mittelstreckenraketen durch moderne und zielgenauere **SS-20-Raketen** mit größerer Reichweite auszutauschen. Als schließlich im Dezember 1979 Sowjettruppen in **Afghanistan** einmarschierten und gegen die auch von den USA unterstützten proislamischen Guerrillatruppen kämpften, kam es zu einem neuen Stellvertreterkrieg.
Der seit Januar 1977 regierende Präsident **Jimmy Carter** reagierte auf die Herausforderungen durch die SU mit einer Verschärfung des Konfrontationskurses. Ergebnis war der **NATO-Doppelbeschluss** im Jahr 1979. Die NATO bot dem Warschauer Pakt Verhandlungen über Abbau der Mittelstreckenraketen in Europa an, beschloss aber gleichzeitig die Aufrüstung durch moderne Pershing-Raketen und Marschflugkörper.

Zusammenfassend lässt sich sagen, dass es im Verlauf der 1960er-Jahre und verstärkt zu Beginn der 1970er-Jahre, vor allem auch auf Initiative Kennedys, zu einer Annäherung der beiden großen Mächte kam. Ende der 1970er-Jahre kam es schließlich zu einer erneuten Verschärfung des Ost-West-Konflikts.

3.1 *Die Aufgabenstellung ist so formuliert, dass zwei Teilaufgaben in einer Lösung miteinander verknüpft werden sollen. Die Interpretation einer Karikatur, d. h. also die Beschreibung der Bildelemente, die Ermittlung der Aussage und die Einordnung in den zeitlichen Hintergrund, soll die Grundlage für die Herausarbeitung der deutschen Sicht auf die Entspannungsphase zwischen der Sowjetunion und den USA bilden. Der Operator „Interpretation" fordert Leistungen in allen drei Anforderungsbereichen, während mit dem Operator „Ermitteln Sie …" die in der Karikatur enthaltene Bewertung herausgefunden werden soll (AFB II).*

Die 1964 erschienene Karikatur zeigt einen recht fröhlichen und aufgekratzten sowjetischen Parteichef Chruschtschow, der den noch zögerlich wirkenden amerikanischen Präsidenten Johnson an den „Entspannungs"-Tisch einlädt. Der Zeichner spielt auf die Situation zwischen den Großmächten an: Nach dem Tod Kennedys 1963 setzte dessen Nachfolger Johnson die Entspannungspolitik fort. Die Unterschrift erklärt die Rolle des deutschen Michel, der in der Rolle einer eher schwächlich und ängstlich wirkenden Bedienung an den Tisch tritt und der nach Aussage des sowjetischen Führers die Zeche bezahlt. Auf der Vorlegeplatte bietet er das geteilte Deutschland als Wurst an, die in drei Teile mit den Bezeichnungen „Bundesrepublik", „DDR" und „Berlin" zerschnitten ist. Als Getränke stehen auf dem Tisch Bierkrüge, die die Oder-Neiße-Grenze symbolisieren. Deutschland zahlt also nach Meinung des Karikaturisten mit der Verfestigung der deutschen Teilung und der Anerkennung der Oder-Neiße-Grenze.

Der Zeichner bringt die Meinung zum Ausdruck, dass die Annäherung zwischen den USA und der Sowjetunion in erster Linie den Interessen der Sowjetunion diene und dass durch die Anerkennung des Status quo, die ja eine Bedingung der Entspannungsphase zu sein schien, in besonderem Maße Deutschland Nachteile zu erleiden habe. Die **Verfestigung der deutschen Teilung und die Zementierung der Oder-Neiße-Grenze** sind nach Meinung des Karikaturisten ein allzu hoher Preis, der von den Deutschen für die Entspannungspolitik gezahlt werden muss. Offensichtlich waren solche Befürchtungen auch eine Folge des **Rücktritts von Konrad Adenauer** 1963, der als Gegner der Entspannungspolitik galt.

3.2 *Die Aufgabe verlangt, dass Sie die Außen- und Deutschlandpolitik der sozialliberalen Koalition Brandt/Scheel, also der Zeit von 1969 bis 1974, in den Zusammenhang der Entspannungspolitik der Großmächte einordnen (AFB II).*

Die **„neue Ostpolitik" der sozialliberalen Koalition** trug der besonders von Kennedy vorangetriebenen Entspannungspolitik Rechnung und versuchte eine Isolation Deutschlands zu verhindern.

Das Konzept dieser Politik, das von Brandt und seinem ostpolitischen Berater **Egon Bahr** Ende der 1960er-Jahre erarbeitet wurde, sah einen **„Wandel durch Annäherung"** vor. Grundüberlegung war, den bestehenden Status quo, wie er in Jalta festgelegt worden war, als Faktum, wenn auch nicht als völkerrechtlich legalen Zustand anzuerkennen und so Möglichkeiten zu schaffen, um sowohl in der deutschen Frage als auch in den Beziehungen zu den osteuropäischen Nachbarn Fortschritte zu erzielen. Durch die schrittweise Annäherung der Systeme und Blöcke sollte die europäische und damit die deutsche Spaltung überwunden werden. Mit der Bekräftigung der Verantwortlichkeit der vier Siegermächte für Deutschland als Ganzes und für Berlin machte die Regierung Brandt/

Scheel darüber hinaus deutlich, dass die deutsche Frage nach wie vor offen sei und dass man an der Einheit der Nation festhalte. Ein konkretes Ziel der neuen Ostpolitik war es, **zwischenstaatliche Vereinbarungen** mit der DDR und den östlichen Nachbarn zu treffen, um **humanitäre Erleichterungen** zu ermöglichen.

Politisch umgesetzt wurde die neue Ostpolitik in mehreren Vertragswerken, die durch Vorleistungen der Bundesrepublik möglich wurden. Die **Anerkennung der DDR** als eigener Staat, nicht aber als eigene Nation, die **Aufgabe des Alleinvertretungsanspruchs** und die Unterzeichnung des Atomwaffensperrvertrags waren solche Vorleistungen.
Am 12. August 1970 kam es dann zur Unterzeichnung des deutsch-sowjetischen Vertrags (**Moskauer Vertrag**), in dem die Bundesrepublik die bestehenden Grenzen in Europa akzeptierte, die UdSSR ihrerseits mit der Entgegennahme des „Briefes zur deutschen Einheit" den Wunsch der Bundesrepublik nach Wiedervereinigung anerkannte. Der Moskauer Vertrag und die darin enthaltene Erklärung, dass die Westgrenze Polens als unverletzlich, wenn auch nicht als völkerrechtlich endgültig anerkannt wurde, ebneten den Weg für einen **Vertrag mit Polen**, der am 7. Dezember 1970 in Warschau unterzeichnet wurde.
Der Versuch, auch mit der DDR zu vertraglichen Regelungen zu kommen, scheiterte zunächst am Widerstand der DDR-Führung. Erst als nach dem **Sturz Ulbrichts 1971** durch ein **Vier-Mächte-Abkommen über Berlin** ein dauernder Krisenherd entschärft worden war, kam es auch zu Vereinbarungen mit der DDR-Regierung. Ende 1971 wurde ein **Transit-Abkommen** getroffen, im Mai 1972 ein Verkehrsvertrag geschlossen, bevor schließlich im **Grundlagenvertrag** vom Dezember 1972 die Basis geschaffen wurde für weitere vertragliche Regelungen. So konnten die innerdeutschen Beziehungen entwickelt und ausgebaut werden zur Erleichterung der Situation der Menschen in den beiden Teilen Deutschlands.

4 *Die Aufgabe ist zweigeteilt. Zunächst sollen Sie allgemein Aspekte benennen, die außenpolitische Beziehungen beeinflussen (AFB I, vorwiegend aber AFB II). Anschließend wird von Ihnen gefordert, dass Sie anhand von selbst gewählten Beispielen aus einer von drei möglichen Phasen der deutschen Geschichte die Gültigkeit der beschriebenen Aspekte überprüfen.*

Im Grunde können alle Bedingungen, die in irgendeiner Weise die Politik bestimmen, sich auf die Entwicklung der Beziehungen zwischen Nationen auswirken. Hier kann es folglich nur darum gehen, diejenigen Faktoren anzusprechen, die wiederkehren und üblicherweise einen Einfluss auf die Außenpolitik eines Staates haben.

Unter **äußeren Faktoren** sind jene zu verstehen, die unabhängig von der jeweiligen Verfassung eines Staates, also hier des Deutschen Reiches, oder von konkreten Interessenlagen bestimmender Kräfte der Gesellschaft von Bedeutung sind. Hierher gehören machtpolitische Strukturen und Interessen, die immer wieder die Beziehungen zwischen Nationen bestimmen, also **Hegemoniestreben** auf der einen Seite und das **Bemühen um Gleichgewicht** auf der anderen Seite. Übergreifende ideologische Gegensätze, wie der nach dem Ersten Weltkrieg sich anbahnende **Konflikt zwischen dem kommunistischen Osten und dem liberalen Westen**, bilden dazu eine Sonderform.
Weitgehend unabhängig von der konkreten inneren Situation eines Staates sind auch die **Sicherheitsinteressen**, die im Grunde mitbestimmt werden von der geopolitischen Situation, in der sich ein Land befindet. Die Mittellage des Deutschen Reiches ist dafür ein markantes Beispiel. Die geopolitische Situation ist somit prägend für die militärisch-strategischen Überlegungen.
Mit Beginn der Industrialisierung und der damit verbundenen gesteigerten internationalen Arbeitsteilung gewinnen vor allem die **wirtschaftlichen Verflechtungen** erhebliche

Bedeutung für die zwischenstaatlichen Beziehungen. Außenwirtschaftliche Ziele und Erwägungen werden überwiegend definiert bzw. diskutiert im Kontext zu wirtschaftlichen Überlegungen anderer Nationen und auf der Grundlage der Entwicklung der internationalen Märkte. Letztlich war das Streben nach Kolonien, und damit letzten Endes der **Imperialismus** vor dem Ersten Weltkrieg als politische Reaktion auf außenwirtschaftliche Interessen der großen Industrienationen zu verstehen. Mit der Herausbildung des **Nord-Süd-Konflikts** ergab sich in diesem Zusammenhang ein weiterer äußerer Faktor, der die Beziehungen zwischen den Nationen bestimmt.

Wie bei den äußeren Faktoren, so erscheint es auch bei den **inneren Faktoren** schwierig, Bedingungen auszuschließen, die die zwischenstaatlichen Beziehungen nicht beeinflussen, also ihre Entwicklung bestimmen.
Inwieweit andere Nationen als Partner oder als Feinde gesehen werden, hängt neben gemeinsamen historischen Entwicklungen auch von herrschenden **Feind- oder Freundbildern** ab. Diese wiederum werden geprägt von gesellschaftlich-politischen Entwicklungen und in dem Zusammenhang von der Möglichkeit bestimmter Gruppen, die öffentliche Meinung zu beeinflussen. Dabei spielen selbstverständlich weltanschauliche Einstellungen und Überzeugungen der herrschenden Gruppen oder auch von jeweils sog. „schweigenden Mehrheiten" eine wichtige Rolle.
Selten werden auch wichtige außenpolitische Weichenstellungen gegenüber anderen Nationen getroffen, ohne dass die **wirtschaftlichen Interessen** führender Gruppen berücksichtigt werden, falls diese nicht unmittelbar zu solchen Entscheidungen geführt haben.
Wie vielfältig die inneren Einflussfaktoren auf die Entwicklung der Beziehungen zwischen Nationen sind, lässt sich am Einfluss einzelner **Personen** oder an Positionen von **Parteien** und ihrer Abhängigkeit von Wahlerfolgen verdeutlichen. So war der Wahlerfolg der CDU 1949 und die Kanzlerschaft Konrad Adenauers für die Aussöhnung der Bundesrepublik mit Frankreich sicher von besonderer Bedeutung.

Angesichts des begrenzten Raumes können für den zweiten Teil der Aufgabe nicht alle Möglichkeiten differenziert erörtert werden. Hier soll deshalb auf geeignete Beispiel aus den drei Phasen hingewiesen und zentrale Faktoren sollen angedeutet werden.
Hervorstechendes Beispiel für das **Deutsche Kaiserreich** von 1871 bis 1914 ist das Verhältnis Deutschlands zu **Frankreich**. Machtpolitische Interessen, die sich nach der Reichsgründung neu herausbildeten bestimmten in dem Sinne die Politik Bismarcks, als er nichts tat, was das Gleichgewicht weiter gefährden könnte. Unter seinen Nachfolgern, die stärker von einem Hegemonialstreben des Reiches geprägt waren, spielten innere Faktoren wie die Ideologie vom Erbfeind Frankreich oder die starken nationalen Eigeninteressen in führenden gesellschaftlichen Gruppen der aufstrebenden Industrienation Deutschland eine wesentliche Rolle.

Ein weiteres geeignetes Beispiel dieser Zeit wäre der Wandel in den Beziehungen zu **Russland** von einer engen, noch monarchisch geprägten Bündnispartnerschaft zur politisch-militärischen Konfrontation. Dabei spielten erneut machtpolitische Veränderungen insbesondere in Südosteuropa und im Nahen Osten eine bestimmende Rolle, sicherlich auch unterschiedliche wirtschaftliche Entwicklungen in dem dynamischen Prozess der Industrialisierung im Reich einerseits und dem eher langsamen Wandlungsprozess im Zarenreich. Die führenden Schichten, hier das Besitzbürgertum und dort der alte Adel, hatten nicht mehr die gleichen politischen und wirtschaftlichen Interessen.

Ganz anders ließen sich die zunehmenden Spannungen zwischen dem Reich und **England** erklären. Sobald auch das Deutsche Reich imperialistische Politik betrieb und aus wirtschaftlichen Gründen im Nahen Osten oder in Afrika und bedingt in Ostasien Einfluss zu gewinnen suchte, geriet man mit den Interessen Großbritanniens in Konflikt. Auch hier war es ein kaum trennbares Geflecht von äußeren und inneren Faktoren, das die Beziehungen zwischen den Nationen beeinflusste und veränderte.

Für die Zeit der **Weimarer Republik** ließen sich erneut die Beziehungen Deutschlands zu **Frankreich** bzw. zur **Sowjetunion** als Beispiele überprüfen. In den Beziehungen zu Frankreich war vor allem der Wandel in der Ära Stresemann von besonderer Bedeutung. Neben den ganz persönlichen Sympathien zwischen **Briand und Stresemann**, die in Locarno eine Rolle spielten und eine neue Ära der deutsch-französischen Beziehungen einleiteten, waren äußere Faktoren wichtig und relevant. Die Siegermächte des Ersten Weltkriegs, allen voran England, zeigten mehr und mehr Verständnis für das Bemühen des Reiches, aus der Isolation nach dem Versailler Vertrag herauszukommen. Der Druck auf Frankreich, die Interessen Deutschlands zu akzeptieren, wurde auch im Sinne des **Gleichgewichts in Europa** größer. Dabei spielte wohl auch eine Rolle, dass die westli chen Mächte die Beziehungen zwischen dem Reich und der Sowjetunion seit Rapallo mit Misstrauen beobachteten und eine Hinwendung Deutschlands nach Osten verhindern wollten. Die Machtlage in Europa bildete also den Handlungs- und Entscheidungsrahmen, innerhalb dessen die Beziehungen unter den Nationen sich wandelten.

Einen besonderen Fall stellten die Beziehungen des Deutschen Reiches zu **Polen** dar. Durch die Entscheidungen von Versailles und die Regelungen bezüglich der deutschen Ostgrenze war zwischen den beiden Staaten ein derart großes Konfliktpotential zusätzlich zu den historisch lange gewachsenen Sicherheitsproblemen entstanden, dass unabhängig von inneren Faktoren ständiges Misstrauen die Beziehungen beherrschte. Die Annäherung Deutschlands an die Sowjetunion, Ergebnis der Bemühung der beiden Länder, der Isolation in Europa zu entkommen, verstärkte das Misstrauen Polens gegenüber dem Reich noch.

Für die **NS-Zeit** bieten sich eine Fülle von Beispielen an, an denen jeweils nachgewiesen werden kann, wie äußere bzw. innere Faktoren für den Wandel der Beziehungen zu anderen Nationen verantwortlich sind. So lässt sich in Bezug auf **England** feststellen, dass die Kooperation mit dem Reich mit dem Ziel einer kollektiven Friedensordnung in Europa, also eines Mächtegleichgewichts, von den machtpolitischen Interessen Hitlers schrittweise zerstört wurde, bis es schließlich 1939 zur militärisch-politischen Konfrontation kam.

Welche Faktoren zum mehrfachen Wandel der Beziehungen des Reiches zur **Sowjetunion** beitrugen, lässt sich nur schwer erarbeiten. Grundsätzlich spielte die NS-Ideologie und das Ziel eines Raumgewinns im Osten die entscheidende Rolle. Der Krieg gegen Russland war wohl von Anfang an geplant. Geostrategische Überlegungen, also im Grunde ein äußerer Faktor, zwangen Hitler jedoch zu einer **Übereinkunft mit Stalin**, um erst die Voraussetzungen für den großen Krieg zu schaffen, ohne einen Zweifronten-Krieg zu riskieren. Die Rassenideologie mit der Abwertung des Slawentums war dabei ein weiterer, innerer Faktor, der das Verhältnis zur Sowjetunion bestimmte, zumal ein schon lange vorhandener Antikommunismus dadurch verstärkt wurde.

Von besonderer Qualität in der NS-Zeit war das Verhältnis zu den **USA**. Der Eintritt der Vereinigten Staaten in den Krieg, also der Wandel von einer eher misstrauischen Haltung zur offenen Konfrontation, war überwiegend von äußeren Faktoren bestimmt. Die USA mussten aus weltwirtschaftlichen und machtpolitischen Gründen der Expansion des Nationalsozialismus begegnen. Andererseits sind selbstverständlich **weltwirtschaftliche Überlegungen** im Falle der USA auch geprägt von nationalen wirtschaftlichen Interessen der Nation, die ohne einen freien Welthandel wesentliche Macht verlieren würde und deren Industrien geschwächt würden. Also auch hier ist eine klare Trennung von äußeren und inneren Faktoren nahezu unmöglich.

Grundkurs Geschichte (Bayern) 2009 – Aufgabe I
Bayern auf dem Weg zum modernen Staat

		BE
1	Legen Sie dar, welche Voraussetzungen für die industrielle Entwicklung Bayerns von ca. 1800 bis zur Reichsgründung durch den Staat geschaffen wurden!	24
2		40
2.1	Verdeutlichen Sie den aktuellen Erfahrungshintergrund in den Ausführungen des anonymen Autors (M 1) und arbeiten Sie heraus, zu welchen grundsätzlichen Feststellungen über die Lage der Proletarier er gelangt!	
2.2	Vergleichen Sie die erkennbaren Vorstellungen des anonymen Verfassers (M 1) zur künftigen Entwicklung der Arbeiterfrage mit denjenigen von Marx und Engels (M 2)!	
3	Zeigen Sie an zwei Beispielen, durch welche unternehmerischen Maßnahmen die sozialen Folgen der Industrialisierung abgemildert werden konnten! Gehen Sie dabei auf die unterschiedlichen Motive der Unternehmer ein!	20
4	Erörtern Sie, welcher Stellenwert wirtschaftlichen Krisen für die politische Entwicklung zukommt. Wählen Sie dabei entweder die Umbruchphase 1918/19 im Reich <u>oder</u> die Besatzungszeit 1945–1949!	36

M 1: Über die Arbeiterfrage in Bayern aus Anlaß der Preisfrage des Königs, München 1849 (Auszüge; anonym)

Hunderte von warnenden Stimmen haben schon auf die Noth der untern Klassen hingewiesen, die nicht allein an unser Gewissen appellirten, sondern auch an die Gefährdung unserer Sicherheit mahnten; – aber sie waren nicht gehört: […]

Was Wunder, wenn endlich der Hunger zur Selbsthilfe antrieb, als in den Jahren 1846 und 47 der Preis der nothwendigsten Lebensmittel durch unergiebige Ernten und Kartoffelfäule zu einer den Armen unerschwinglichen Höhe anstieg.

Allenthalben durchbrach der Hunger die Schranken eines gesetzlichen Zustandes, der ihn nicht sättigte.

Der Haus- und Strassenbettel nahm eine erschreckende Gestalt an; – nicht in Irland allein, auch in dem gesegneten Deutschland ward mit bewaffneter Hand um Almosen gebeten.

Die Volksjustiz pflanzte ihre Fahne auf. Häuser wurden demolirt, Vorrathkammern erstürmt, die Besitzer mißhandelt, wenn nicht getödtet. […]

Jede Noth konnte eine vorübergehende, – ein vereinzelt dastehender Fall – sein, wenn sie nur von den Mißernten der letzteren Jahre und dem sogenannten Wucher hergerührt hätte […]. Diese Ursachen konnten wohl ein Schwanken und Wogen, ein vorübergehendes Steigen der Getreidepreise verursachen, aber niemals werden dieselben bei durchschnittlichen mittleren Ernten späterer Jahre (denn auf ausgezeichnete kann nicht gerechnet werden) bis zu dem für den Arbeiter in der Regel leichter erschwinglichen – ehemaligen Preise herabsinken, weil die Zahl der Consumenten im Allgemeinen, besonders aber die Zahl der Arbeiter, die in gleichem Verhältnisse ihres Zunehmens den Arbeitspreis herabdrückt, in weit höherem Grade zunimmt, als die Produktion der Lebensmittel, während nur durch ein streng verhältnißmäßiges, – gleichheitliches Steigen beider die Lebensmittel in durchschnittlich gleichem Preise erhalten werden können.

Hierdurch entsteht ein Mißverhältnis zwischen Arbeit und Lohn.

Wie sich bei den von einigen deutschen Regierungen gepflogenen Recherchen herausstellte, war in Deutschland kein Mangel an Lebensmitteln, am wenigsten in Bayern, das selbst in Mißjahren genug für den eigenen Bedarf erzeugt, sondern Mangel an den Mitteln, selbe anzuschaffen, da sie den gewöhnlichen Preis weit überschritten hatten. Während die Anschaffung der Lebensmittel durch die, trotz der massenhaften Auswanderung, bedeutend zunehmende Bevölkerung täglich mehr erschwert wird, ist aus demselben Grunde der Arbeitslohn gefallen.

Die Hände werden wohlfeil. – Der Arbeitslohn ist nur mehr zur Noth hinreichend; – mit anderen Worten: der Arbeiter schwebt stets über einer kaum zu ziehenden Gränzlinie zwischen Entbehrung und Noth. – In wohlfeiler Zeit kann er leben, d. h. er stirbt nicht Hungers; – bei dem mindesten Steigen der Getreidepreise aber reicht sein Verdienst nicht mehr hin, ihn zu nähren. – Und doch arbeitet er in den magern Jahren mindestens ebensoviel als in den fetten, wenn es überhaupt solche für den Arbeiter gibt.

Der Preis der Lebensmittel hängt von andern Umständen ab, als der Preis der Arbeit. [...]

Der Arbeiterstand ist, seit er im Winter 1846/47 zum erstenmale in Deutschland durch die eisernen Bande der Noth zu einem compacten, seiner Kraft bewußten Körper vereiniget wurde, zu einer nicht zu übersehenden Macht herangewachsen, die stets aufstandsfertig, weil unzufrieden ist, und die jede politische Umwälzung mit Freuden begrüßen wird, weil sie in dieser eine sociale zu finden glaubt.

Der Hunger ist der einzige gefährliche Wühler; – er spricht am eindringlichsten, und schrickt nicht vor Bajonetten zurück.

Es fordert also nicht allein die Menschlichkeit, sondern auch die Klugheit zur ernstlichsten Fürsorge für diesen Stand auf. [...]

Was bisher vom Staate für die Arbeiter gethan wurde, geschah vom Standpunkte der Armenpflege aus.

Diese sociale Frage, von deren Lösung mehr oder weniger die Existenz des Staates für die Zukunft abhängt, muß der dürftigen gelegentlichen Fürsorge der Bureaukratie abgenommen, und als eine der Hauptaufgaben des Staates den ersten Staatsangelegenheiten gleichgestellt werden.

Quelle: Über die Arbeiterfrage in Bayern aus Anlaß der Preisfrage des Königs, München 1849 (anonym). In: Konrad von Zwehl und Susan Bönke (Hrsg.): Aufbruch ins Industriezeitalter. Quellen zur Wirtschafts- und Sozialgeschichte Bayerns, München 1985, S. 224ff.

M 2: Karl Marx und Friedrich Engels: Manifest der Kommunistischen Partei (Auszüge)

Diese Arbeiter, die sich stückweise verkaufen müssen, sind eine Ware wie jeder andere Handelsartikel, und daher gleichmäßig allen Wechselfällen der Konkurrenz, allen Schwankungen des Marktes ausgesetzt.

Die Arbeit der Proletarier hat durch die Ausdehnung der Maschinerie und die Teilung der Arbeit allen selbständigen Charakter und damit allen Reiz für den Arbeiter verloren. Er wird ein bloßes Zubehör der Maschine, von dem nur der einfachste, eintönigste am leichtesten erlernbare Handgriff verlangt wird. Die Kosten, die der Arbeiter verursacht, beschränken sich daher fast nur auf die Lebensmittel, die er zu seinem Unterhalt und zur Fortpflanzung seiner Rasse bedarf. Der Preis einer Ware, also auch der Arbeit, ist aber gleich ihren Produktionskosten. In demselben Maße, in dem die Widerwärtigkeit der Arbeit wächst, nimmt daher der Lohn ab. Noch mehr, in demselben Maße, wie Maschinerie und Teilung der Arbeit zunehmen, in demselben Maße nimmt auch die Masse der Arbeit zu, sei es durch Vermehrung der Arbeitsstunden, sei es durch Vermehrung der in einer gegebenen Zeit geforderten Arbeit, beschleunigten Lauf der Maschinen usw.

Die moderne Industrie hat die kleine Werkstube des patriarchalischen Meisters in die große Fabrik des industriellen Kapitalisten verwandelt. Arbeitermassen, in der Fabrik zusammengedrängt, werden soldatisch organisiert. Sie werden als gemeine Industriesoldaten unter die Aufsicht einer vollständigen Hierarchie von Unteroffizieren und Offizieren gestellt. Sie sind nicht nur Knechte der Bourgeoisklasse, des Bourgeoisstaates, sie sind täglich und stündlich geknechtet von der Maschine, von dem Aufseher, und vor allem von den einzelnen fabrizierenden Bourgeois selbst. Diese Despotie ist um so kleinlicher, gehässiger, erbitternder, je offener sie den Erwerb als ihren Zweck proklamiert.

Je weniger die Handarbeit Geschicklichkeit und Kraftäußerung erheischt, d. h. je mehr die moderne Industrie sich entwickelt, desto mehr wird die Arbeit der Männer durch die der Weiber verdrängt. Geschlechts- und Altersunterschiede haben keine gesellschaftliche Geltung mehr für die Arbeiterklasse. Es gibt nur noch Arbeitsinstrumente, die je nach Alter und Geschlecht verschiedene Kosten machen.

Ist die Ausbeutung des Arbeiters durch den Fabrikanten so weit beendigt, daß er seinen Arbeitslohn bar ausgezahlt erhält, so fallen die anderen Teile der Bourgeoisie über ihn her, der Hausbesitzer, der Krämer, der Pfandleiher usw.

Die bisherigen kleinen Mittelstände, die kleinen Industriellen, Kaufleute und Rentiers, die Handwerker und Bauern, alle diese Klassen fallen ins Proletariat hinab, teils dadurch, daß ihr kleines Kapital für den Betrieb der großen Industrie nicht ausreicht und der Konkurrenz mit den größeren Kapitalisten erliegt, teils dadurch, daß ihre Geschicklichkeit von neuen Produktionsweisen entwertet wird. So rekrutiert sich das Proletariat aus allen Klassen der Bevölkerung.

Das Proletariat macht verschiedene Entwicklungsstufen durch. Sein Kampf gegen die Bourgeoisie beginnt mit seiner Existenz.

Im Anfang kämpfen die einzelnen Arbeiter, dann die Arbeiter einer Fabrik, dann die Arbeiter eines Arbeitszweiges an einem Ort gegen den einzelnen Bourgeois, der sie direkt ausbeutet. Sie richten ihre Angriffe nicht nur gegen die bürgerlichen Produktionsverhältnisse, sie richten sie gegen die Produktionsinstrumente selbst; sie vernichten die fremden konkurrierenden Waren, sie zerschlagen die Maschinen, sie stecken die Fabriken in Brand [...].

Alle früheren Klassen, die sich die Herrschaft eroberten, suchten ihre schon erworbene Lebensstellung zu sichern, indem sie die ganze Gesellschaft den Bedingungen ihres Erwerbes unterwarfen. Die Proletarier können sich die gesellschaftlichen Produktivkräfte nur erobern, indem sie ihre eigene bisherige Aneignungsweise und damit die ganze bisherige Aneignungsweise abschaffen. Die Proletarier haben nichts von dem Ihrigen zu sichern, sie haben alle bisherigen Privatsicherheiten und Privatversicherungen zu zerstören.

Quelle: Karl Marx und Friedrich Engels: Manifest der Kommunistischen Partei. In: Karl Marx. Auswahl und Einleitung von Franz Borkenau, Frankfurt am Main 1956, S. 104f.

Lösungen

1 *Die 1. Teilaufgabe ist ausschließlich dem AFB I (Reproduktion) zuzuordnen. Gefordert ist eine Übersicht über die staatlichen Maßnahmen zur Unterstützung der Industrialisierung in Bayern von 1800 bis 1871.*

Als zu Beginn des 19. Jahrhunderts Bayern unter dem **Einfluss Napoleons** und unter der Regie des Grafen **Montgelas** zu einem modernen Staat umgestaltet wurde, bedeutete dies auch das Ende der barock-katholischen Kultur und den **Übergang von der ständischen zur bürgerlichen Gesellschaft**. Die starren Privilegien und die Immobilität der feudalen Ständeordnung erwiesen sich nicht nur als hinderlich für eine moderne Staatsverwaltung, sondern auch als Hemmschuh für die notwendige Fortentwicklung der Wirtschaft.
So ging es zunächst darum, die Fesseln der feudalen Wirtschaft, also der **Grund- und Gutsherrschaft**, zu beseitigen. Die herrschaftlichen Bindungen der Bauern auf dem Land erwiesen sich zwar als zählebig, doch die **Bauernbefreiung** als Voraussetzung für eine Agrarreform und die damit verbundene Steigerung der landwirtschaftlichen Produktivität waren ohne Alternative. Begonnen hatte der Prozess schon vor 1800 in Norddeutschland mit der Aufhebung bestimmter Beschränkungen der Freizügigkeit und der Umwandlung von Diensten und Naturalabgaben in Geldleistungen. Auch in Bayern hatten die Reformen des Grafen Montgelas von den Bauern drückende Lasten und Unfreiheiten genommen, ohne jedoch die Grundherrschaft zu beseitigen.
Wesentlich für die Freisetzung innovativer wirtschaftlicher Kräfte und die politische Weichenstellung für eine bürgerliche Leistungsgesellschaft war die **Konstitution von 1808**, in der den Bürgern zwar politische Mitbestimmung noch vorenthalten wurde, aber mit der Gleichheit vor dem Gesetz und der Sicherheit des Eigentums Voraussetzungen für freies Wirtschaften garantiert wurden. Die **Freiheit des Besitzerwerbs und die freie Berufswahl** waren zwingende Folgen dieser Modernisierung.
Es waren in erster Linie die **Zünfte**, die bis ins 19. Jahrhundert hinein eine Fortentwicklung des Gewerbes behindert hatten. Mit der Einführung der **Gewerbefreiheit** verloren sie jedoch ihre hemmende Bedeutung. Unter dem französischen Einfluss wurden in Bayern die Zunftzwänge schon zu Beginn des 19. Jahrhunderts gelockert, die Gewerbefreiheit endgültig aber erst 1868 eingeführt.
Eine erfolgreiche Industrialisierung setzt einerseits einen hinreichend großen Markt und andererseits eine Infrastruktur voraus, die den Austausch der Güter und Rohstoffe ermöglicht.
Zum Ausbau der Märkte waren der **Abbau von Zollschranken** nötig und die Einführung gleicher Währungen, Maße und Gewichte. Bayern schloss sich zwar zunächst dem von Preußen gegründeten Zollverein an, ging aber dann 1828 mit Württemberg und Hohenzollern eigene Wege, ehe man sich 1833 mit dem Preußisch-Hessischen Zollverein zum **Deutschen Zollverein** vereinigte. Mit dem Beitritt zum Zollverein ging auch für Bayern die Einführung einer Silberwährung einher. In diesem Zusammenhang ist die Gründung der Bayerischen Hypotheken- und Wechselbank 1834 erwähnenswert, mit deren Hilfe unter staatlicher Aufsicht die Industrie finanziert werden konnte.
Beim **Auf- und Ausbau des Verkehrswesens** zeigte sich die ansonsten eher konservative bayerische Monarchie durchaus fortschrittlich. König Ludwig I. hatte schon in den zwanziger Jahren eine Verbindung von Donau und Rhein angeregt, 1845 wurde dann der „Ludwig-Donau-Main-Kanal" eröffnet. Kurz vorher hatte der Landtag ein Gesetz über eine bayerische Nord-Süd-Bahn verabschiedet, nachdem 1835 zwischen Nürnberg und Fürth die erste Eisenbahn in Deutschland fuhr und 1940 die Strecke zwischen München und Augsburg eröffnet wurde.
Seit Montgelas hatte der Staat auch mehr und mehr das **Schulwesen** in seine Verantwortung übernommen und in der Folge durch den Ausbau des mittleren und höheren Schul-

wesens die Bildungsgrundlage verbessert, die für eine industrialisierte Wirtschaft nötig war. Signalwirkung hatte in diesem Zusammenhang die Gründung der Technischen Hochschule München im Jahr 1827.
Zusammenfassend lässt sich sagen, dass die bayerischen Monarchen den agrarischen Charakter ihres Landes zwar zu bewahren versuchten, aber dennoch wesentliche Voraussetzungen für die Industrialisierung des Königreichs im 19. Jahrhundert schufen.

2. *In der 2. Teilaufgabe geht es im Wesentlichen um die Analyse und die Auseinandersetzung mit zwei recht umfangreichen Textquellen. Dabei erschwert nicht nur deren Umfang die Aufgabe, sondern vor allem das Material M 1 stellt auch sprachlich besondere Anforderungen. Die Aufgabe 2.1 ist ausschließlich dem AFB II (Transfer) zuzuordnen, während in 2.2 sowohl Transferleistungen bei der Analyse des Textes als auch solche aus AFB III (Problemlösung) beim Vergleich gefordert werden.*

2.1 Der Erfahrungshintergrund des anonymen Verfassers des Textes ist zunächst aus dem **Erscheinungsjahr 1849** zu erschließen. Es ist das Jahr nach den **revolutionären Ereignissen**, die in München jedoch nicht allzu dramatisch abliefen, da der Landtag die Märzforderungen durchgesetzt hatte. Bereits vor den politischen Unruhen, die im Zusammenhang mit der **Affäre König Ludwigs I. mit der Tänzerin Lola Montez** ausgebrochen waren, hatte sich eine länger dauernde **wirtschaftliche Strukturkrise** durch die Kartoffelkrankheit und Missernten in den Jahren 1845 bis 1847 verschärft. In Berlin, in Stuttgart und auch in Wien kam es zu **Hungerrevolten** mit Plünderungen bei vermeintlich wucherischen Besitzern von Nahrungsmitteln, z. B. Bäckern. Polizei und Militär mussten eingreifen. Die Krise weitete sich in Deutschland auch deshalb aus, weil die wirtschaftliche Rezession europaweit bestand und mit zunehmender Arbeitslosigkeit und sinkenden Löhnen einherging. Der Verfasser beschreibt die Unruhen zwar als Vergangenheit, da die eigentliche Krise Ende 1947 bereits im Abklingen war, doch fürchtet er die Aufständischen als **staats- und gesellschaftsbedrohende Masse**, die auch nach der akuten Krise noch eine Gefahr darstellen könnte.
Für ihn ist die gerade abklingende akute Notsituation nur die Verschärfung einer **dauerhaften Nahrungsmittelkrise**, die vor allem die **Arbeiter** betraf. Deren rasch wachsender Zahl stellt er eine kaum höhere Nahrungsmittelproduktion gegenüber und erklärt so den stark gestiegenen Preis für Nahrungsmittel. Da andererseits die Löhne der Arbeiter aufgrund des wachsenden Angebots an Arbeitskräften eher sinken würden, werde nach Einschätzung des Autors in Zukunft die Schere zwischen Löhnen und Nahrungsmittelpreisen immer weiter auseinandergehen. So wird der Arbeiter immer in einer Notsituation leben müssen: Bei guten oder normalen Ernten wird er sich gerade so ernähren können, bei auch nur geringem Steigen der Getreidepreise, so ist der Autor überzeugt, wird er nicht mehr leben können, obwohl er jederzeit hart arbeiten muss.
Der Verfasser deutet die zurückliegenden Unruhen aber auch als ein gefährliches Signal für die Zukunft. Die **Arbeiterschaft sei sich ihrer Kraft und ihrer Einflussmöglichkeiten bewusst geworden**, sei von nun an „aufstandsfertig" (Z. 43 f.) und stelle folglich eine ständige Bedrohung der staatlichen Ordnung dar.

2.2 Der anonyme Verfasser sieht für die von ihm skizzierte **soziale Frage** und die damit verbundene Gefahr für die Existenz des Staates in erster Linie die Lösung in einer **klugen und humanen Sozialpolitik**. Der Staat müsse dabei die geschilderte Notlage der Arbeiter verbessern, jedoch nicht mit den traditionellen Mitteln einer Armenpflege, die der Autor als „dürftige[ ] gelegentliche[ ] Fürsorge der Bureaukratie" (Z. 53) kritisiert, sondern als „eine der Hauptaufgaben des Staates" (Z. 54). Ohne eine solche weitreichende und engagierte Sozialpolitik, also ohne eine **staatliche Lösung der sozialen Frage** ist nach Meinung des Verfassers die Existenz des Staates nicht zu erhalten.

Marx und Engels sehen demgegenüber keine Möglichkeit, die soziale Lage der Arbeiter im bestehenden Staat zu verbessern. Für sie ist die **unerträgliche Situation der Arbeiter** eine unmittelbare Folge der industriellen Arbeitsbedingungen. Die Maschine macht den arbeitenden Menschen zum Sklaven, die Arbeitsorganisation in den großen Betrieben zum „Industriesoldaten“ (Z. 17 f.). Hinzu kommt, dass die Masse der Arbeiter, das Proletariat, ständigen Zuwachs erhält durch die **Verdrängung handwerklicher Berufe** und den **Niedergang des nicht-industriellen Mittelstandes** von Bauern oder Kaufleuten.

Da die **Verarmung des Proletariats** und seine zahlenmäßige Ausweitung nach Marx und Engels im Interesse der „Bourgeoisklasse“ (Z. 19) liegt, richtet sich der **Kampf des Proletariats auch gegen die Bourgeoisie**, zunächst gegen den einzelnen Fabrikherren und seine Maschinen, dann gegen die Klasse als Ganze und den von ihr beherrschten Staat.

Während also der anonyme Verfasser die soziale Frage damit verbindet, dass die Arbeiterschaft durch zu niedrige Löhne und zu hohe Nahrungsmittelkosten gezwungen sein wird, sich zu erheben, um ihr Überleben zu sichern, sehen Marx und Engels in der sozialen Frage den unüberbrückbaren **Klassengegensatz** zwischen Proletariat und Bourgeoisie. Zu lösen ist aus ihrer Sicht das Problem nur durch eine Revolution des Proletariats und die Beseitigung der kapitalistischen Arbeits- und Produktionsbedingungen, also auch durch den Umsturz von Staat und Gesellschaft. Demgegenüber erkennt der anonyme Verfasser den Lösungsweg darin, die materielle Lage der Arbeiterschaft grundlegend zu verbessern und sie **in das bestehende politische System zu integrieren**, um dieses dadurch zu erhalten.

3 *In der dritten Teilaufgabe, die ausschließlich dem AFB I (Reproduktion) zuzuordnen ist, sollen Sie genauere Kenntnisse zum Problem der Lösung der sozialen Frage im 19. Jahrhundert nachweisen. Es geht hier um Maßnahmen zur Linderung der Not der Arbeiter, die von den Unternehmen selbst ausgingen und mit denen diese auf die drängendsten Notlagen der Arbeiterschaft reagierten.*

Eine staatliche Sozialpolitik gab es vor 1875 nicht, die Linderung der schlimmsten Notsituationen wie Krankheit oder Arbeitsunfähigkeit wegen Alters oder nach Unfällen übernahmen die **kirchlichen oder kommunalen Armenhilfen**, soweit nicht die Familie helfen und versorgen konnte. Mit der zunehmenden Verstädterung, dem Zerbrechen der ländlichen Großfamilie und der Ausweitung der ungesunden Fabrikarbeit nahm die Zahl derer, die in Not kamen, aber derart zu, dass die Armenfürsorge nicht mehr ausreichte. So entwickelten sich neue Formen der Hilfe und der Vorsorge, unter anderem auch durch **Initiativen von Unternehmern**.

Ein Beispiel für einen Unternehmer, der eine Vielzahl von Maßnahmen zur Linderung der sozialen Frage einführte, war **Alfred Krupp**. Schon 1835 gründete er für seine Arbeiter eine freiwillige **Hilfskasse für Krankheits- und Todesfälle**, die schließlich 1853 in eine verpflichtende Kranken- und Sterbekasse umgewandelt wurde. Wenige Jahre später ergänzte er sie durch eine **Pensionskasse**. Mitte der fünfziger Jahre des 19. Jahrhunderts baute die Firma Krupp **Arbeiterwohnheime** und errichtete **werkseigene Geschäfte**, um den Arbeitern günstige Einkaufsmöglichkeiten zu bieten. Da Krupp jedoch seinen Arbeitern die gewerkschaftliche Betätigung verbot, wird das Motiv seines sozialen Engagements deutlich: Er verstand sich als eine Art Familienvater seiner Arbeiter, die er an das Unternehmen binden wollte, wie auch die Errichtung von Arbeiterfamiliensiedlungen seit 1965 belegt. Als die Arbeiter bei Krupp dennoch streikten, erließ das Unternehmen ein „**Generalregulativ**“, in dem den Arbeitern strenge Pflichten auferlegt, aber auch Rechte und vor allem Sozialleistungen zugesichert wurden. Zu den Pflichten gehörte unter anderem das Verbot gewerkschaftlicher oder sozialdemokratischer Betätigung.

Einer völlig anderen Motivation entsprangen die sozialen Leistungen, die **Ernst Abbe** für die Arbeiter der **Zeiss- und Schott-Werke in Jena** einführte. Ihm ging es weniger darum, seinen Arbeitern Wohltaten zukommen zu lassen, vielmehr billigte er ihnen Rechte zu, um ihre Lebenslagen zu verbessern, und leistete **Hilfe zur Selbsthilfe**. So führte er seit 1875 **Betriebskrankenkassen** ein und sicherte den Arbeitern 1888 in einem Pensionsstatut eine **Alters- und Hinterbliebenen-Versorgung** zu. Abbe ging aber weit über diese Hilfen für Notlagen hinaus. 1890 wurde bei Zeiss, wo er als Leiter der 1889 gegründeten Carl-Zeiss-Stiftung Verantwortung trug, der Neun-Stunden-Tag eingeführt, 1900 sogar der **8-Stunden-Tag**. Die **Sicherung von Minimallöhnen**, eine **Gewinnbeteiligung**, **Urlaubsregelungen** und die Gründung einer Baugenossenschaft verbesserten seit 1896 nicht nur die materielle Lage der Arbeiter bei Zeiss, mit der **Einrichtung eines Lesehallenvereins** wurde ihnen auch ein Bildungsangebot gemacht. Für Abbe gehörte eine bessere Bildung und Ausbildung offensichtlich zu einer Voraussetzung für eine nachhaltige Lösung der sozialen Frage.

4 *Schon der Operator „Erörtern Sie" weist eindeutig darauf hin, dass es sich hier um eine übergreifende Aufgabe handelt, in der alle drei Anforderungsbereiche angesprochen werden. So werden Kenntnisse der historischen Entwicklungen einer der beiden zu wählenden „Umbruchphasen" verlangt, die dann unter einem bestimmten Aspekt, der Bedeutung der wirtschaftlichen Umstände, beurteilt werden sollen. Wichtig ist dabei die Berücksichtigung möglichst aller relevanten Einflussfaktoren für die jeweilige Entwicklung. So spielt beispielsweise die Kultur weder 1918/19 noch 1945–1949 eine richtungsweisende Rolle, während die weltanschaulich-ideologischen Auseinandersetzungen von großem Einfluss waren.*
In der anschließenden Lösung werden beide zur Wahl gestellten historischen Phasen behandelt, während für Sie nur eine zu untersuchen ist.
Will man den Stellenwert der wirtschaftlichen Krisen in den zur Wahl stehenden Umbruchphasen ermitteln und beurteilen, genügt es sicherlich nicht, diese Krisen zu beschreiben und die gewählten Faktoren gegen andere aufzuwiegen, sondern es gilt darüber hinaus zu beurteilen, inwieweit die wirtschaftlichen Probleme die Richtung der Veränderungen beeinflussten.

In der **Umbruchphase von 1918/19**, also in der Phase des **Untergangs des Kaiserreichs** und der Entstehung der Weimarer Republik, kann zweifellos von einer Wirtschaftskrise gesprochen werden. Die **Unterversorgung der Bevölkerung** in den Kriegsjahren und die damit verbundene Rationierung der Lebensmittel führten zu Mangelerscheinungen und Hungererfahrungen, die auch nach der Beendigung des Krieges fortdauerten. Angesichts des zunehmenden **Machtverlusts des Kaisers** gegenüber der Obersten Heeresleitung und am Ende auch gegenüber parlamentarischen Ausschüssen und angesichts der persönlichen Erfahrungen in der Zeit wirtschaftlicher Not verloren die Menschen den Glauben an die Obrigkeit. Die Monarchie erlitt einen weitgehenden **Akzeptanz- und Legitimationsverlust**.
Die **revolutionäre Entwicklung im Herbst 1918** mit der Meuterei der Matrosen, der Ausweitung der Unruhen auf das ganze Reich und der formellen Beendigung des Kaiserreiches in Berlin waren jedoch weniger eine Folge der wirtschaftlichen Krise, sondern eher des **Schocks über den militärischen Zusammenbruch**, nachdem bis zuletzt von einem Siegfrieden gesprochen worden war.
Bei den verantwortlichen Politikern schien ein Umbruch der politischen Verhältnisse im Reich auch deswegen nötig, weil man glaubte, nur so einen Verständigungsfrieden mit den Siegermächten erreichen zu können.
Dabei spielten schließlich die **ideologischen und parteilichen Gegensätze** eine bedeutende Rolle. Die Vertreter einer repräsentativen Demokratie und die Anhänger einer

Räterepublik nach sowjetischem Vorbild kämpften um die entscheidenden Mehrheiten und prägten mit dieser Auseinandersetzung wesentlich die Zukunft der Republik.
So lässt sich also für die Umbruchphase von 1918/19 sicherlich feststellen, dass die wirtschaftliche Lage am Ende des Krieges und zur Zeit der Revolution das Leben der Menschen wesentlich beeinflusste, dass aber die Richtungsentscheidungen sehr viel stärker von politischen Motiven und Machtlagen im Innern und vom **Verhalten der Siegermächte** bestimmt wurden.

Die **Besatzungsjahre von 1945 bis 1949** waren zweifellos wesentlich geprägt von einer Wirtschafts- und Versorgungskrise nicht nur im besiegten Deutschland, sondern in ganz Europa. Aber diese wirtschaftlichen Probleme waren in den Besatzungszonen nur ein Teil einer **umfassenden politischen, kulturellen und moralischen Krise** nach dem verlorenen Krieg und der bedingungslosen Kapitulation. Der Zusammenbruch der deutschen Wirtschaft und die weitgehende Zerstörung der Infrastruktur führten dazu, dass die elementare Versorgung der Bevölkerung nur durch Maßnahmen der Besatzungsmächte gesichert werden konnte. So war die **Gründung der Bizone**, die Vereinigung der amerikanischen und der britischen Besatzungszone zu einem vereinigten Wirtschaftsgebiet, eine Antwort der beiden Besatzungsmächte auf die zunehmenden **ökonomischen Probleme** in ihren Zonen.
Nicht zuletzt die Versorgung der von den Sowjets blockierten Stadt Berlin durch die Luftbrücke war ein Zeichen für die Bereitschaft der westlichen Alliierten, die deutsche Bevölkerung wirtschaftlich zu unterstützen. Aber primär ökonomische Gründe hatten die Blockade und die Reaktion des Westens im Sommer 1948 nicht. Vielmehr war die versuchte Abschottung Berlins durch die Sowjetunion eine Reaktion auf die **Verhandlungen der Westmächte mit den Benelux-Ländern in London seit dem Februar 1948**. Es ging dabei um die Vorbereitung der **Gründung eines westdeutschen Staates**. Man war im Westen davon überzeugt, dass mit der Sowjetunion eine Einigung nicht mehr möglich sei, dass aber ein Fortbestand der Besatzungszonen angesichts des sich verschärfenden Ost-West-Konflikts eine gefährliche Instabilität in Mitteleuropa schaffen würde. Die Zusammenführung der drei Westzonen mit gemeinsamen Verwaltungen, die **Währungsreform 1948** und schließlich die **Gründung der Bundesrepublik 1949** waren zwar auch ein Gebot der wirtschaftlichen Vernunft, jedoch vorrangig notwendige politische Schritte zur Sicherung des eigenen Machtbereichs gegen **eine drohende Expansionspolitik der Sowjetunion**. Umgekehrt antwortete die Sowjetunion mit wirtschaftlichen, gesellschaftlichen und politischen Umgestaltungen wie etwa der Bodenreform, der Verstaatlichung der Banken oder der Einführung eines Ein-Parteien-Systems auf die Deutschland-Politik der Westmächte. Die gemeinsame Regierung des Alliierten Kontrollrats stand längst nur noch auf dem Papier.
Wirtschaftliche Gründe spielten bei der Gründung der beiden deutschen Staaten und der jeweiligen Integration in die gegnerischen Machtblöcke nur vordergründig eine richtungsweisende Rolle, in Wirklichkeit waren **machtpolitische Interessen** in der **Zeit des Ost-West-Konflikts** die bestimmenden Faktoren in der Umbruchphase zwischen 1945 und 1949.

Grundkurs Geschichte (Bayern) 2009 – Aufgabe II
Die Neuordnung Europas und die Weimarer Republik

		BE
1	Skizzieren Sie Belastungsfaktoren für das politische System in den ersten Jahren der Weimarer Republik (bis Ende 1922)!	18
2		40
2.1	Erarbeiten Sie die Kerngedanken der Lagebeurteilung durch den badischen Staatspräsidenten Remmele (M 1)!	
2.2	„So man aber aus außen- wie innerpolitischen Gründen den Höhepunkt deutscher Widerstandskraft in diesem Kampf als überschritten ansieht, läßt sich die augenblickliche politische Situation mit derjenigen im Frühsommer 1918 vergleichen." Ermitteln Sie aus dem Textzusammenhang, welche Intention Remmele mit diesem Vergleich verfolgte, indem Sie die Lage Deutschlands in der Endphase des Ersten Weltkriegs mit derjenigen im Frühjahr 1923 vergleichen!	
2.3	Nehmen Sie in Form eines knappen Kommentars begründet Stellung zu Remmeles Einschätzung der Situation Deutschlands!	
3	Analysieren und interpretieren Sie das Wahlplakat der DVP (M 2) vor dem Hintergrund der Verhältnisse des Jahres 1932 sowie der Erfahrungen aus dem Krisenjahr 1923!	26
4	Untersuchen Sie den Zusammenhang zwischen wirtschaftlicher Prosperität und politischer Stabilität! Wählen Sie für Ihre Untersuchung einen der folgenden historischen Abschnitte: – Deutsches Kaiserreich 1890 bis 1914 – Weimarer Republik 1924 bis 1928 – Bundesrepublik Deutschland in den 50er- und 60er-Jahren	36

M 1: Brief des badischen Staatspräsidenten Adam Remmele an den Reichskanzler Cuno vom 20. April 1923

Sehr geehrter Herr Reichskanzler!

Der neu eingetretene Marksturz hat im Lande Baden wieder eine starke Kaufwut und eine Preissteigerung hervorgerufen, durch welche in ganz kurzer Zeit sich abermals sehr tiefgehende Lohn- und Gehaltsbewegungen der Arbeiter- und Beamtenschaft einstellen müssen. Wenn es möglich wäre, die Stützungsaktion für die Mark noch eine Zeit lang fortzusetzen, dann ist dies auch aus innerpolitischen Gründen anzustreben.

Die Widerstandskraft im Kampfe gegen die französische Invasion hat, wenn ich alle Wahrnehmungen richtig erfasse, in ganz Süddeutschland ihren Höhepunkt überschritten. Die Industrie schreit geradezu nach Krediten, die bei dem großen Umfang derselben einfach nicht geleistet werden können. Ganze Fabriketablissements stehen infolgedessen vor der Notwendigkeit, Arbeitsentlassungen in größerem Maße jetzt eintreten zu lassen. Die diesmalige Kriegsführung bringt eben der Industrie allein schon in geldlicher Hinsicht unüberwindbare Schwierigkeiten, und es ist deshalb durchaus verständlich, wenn in den maßgebendsten Kreisen derselben das Verlangen nach einer Verständigung zwischen Deutschland und Frankreich immer stärker wach wird. Die Arbeitslosenziffer nimmt von Woche zu Woche stärker zu. Wo im Land die Arbeitslosen keine Zuschläge zu ihrer Unterstützung erhalten, rumort es. Kommunistische Agitatoren finden dabei wieder günstiges Arbeitsfeld. Dazu kommt, daß den aus den besetzten Gebieten ausgewiesenen Familien nur schwer Unterkunftsmöglichkeit geschaffen werden kann; in vielen Fällen ist dieselbe recht unzulänglich. Unter dem Hinweis auf ungenügenden Schutz und ungenügende Ernährung haben sich denn auch in den letzten Wochen eine große Zahl deutscher Arbeiter aus den verschiedensten Provinzen des Reichs von den Franzosen anwerben lassen. In Straßburg wird eine geschlossene deutsche Arbeiterkolonie unterhalten, mit welcher die Franzosen in den verschiedenen Rheinhäfen erscheinen, um Holz und andere Waren durch diese verladen zu lassen. Kommt zu all diesen Schwierigkeiten die jetzt eingesetzte Teuerungswelle zur vollen Auswirkung, dann ist in der Tat mit sehr schlimmen innerpolitischen Komplikationen zu rechnen.

Auf einen Satz gebracht läßt sich über die augenblickliche Stimmung der Bevölkerung sagen: Die Notwendigkeit des passiven Widerstands gegen den Franzoseneinbruch wird zwar in allen Bevölkerungskreisen gebilligt, im Hinblick auf die durch die isolierte Stellung Deutschlands bedingte Begrenzung der natürlichen Widerstandskraft aber hält man das Suchen nach Verhandlungsmöglichkeiten für erforderlich, ehe etwa bei weiterem Fortgang feindseliger Handlungen von den Franzosen ein formelles Ultimatum einläuft.

Warum ein Ultimatum? Weil die Gefahr gewalttätiger Zusammenstöße zwischen deutschen Banden und französischen Truppen in immer größere Nähe rückt. Trotz der feierlichen Erklärung der Reichsregierung, den Kampf gegen Frankreich nur mit den Mitteln des passiven Widerstands zu führen, ziehen im Lande Baden, wie sonst im Reich, indirekt von der Reichswehr Beauftragte umher, um „Kriegsfreiwillige" zu sammeln. […]

Die Gefahr, von Frankreich dieserwegen eines schönen Tags ein Ultimatum zu bekommen, liegt, wie ich hier aufgezeigt habe, nicht außerhalb des Bereichs der Möglichkeit. Gewiß, die andere Möglichkeit, den Konflikt zwischen Deutschland und Frankreich am Verhandlungstisch zum Austrag zu bringen, schafft eine zweite Gefahrenquelle. Politisch weit rechtsstehende Kreise sind für den Gedanken einer schiedlich-friedlichen Verhandlung noch nicht reif. Diese Kreise wollen siegen oder „sterben". Die sich daraus ergebende innerpolitische Belastungsprobe ist die zweite Gefahr, vor der wir im Innern des politischen Deutschlands stehen. So man aber aus außen- wie innerpolitischen Gründen den Höhepunkt deutscher Widerstandskraft in diesem Kampf als überschritten ansieht, läßt sich die augenblickliche politische Situation mit derjenigen im Frühsommer 1918 vergleichen. Eine Politik nach der Parole „ganzer Sieg oder Untergang" führt nicht zum Sieg, viel wahrscheinlicher jedoch zur Konservierung des wirtschaftlichen Elends für

das deutsche Volk und zur nationalen Demütigung der deutschen Nation. [...] Kommt zwischen Frankreich und England über die Frage der Reparationen ohne Mitwirkung Deutschlands eine Verständigung zustande, dann beginnt das ganze Elend des Rätselratens und der Nadelstichpolitik wie so oft schon in den letzten 4 Jahren aufs neue. Das wäre furchtbar. Die ungeheuren geldlichen Opfer, welche das Reich in diesem Kampf schon gebracht hat, wären umsonst gewesen. Deswegen scheint der Zeitpunkt gekommen zu sein, wo sich die Reichsregierung mit den Länderregierungen einmal verständigen sollte, ob noch über die Führung des Kampfes und über die Fortsetzung desselben völlige Übereinstimmung besteht. Wenn ich recht unterrichtet bin, sind die Gedankengänge, wie der hier von mir entwickelte, allgemach Gemeingut vieler an verantwortlicher Stelle stehender Männer geworden. Parteipolitische Betrachtungen scheiden dabei vollständig aus. Lediglich die Sorge darüber, wie dem deutschen Volk Rettung aus dieser Not gebracht werden kann, ist für die Vertretung dieser Auffassung Leitmotiv.
Herr Reichskanzler, es war mir ein Bedürfnis, Ihnen diese Meinungsäußerung zugehen zu lassen mit der Bitte, ihr gefl. Beachtung schenken zu wollen.

Mit ausgezeichneter Hochachtung
ergebenst
Remmele

Quelle: Der Badische Staatspräsident an den Reichskanzler. Karlsruhe, 20. April 1923, R 43 I/212. In: Akten der Reichskanzlei. Weimarer Republik, Herausgegeben für die Historische Kommission bei der Bayerischen Akademie der Wissenschaften von Karl Dietrich Erdmann; für das Bundesarchiv von Wolfgang Mommsen unter Mitwirkung von Walter Vogel: Das Kabinett Cuno. 22. November 1922 bis 12. August 1923. Bearbeitet von Karl-Heinz Harbeck, Boppard am Rhein. 1968, S. 415–418.

M 2: Wahlplakat „Gegen Bürgerkrieg und Inflation“

Quelle: Wahlplakat „Gegen Bürgerkrieg und Inflation“. Aus: Plakate als Spiegel der politischen Parteien in der Weimarer Republik. Eine Ausstellung des Bayerischen Hauptstaatsarchivs, hrsg. v. der Generaldirektion der Staatlichen Archive Bayerns, München 1996, S. 109.

Lösungen

1 *Die 1. Teilaufgabe, dem AFB I (Reproduktion) zuzuordnen, setzt die Kenntnis der Entstehungsbedingungen der Weimarer Republik voraus. Zu beachten sind die Beschränkungen, die in der Aufgabenstellung formuliert werden. Es sollen nicht alle Belastungen skizziert werden, sondern nur die, die das politische System betreffen, und der zeitliche Rahmen wird bis Ende 1922 gesetzt.*

Als nach dem Scheitern der März-Offensive von 1918 die USA immer massiver in den Krieg eingriffen und eine Gegenoffensive der Alliierten im August 1918 ein Zurückweichen der deutschen Truppen erzwang, sah **Ludendorff**, der verantwortliche General der OHL, keine Möglichkeit mehr, den Krieg siegreich zu beenden. Er forderte Friedensverhandlungen, war aber nicht selbst bereit, diese zu führen, sondern drängte den Kaiser dazu, eine parlamentarisch gebildete Regierung in die Verantwortung zu nehmen. Man hatte gleichsam in der Niederlage die **Parteien zur Machtübernahme befohlen** und konnte sie nun sowohl für die militärische Niederlage wie auch für die Ergebnisse der Friedensverhandlungen verantwortlich machen.
So erwies sich schließlich auch der **Versailler Friedensvertrag** nicht nur wegen der harten wirtschaftlichen Auflagen als erhebliche Belastung für die Republik und ihre verantwortlichen Politiker. Hatte die Bevölkerung noch zu Beginn des Jahres 1918 an einen Siegfrieden mit möglichen Annexionen, wie ihn die OHL versprach, geglaubt, so musste sie nun kurze Zeit später einen Friedensvertrag hinnehmen, der Deutschland die Kriegsschuld zusprach, mit der Beschränkung der Armee in die Souveränität eingriff und mit den Reparationsforderungen das Deutsche Reich für lange Zeit erpressbar machte. Dass Deutschland weitgehend territorial unangetastet blieb und nicht geteilt wurde, wurde als Erfolg gar nicht wahrgenommen.
Als eine weitere **schwere Hypothek** stellte sich heraus, dass wichtige **Teile der Gesellschaft der neuen Demokratie skeptisch oder gar feindlich gegenüberstanden**. Das gilt in erster Linie für die alten Eliten aus Adel und Großbürgertum sowie für das Offizierskorps und die Spitze der Armee, aber auch für Teile der Verwaltung und der Justiz, zumal es den die Republik tragenden Parteien nicht gelang, die monarchisch und autoritär gesinnten Beamten aus ihren Ämtern zu verdrängen.
Als länger anhaltende Belastung erwiesen sich die **wirtschaftlichen Folgen des Krieges** und die damit verbundenen sozialen Verwerfungen. Man hatte den Krieg nicht durch Steuereinnahmen finanziert, sondern durch Anleihen, die man nach einem Sieg durch Ausbeutung der besiegten Länder glaubte zurückzahlen zu können. So wurde die Geldmenge erhöht. Die Preise waren aber im Krieg festgesetzt, wodurch die Geldentwertung zunächst verborgen blieb. Nach dem Krieg erst zeigte sich, dass der Staat hoch verschuldet war, zusätzlich belastet durch Reparationsforderungen der Sieger und die Kosten für unmittelbare Kriegsfolgen. Die damaligen Regierungen sahen eine Lösung nur in der **Verschuldung des Staates bei der Reichsbank** mit der „Aussicht", eines Tages in einer galoppierenden **Inflation** die Schulden zu „tilgen". Dass in einer solchen vorhersehbaren Inflation die Teile der Bevölkerung, die keine Sachwerte besaßen, ihre Vermögen verlieren würden, nahm man in Kauf.
Die Entstehungsbedingungen der Republik, verlorener Krieg und ein als Demütigung empfundener Friedensvertrag, waren ein guter Nährboden für **Angriffe gegen die Demokratie** von rechten und linken Extremparteien. Mit **politischen Attentaten** wie den Morden an **Rosa Luxemburg** und **Karl Liebknecht**, Aufständen vor allem von kommunistischen Gruppen oder rechten Putsch-Versuchen versuchten die radikalen Republikgegner das System zu destabilisieren und zu zerstören. Es herrschten **bürgerkriegsähnliche Zustände** in Deutschland, zumal viele Gruppen ehemaliger Reichswehrangehöriger als **Freikorps** keine Hemmungen hatten, Morde als politische Mittel einzusetzen. Verstärkt wurden diese inneren Unruhen und Gewaltexzesse durch eine **Oppo-**

sition vieler Länder gegen die Zentralregierung in Berlin, die teilweise bis zu **separatistischen Bestrebungen** gingen wie in Bayern, wo eine von Bürgerwehren gestützte Regierung unter Ritter von Kahr sich nicht an die Reichsgesetze gebunden fühlte, als die Reichsregierung ein Gesetz erließ, die Bürgerwehren zu entwaffnen.
Viele Belastungen für das politische System waren natürlich Folgen des verlorenen Krieges, aber auch die Geschichte des Parlamentarismus in der Kaiserzeit und die demokratiefeindliche Einstellung deutscher Eliten erwiesen sich als schwerwiegende Hypotheken.

2.1 *Die 2. Teilaufgabe bezieht sich weitgehend auf die Textquelle. Historischer Hintergrund ist der Ruhrkampf und der passive Widerstand gegen die Ruhrbesetzung durch Frankreich.*
Die Teilaufgabe 2.1, zuzuordnen dem AFB II (Transfer), fordert mit der Erarbeitung der Kerngedanken des Textes eine Zusammenfassung der Quelle, die sich auf das Wesentliche konzentriert.

Der badische Staatspräsident betont mehrfach in seinem Brief an Reichskanzler Cuno, dass er die wirtschaftliche Entwicklung, vor allem die sich beschleunigende **Inflation**, als eine echte Gefahr für die innenpolitische Stabilität im Land ansieht. Da er offensichtlich den **passiven Widerstand gegen die Ruhrbesetzung** durch Frankreich für die wirtschaftliche Lage verantwortlich macht, hält er die Fortsetzung des Kampfes für fragwürdig, zumal die wirtschaftlichen Probleme mit **gefährlichen sozialpolitischen und innenpolitischen Folgen** verbunden sind und aus seiner Sicht die Widerstandskraft insbesondere in Süddeutschland abnehme. Besonders hebt Remmele noch hervor, dass eine Fortsetzung des passiven Widerstands rechte Gruppierungen dazu veranlassen würde, illegale Operationen zu planen und durchzuführen. Hier weist er auch auf Umtriebe der Reichswehr hin.
Der badische Staatspräsident schließt zwar auch bei einer Verhandlungslösung des Konflikts mit Frankreich die Gefahr nicht aus, dass dies von rechten Kreisen für **Agitationen gegen die Republik** missbraucht werden und zu innenpolitischen Belastungen führen könnte, aber in seinen Augen sind die Folgen einer Fortsetzung des passiven Widerstands sehr viel gefährlicher. Aus überwiegend wirtschaftlichen und außenpolitischen Überlegungen heraus sei ein Abbruch des Widerstands geboten.

2.2 *In der Teilaufgabe 2.2 soll der in der Quelle getroffene Vergleich von 1923 mit 1918 genauer entwickelt werden. Wichtig ist dabei, dass die Intention Remmeles erkannt wird: Verhandlungen mit Frankreich zu beginnen und den passiven Widerstand zu beenden. Da bei der Lösung der Aufgabe genauere Kenntnisse der historischen Situationen von 1918 und 1923 nötig sind, ist die Teilaufgabe in großen Teilen dem AFB I (Reproduktion) zuzuordnen, die Analyse der Intention dagegen dem AFB II (Transfer) und der Vergleich der politischen Situationen dem AFB III (Problemlösung).*

Der badische Staatspräsident sieht als wesentliche Gemeinsamkeit der Situationen von 1918 und 1923 die **fehlende deutsche Widerstandskraft**.
Die **Lage 1918** war geprägt von einer gescheiterten Frühjahrsoffensive der deutschen Armee und einer zunehmenden militärischen Überlegenheit der Alliierten, nicht zuletzt durch das Eingreifen der USA. Die Bemühungen des interfraktionellen Ausschusses um Friedensverhandlungen sind für Remmele überdies ein Beleg für die **Kriegsmüdigkeit der Bevölkerung**, deren wirtschaftliche Lage sich in den Kriegsjahren zunehmend verschlechtert hatte. Die Versorgung der zivilen Bevölkerung war nur noch mühsam mit Lebensmittelkarten zu organisieren, der Schwarzmarkt blühte, wer nichts anbieten konnte, litt Hunger. Wie sehr die Menschen eine Veränderung wollten, zeigten **Streiks und immer deutlichere Reformforderungen** aus der Mitte des Parlaments. Aber bis in den Spätsommer täuschte die Oberste Heeresleitung die Parlamentarier über die wirk-

liche Lage und hielt die **Illusion eines Siegfriedens** am Leben. Entsprechend war das Parlament gespalten in Gruppen, die den Krieg bis zum Sieg fortführen wollten, und wohl eine Mehrheit, die einen schnellen Frieden für notwendig hielt, zumal sie nach der Verkündung von **Wilsons 14 Punkten** an einen Verständigungsfrieden glaubte. Doch es dauerte bis zum 4. Oktober 1918, ehe die neue parlamentarische Regierung, nicht die Oberste Heeresleitung, den Alliierten ein deutsches Waffenstillstandsangebot vorlegte.

Die **Lage 1923** zeigt einige Parallelen. Auch in der Situation des passiven Widerstands übersteigen die zunehmenden Belastungen die Kraft des deutschen Staates. Die **wirtschaftliche Lage** ist insbesondere infolge der Inflation desolat mit massiven sozialpolitischen Folgen.
Außenpolitisch ist das Deutsche Reich nach wie vor **isoliert** und in die Enge getrieben, wirtschaftliche Hilfen von außen sind nicht zu erwarten. Die nahezu **ohnmächtige Lage der Regierung** führt zu innenpolitischen Konflikten und einer **Polarisierung** zwischen der politischen Rechten, die eine Fortsetzung des passiven Widerstands fordert sowie eine Verschärfung zu einem aktiven militärischen Widerstand, und politischen Kräften wie Staatspräsident Remmele, die für eine Verhandlungslösung plädieren.
In beiden Situationen befindet sich Deutschland in einer durchaus **vergleichbaren Entscheidungssituation**, den Krieg bzw. den Kampf gegen Frankreich fortzusetzen oder eine Verhandlungslösung anzustreben. Zwischen den Zeilen des Briefes ist zu lesen, dass die Fortsetzung des Krieges 1917/18 durch die Militärs und gegen den Willen der Anhänger einer schnellen Friedenslösung für Deutschland desaströse Folgen hatte.
So ist Remmeles Intention klar: Er will durch den Vergleich den Reichskanzler davon überzeugen, dass eine Fortsetzung des Ruhrkampfes ähnlich negative Folgen haben würde wie das verspätete Friedensangebot 1918.

2.3 *Die Teilaufgabe 2.3 gehört ebenfalls dem AFB III (Problemlösung) an. Wichtig ist die Betonung eines „knappen Kommentars", also einer pointiert formulierten, sprachlich und argumentativ durchdachten Stellungnahme.*

Remmeles Lagebeurteilung kann angesichts der Krise des Jahres 1923 durchaus als **realistisch** eingeschätzt werden. Der Ruhrkampf mit dem passiven Widerstand musste von der Reichsregierung teuer bezahlt werden, da die „arbeitslose" Ruhrbevölkerung ernährt und Kohle wegen des Lieferausfalls aus den besetzten Gebieten mit hohen Kosten importiert werden musste.
Immer häufiger kam es zu **Zusammenstößen zwischen französischen Truppen und deutschen Wehrverbänden**, die sich als Guerillakämpfer verstanden. Damit drohte eine offene militärische Auseinandersetzung, die das Deutsche Reich angesichts der Haltung der Siegermächte noch weiter in die Isolation getrieben hätte. Sowohl innenpolitisch als auch außenpolitisch erhöhte die **Fortführung und Eskalation des Ruhrkampfes also die Gefahren für die Stabilität und den Fortbestand des Reiches**. Nicht nur der Vergleich der Lage von 1923 mit der von 1918, den Remmele zieht, ist daher in vielen Punkten zutreffend, auch seiner Beurteilung der Gefahren, die mit der Fortsetzung des passiven Widerstands verbunden sind, kann aus späterer Sicht zugestimmt werden.

3 *In der 3. Teilaufgabe geht es um die Auseinandersetzung mit einer Bildquelle aus dem Jahr 1932 (vgl. Aufgabenstellung). Erneut ist dabei eine Krisensituation wie 1923 das Thema. Sie müssen entsprechend die historische Lage von 1932 rekonstruieren, um das Wahlplakat interpretieren zu können. Im Übrigen sind die methodischen Fähigkeiten zur Analyse und Interpretation von Bildquellen gefragt. Erschwert wird die Aufgabe dadurch, dass in die Deutung die zeitgenössischen Erfahrungen aus dem Jahr 1923 einzubeziehen sind. Die in den Aufgaben 1 und 2 erarbeiteten Aspekte sollen also auch in der Lösung der 3. Aufgabe berücksichtigt werden.*

Die Aufgabe deckt die gesamte Bandbreite der Anforderungsbereiche ab, ist wesentlich jedoch den AFB II (Transfer) und III (Problemlösung) zuzuordnen.

Zentrales Bildelement des **Wahlplakats zur Reichstagswahl vom Juli 1932** ist eine heroisch wirkende Figur, die in triumphierender Pose eine Fahne hochhält mit der Aufschrift „Liste 6". Die nur mit einem um die Lenden gewickelten Tuch bekleidete männliche Gestalt erscheint stark und kämpferisch. Rechts neben der Figur verkündet ein Textfeld: „Deutsche Volkspartei. Jede Stimme gesichert". Die **Zentralfigur erhebt sich aus einer chaotisch wirkenden Menschenmasse**, in der, gekennzeichnet durch Hakenkreuze oder Sowjetsterne, Anhänger der Nationalsozialisten und der Kommunisten zu identifizieren sind, die sich brutal bekämpfen, was durch die gezückten Messer und zum Schlag ausholende Fäuste veranschaulicht wird. Eher bürgerlich gekleidete Figuren werfen Geldscheine in die Menge, deren inflationär hohe Beträge auffallen. Bemerkenswert sind auch die Gesichter, die verzerrt und abstoßend erscheinen. Über dem unteren Schriftfeld „Gegen Bürgerkrieg und Inflation" fällt noch die Andeutung eines Wasserstrudels auf, eine Metapher für den Sog, der die Menge in den Untergang zieht.

Historischer Hintergrund des Plakats ist die Situation des Jahres 1932. Nach der **Weltwirtschaftskrise von 1929** und dem damit verbundenen sozialen Abstieg weiter Teile der Mittelschichten durch die **Arbeitslosigkeit**, die im Februar 1932 über 30 Prozent betrug, erhielten die radikalen Parteien immer größeren Zulauf. Auf der Rechten organisierte sich der Widerstand gegen die Republik seit 1931 in der **Harzburger Front**, für die die SA und „Der Stahlhelm" in die immer häufigeren Straßenkämpfe zogen, während auf der Linken der 1929 verbotene, aber nach wie vor in Nachfolgeorganisationen aktive Rote Frontkämpferbund die Straßen zum Schauplatz des **Bürgerkriegs** machte. Die zunehmende Gewalt als Mittel der Politik war selbst in den Parlamenten zu spüren, wo es zu Schlägereien kam. Die bürgerlichen Kreise waren durch diese **Radikalisierung und Brutalisierung** des politischen Lebens, die Folgen der Wirtschaftskrise und die offensichtliche Ohnmacht des Staates derart verunsichert, dass die **Ablehnung der Republik** zunahm.

Insbesondere in kleinbürgerlichen Schichten hatte das Jahr 1923 mit der galoppierenden Inflation und dem damit verbundenen sozialen Abstieg all derer, die kein Sachvermögen besaßen, zu einer Erfahrung geführt, die nun die **Angst vor einem erneuten Prozess der Verarmung** verstärkte. Die täglichen Erlebnisse mit gut gekleideten bettelnden und hungernden Menschen auf den Straßen schürten die Angst. Und auch 1923 war wie nun 1932 die Erfahrung bürgerkriegsähnlicher Zustände auf den Straßen ein weiterer täglich erlebter Grund, der Ordnungsmacht des Staates nicht mehr zu trauen. Der Kampf putschender Wehrverbände und separatistischer Gruppen gegen den Staat im Jahr 1923 war nun den **Straßen- und Saalschlachten** rechter und linker Radikaler gewichen. In beiden Fällen aber schien das Land im Chaos zu versinken.

Die **DVP** versucht mit ihrem Wahlplakat, an diese Ängste insbesondere bürgerlicher Wähler zu appellieren und sich als **Ordnungsmacht** darzustellen. Als Gegner sieht sie vorwiegend die linken und rechten Parteien, also die KPD und die NSDAP, denen sie mit der heroischen Figur eine starke Macht gegenüberstellen will, die für Ordnung und Stabilität sorgt, den „Bürgerkrieg" beendet und die Währung wieder stabilisiert.

4 *Die 4. Teilaufgabe fällt aus dem zeitlichen und inhaltlichen Rahmen der vorhergehenden Teilaufgaben und bietet Ihnen eine Auswahlmöglichkeit zwischen drei historischen Phasen. Es geht dabei um ein übergreifendes strukturelles Problem, den Zusammenhang von wirtschaftlicher Prosperität und politischer Stabilität.*

In der folgenden Lösung werden alle drei zur Wahl stehenden Beispiele ausgeführt, von Ihnen ist nur eines zu behandeln.

Die Aufgabe setzt einmal die Kenntnis der historischen Phase voraus, die Sie bearbeiten, ist diesbezüglich also dem AFB I (Reproduktion) zuzuordnen, die Untersuchung des erwähnten Zusammenhangs stellt eine Aufgabe aus dem AFB III (Problemlösung) dar. Zu beachten ist bei der Aufgabe die genaue zeitliche Eingrenzung der zur Wahl gestellten historischen Abschnitte.

In der Aufgabe wird davon ausgegangen, dass die Zeit des **Kaiserreichs von 1890 bis 1914**, also vom Rücktritt Bismarcks bis zum Beginn des Ersten Weltkriegs, eine Zeit der wirtschaftlichen Prosperität und der politischen Stabilität war. Wirtschaftlich trifft dies weitgehend zu, denn **nach der Gründerkrise von 1873** war die ökonomische Entwicklung im Reich geprägt von einem stetigen **Wachstum** sowohl der Industrieproduktion als auch des Dienstleistungssektors. Verbunden waren damit eine **Steigerung der Reallöhne** und insbesondere eine **zunehmende soziale Sicherheit** infolge der Sozialgesetzgebung des Reiches.
Zwar gelang es nicht in dem von Bismarck gewünschten Maß, die Arbeiterschaft an den Staat heranzuführen, aber die Klassengegensätze konnten doch so weit eingedämmt werden, dass die von Marx prophezeite Destabilisierung des bürgerlichen Staates ausblieb. Im Gegenteil, der starke Rückgang der Auswandererzahlen vor dem Ersten Weltkrieg kann als Beleg dafür dienen, dass in Deutschland zunehmend **Zukunftsoptimismus** herrschte. Auch wenn die Vermögens- und Einkommensverhältnisse nach wie vor Beweis für eine erhebliche **Ungleichheit in der Gesellschaft** waren, so führte dies nicht zu einer tiefer gehenden sozialen und politischen Spaltung der Wilhelminischen Gesellschaft.
Dazu trug vor allem der **Nationalismus** bei, der im Zeitalter des Imperialismus auch in Deutschland **als einheitsstiftende Ideologie** nicht nur von den herrschenden Schichten vertreten wurde. Nicht zuletzt der wirtschaftliche Erfolg, der Aufstieg Deutschlands zur führenden Industrienation in Europa, bildete eine Quelle des Nationalstolzes und damit ein soziales Bindemittel. So konnten selbst die **Versuche, politische und gesellschaftliche Systemgegner auszugrenzen**, wie etwa die Sozialdemokratie, oder antipreußische Kräfte zu schwächen, wie etwa den Katholizismus, die politische Ordnung nicht wirklich erschüttern.
Und dennoch lässt sich nur dann von politischer Stabilität in der Zeit von 1890 bis 1914 sprechen, wenn man davon absieht, dass **der deutsche Nationalstaat Risse hatte** und dass es nicht gelungen war, große Teile des Bürgertums und vor allem die Arbeiterschaft in eine vom **Adel, vom Großbürgertum und vom Militär dominierte Ordnung** zu integrieren. Auch die **Dominanz Preußens** stellte ein Konfliktpotential dar, das später die Stabilität gefährdete.
So kann man zusammenfassend feststellen, dass die wirtschaftliche Prosperität insoweit im Zusammenhang mit der politischen Stabilität steht, als von ihr Probleme verdeckt wurden. Wesentlicher für den Kraftzuwachs des Kaiserreichs in der Zeit vor dem Weltkrieg und für die Stabilität des Systems war aber sicherlich der wachsende Nationalstolz, der sich zum Nationalismus steigerte. Bis in die ersten Kriegsjahre hinein **einten der Nationalismus und der Glaube an die eigene wirtschaftliche Kraft das deutsche Volk** und schufen die Voraussetzungen für politische Stabilität. Die Jahre 1917 und 1918 können dann allerdings als Beleg dafür gelten, wie wirtschaftliche Krisen und innere gesellschaftliche Konflikte eine politische Ordnung destabilisieren.

Die Weimarer Republik erlebte in der Zeit zwischen 1924 und 1928 eine Zeit der wirtschaftlichen Erholung und der sozialen und politischen Beruhigung. Die Einführung der Rentenmark Ende 1923 hatte die Inflation beendet und wieder Vertrauen in die deutsche Währung geschaffen. Nach Monaten des Hungers und der Sorgen besserte sich die Versorgungslage schlagartig. Hinzu kam, dass der politische Druck auf die Regierung nach der Beendigung des Ruhrkampfes und einer spürbaren Entspannung der internationalen Lage nach einem Regierungswechsel in Großbritannien deutlich geringer wurde. Die Probleme der wirtschaftlichen Abhängigkeit des Reiches von ausländischen, insbeson-

dere amerikanischen Krediten, und der Reparationsverpflichtungen waren immer noch nicht gelöst, aber erstmals keimten Hoffnungen auf, dass das Deutsche Reich aus seiner Isolation herauskommen könnte.
Das „Wunder der Rentenmark" konnte zwar die Arbeitslosigkeit nicht wesentlich beseitigen, aber es verbesserte die Lage der Arbeiterschaft durch höhere Reallöhne. Mit der **Einführung der gesetzlichen Arbeitslosenversicherung 1927** setzte der Staat ein weiteres Zeichen wirtschaftlicher Erholung und sozialer Verantwortung.
Die **politische Stabilität** jener Jahre schlug sich auch in den Wahlergebnissen nieder. In den **Reichstagswahlen vom Dezember 1924 und Mai 1928** gewannen die Parteien der Weimarer Koalition kontinuierlich an Stimmen, während die radikalen Gruppierungen auf der Linken und der Rechten Stimmen verloren. Die Republik schien sich politisch zu konsolidieren. Andererseits zeigte der **Tod des Reichspräsidenten Friedrich Ebert** im Februar 1925, wie labil die Republik nach wie vor war. Zu seinem Nachfolger wurde **Generalfeldmarschall Paul von Hindenburg** gewählt, eher ein Repräsentant des alten Systems, weniger der neuen Republik. Zudem rückte die Deutschnationale Volkspartei offensichtlich nach Rechts und näherte sich der NSDAP an, als über eine Neuregelung der Reparationszahlungen diskutiert wurde. Die Agitation der Rechten bereitete einen **Kampf gegen den späteren Young-Plan** vor mit der Parole von einem neuen Versailles, also einer neuen wirtschaftlichen Knechtung des Reiches.
Hier zeigte sich, dass auch in den Jahren 1924 bis 1928 die **Fundamentalkritik an der Republik** und den angeblichen Erfüllungspolitikern nicht verschwunden war, aber der offene Kampf gegen die politischen Gegner und gegen die Republik mit Mordanschlägen, separatistischen Bestrebungen und Putsch-Versuchen hatte sich abgeschwächt.
Dazu trug sicherlich auch bei, dass in der **Ära Stresemann** die Außenpolitik durchaus Erfolge vorweisen konnte und erste Schritte zu einer **Revision des Versailler Vertrages** gelangen. Das Reich gewann durch die Annäherung an Frankreich wieder außenpolitischen Spielraum. Allerdings fanden diese Erfolge nicht die nötige Anerkennung in der Öffentlichkeit.
So lässt sich **zusammenfassend feststellen**, dass das Deutsche Reich zwischen 1924 und 1928 erkennbare politische und wirtschaftliche Stabilität gewinnen konnte, wobei sich ökonomische und politische Faktoren gegenseitig beeinflussten, also kein monokausaler Zusammenhang von wirtschaftlicher Prosperität und politischer Stabilität festgestellt werden kann. Auch diese Erholungsjahre der Republik waren allerdings geprägt von fortbestehenden Belastungsfaktoren und ungelösten Problemen, die im Zuge der Weltwirtschaftskrise 1929 auch zum Ende der Republik führten.

Die **50er- und 60er-Jahre der Bundesrepublik Deutschland** waren gekennzeichnet von einer erstaunlich **raschen Bewältigung der wirtschaftlichen, politischen und sozialen Probleme** des geschlagenen, ruinierten und geteilten Landes. Trotz vieler Widerstände und trotz amerikanischer Forderungen nach stärkerer Beteiligung der Bundesrepublik an westlichen Verteidigungslasten setzte **Ludwig Erhard** seine **soziale Marktwirtschaft** durch und bescherte dem Land seit 1952 ein **„Wirtschaftswunder"**: ständig steigende Exportüberschüsse, hohes Wachstum und sinkende Arbeitslosigkeit bis hin zur Vollbeschäftigung. Doch nicht nur der wirtschaftliche Aufschwung führte zu einer hohen Akzeptanz der Bonner Demokratie, sondern auch bedeutsame **sozialpolitische Fortschritte.** Das Lastenausgleichsgesetz, der soziale Wohnungsbau, die Reform der Rentenversicherung mit der Einführung der „dynamischen Rente" und die Verabschiedung des Betriebsverfassungsgesetzes mit einer erheblichen Verstärkung der Mitbestimmung waren zweifellos wichtige Gründe für die **Zufriedenheit der Menschen mit ihrem Staat** und einen weit verbreiteten Zukunftsoptimismus.
So erstaunt es nicht, dass wichtige **Grundentscheidungen** jener Jahre wie **Westintegration, Aussöhnung mit Frankreich** und **europäische Einigung**, aber auch **Wiederbewaffnung** und **Beitritt in die NATO** zwar leidenschaftlich diskutiert wurden, aber letzt-

lich einen breiten Konsens fanden. Fundamentalopposition wie in Weimar gab es gegen die Bundesrepublik bis Mitte der 60er-Jahre kaum.
Wie sehr in den Anfangsjahren der Republik der wirtschaftliche Aufschwung mitverantwortlich war für die Erfolgsgeschichte des westdeutschen Staates, wurde indirekt in der **Konjunkturkrise der Jahre 1966/67** deutlich. Die soziale Marktwirtschaft geriet auf den Prüfstand, der Optimismus der Menschen wich einer zunehmenden Skepsis. Kritik wurde laut und mündete schließlich in eine **Protestbewegung**, die sich allerdings weitgehend auf die Universitäten und das Bildungsbürgertum beschränkte. Infrage gestellt wurden von den sogenannten **„68ern"** die mangelnde Auseinandersetzung mit dem Nationalsozialismus, die Abhängigkeit von den USA und die autoritären Strukturen des politischen Systems.
Auf der anderen Seite erwies sich die Bundesrepublik als hinreichend stabil, um den wirtschaftlichen und politischen Herausforderungen zu begegnen. Das **Grundgesetz** zeigte sich nicht nur in den Anfangsjahrzehnten **als stabilisierender Faktor**.
Die wirtschaftliche Prosperität war zweifellos einer der wichtigen Faktoren für den Erfolg und die Stabilität des politischen Systems der Bundesrepublik in den 50er- und in der ersten Hälfte der 60er-Jahre. So konnten auch die ersten konjunkturellen Krisen, die das System der sozialen Marktwirtschaft überstehen musste, zu einer gewissen Destabilisierung der politischen und gesellschaftlichen Ordnung führen. Doch darf nicht übersehen werden, dass dafür die Konjunkturkrise nicht allein verantwortlich war. Sie führte lediglich dazu, dass bis dahin verdrängte oder im Wiederaufbau weniger akute Probleme in den Vordergrund traten, die wiederum durch den **Generationenkonflikt zwischen den historisch belasteten Eltern und der kritischen Jugend** verstärkt wurden.
Insgesamt kann gezeigt werden, dass wirtschaftliche Prosperität in der Regel politische Stabilität fördert, aber andere Faktoren eine je nach Situation ebenso wichtige Rolle spielen können. Des Weiteren ist zu bedenken, dass **„wirtschaftliche Prosperität" kein unmittelbar messbares Phänomen** ist, sondern ein Komplex aus tatsächlichen ökonomischen Daten, Erwartungen und Erfahrungen der Menschen. So dürfte eine Interpretation der Lage, die zu **Zukunftsoptimismus** führt, für die Stabilität des politischen Systems unter Umständen wichtiger sein als die Wirtschaftsdaten selbst.

Grundkurs Geschichte (Bayern) 2009 – Aufgabe III
Bedingungen und Probleme des Neubeginns nach dem Ende des Krieges

		BE
1	Legen Sie in Grundzügen die wirtschaftlichen Schwierigkeiten in den westlichen Besatzungszonen vom Kriegsende bis Juni 1948 dar!	14
2		34
2.1	Erarbeiten Sie aus dem Text M 1, worin Erhard die Ursachen für die wirtschaftliche Situation sieht und welche Schlussfolgerungen er daraus zieht!	
2.2	Ermitteln Sie aus M 2 grundlegende Tendenzen der wirtschaftlichen Entwicklung in der Bundesrepublik im angegebenen Zeitraum. Erläutern Sie ausgehend von M 1, welche wirtschaftspolitischen Entscheidungen aus der Zeit vor der Gründung der Bundesrepublik Deutschland diese Entwicklung einleiteten!	
3		38
3.1	Erläutern Sie, wie die SBZ von der Sowjetunion in wirtschaftlicher Hinsicht unmittelbar nach dem Krieg behandelt wurde und ziehen Sie einen Vergleich mit der Behandlung der westlichen Besatzungszonen durch die Westalliierten!	
3.2	Skizzieren Sie wesentliche, das künftige wirtschaftliche und politische System prägende Entscheidungen in der SBZ zwischen Kriegsende und Gründung der DDR!	
4	Gegen Ende seiner Rede äußert Erhard, er fühle sich „dafür verantwortlich“, dass die von ihm „verfolgten Ziele nicht im Sinne einer Interessenpolitik nur einzelnen Schichten zugute kommen, sondern der Wohlfahrt des ganzen Volkes zu dienen haben“. Erörtern Sie an einem Beispiel aus der deutschen Geschichte, inwieweit staatliches Handeln dem Interesse einzelner Schichten und Interessensgruppen oder dem Wohl des ganzen Volkes diente! Wählen Sie eines der folgenden Beispiele: – Deutsches Kaiserreich in der Ära Bismarck – Deutschland zur Zeit des Nationalsozialismus – DDR	34

M 1: Aus der Rede des Direktors der Verwaltung für Wirtschaft, Professor Dr. Ludwig Erhard, vor einer Vollversammlung des Wirtschaftsrats des Vereinigten Wirtschaftsgebiets (Bizone) am 21. April 1948

Der materielle Verfall unserer Wirtschaft und die daraus resultierende soziale Not liegen so offen zutage, daß es nur einen frommen Selbstbetrug bedeuten würde, in den seit 1945 erreichten geringen Produktionsbelebungen den Beginn einer wirklichen Gesundung zu erblicken. Wohl wurden durch planmäßige Konzentration der Energien auf bestimmte Schwerpunkte einzelne Grundstoffindustrien gefördert und bestehende Engpässe gemildert, aber durch diese Vereinseitigung unserer volkswirtschaftlichen Arbeit trat zugleich auch die Disharmonie in der wirtschaftlichen Struktur immer fühlbarer und störender in Erscheinung. So sinnvoll es nach logisch rationalen Erwägungen sein mag, den Aufbau mit der Wiederherstellung und Erneuerung des sachlichen Produktionskapitals zu beginnen, um der menschlichen Arbeit eine hohe Ergiebigkeit zu verleihen, so irreal ist doch auch diese Politik, wenn sie demgegenüber die menschliche Arbeit – oder besser den arbeitenden Menschen –, als nur sachlichen Produktionsfaktor wertend, auf längere Sicht völlig vernachlässigen zu können glaubt.

In diesen Fehler drohen wir aber zweifellos mehr und mehr zu verfallen, und es ist deshalb nach meiner Überzeugung hohe Zeit, das Steuer herumzuwerfen und durch eine ebenso planvolle Förderung der Verbrauchsgütererzeugung die noch stärker heruntergewirtschaftete menschliche Arbeitskraft zu höherer Leistung zu bringen. Die Versorgung der arbeitenden Bevölkerung mit Verbrauchsgütern und ausreichender Ernährung bedeutet in unserer Situation nur eine besondere Spielart produktiver Investition, und aus diesem Grunde schien es mir auch berechtigt, Kredite für Nahrungsmittelimporte nicht als Konsumptiv-, sondern als Produktiv-Kredite rangieren zu lassen. Wenn es dahin gekommen ist, daß z. B. neunzig Prozent der im Jahre 1936 Beschäftigten nur vierzig Prozent der damaligen güterwirtschaftlichen Leistung erzielen, wenn also der fast volle Einsatz der verfügbaren Arbeitskraft nur noch den Bruchteil einer normalen Leistung erbringt, dann ist der Volkswirtschaft viel mehr als mit einseitiger Verbesserung des Produktivkapitals mit einer Steigerung der menschlichen Arbeitsleistung gedient. Dann müssen selbst nüchterne, kaufmännische Überlegungen zu der Einsicht führen, daß dieser letzterwähnte Weg der wirtschaftlichere, ich möchte fast sagen, der billigere ist.

Um wieviel größer und zwingender ist aber diese Verpflichtung, wenn wir uns dessen eingedenk sind, daß die Wirtschaft nicht als seelenloser Mechanismus zu begreifen ist, sondern daß sie von lebendigen Menschen mit höchst individuellen Wünschen und Vorstellungen getragen ist, und daß gerade angesichts der Schwere unserer Not die verhängnisvollsten sozialen und politischen Wirkungen unausbleiblich sein müßten, wenn wir es noch länger vergessen, daß der letzte Zweck allen Wirtschaftens nur der Verbrauch sein kann. Wenn ich also auch keineswegs in die Fehler einer Einseitigkeit nach der anderen Richtung verfallen möchte und mir bewußt bin, daß eine zu starke Vernachlässigung der Erhaltung des Sachkapitals den Wiederaufbau verzögern müßte, so ist es doch unerläßlich, das Gewicht mit großer Entschiedenheit zu verlagern, um erst wieder einen natürlichen Ausgleich und eine organische Entsprechung herbeizuführen.

[…] Eine wirklich gesunde wirtschaftliche Grundlage werden wir, wie die Erfahrungen des Alltags uns immer wieder lehren, durch dieses Flicken und Verstopfen der brüchig gewordenen Dämme oder mehr noch durch das Herumkurieren an den Symptomen nicht zurückgewinnen.

Das deutsche Volk weiß es heute aus mancherlei Verlautbarungen, daß eine Währungsreform wohl in nicht mehr allzuferner Zeit zu erwarten steht, und deshalb sind es nicht immer nur amoralische Triebe, sondern es ist oft mehr die Lebensangst, die den vor einer scheinbar undurchsichtigen Zukunft stehenden Menschen zu Handlungen veranlaßt, die unsere so sehr geschwächte Wirtschaft noch weiter lähmt und die sozialen und politischen Gegensätze noch stärker aufreißt. Um so wichtiger erscheint es mir, zu

jenem viel erörterten Thema „Währungsreform“ unter wirtschaftspolitischem Aspekt hier etwas Grundsätzliches zu sagen.
Vorweg das eine, daß sie nicht eine Geißel bedeutet, das Maß der Prüfungen voll zu machen. Diese Reform wird wohl allen immer noch vorhandenen Illusionen ein jähes Ende setzen und die harten Realitäten unseres gesellschaftswirtschaftlichen Lebens mit aller Deutlichkeit und, wenn Sie wollen, auch mit aller Brutalität aufdecken. Aber dieser Prozeß trägt in sich zugleich die heilenden Kräfte, schafft die Grundlagen für eine neue Ordnung und die nützliche Anwendung unserer Arbeit und gibt dieser damit wieder Sinn und Inhalt. [...]
Es ist meine feste Überzeugung – ihr habe ich als Vorsitzender der Sonderstelle Geld und Kredit Gestalt zu geben versucht, und ich will diese Überzeugung auch in meinem jetzigen Amte mit dem größten Ernst wahren –, daß die in der Währungsreform sichtbar werdenden, unabdingbaren Opfer nur dann nicht zur Auflösung der sozialen Ordnung treiben, wenn sie eine gerechte Umlegung erfahren, wenn der ehrliche Wille zu einem Lastenausgleich mit der Reform auch zur Tat wird.
Ich versichere Ihnen, alles in meinen Kräften Stehende zu tun, um innerhalb meines Wirkungsbereiches jeden Versuch, sich diesem Gebot entziehen zu wollen, zunichte zu machen.
Der Prozeß dieses Ausgleichs hängt, vor allem hinsichtlich des zeitlichen Ablaufs, selbstverständlich weitgehend von der Technik und dem materiellen Inhalt der Währungsreform ab. Sicher aber ist das eine, daß die Lösung nicht in der Aufteilung der Masse, sondern wesentlich in einer dem Ausgleichsgedanken Rechnung tragenden Verteilung der gesamten volkswirtschaftlichen Erträge gefunden werden muß. Der Lastenausgleich bewirkt somit unbeschadet der Möglichkeit eines realen Besitzausgleichs im Grundsatz eine Andersverteilung des Volkseinkommens bzw. des Sozialproduktes. Gerade deshalb aber wird ein Erfolg um so sicherer, rascher und nachhaltiger erzielt werden können, je besser es uns gelingt, unsere Wirtschaft aus der Lethargie zu befreien und nach dann wieder möglichen wirtschaftlichen Grundsätzen die Erzeugung stetig auszuweiten. Nicht in der Nivellierung des Mangels und der Not, sondern in der gerechten Verteilung eines mählich[1] wachsenden Wohlstandes muß das Heil gesucht und gefunden werden.

Quelle: Aus der Rede des Direktors der Verwaltung für Wirtschaft, Professor Dr. Ludwig Erhard, am 21. April 1948. In: Herbert Michaelis u. a. (Hrsg.): Ursachen und Folgen. Vom deutschen Zusammenbruch 1918 und 1945 bis zur staatlichen Neuordnung Deutschlands in der Gegenwart. Eine Urkunden- und Dokumentensammlung zur Zeitgeschichte; 25. Bd.: Der Zerfall der alliierten Koalition, Berlin o. J., S. 298–313.

Erläuterung:
1 Im Sinne von „allmählich“

M 2: Ausgewählte Wirtschaftsdaten für die Bundesrepublik Deutschland

	Einheit	1950	1951	1952	1953	1954	1955	1956	1957	1958	1959	1960
Brutto-Inlands-produkt in Preisen von 1954 je Erwerbstätigen	1950 = 100	100	108	114	120	126	136	141	145	149	157	167
Industrielle Produktion	1950 = 100	100	118	128	139	155	178	192	203	209	225	249
Zahl der abhängig Beschäftigten	1000	13.827	14.556	14.995	15.583	16.286	17.175	18.056	18.611	18.840	19.399	19.843
Arbeitslose	1000	1.580	1.432	1.379	1.259	1.221	928	761	662	683	476	235
Arbeitslosen-quote	%	10,3	9,0	8,4	7,5	7,0	5,1	4,0	3,4	3,5	2,5	1,2
Bruttolöhne und -gehälter je abhängig Beschäftigten	1950 = 100	100	116	125	133	140	151	163	171	182	192	209
Preisindex für die Lebenshaltung	1950 = 100	100	108	110	108	108	110	113	115	118	119	–

Quelle: Ausgewählte Wirtschaftsdaten für die Bundesrepublik Deutschland. In: Ludwig Erhard: Deutsche Wirtschaftspolitik. Der Weg der Sozialen Marktwirtschaft, Düsseldorf 1992, S. 622f.

Lösungen

1 *Die 1. Teilaufgabe verlangt eine Darstellung der wirtschaftlichen Situation in den Westzonen vom Ende des Krieges bis zur Währungsreform im Juni 1948. Es handelt sich um eine Aufgabe, die ausschließlich dem AFB I (Reproduktion) zuzuordnen ist. Wichtig ist, dass Sie sich auf das Wesentliche beschränken und nicht zu sehr ins Detail gehen, um der Gefahr zu entgehen, zu viel Raum und zu viel Zeit für eine Aufgabe zu investieren, für die eher wenige Bewertungseinheiten vorgesehen sind.*

Die wirtschaftliche Lage in Deutschland war 1945 äußerst desolat. Die Bombenangriffe der Alliierten hatten nahezu 50 % des gesamten Wohnraums in den Westzonen zerstört und zu erheblichen **Schäden an Produktionsanlagen** geführt, sodass in Verbindung mit dem Ausfall von Arbeitskräften die **Produktivität** im Lande **deutlich zurückgegangen** war. Auch die schwierige Umstellung von einer zentral gelenkten Kriegswirtschaft auf eine von den Besatzungsmächten kontrollierte Wirtschaft erschwerte den Neuaufbau. Erhebliche Probleme bereitete die weitgehende **Zerstörung der Infrastruktur**, insbesondere der Verkehrswege und des Post- und Nachrichtenwesens. Die Transportkrise jener Jahre lähmte den Handel, der zusätzlich durch die anfangs **starren Zonengrenzen** beeinträchtigt wurde. In einem Gutachten stellten englische Fachleute fest, die deutsche Wirtschaft sei auf ein Niveau wie zu Beginn der Industrialisierung zurückgeworfen.

Doch war in den ersten Jahren der Aufbau einer wieder leistungsfähigen Industrie nicht das Hauptproblem. Vielmehr wurde die **Versorgung der Bevölkerung** angesichts einer Nahrungsmittelkrise zur Bewährungsprobe der Zonenverwaltungen. Insbesondere in den Städten konnten die Menschen mit Lebensmittelkarten nur mit dem Nötigsten versorgt werden. Der **Hungerwinter von 1946/47**, als selbst die Mindestrationen nicht mehr zu erhalten waren, führte vor allem in Ballungsgebieten wie dem Ruhrgebiet und in Großstädten zu katastrophalen Zunahmen von **Mangelerkrankungen**. Teilweise waren mehr als die Hälfte der Kinder unterernährt.
Um jedoch die akute Krise zu überstehen, waren die Menschen gezwungen, sich auf dem **Schwarzmarkt** mit dem für das Leben Nötigsten zu versorgen. Die Währung der Reichsmark hatte an Wert verloren, weil dem geringen Warenangebot ein hoher Überhang an Geld gegenüberstand. So kehrte man zurück zu **einer Art Naturalwirtschaft** nicht nur im privaten Bereich, sondern auch im Gewerbe. Eine Hauptbeschäftigung der städtischen Bevölkerung war deshalb neben dem Einrichten von Behelfswohnungen und dem Wegräumen der Trümmer die **Hamsterfahrt aufs Land**, um Nahrungsmittel zu erbetteln oder einzutauschen.
Häufig waren es alte Menschen oder Frauen, die die Lasten zu tragen hatten. Zwar gab es durch den Zustrom der **Flüchtlinge und Vertriebenen** und der zurückkehrenden Kriegsgefangenen genug Arbeitskräfte für die zum Erliegen gekommene Industrie, aber angesichts der zerstörten Infrastruktur und der überforderten Verwaltung war es schwierig, die **Arbeitskräfte dorthin zu bringen, wo sie gebraucht wurden**.
Insgesamt war die wirtschaftliche Situation in den Westzonen also derart schlecht, dass die Besatzungsmächte gezwungen waren, sich neu zu orientieren und die ökonomischen Strukturen zu verbessern.

2.1 *Die 2. Teilaufgabe fordert von Ihnen den Nachweis, mit Quellenmaterial fachgerecht umgehen zu können. Dabei geht es in 2.1 um die Analyse einer historischen Quelle, einer Rede von Ludwig Erhard aus dem Jahr 1948, zwei Monate vor der Währungsreform. Zu beachten ist, dass Erhard zum Zeitpunkt seiner Äußerung Direktor der Verwaltung für Wirtschaft in der Bizone war, also wesentlich beteiligt an der Vorbereitung der Währungsreform. So erklärt sich auch der eindringliche Versuch, diese Reform zu verteidigen.*

Ludwig Erhard äußert sich in seiner Rede vor der Vollversammlung des **bizonalen Wirtschaftsrates**, einem der wichtigsten Gremien in dem 1947 geschaffenen Vereinigten Wirtschaftsgebiet aus amerikanischer und britischer Zone, eher **skeptisch** über die **bisherige Wirtschaftspolitik** in den beiden Zonen und beklagt ihren **mäßigen Erfolg**. Für ihn liegt die Hauptursache für die kaum spürbare Erholung der Wirtschaft in einer **übermäßigen Förderung der Investitionsgüter-Produktion und gleichzeitiger Vernachlässigung der Produktion von Verbrauchs- und Konsumgütern**. Die sich daraus ergebende mangelhafte Versorgung mit Nahrungsmitteln macht Erhard für die vergleichsweise **geringe Produktivität der Arbeitskraft** verantwortlich. Zwischen den Zeilen ist jedoch auch zu lesen, dass die zunehmende Wertlosigkeit der Währung die Motivation und Leistungsbereitschaft der Arbeiter niederdrückt.
Entsprechend seiner Analyse der Situation fordert Erhard eine verstärkte **Förderung** der Produktion der Verbrauchsgüter und die Finanzierung von Nahrungsmittelimporten, um die Produktivität der Arbeitskraft zu erhöhen.
Für ganz wesentlich hält er die Durchführung einer **Währungsreform**, obwohl er sich im Klaren ist, dass sie zu erheblichen sozialen Härten führen wird. Deshalb gilt es, die Reform so zu organisieren, dass die zu tragenden **Lasten ausgeglichen** werden, also die

Besitzer von Geldvermögen nicht benachteiligt werden gegenüber den Besitzern von Sachwerten.
Für Ludwig Erhard steht jedoch außer Frage, dass nur durch eine Währungsreform eine durchgreifende wirtschaftliche Erholung auf den Weg gebracht werden kann. Und eine solche Erholung sei letztlich die Voraussetzung für **mehr Wohlstand** aller Menschen und damit auch für eine verbesserte **Verteilungsgerechtigkeit**.

2.2 *In der Aufgabe 2.2 wird anhand von statistischen Daten ein längerer Zeitraum, von 1950 bis 1960, dokumentiert. Aus diesen Daten sind jedoch nicht nur „grundlegende Tendenzen" zu erarbeiten, sondern auch anhand genauerer Kenntnisse der Besatzungszeit zu erklären.*
Während also die Aufgabe 2.1 ausschließlich dem AFB II (Transfer) zuzuordnen ist, fordert die Aufgabe 2.2 von Ihnen Leistungen aus allen drei Anforderungsbereichen.

Das vorliegende Zahlenmaterial ist ein eindrucksvoller Beleg für den wirtschaftlichen Aufschwung in den 50er-Jahren, der schließlich als „**Wirtschaftswunder**" nicht nur in Deutschland bestaunt wurde.
Die **Zahlen zum Bruttoinlandsprodukt** zeigen, dass von 1950 bis 1960 die Produktivität je Erwerbstätigen von 100 auf 167 Punkte stieg, sich also um mehr als das 1,5fache steigerte, speziell in der industriellen Produktion sogar um das 2,5fache. Es ist also genau das eingetreten, was Erhard forderte: die **Erhöhung der Produktivität der Arbeitskraft**.
Das Wachstum der Wirtschaft der Bundesrepublik wird aber erst wirklich deutlich, wenn man die Produktivitätssteigerung im Zusammenhang mit der **Zunahme der Erwerbstätigen** sieht. Waren es 1950 13 827 000 Beschäftigte, so stieg die Zahl bis 1960 auf 19 834 000 mit einer erheblich höheren Produktivität. Entsprechend sank die Zahl der Arbeitslosen kontinuierlich von 10,3 % im Jahr 1950 auf 1,2 % im Jahr 1960. In der Bundesrepublik herrschte also am Ende der 50er-Jahre **Vollbeschäftigung**.
Dass die rasante Erholung der Wirtschaft auch bei der Masse der Bevölkerung ankam, zeigen die beiden letzten Zahlenreihen. Die Löhne stiegen deutlich an und verdoppelten sich in zehn Jahren, während im gleichen Zeitraum die Preise für Güter zur Lebenshaltung nur mäßig stiegen. Die Folge war eine ganz erhebliche **Zunahme der Reallöhne**.
Ludwig Erhard hatte zweifellos Recht, wenn er sich von der Währungsreform eine tief greifende und nachhaltige Erholung der westdeutschen Wirtschaft versprach. Um eine solche Währungsreform sinnvoll und erfolgreich durchführen zu können, war aber der Zusammenschluss der westlichen Zonen zu einem einheitlichen Wirtschaftsgebiet notwendig. Zunächst schlossen die amerikanische und die britische Besatzungsmacht ihre Zonen zur „**Bizone**" **1947** zusammen, der Anfang 1948 dann die französische Zone angeschlossen wurde.
Nach der Entscheidung für eine **Währungsreform**, die im Juni 1948 durchgeführt wurde, zeigte sich, dass die „**Trizone**" nun auch für amerikanisches Kapital interessant geworden war. Die westlichen Besatzungszonen wurden ab April 1948 in das „**European Recovery Program**", **besser bekannt als Marshall-Plan**, aufgenommen. Das für den wirtschaftlichen Aufbau notwendige Kapital stand nun zur Verfügung.
Dass sich die wirtschaftliche Erholung allerdings derart rasch vollzog und zum „Wirtschaftswunder" wurde, wird meist mit dem Namen Ludwig Erhard und seiner sozialen Marktwirtschaft in Verbindung gebracht. Als Vorsitzender und später Direktor des Wirtschaftsrates der vereinigten Zonen war er maßgeblich beteiligt an der Durchsetzung von wirtschafts- und ordnungspolitischen Rahmenbedingungen. Die Entscheidung für eine Marktwirtschaft und ihre Durchsetzung war schon deshalb erstaunlich, weil im übrigen Europa vorwiegend dirigistische Modelle und Zwangsbewirtschaftung vorherrschten.

3.1 *Beide Teilaufgaben, 3.1 und 3.2, fordern Kenntnisse der Geschichte der Besatzungszeit in Deutschland, hier vor allem in der sowjetisch besetzten Zone (SBZ). Überwiegend handelt es sich also um Anforderungen aus dem AFB I (Reproduktion). Der in 3.1 geforderte Vergleich der Wirtschaftspolitik der Sowjetunion mit derjenigen der westlichen Alliierten geht jedoch über den AFB I hinaus und ist dem AFB III (Problemlösung) zuzuordnen.*

Die in Potsdam beschlossene **Demontage** der deutschen Industrie wurde von der **sowjetischen Besatzungsmacht** in massiver Weise durchgeführt. Teilweise sah die Sowjetunion die Fabrikanlagen und die Eisenbahnlinien, die man abbaute und in die Sowjetunion brachte, noch als Beutegut, später dann als Teil der Reparationen. Darüber hinaus wurden große Teile der Produktion in der SBZ von der Besatzungsmacht entnommen und als **Reparationslieferungen an die Sowjetunion** betrachtet. Man schätzt, dass so etwa 50 % der produzierten Güter von der Sowjetunion beschlagnahmt wurden. Selbst den Verbündeten erschienen die von den Sowjets entnommenen Güter zu hoch, sodass die Amerikaner im Mai 1946 die Reparationslieferungen an die Sowjetunion aus ihrer Zone verweigerten.
Unmittelbar nach dem Ende des Krieges wurde auch von den **westlichen Alliierten** eine Politik der **Entindustrialisierung** in ihren Zonen betrieben. Neben Demontagen gehörten dazu ebenfalls Reparationen in Form von Sach- und Güterlieferungen, in der französischen Zone auch in erheblichem Umfang. Allerdings nahmen die westlichen Alliierten schon bald Abstand von radikalen Plänen, die deutsche Wirtschaft auf den Status eines agrarischen Entwicklungslandes zurückzuwerfen, wie das z. B. der **Morgenthau-Plan** vorsah. Seite Ende 1946, in der Folge der allmählichen **Umorientierung** der westlichen Besatzungspolitik, wurden in den Westzonen die Reparationslieferungen zunehmend eingeschränkt.
So lässt sich zusammenfassend feststellen, dass die vier Besatzungsmächte eine Demontage und Reparationspolitik betrieben, die die deutsche Wirtschaft insgesamt belastete. In den Westzonen war diese Belastung jedoch deutlich geringer, während der Aderlass durch die sowjetische Besatzungsmacht den Neuaufbau der ostdeutschen Wirtschaft erheblich erschwerte und verzögerte.

3.2 *Zu beachten ist in 3.2 der Operator „Skizzieren Sie …“, da er eine knappe, wirklich auf das Wesentliche beschränkte Lösung fordert.*

Sofort nach Beendigung des Krieges begann die **sowjetische Militäradministration (SMAD)** mit der **radikalen Umgestaltung des wirtschaftlichen und politischen Systems**. Schon im Juli 1945 wurden die **privaten Banken und Versicherungen verstaatlicht**. Dies war ein erster Schritt zum **Aufbau eines sozialistischen Systems**. Fortgeführt wurde dieser Weg mit der **Bodenreform**, die im Herbst 1945 begann. Alle Großgrundbesitzer und alle „Kriegsverbrecher“ wurden enteignet, das Land wurde Landarbeitern und landlosen Bauern sowie Umsiedlern zugeteilt, etwa ein Drittel wurde in **Volkseigene Güter** überführt. Die Zusammenarbeit der kleinen Bauern in **kollektiven Organisationen** wurde gefördert.
Zur gleichen Zeit begann auch eine **Industriereform**. Die Schwerindustrie wurde **sozialisiert**, wie schon die Bodenreform rechtfertigte man sie als Prozess der Entnazifizierung. Im Jahr 1946 wurden Großunternehmen umgewandelt in Sowjetische Aktiengesellschaften (SAG), die später der DDR übergeben wurden.
Im Jahr 1948 wurde der Prozess der Enteignung von Privateigentum mit der **Entstehung der Vereinigungen Volkseigener Betriebe** abgeschlossen, nach wie vor gerechtfertigt durch die Bestrafung der NS-Kriegsverbrecher.
Parallel zur Währungsreform in den Westzonen führte die sowjetische Besatzungsmacht auch in ihrer Zone im Juni 1948 eine **eigene Währung**, **die DM-Ost**, ein, die jedoch

anders als im Westen am Lebensstandard der Bevölkerung kaum etwas änderte. Lebensmittel wurden nach wie vor rationiert, der Schwarzmarkt bestand weiter.
Mit der Verabschiedung des 1. Zweijahresplans 1949/50 führte schließlich die SED in der späteren DDR die **Zentralverwaltungswirtschaft** ein.

Der Weg in ein sozialistisches System wurde schließlich durch **politische Grundentscheidungen** schon sehr früh beschritten. Bereits am 10. Juni 1945 gestattete die SMAD die **Gründung „antifaschistischer Parteien"**, allen voran der KPD und der SPD. Zusammen mit der CDU und der LDPD, vergleichbar der FDP im Westen, bildeten KPD und SPD einen Monat nach ihrer Neugründung den **Antifaschistischen Block**, die „Einheitsfront der antifaschistisch-demokratischen Parteien". Kurze Zeit nach der Zulassung der Parteien folgten die **Gründungen kommunistischer Massenorganisationen**, allen voran der **Freie Deutsche Gewerkschaftsbund (FDGB)** als Einheitsgewerkschaft, während sich Literaten, Künstler, Lehrer und Wissenschaftler im **Kulturbund** organisierten. Im März 1946 gründete sich dann die **Freie Deutsche Jugend (FDJ)**.
Ein wichtiger Schritt zum Einparteien-Staat war die **Zwangsvereinigung von KPD und SPD** Ende April 1946 zur **Sozialistischen Einheitspartei Deutschlands (SED)**.
Abgeschlossen wird die politische Entwicklung in der SBZ mit der **Gründung der DDR**, parallel zur und in Reaktion auf die Gründung der Bundesrepublik. Am 7. Oktober 1949 erklärt sich der **2. Deutsche Volksrat**, eine Versammlung von 330 Mitgliedern aus Parteien und Massenorganisationen, zur Provisorischen Volkskammer und setzt die Verfassung in Kraft.

4 *In Teilaufgabe 4 sollen Sie an einem historischen Beispiel – drei Phasen der deutschen Geschichte stehen zur Wahl – das Spannungsverhältnis zwischen Gemeinwohlorientierung und Interessenpolitik aufzeigen und die jeweilige Politik entsprechend einordnen. Über die von Ihnen gewählte Epoche sollten Sie genau Bescheid wissen, da nur so eine Bewertung im Sinne der Fragestellung möglich ist. Das Zitat von Ludwig Erhard hat für die Lösung der Aufgabe keine wesentliche Funktion, sondern dient nur als Aufhänger.*
Aufgaben mit dem Operator „Erörtern Sie …" verlangen Leistungen aus allen drei Anforderungsbereichen.
Im Folgenden werden alle drei Beispiele kurz behandelt, in der Prüfung war nur ein Beispiel auszuwählen.

In der **Ära Bismarck im Deutschen Kaiserreich** lässt sich durchaus von einer am Gemeinwohl orientierten Politik sprechen, also mit den Worten Erhards von einer Politik, die der Wohlfahrt des ganzen Volkes dienen soll. Schon die **Reichsverfassung von 1871** kann verstanden werden als der Versuch, ein Volk zu einen, eine Aussöhnung zu erreichen zwischen den nationalen und den liberalen Kräften sowie Voraussetzungen zu schaffen für mehr allgemeinen Wohlstand durch ein einheitliches Wirtschaftsgebiet.
Der Aufstieg des Reiches zu einer führenden Industrienation vor dem Ersten Weltkrieg ist ein Beleg, dass die **Reichsgründung zumindest wirtschaftlich erfolgreich war** und den Wohlstand der Menschen tatsächlich mehrte. Zum Wohle aller Bürger wirkte sich auch die **Sozialgesetzgebung** in der Ära Bismarck aus. In für die damalige Zeit vorbildlicher Weise schuf der Staat ein System sozialer Sicherungen, das bis heute den Kern der deutschen Sozialgesetzgebung bildet.
Gleiches gilt für den **Ausbau des formalen Rechtsstaates**. Unmittelbar nach der Reichsgründung trat am 1. Januar 1872 das Reichsstrafgesetzbuch (StGB) in Kraft und löste die entsprechenden Gesetze in den einzelnen Ländern ab, verbesserte also allgemein die Rechtssicherheit.
Schwieriger war die **Vereinheitlichung der allgemeinen Gesetze**. Um die Wende vom 18. zum 19. Jahrhundert waren mit dem Preußischen Allgemeinen Landrecht und dem Code civil Rechtsordnungen in Kraft getreten, die zusätzlich zu Rechtssammlungen aus

dem Mittelalter in einzelnen Ländern noch bis Ende des 19. Jahrhunderts galten. 1874 nahm auf Beschluss des Reichstages eine Kommission die Arbeit auf, um ein einheitliches Reichsrecht zu schaffen. Es dauerte bis 1896, ehe diese Rechtssammlung verabschiedet werden konnte, am 1. Januar 1900 trat dann das **Bürgerliche Gesetzbuch (BGB)** in Kraft, das bis heute gilt.
Andererseits war die Bismarck-Ära auch geprägt von politischen Entscheidungen, die vorwiegend dem Interesse einzelner Gruppen oder Gesellschaftsschichten dienten. So betonte bereits die Verfassung mit der **Machtfülle für den Kaiser und den Reichsrat** auf Kosten des gewählten Parlaments den **Vorrang der alten adeligen Eliten gegenüber den breiten Schichten** von Bürgern und Arbeitern. In der Verfassungswirklichkeit verstärkte sich dies noch, wie sich an der Dominanz des Adels und der ostelbischen Großgrundbesitzer in der Verwaltung und im Militär zeigen lässt.
Auf der anderen Seite wurden bestimmte politische Interessen und deren Anhänger **als Staatsfeinde ausgegrenzt und diffamiert** wie der politische, vorwiegend süddeutsche Katholizismus und insbesondere die „vaterlandslosen Gesellen" der Sozialdemokratie.
Sogar Einzelinteressen diente die Politik Bismarcks. Obwohl er selbst gegen eine deutsche **Kolonialpolitik** war, stellte das Reich in seiner Amtszeit Gebiete unter staatlichen Schutz, die von Kaufleuten erworben worden waren: Deutsch-Südwestafrika des Kaufmanns **Adolf Lüderitz**, Kamerun von **Adolph Woermann** und Gebiete in Ostafrika von **Carl Peters**. Gefordert wurde diese Politik der Jahre 1884 bis 1886 jedoch auch von einer Öffentlichkeit, die von konservativen und nationalen Kreisen im Sinne einer deutschen Kolonialpolitik beeinflusst wurde.
Wie sehr auch Bismarck den Interessen starker Gruppen nachgeben musste, zeigte sein **Schwenk von der Freihandelspolitik zur Schutzzollpolitik 1878/79**. Als die deutsche Wirtschaft im Zuge der Gründerkrise seit 1873 in Schwierigkeiten geriet, wurden vom Staat zum Schutz der deutschen Wirtschaft Schutzzölle gefordert. Insbesondere die Großgrundbesitzer im Osten des Reiches liefen Sturm gegen die billigen Getreideimporte aus Übersee. Diesem Druck gab die Regierung nach.
Zusammenfassend lässt sich sagen, dass im Kaiserreich in der Ära Bismarck zweifellos auch Politik betrieben wurde, die am Wohl des gesamten Volkes orientiert war oder sich zumindest zum Wohle aller auswirkte, dass aber die gesellschaftlichen Machtverhältnisse in vielen Fällen eine Politik im Interesse starker Gruppen erzwangen.

Für die **Zeit des Nationalsozialismus** ist es schwierig, von einer Politik zu sprechen, die sich am Gemeinwohl orientierte. Die breite Zustimmung zu Hitler in den Anfangsjahren der NS-Herrschaft ist zweifellos auch auf **Erfolge in der Wirtschafts- und Sozialpolitik** zurückzuführen. So ging die Zahl der Arbeitslosen, die nach der Weltwirtschaftskrise die Weimarer Republik erschüttert hatte, nun deutlich zurück, die landwirtschaftliche und industrielle Produktion wurde gefördert und konnte gesteigert werden. Darüber hinaus organisierte der Staat über Massenorganisationen Sozialleistungen wie günstigen Wohnungsbau oder billige Urlaubsreisen. Kurzfristig waren dies **Maßnahmen, die den Lebensstandard der Menschen verbesserten**, langfristig war diese Politik jedoch schon deshalb nicht am Gemeinwohl orientiert, weil sie mit einer **erheblichen Verschuldung des Staates** erkauft wurde.
Die Zustimmung zum NS-Regime kann nicht nur mit wirtschaftlichen und sozialen Verbesserungen erklärt werden, sondern auch mit der betonten **Einbindung der Menschen in die Volksgemeinschaft**. Gegenüber den Interessengegensätzen und dem Parteienstreit der Weimarer Republik erfuhren viele Menschen die **Führer-Gefolgschafts-Ideologie als Sicherheit bietende Ordnung**. Allerdings ging diese am Rassegedanken orientierte Politik mit der Verfolgung, Unterwerfung und Vernichtung von Minderheiten einher, sie diente also nicht dem Wohl des ganzen Volkes.
Ideologische und machtpolitische Grundsätze bestimmten sehr viel stärker die nationalsozialistische Politik als das Gemeinwohl. Bereits in der Zeit der Machtergreifung

wurden pluralistisch-demokratische Gruppen und Interessen unterdrückt, in Konzentrationslager gesteckt und aus der Gesellschaft ausgeschaltet oder gar getötet. **Dem Interesse der Partei wurde im Namen des Führerprinzips alles untergeordnet**, Staat, Gesellschaft und die Individuen wurden gleichgeschaltet. Dies war nur möglich, indem elementare **Grundrechte außer Kraft** gesetzt und der **Rechtsstaat beseitigt** wurde. So konnten abweichende Interessen und Meinungen schon im Keim erstickt werden. Das **Parteiinteresse wurde zum Gemeinwohl erklärt**, der Führer zum Vollstrecker dieses Gemeinwohls, das in Wirklichkeit ein Sonderinteresse einer kleinen Führungsclique war, die in dem Herrschaftssystem offen privilegiert wurde. Keinesfalls dem Wohle aller oder, wie Erhard es formulierte, der Wohlfahrt des ganzen Volkes, diente die **planmäßige Vorbereitung und rücksichtslose Durchführung eines Eroberungskrieges**.

So fällt es zusammenfassend schwer, für die Zeit des Nationalsozialismus eine Politik zu erkennen, von der man sagen kann, dass sie der „Wohlfahrt des ganzen Volkes diente". Vielmehr wurde alle Politik und alles staatliche Handeln ausschließlich den Interessen der Partei und dem Willen des Führers untergeordnet, das **Volk zum Instrument einer verbrecherischen Politik entstellt**.

Das **staatliche Handeln in der DDR** kann dann teilweise als gemeinwohlorientiert angesehen werden, wenn man das **Gemeinwohl gleichsetzt mit dem Wohl der Arbeiter und Bauern**, wie es die SED im Sinne des Marxismus definiert. Demzufolge sind die Umwandlung des Privateigentums in Volkseigentum und die Gründung von Landwirtschaftlichen Produktionsgenossenschaften (LPGs) oder Volkseigenen Betrieben (VEB) Maßnahmen, die dem Wohle des Volkes dienen.

Sicherlich auch in einem liberalen Verständnis am Gemeinwohl orientiert sind sozialpolitische Errungenschaften in der DDR wie die Stärkung der Stellung der Frau im Berufsleben durch eine umfassende Kinderbetreuung oder die Begrenzung der Mietpreise und der Preise für Grundnahrungsmittel. Fragwürdiger ist schon die Politik der Arbeitsplatzsicherung, da der Erhalt unproduktiver Arbeitsplätze die Leistungsfähigkeit der Volkswirtschaft schwächt und auf lange Sicht kaum dem Gemeinwohl dient.

Um Interessenpolitik handelte es sich in der DDR, da schon in der Verfassung **Grundrechte** nur den Menschen zugebilligt wurden, die die ideologische Voraussetzung, wie sie die Partei definiert, erfüllten. An diesem Beispiel zeigt sich, wie schwierig die Trennung von Gemeinwohl und Partikularinteresse in einem sozialistischen Land ist. Wenn der Marxismus das **Interesse des Proletariats zum Gemeinwohl erklärt** und wenn die kommunistische Partei dazu legitimiert ist, dieses Interesse zu definieren und zu vollstrecken, dann ist gleichsam jede Politik, die von der Partei durchgesetzt wird, zum Wohle der Allgemeinheit.

Vom Standpunkt eines freiheitlich-demokratischen Wertverständnisses aus kann es nicht zum Wohle des ganzen Volkes sein, wenn **Wahlen wie in der DDR** zu gelenkten Akklamationen des herrschenden Machtapparats verkommen oder gar gefälscht werden. Die **Dominanz der Kaderpartei SED** in allen Lebensbereichen und die **Privilegien ihrer Funktionäre** sind ebenfalls Ausdruck reiner Interessenpolitik wie die Ausforschung und Unterdrückung jeder Art von Opposition durch ein **staatliches und parteieigenes Spitzel- und Terrorsystem**.

So kann zusammenfassend gesagt werden, dass in der DDR nur dann von einer Politik gesprochen werden kann, die der Wohlfahrt des ganzen Volkes dient, wenn man der **marxistisch-kommunistischen Ideologie** folgt und die SED zum sorgfältigen Sachwalter des proletarischen Interesses erklärt. Akzeptiert man diese Prämisse nicht, so war das staatliche Handeln in der DDR weitestgehend interessenbedingt und diente Wünschen und Bedürfnissen der Parteikader mehr als denen des ganzen Volkes. Dort wo im sozialen Bereich eine dem Gemeinwohl dienende Politik betrieben wurde, geschah dies nicht selten ohne Rücksicht auf ökologische und ökonomische Zusammenhänge und damit allgemeine gesellschaftliche Bedürfnisse.

Grundkurs Geschichte (Bayern) 2009 – Aufgabe IV
Deutschland seit den fünfziger Jahren

BE

1 Geben Sie einen Überblick über die Entwicklung der deutsch-deutschen Beziehungen von den 1950er-Jahren bis in die erste Hälfte der 1980er-Jahre! 20

2 38

2.1 Erschließen und interpretieren Sie die Karikatur (M 1)!

2.2 Erarbeiten Sie aus dem Text (M 2), wie Stefan Heym die Situation in der DDR im Oktober 1989 darstellt, und vergleichen Sie seine Einschätzung mit der des Karikaturisten!

2.3 Zeigen Sie anhand der entsprechenden Textaussagen auf, wie sich Heym die politische Zukunft der DDR vorstellt!

3 Skizzieren Sie grundlegende Entwicklungen in der deutschen Frage vom Herbst 1989 bis zum Herbst 1990 und erläutern Sie, weshalb die Vorstellungen Heyms nicht in die politische Realität umgesetzt wurden! 26

4 Erörtern Sie an einem Beispiel aus der deutschen Geschichte, welche Faktoren zur Krise eines politisch-gesellschaftlichen Systems führen und zu seinem Zerfall beitragen können! Wählen Sie dabei eines der folgenden Themen aus:
- Untergang des deutschen Kaiserreichs
- Niedergang der Weimarer Republik
- Zusammenbruch des NS-Systems 36

M 1: Fritz Behrendt („Frankfurter Allgemeine Zeitung“ vom 7.10.1989)

Quelle: Karikatur von Fritz Behrendt erstmals abgedruckt in „Frankfurter Allgemeine Zeitung“ vom 7. 10. 1989. Aus: Hermann Wilmes (Hrsg.), Materialien-Handbuch Geschichte, Deutschland und die Welt nach 1945 (Band 7/1), Köln 2004, S. 335.

M 2: Auszug aus einem Artikel von Stefan Heym[1] in der „Zeit“ vom 13.10.1989: „Ist die DDR noch zu retten?“

Noch nie in der Geschichte ist ein Staat auf so lächerliche Weise in die Krise geraten wie die DDR. Kein Reformator verkündete neue Thesen, kein General ritt ein in der Hauptstadt an der Spitze seiner Panzer; nein, die akute Notlage ist entstanden durch Absentierung der Bevölkerung; statt Barrikaden Massenauszug; statt Streiks und Demonstrationen Botschaftsbesetzung; statt Zusammenstößen mit der Polizei Ungarn-Reisen. Zurück blieben eine Partei ohne Orientierung, eine Vielzahl gefräßiger Behörden, Medien, die unentwegt amtliche Phrasen kundgeben, und an der Spitze dieses allen eine Regierung, die ihr Gesicht nur deshalb nicht mehr verlieren kann, weil sie es schon lange verloren hat.

Und die Gegner höhnen, Marx ist tot; und weisen, mit Recht übrigens, auf die Rückständigkeit und den Verfall im Land und die geistige Öde, den Schmutz in den Städten und Flüssen, den Mangel, außer an Schnaps, an so gut wie allem, was das Leben bunt und vergnüglich macht, und auf die tagtäglichen Rechtswidrigkeiten, die Vettern- und Privilegienwirtschaft und die Willkür der Mächtigen, mit welcher diese den Leuten vorschreiben, was sie zu tun und zu denken haben und wohin sie sich bewegen dürfen und wann. Dazu die Schau am gläsernen Schirm, Abend für Abend, von einer reicheren Welt, einer Welt ohne Grenzen, die dem Tüchtigen gehören soll; und als ob die Genossen oben das Bild noch selber bestätigen wollten, ihr Intershop, in dem, sichtbar, fühlbar und schmeckbar, dem armen DDR-Bewohner die Überlegenheit westlicher Güter und Währung regierungsamtlich vorgeführt wird. Kein Wunder, daß die Menschen des Landes bei der ersten besten Gelegenheit sich davonmachen. [...]

Ist die DDR noch zu retten? Wichtiger noch, ist sie es wert, daß man sie rettet?

Der Staat leidet an innerer Auszehrung. Er litt schon daran, als damals die Mauer hingebaut wurde, eine Art Korsett für den zerfallenden Körper; nur stellte der Arzt sich nie ein, leider, der in der Zeit seither, mit vernünftigen Methoden und Weisheit und Toleranz, die Krankheit therapiert hätte.

Was aber heute tun und jetzt, angesichts der Katastrophe und der offenbaren Unfähigkeit höheren Orts zu Umstellung und Reform? Drei Kreuze machen und die DDR, oder was davon noch nicht weggelaufen sein wird, der Bundesrepublik zu treuen Händen übergeben? Aber welche europäische Nation, und welche außereuropäische, wünscht denn nach den geschichtlichen Erfahrungen der letzten hundert Jahre ein neues Großdeutschland? Und, dies aus tiefster Seele gesprochen: Soll denn das noble Experiment des Sozialismus hier im Herzen Europas, nur weil es so lange mit unzulänglichem Gerät und falschen Zutaten probiert wurde, so gänzlich aufgegeben werden? Es gibt, das ist unbezweifelbar, genügend Menschen im Lande, die bleiben würden, um den Versuch unter neuen, demokratischen Bedingungen noch einmal zu unternehmen. Und es gibt längst schon, selbst in der SED und ihrem Umkreis, Einzelpersonen und Institute, die Modelle entwickelt haben für einen brauchbaren Sozialismus und die bereit sind, die neuen Programme, zusammen mit allen Bürgern, zu verwirklichen.

Eine Deutsche Demokratische Republik, aber eine bessere als die real existierende, ist notwendig, schon als Gegengewicht gegen die Daimler-Messerschmitt-Bölkow-Blohm-BASF-Höchst-Deutsche-Bank-Republik auf der anderen Seite der Elbe; notwendig ist ein sozialistischer Staat auf deutschem Boden, der seinen Bürgern wahre Freiheit und alle Rechte garantiert, die freien Bürgern zustehen. Und nicht nur um der Menschen willen, die in der DDR leben und in ihr auch ausharren möchten, ein vernünftig funktionierender DDR-Sozialismus wäre vonnöten auch für die außerhalb der Republik, denn überall in der Welt leidet die Linke unter dem Fiasko des SED-Staates, überall höhnen die Reaktionäre: was, Sozialismus! Schaut ihn euch doch an, diesen Sozialismus, dem das eigene Volk in Scharen davonläuft!

Es ist höchste Zeit, sich von dem alten Schema zu lösen und aus dem real existierenden Sozialismus in der DDR einen wirklichen zu machen, trotz alledem.

Auf so gut wie allen Gebieten des menschlichen Zusammenlebens, ob Wirtschaft und Verwaltung, ob Kultur, Medien, Erziehung, Gesundheitswesen, Verkehr, Umweltschutz und, nicht zu vergessen, Militär und Polizei, müßten da neue Gedanken gefunden werden, neue Einstellungen, neue Methoden, neue Werte und Worte; mehr noch, neue Beziehungen müßten sich bilden zwischen den Menschen, demokratische, ein neues Verhältnis zwischen denen oben und denen unten, mit Kritik und Debatte, jedermann verantwortlich gegenüber den anderen, wählbar und abwählbar. Zu diesen Bemühungen um Veränderung müßte ein jeder Bürger seines beitragen, und er müßte gewiß sein können, daß seine Meinung auch gehört und seine Vorschläge ernst genommen werden. Wenn die Jahre der Existenz der DDR etwas gebracht haben, dann einen Reifungsprozeß. Gerade in innerer Opposition zu dem offiziell Verkündeten haben überraschend viele gelernt, selbständig zu denken und zu handeln; es ist nur noch nötig, sie aufzufordern, sich an dem Umgestaltungsprozeß zu beteiligen. [...]

Wahlen zur Volkskammer der DDR würden dann Teil sein dieses Prozesses. Freie, geheime, demokratische Wahlen, nicht das Schattenboxen wie bisher üblich, mit mehr als einem, vom Volk selbst zu bestimmenden Kandidaten für jedes Mandat und mit mehreren Parteien – die in der DDR ja vorhanden sind und die sich nur von den Fesseln zu befreien brauchten, mit denen sie sich selber an ihre Leitpartei, die SED, banden. Und selbstverständlich wäre Sorge dafür zu tragen, daß die Auszählung der Stimmen unter Kontrolle durch die Wähler selber oder durch Personen ihres Vertrauens stattfindet. Eine Regierung, ernannt und bestätigt von einer auf solche Weise gewählten Volkskammer, besäße die Legitimität, die die jetzige nicht hat, und könnte den neuen Abschnitt der Geschichte der DDR in sichere Bahnen bringen: eine DDR, die eines Tages vielleicht auch provisorische Quartiere zu errichten haben würde, um Zuwanderern zu ihrem neuen Sozialismus eine erste Unterkunft zu gewähren.

Quelle: Stefan Heym, „Ist die DDR noch zu retten?" (Auszuge) In: „Die Zeit", Nr. 42 vom 13. 10. 1989.

Erläuterung:

1 **Stefan Heym** (1913–2001), Journalist, Schriftsteller, Politiker; war nach seiner Übersiedelung nach Ost-Berlin 1952 als „kritischer Marxist" aufgefallen, u. a. durch Kontroversen mit Ulbricht und Honecker. 1994 wurde Heym auf der PDS-Liste, aber parteilos, in den Deutschen Bundestag gewählt und dessen Alterspräsident.

Lösungen

1 *Die 1. Teilaufgabe fordert einen Längsschnitt durch die deutsch-deutsche Geschichte von der Gründung der beiden deutschen Staaten bis Mitte der 80er-Jahre, also bis zum Beginn der Ära Gorbatschow. Da nur ein Überblick gefordert ist, verbietet sich eine breite Darstellung von Details. Vielmehr geht es darum, die wirklich wichtigen Ereignisse und Entwicklungen zu zeigen.*
Die Aufgabe ist ausschließlich dem AFB I (Reproduktion) zuzuordnen.

Die ersten beiden Jahrzehnte der **deutsch-deutschen Beziehungen** waren gekennzeichnet durch eine andauernde **Konfrontation vor dem Hintergrund des Kalten Krieges**. Zwar gab es zu Beginn der 50er-Jahre immer wieder Versuche, das Verhältnis zwischen den beiden deutschen Staaten zu normalisieren und den Weg zu einer Vereinigung zu öffnen, doch nach der Ablehnung der in den **Stalin-Noten von 1952** vorgeschlagenen Einigung durch die Westmächte und Adenauer grenzten sich die beiden deutschen Staaten immer stärker voneinander ab. Nach dem Scheitern der **Genfer Gipfelkonferenz der ehemaligen Besatzungsmächte 1955** verkündete Chruschtschow die „**Zwei-Staaten-Theorie**": Die Sowjetunion ging seither von zwei souveränen Staaten aus, gab also die Vorstellung von einer Einheit Deutschlands auf.
Ende 1955 verkündete der westdeutsche Außenminister Brentano die „**Hallstein-Doktrin**": Wenn dritte Staaten zur DDR diplomatische Beziehungen aufnehmen sollten, sähe die Bundesrepublik darin einen unfreundlichen Akt. Dieser **Alleinvertretungsanspruch** konnte bis zum Abbruch der diplomatischen Beziehungen mit dem betreffenden Land führen.
Höhepunkt der Abgrenzungspolitik der DDR war schließlich am 13. August 1961 der **Bau der Mauer in Berlin**. Dem Versuch der DDR, durch sog. „Grenzschutzanlagen" das eigene Gebiet abzuschotten und die Fluchtbewegung zu stoppen, standen auf Seiten der Bundesrepublik Bemühungen gegenüber, den Austausch von Personen und Gütern zu verbessern. Verschiedene **Passierschein- und ein Rentnerabkommen** ließ sich die DDR gleichsam mit Devisen durch den **Zwangsumtausch** von mindestens 3 DM in Verhältnis 1 : 1 in Ostmark bezahlen. Versuche eines deutsch-deutschen Dialogs nach einem ersten Notenwechsel 1967 scheiterten jedoch, da die DDR darauf beharrte, von der Bonner Regierung als souveräner Staat anerkannt zu werden.

1970 kam es dann doch zum ersten **Treffen der Regierungschefs** der beiden deutschen Staaten in Erfurt, dem ein zweites Treffen zwischen **Brandt und Stoph** in Kassel folgte. Im Zuge der **neuen Ostpolitik der Regierung Brandt/Scheel** und vor dem Hintergrund der internationalen Entspannungspolitik wurden nun auch vertragliche Vereinbarungen zwischen Ost- und Westdeutschland möglich. Einem **Transitabkommen und einem Verkehrsvertrag**, in denen der Zugang nach West-Berlin und der Personen- und Güterverkehr zwischen der BRD und der DDR geregelt wurden, folgte schließlich **1972 der Grundlagenvertrag**, der einen Rahmen schuf, innerhalb dessen die deutsch-deutschen Beziehungen geregelt und ausgestaltet werden sollten. BRD und DDR erkannten sich gegenseitig als souveräne Staaten an und erklärten sich bereit, praktische und humanitäre Fragen zu regeln und die Sicherheit und Zusammenarbeit in Europa zu fördern. Die Bundesrepublik gab also ihren Alleinvertretungsanspruch auf, nicht jedoch den **völkerrechtlichen Status der deutschen Einheit**, den sie in einem „**Brief zu deutschen Einheit**" bei Unterzeichnung des Vertrages übergab. Abgeschlossen wurde diese Phase mit der **Aufnahme der beiden deutschen Staaten in die UNO 1973**.
Die Hoffnungen im Westen und wohl auch bei der Bevölkerung der DDR auf eine weitergehende Annäherung erfüllten sich jedoch nicht, auch wenn es immer wieder zu praktischen Verbesserungen des innerdeutschen Verkehrs und Handels und zu wirtschaftlichen wie finanziellen Hilfen für die DDR kam. Aber der ostdeutsche Staat betonte nach wie vor die ideologischen und politischen Gegensätze zum westlichen Kapitalismus und Neofaschismus, während die Bundesrepublik an der Westbindung festhielt und die **Offenheit der deutschen Frage** betonte. Immerhin kam es 1981 zu einem **Treffen** zwischen **Kanzler Schmidt und Honecker** in der DDR und zu einer Begegnung zwischen **Kohl und Genscher mit Honecker** aus Anlass der Beisetzungsfeierlichkeiten nach dem Tod des sowjetischen Staats- und Parteichefs Andropow 1984. Beide Seiten versicherten sich dabei gegenseitig ihr Interesse an einem deutsch-deutschen Dialog.

2.1 *Die dreigeteilte Aufgabe ist in wesentlichen Teilen auf Material bezogen. Die erste Teilaufgabe setzt die Fähigkeit voraus, eine Bildquelle zu analysieren und zu beschreiben sowie die einzelnen Elemente und die Bildkomposition zu deuten. Die geforderte Interpretation schließt die Erarbeitung der Perspektive und der Intention des Zeichners ein. Die Teilaufgabe ist ausschließlich dem AFB II (Transfer) zuzuordnen.*

Die **Karikatur** vom Oktober 1989, also kurze Zeit vor der Maueröffnung, ist durch eine Fülle von Details gekennzeichnet, die in ein kompositorisches Motiv eingebettet sind: ein Plakat zum 40-jährigen Jubiläum der DDR im Jahr 1989, angebracht an der Mauer unter dem Stacheldraht. Mit dieser Komposition wird der **Kontrast zwischen dem gefeierten Staatsjubiläum und den bedrohlichen Grenzanlagen** augenfällig.
Im Detail erschließen sich viele **sinntragende Einzelheiten**. Das zentral gesetzte Plakat ist offensichtlich an der nach Westen zeigenden Seite der Mauer angebracht, wie sowohl der Wachturm als auch die flüchtenden „Männchen" links und rechts vom Plakat verraten. Es soll also gegenüber dem Westen das System der DDR verherrlichen und enthält entsprechende Bildelemente. Zentral gesetzt ist die **Symbolik des Jubiläums** mit dem dominierenden Schriftzug „DDR", dem Hammer- und Zirkel-Wappen der DDR und der Zahl 40 umgeben von Lorbeerzweigen. Links oben über allem thronen mit **Marx**, **Engels und Lenin** die geistigen und politischen Gründerväter des Sozialismus, gleichsam wie Heilige mit einem Heiligenschein versehen. Darunter sind moderne **Waffensysteme und jubelnde Soldaten**, Symbole militärischer Macht und Wehrbereitschaft, zu erkennen, während in der rechten oberen Ecke **rauchende Schlote, ein Satellit und ein Flugzeug in den Strahlen einer Sonne** den technisch-industriellen Fortschritt in der DDR versinnbildlichen sollen. Schließlich vervollständigt eine **jubelnde und feiernde Menge von Menschen** das vom Zeichner komponierte Plakat. Der dort propagierte Stolz und die Feierstimmung kontrastieren auch zeichnerisch mit der

Düsternis der Mauer und des Stacheldrahtes, verstärkt durch die Andeutung eines nächtlichen Himmels. Im Kleinen wird der **Kontrast als Leitmotiv** noch einmal aufgegriffen, wenn die Jubelmenge unmittelbar neben die Menge von Menschen gesetzt wird, die aus einem Mauerloch hervorkriecht und flüchtet.

So macht die Karikatur auf mehrfache Weise einen **Widerspruch zwischen der politischen Realität der Grenzanlagen und einer propagandistischen Selbstdarstellung** eines nur noch ideologischen Ideals sichtbar. Der Karikaturist setzt sich also überaus kritisch mit den Staatsfeiern in der DDR und dem dort beschworenen Bild von einer heilen sozialistischen Welt auseinander und wirft den Machthabern vor, die **Wirklichkeit auszublenden**, ja mit Propagandaplakaten zu überkleben.

Die Realität, die er dagegen setzt, ist die eines **Unrechtsstaates** und Gefängnisses, in dem z. B. das elementare Menschenrecht auf Freizügigkeit nicht gewährt wird.

2.2 *Die 2. Teilaufgabe ist noch einmal untergliedert. In einem ersten Schritt ist die Textquelle unter einer bestimmten Fragestellung – die Situation in der DDR in den Wochen ihres Zusammenbruchs – zu analysieren, im zweiten Schritt sollen die Perspektiven des Zeichners und des Autors verglichen werden. Während der erste Teil ebenfalls dem AFB II zuzuordnen ist, stellt der Vergleich schon höhere Anforderungen, geht also in den AFB III (Problemlösung) über.*

Anlass für den **Artikel Stefan Heyms in der ZEIT** waren Ausreisewellen der Bürger der DDR über Ungarn und über die Botschaften in Prag und Warschau. Die damit verbundene **Staatskrise der DDR** ist für Heym die Folge eines schon lange anhaltenden Zerfallsprozesses, dem ein handlungsunfähiger und autoritätsloser Staats- und Parteiapparat nichts entgegenzusetzen hat. Als Anzeichen für die Zerrüttung nennt der Autor die Beeinträchtigung der Lebensqualität der Menschen durch die **Rückständigkeit der ökologischen und ökonomischen Entwicklung** und durch die „Vettern- und Privilegienwirtschaft und die Willkür der Mächtigen“ (Z. 13 f.). Verstärkt wird Heym zufolge der Wunsch nach Flucht in den Westen durch die ungenierte Demonstration der westlichen Überlegenheit in den **Intershop-Läden**, wo die Privilegierten mit westlicher Währung westliche Güter kaufen können.

Heym ist jedoch überzeugt, dass die DDR trotz allem nicht untergehen muss. Er sieht außerhalb und selbst innerhalb der SED **Kräfte und Bestrebungen zur Rettung der Idee des Sozialismus**, den er für ein „noble[s] Experiment“ (Z. 32) mitten in Europa hält. Er glaubt an eine **Reformierbarkeit des Systems**, um einen „brauchbaren Sozialismus“ (Z. 38) zu schaffen. Seine Hoffnung gründet sich dabei auch auf die zahlreichen Menschen, die in der Opposition zum bestehenden System gelernt hätten, selbstständig zu denken und zu handeln. Er spricht dabei von einem **„Reifungsprozeß“** (Z. 61 f.) **der Bürger in der DDR**.

Stefan Heym **stimmt mit dem Karikaturisten darin überein**, dass das DDR-Regime den eigenen Bürgern eine verlogene Scheinwelt sozialistischer Ideale vorgaukelt, die Wirklichkeit aber so ist, dass die Menschen zu Recht davonlaufen.

Im **Gegensatz zum Karikaturisten** betrachtet der Schriftsteller und Journalist Heym den Sozialismus jedoch als eine Idee, für die es sich lohnt, das System der DDR zu reformieren. Zu einer solchen Zukunft äußert sich der Karikaturist nicht, mit der ironischen Überhöhung der sozialistischen Gründerväter deutet er jedoch an, dass er nicht an diese Idee glaubt.

2.3 *Im dritten Schritt sollen Sie die Textquelle über die Analyse hinaus erschließen. Gefordert werden genaues Lesen der Quelle und Bewertung der Perspektive des Autors anhand eines spezifischen Aspekts: Zukunft der DDR. Die Aufgabe gehört sowohl zum AFB II als auch AFB III.*

Heym, der wie gesagt von der Reformierbarkeit der DDR ausgeht, hält den Fortbestand dieses Staates schon deshalb für wünschenswert, weil nur so eine von den anderen Nationen gefürchtete **Machtballung in der Mitte Europas zu verhindern** sei. Gleichzeitig solle die **reformierte DDR ein Gegengewicht zur kapitalistischen Bundesrepublik bilden** und zur Stärkung der sozialistischen Idee in Europa beitragen.
Heym sieht dabei die Notwendigkeit, „so gut wie alle[ ] Gebiete[ ] des menschlichen Zusammenlebens" (Z. 52) durch **neue Ideen**, **neue Methoden und neue Werte** zu reformieren. Doch nicht nur die gesellschaftlichen Strukturen gilt es zu ändern, auch das Verhältnis der Bürger zum Staat müsse erneuert werden, wobei Heym fordert, die Beziehungen zwischen den Menschen zu **demokratisieren** und das politische System auf der Grundlage von öffentlicher Debatte und gegenseitiger Verantwortung und Mitsprache zu organisieren.
Konkret verlangt Heym **freie demokratische Wahlen** zur Volkskammer und die Durchsetzung eines **pluralistischen Parteiensystems** sowie die **Legitimation der Regierung** durch die vom Volk gewählte Volkskammer.
In einer Vision am Ende seines Artikels träumt Stefan Heym von einer zukünftigen DDR, die sich zum Magneten für Zuwanderer entwickeln könnte, die im neuen Sozialismus ein Heim finden möchten.
Insgesamt wird gerade bei dem Blick Stefan Heyms in die Zukunft deutlich, dass es dabei weniger um die Beschreibung eines möglichen Weges geht, sondern um Forderungen eines politisch engagierten Intellektuellen und um eine **Vision eines „neuen Sozialismus"** (Z. 76).

3 *Die 3. Teilaufgabe bezieht sich ausschließlich auf den Zeitraum von Herbst 1989 bis Herbst 1990, also auf die Phase von der friedlichen Revolution in der DDR bis zur staatlichen Einheit Deutschlands. Der Weg ist in seinen grundlegenden Stationen zu skizzieren. Dieser Teil der Aufgabe ist dem AFB I (Reproduktion) zuzuordnen. In einem zweiten Schritt soll im Zusammenhang mit dieser Entwicklung nach Gründen gesucht werden, warum sich Heyms Hoffnung auf die Reform und den Fortbestand der DDR nicht erfüllte. Dieser Teil ist dem AFB III (Problemlösung) zuzuordnen.*

Der **September 1989** wurde zum **Schicksalsmonat für die DDR**. Die **Massenflucht** ihrer Bürger konnte sie nicht mehr stoppen und im Inneren wuchs der Druck auf die Regierung, nachdem seit dem 4. September die **Montagsdemonstrationen** in Leipzig immer mehr Menschen auf die Straßen lockten. Zunehmend organisierte sich die Oppositionsbewegung, etwa Teile der **Friedensbewegung** im „Neuen Forum", in der **Bürgerbewegung** „Demokratie jetzt" oder im „Demokratischen Aufbruch". Als bei den Montagsdemonstrationen der Ruf nach grundlegenden Reformen immer lauter wurde und als **Gorbatschow** bei seinem Besuch aus Anlass der Feiern zum 40. Jahrestag mit seinem berühmten Satz: „Wer zu spät kommt, den bestraft das Leben", ebenfalls solche Reformen anmahnte, musste das Regime reagieren. Zwar erwog **Honecker** einen Militäreinsatz gegen die Demonstranten in Leipzig, wo mittlerweile mehr als 100 000 Menschen protestierten, aber nachdem offensichtlich die Sowjets nicht dazu bereit waren, musste Honecker gehen. Sein Rücktritt von allen Ämtern Mitte Oktober und die **Neubildung der Regierung unter Egon Krenz** konnten die Revolution jedoch nicht mehr stoppen. Schritt für Schritt traten die alten Funktionäre Ende Oktober, Anfang November zurück, bis schließlich am 9. November 1989 die **Mauer geöffnet** werden musste.

Ein letzter Versuch, die DDR durch die **Reformregierung unter Hans Modrow** von der SED und später durch den „**Runden Tisch**", an dem alte SED-Kräfte und führende Oppositionelle zusammensaßen, zu retten, scheiterte am Widerstand der Demonstranten, die mit der **Forderung „Wir sind ein Volk**" einer souveränen DDR eine Absage erteilten. Die Bürgerrechtsbewegung, die eine Reform der DDR wollte, zog sich mehr und mehr von den Demonstrationen zurück und verlor an Einfluss. Als erste Partei bekannte sich die ehemalige SDP, seit Mitte Januar zur SPD umbenannt, zur deutschen Einheit. Im Februar schlossen sich die CDU der DDR, die DSU und die DA zu einem **Wahlbündnis „Allianz für Deutschland**" zusammen, während die Bürgerrechtsbewegungen ein „**Bündnis 90**" zur Vorbereitung der **Volkskammerwahl** bildeten, die vom „Runden Tisch" auf den 18. März 1990 festgesetzt worden war.
Bei den Wahlen errang die Allianz für Deutschland überraschend einen deutlichen Sieg vor der favorisierten SPD und der PDS. Da sich die „Allianz für Deutschland" eindeutig für einen Beitritt der DDR zur Bundesrepublik ausgesprochen hatte, die SPD jedoch für einen Drei-Stufen-Plan mit einer neuen Verfassung am Ende, wurde das **Wahlergebnis als eindeutiges Plebiszit für eine schnelle Einigung durch Beitritt** verstanden.
Einen erfolgreichen Abschluss konnte der Einigungsprozess allerdings nur finden, weil die **internationalen Rahmenbedingungen** günstig waren. Da sich die beiden Großmächte nach dem Rückzug der sowjetischen Truppen aus Afghanistan weiter annäherten und die NATO sich schon im Mai 1989 für eine deutsche Einigung ausgesprochen hatte, waren die Voraussetzungen gegeben, um die **deutsche Einigung außenpolitisch abzusichern**. In Gesprächen zwischen **Gorbatschow** und Bundeskanzler **Helmut Kohl** sowie auf einem EG-Gipfel in Straßburg und Außenministertreffen in West und Ost nach der Maueröffnung wurde den Deutschen das Recht auf Wiedervereinigung zugestanden. Schließlich einigten sich die Siegermächte und die beiden deutschen Staaten in sogenannten **2plus4-Verhandlungen** von Mai bis September auf eine „abschließende Regelung in Bezug auf Deutschland". Der Weg war frei für die Einigung durch den **Beitritt der fünf Länder der DDR zur Bundesrepublik** am 3. Oktober 1990, verbunden mit der Suspendierung der bisherigen alliierten Vorbehaltsrechte.
Dass sich die Hoffnungen Heyms auf einen Fortbestand einer reformierten DDR in unglaublich kurzer Zeit zerschlugen, hatte sehr unterschiedliche Gründe. Schon bald stellte sich heraus, dass das **wirtschaftliche Gefälle zwischen der BRD und der DDR** derart groß war, dass nach der Maueröffnung der ostdeutsche Staat mit seinen ökonomischen Problemen und der mangelnden Lebensqualität seiner Bürger keine Zukunftschance besaß. Das Misstrauen der Mehrheit der Bevölkerung gegenüber den alten politischen Kräften war so groß, dass vor allem auch in der DDR der **Gedanke der deutschen Einheit** weitergelebt hatte und sich jetzt erneuerte. Dem Ruf „Wir sind ein Volk" konnten die Befürworter einer Reform der DDR wie Stefan Heym nichts entgegensetzen. Da der Wunsch nach Vereinigung von der westdeutschen Regierung unter Helmut Kohl und Hans-Dietrich Genscher entschlossen aufgegriffen und bei den europäischen Nachbarn im Westen und Osten akzeptiert und unterstützt wurde, gab es für die DDR keine Zukunft als eigener Staat mehr. Heym hatte einerseits die Reformfähigkeit des ostdeutschen Staates überschätzt und andererseits den Einigungswillen seiner Mitbürger unterschätzt. Dass die deutsche Einigung auch international nicht nur toleriert, sondern auch gefördert wurde, konnte er nicht vorhersehen.

4 *Wie üblich steht am Ende wieder eine Semester übergreifende Aufgabe mit der Möglichkeit, zwischen verschiedenen historischen Phasen zu wählen. Sie sollten dabei versuchen, sich nicht nur auf innere oder äußere Faktoren zu beschränken, sondern an beiden zu zeigen, wie sie zum Zusammenbruch eines politischen Systems führen können. Es geht dabei nicht um einen chronologischen Abriss der letzten Jahre des jeweils gewählten politischen Systems, sondern um die schlüssige Begründung der Auswahl der Faktoren,*

um ein problembewusstes Abwägen ihrer jeweiligen Bedeutung und ein Aufzeigen von Kausalzusammenhängen.
Abgesehen von einer genaueren Kenntnis der ausgewählten historischen Phase, also Anforderungen aus AFB I (Reproduktion), fordert die Aufgabe vorwiegend die Fähigkeit zum problemlösenden Denken (AFB III).

Der **Zerfall des Deutschen Kaiserreiches am Ende des Ersten Weltkriegs** lässt sich vordergründig mit den **Belastungen des Krieges und der militärischen Niederlage** erklären. Aber in der entscheidenden Phase des Krieges zeigte sich darüber hinaus, dass das politische System nicht mehr in der Lage war, den Herausforderungen an der Front, vor allem aber im Innern, gerecht zu werden. Die Oberste Heeresleitung musste 1917/18 nicht nur ihre Niederlage eingestehen, sie war auch nicht bereit und wohl auch nicht in der Lage, die Verhandlungen mit den Siegern zu führen. Sang- und klanglos gaben der Kaiser und die im Kaiserreich herrschenden Eliten die Verantwortung ab.
Zu erklären ist diese **Schwäche des Systems** unter anderem auch mit **strukturellen Defiziten seiner konstitutionellen Verfassung** und dem dort ungelösten **Widerspruch zwischen autoritär-aristokratischem Herrschaftssystem und erstarkender bürgerlicher Gesellschaft** mit demokratischen Ansprüchen. Nicht nur in der Verfassung zeigte sich jedoch diese Diskrepanz, auch in der Gesellschaft selbst gelang es nicht, einen politischen Grundkonsens herzustellen. Vielmehr standen sich **gegensätzliche Staats- und Gesellschaftsvorstellungen** gegenüber, wie sich an den Kämpfen des herrschenden Systems gegen die katholischen Kirche bzw. gegen die Sozialisten und die Sozialdemokratie belegen lässt. Da diese Widersprüche nicht beseitigt werden konnten, brachen sie am Ende des Krieges nach dem **Zerfall des Burgfriedens** umso dramatischer wieder auf, verstärkt natürlich durch die Folgen des Krieges und die Forderungen der Kriegsgegner.
Bleibt schließlich noch der Hinweis auf die Außenpolitik vor dem Ersten Weltkrieg. Das Reich ließ sich von der „**imperialistischen Krankheit**“ der Zeit anstecken und gab dem Drängen nationalkonservativer Kräfte wie auch der Großindustrie nach, die einen Machtstaat forderten, der ihre Interessen durchzusetzen half. Diese Politik führte zu einer **Überspannung und Überschätzung der eigenen Kräfte** bis zum ohnmächtigen Zusammenbruch.
Innere verfassungsrechtliche und gesellschaftliche Widersprüche, die **Verspätung der deutschen Nation** mit ihrer Gleichzeitigkeit von Ungleichzeitigem, also dem Nebeneinander von moderner Industriegesellschaft und überhöhter Herrschaftsstruktur, und schließlich der opferreiche verlorene Krieg bildeten ein Geflecht von Faktoren, die zum Untergang des Kaiserreiches führten.

Das **Ende der Weimarer Republik** war zu einem Teil schon im Anfang vorprogrammiert. Die Weimarer Nationalversammlung hatte sich bemüht, nun endlich eine demokratische **Verfassung** für Deutschland zu schaffen. So stärkte man die Rolle des Wählers mit dem Verhältniswahlrecht und plebiszitären Elementen. Gleichzeitig aber scheute man sich, dem Parlament und der Regierung Macht und Verantwortung anzuvertrauen, und schuf mit dem **starken Amt des Reichspräsidenten und dem Artikel 48** Sicherungen, die im Widerspruch zur Idee einer parlamentarischen Demokratie standen. Insbesondere erwies sich die **Tradition und die Struktur des deutschen Parteiensystems** als schwere Hypothek für die Republik und war maßgeblich an ihrem Untergang beteiligt. Die Parteien verstanden sich zu wenig als Sachwalter eines Gemeinwohls, vielmehr als Vertretungen von Partikularinteressen. In der Öffentlichkeit und im Parlament wurde nicht um gemeinsame Entscheidungen gerungen und ein vernünftiger Dialog geführt, sondern Positionen wurden gegeneinander gestellt. Der **dauerhafte Streit** wurde verstärkt und teilweise geschürt durch die große Zahl von Gegnern und

Feinden der Republik. Zu Recht wird von einer „**Demokratie ohne Demokraten**" gesprochen.
Als schließlich die Republik auf dem Weg war, neue Anhänger zu gewinnen und Erfolge in der Rückgewinnung der Souveränität nach dem Krieg erzielte, unterbrach die **Weltwirtschaftskrise 1929** den seit 1924 spürbaren Aufschwung. Die Verarmung und der soziale Abstieg vieler Menschen durch **Arbeitslosigkeit** wurden der Demokratie angelastet, die **Republikgegner** nutzten die Chance zur Agitation und zur Polarisation. Der **Versailler Vertrag** und die von den Siegermächten gegen Deutschland verhängten und nach wie vor bestehenden Belastungen boten dabei dauerhafte Angriffsflächen gegen die Republik. Nun kamen die **Radikalisierung** des politischen Lebens und die **mangelnde Konsensfähigkeit der Weimarer Parteien** zusammen: Der Staat erwies sich als unfähig gegenüber den Herausforderungen der Wirtschaftskrise und der politischen Radikalisierung und Brutalisierung. Parlament und Regierung waren zu schwach, um einen schnellen Weg aus der Krise zu finden, der Artikel 48 wurde vom schlecht beratenen greisen **Reichspräsidenten Hindenburg** nicht, wie von der Verfassung vorgesehen, zur Rettung der Republik eingesetzt, sondern er ebnete den Gegnern sogar noch den Weg zur endgültigen Zerstörung der Demokratie.
So zeigt sich in der Zusammenschau der Faktoren deutlich, dass es ein **Geflecht von teilweise interdependenten inneren und äußeren Faktoren** war, das zum Untergang der Weimarer Republik führte.

Bei oberflächlicher Sicht kann das **Ende des Nationalsozialismus** auf die fast zwangsläufige **Niederlage in einem Krieg**, den das Regime gegen nahezu die ganze Welt führte, zurückgeführt werden. Da dieser Krieg spätestens nach der Niederlage in Stalingrad auch für die Zivilbevölkerung durch Entbehrungen und Zerstörungen immer spürbarer wurde, ging die lange Zeit erkennbare Loyalität zur Führung immer mehr verloren. Die **menschenverachtende Ideologie** des Nationalsozialismus und sein **verbrecherisches Terrorsystem im Innern** traten immer mehr zutage und konnten nicht mehr mit Inszenierungen von Macht und Volksgemeinschaft verdeckt werden.
Und hier liegt auch der **tiefere Grund**, **der das NS-Regime** zerstörte. Der Krieg war nicht die Ursache für den Untergang, sondern die Folge einer **rücksichtslosen Eroberungspolitik**, die mit einer inhumanen und verschrobenen Rassenideologie begründet wurde. Alle anderen staatlichen Aufgaben wurden diesem Ziel ohne Rücksicht auf Vernunft und Menschlichkeit untergeordnet. Ein Beispiel dafür war auch die **Wirtschafts- und Sozialpolitik**. Die scheinbaren Wohltaten des Systems wurden mit Schulden finanziert, die in einem Eroberungskrieg beglichen werden sollten.
Da sich die anderen Staaten und die anderen Völker mit allen Mitteln gegen eine solche Politik wehren mussten, **lagen der Krieg und die Niederwerfung des NS-Regimes in der Logik des Systems**, das von Anfang an auf seinen Untergang zusteuerte. Die wirtschaftliche und militärische Überlegenheit der „Anti-Hitler-Koalition" und die bedingungslose Kapitulation 1945 waren nur noch die äußeren „Beweise" eines längst **im System angelegten Untergangs**.
In jedem Fall führte eine Wechselwirkung von inneren Sprengkräften und äußeren Faktoren zum Untergang des NS-Systems und keinesfalls der verlorene Krieg allein. Eine derart monokausale Erklärung würde einer völlig unangebrachten Entlastung des Systems und einer Verschleierung seines verbrecherischen Charakters Vorschub leisten.

Leerseiten verbilligen in diesem Fall die Herstellung des Buches!

Grundkurs Geschichte (Bayern) 2010 – Aufgabe I
Die Reichsgründung und ihre europäische Bedeutung. Das Kaiserreich

		BE
1	Geben Sie einen Überblick über die bündnispolitische Situation der europäischen Großmächte um 1900! Berücksichtigen Sie dabei auch deren außenpolitische Interessen!	20
2		34
2.1	Erarbeiten Sie aus der Textquelle (M 1), welche Perspektive Wilhelm II. im Dezember 1912 für die deutsche Politik entwickelte!	
2.2	Beschreiben Sie die Veränderung der außenpolitischen Situation Deutschlands 1912 gegenüber 1900! Kommentieren Sie vor diesem Hintergrund die in der Unterredung vertretenen Positionen!	
3		30
3.1	Erschließen Sie die Karikatur des britischen Malers William Orpen aus dem Jahre 1914 (M 2)!	
3.2	Untersuchen Sie, inwieweit die Politik Wilhelms II. seit 1890 im Ausland Anlass zu einer kritischen Darstellung des deutschen Kaisers bot!	
4	Setzen Sie sich mit der Frage auseinander, inwieweit das Streben nach Großmachtstatus die deutsche Außenpolitik im 19. und 20. Jahrhundert bestimmt hat! Vergleichen Sie zwei der folgenden Epochen: Kaiserreich zur Bismarckzeit; Weimarer Zeit; Bundesrepublik 1949–1990.	36

M 1: Erörterung der außenpolitischen Situation Deutschlands im Dezember 1912 (Aus den Aufzeichnungen des Admirals G. A. von Müller)

Die Besprechung fand statt vor dem Hintergrund des seit Ende September 1912 sich schrittweise ausweitenden Krieges zwischen Montenegro sowie Serbien, Bulgarien und Griechenland gegen das Osmanische Reich (1. Balkankrieg), das seinen europäischen Territorialbesitz fast völlig aufgeben musste. Die europäischen Mächte waren in die Auseinandersetzung aufgrund territorialer Interessen verwickelt.

8. Dezember. – 11 Uhr zum Kaiser ins Schloß befohlen, mit Tirpitz und den Chefs des Generalstabes und Admiralstabes zusammen. Der Kaiser erzählt aus einem telegraphischen Bericht des neuen Botschafters in London, Fürsten Lichnowsky[1], über die politische Lage. Haldane[2] habe als Sprachrohr Greys[3] dem Fürsten erklärt, daß England, wenn wir Frankreich angriffen, unbedingt Frankreich beispringen würde, denn England könne nicht dulden, daß die balance of power in Europa gestört würde. Se. Majestät begrüßte diese Mitteilung als erwünschte Klärung der Lage denjenigen gegenüber, die sich durch englische Pressefreundlichkeiten der letzten Zeit Englands sicher glaubten.
Se. Majestät habe sich folgendes Bild gemacht:
Österreich müsse den auswärtigen Slaven (Serben) gegenüber kraftvoll auftreten, sonst verliere es die Macht über die Serben der österreichisch-ungarischen Monarchie. Wenn Rußland die Serben stütze (Sassonoffs[4] Erklärung, Rußland würde sofort in Galizien einrücken, wenn Österreich in Serbien einrücke) wäre der Krieg für uns unvermeidlich. Wir könnten aber hoffen, Bulgarien und Rumänien, auch Albanien und vielleicht auch die Türkei auf unserer Seite zu haben. Ein Bündnisangebot Bulgariens an die Türkei sei schon ergangen. Wir hätten den Türken sehr zugeredet.
Se. Majestät habe auch kürzlich dem Kronprinzen von Rumänien, der auf der Durchreise von Brüssel durch Berlin gekommen sei, sehr zur Verständigung mit Bulgarien zugeredet. Treten diese Mächte auf Österreichs Seite, dann seien wir soweit frei, daß wir den Krieg mit ganzer Macht gegen Frankreich führen könnten. Die Flotte müßte sich natürlich auf den Krieg gegen England einrichten.
Der von dem Chef des Admiralstabes im letzten Vortrag erörterte Fall eines Krieges mit Rußland allein werde nach der Haldaneschen Erklärung außer Betracht bleiben. Also gleich Unterseebootskrieg gegen englische Truppentransporte bzw. nach Dünkirchen, Minenkrieg in der Themse. An Tirpitz gerichtet: Schleunige Mehrbauten von U-Booten etc. – Empfehlung einer Konferenz aller Marinestellen. General v. Moltke: „Ich halte einen Krieg für unvermeidlich und: je eher, desto besser." Wir sollten aber durch die Presse die Volkstümlichkeit eines Krieges gegen Rußland im Sinne der Kaiserlichen Ausführungen besser vorbereiten. Seine Majestät bestätigt dies und fordert Staatssekretär v. Tirpitz auf, auch mit seinen Pressemitteln nach dieser Richtung zu wirken.
Tirpitz macht darauf aufmerksam, daß die Marine gern das Hinausschieben des großen Kampfes um 1 1/2 Jahre sehen würde.
Moltke erwiderte: „Die Marine würde auch dann nicht fertig sein, und die Armee käme in immer ungünstigere Lage, denn die Gegner rüsteten stärker als wir, die wir mit dem Gelde sehr gebunden seien."
Das war das Ende der Besprechung. Das Ergebnis war so ziemlich Null.

Quelle: Der Kaiser ... Aufzeichnungen des Chefs des Marinekabinetts Admiral Georg Alexander v. Müller über die Ära Wilhelms II., hrsg. von Walter Görlitz, Göttingen 1965, S. 124 f.

Erläuterungen:
1 Karl M. Fürst Lichnowsky (1860–1928): deutscher Botschafter in London.
2 Richard B. Haldane (1856–1928): damaliger britischer Kriegsminister.
3 Sir Edward Grey (1862–1933): britischer Außenminister bis 1916.
4 Sergej D. Sasonow (1860–1927; im Text „Sassonoff"): russischer Außenminister (1910–1916).

M 2: Zeichnung: „Kaiser Wilhelm as the Devil“ des britischen Malers William Orpen aus dem Jahre 1914

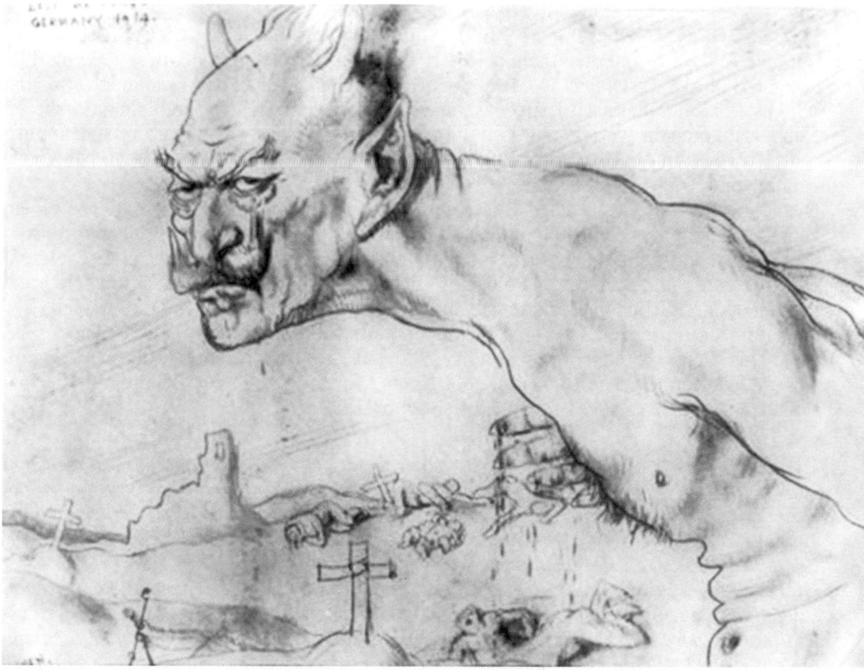

Quelle: William Orpen: Kaiser Wilhelm as the Devil, 1914; 31 x 23 cm; pencil on paper; Private Collection. http://upload.wikipedia/commons/f/f4/ William Orpen Kaiser Wilhelm as the Devil.jpg

Lösungen

1 *Die Aufgabe setzt genaue Kenntnisse der Beziehungen der europäischen Großmächte um 1900 voraus. Hilfreich ist dabei die Einsicht in den Wandel des europäischen Bündnissystems von Bismarck bis zum Jahr 1900. Die Aufgabe ist ausschließlich dem AFB I (Reproduktion) zuzuordnen.*

Die überaus komplexe **Bündnissituation in Europa** hatte sich nach dem Abtritt Bismarcks grundlegend geändert. Als dauerhaft erwies sich der **Zweibund des Deutschen Reiches mit Österreich-Ungarn**, der vorwiegend dem Ziel diente, die Habsburger Monarchie im Kampf gegen die slawischen Freiheits- und Großmachtbestrebungen zu unterstützen.
Die Erweiterung des Zweibunds um Italien zum **Dreibund**, der 1882 geschlossen worden war, um die zwischen Österreich und Italien bestehenden Konfliktpotenziale zu dämpfen und die Interessen der konkurrierenden Mächte auszubalancieren, hatte ebenfalls über Bismarck hinaus Bestand.

Nicht erneuert bzw. verlängert wurde jedoch der **Rückversicherungsvertrag mit Russland**. Ohne Not hatte die Reichsregierung 1890 den Vertrag auslaufen lassen, da insbesondere der Kaiser eine „**Politik der freien Hand**“ propagierte, mit der man hoffte, die längst ersehnte Weltgeltung durchzusetzen.
Das Werben des Reiches um ein **Bündnis mit England** musste aus Sicht Russlands zusammen mit der Nichterneuerung des Rückversicherungsvertrages als Bruch mit der bisherigen Politik verstanden werden. So orientierte sich auch das Zarenreich um und schloss 1892 eine **russisch-französische Militärkonvention**, die durch ein zusätzliches Handelsabkommen vertieft wurde. Frankreich war es damit gelungen, die außenpolitische Isolation, in die Bismarcks Politik den westlichen Nachbarn gezwungen hatte, aufzubrechen.
Die Hoffnungen der deutschen Regierung, sich an England anzunähern und zu einem Bündnis zu kommen, zerschlugen sich an den politischen Zielsetzungen Englands: Großbritannien hatte kein Interesse an einem Bündnis mit dem Reich, verfolgte vielmehr nach wie vor eine „**Balance of Power“-Politik**, indem es kleinere und schwächere Staaten gegen die Mächte unterstützte, die aus Sicht Englands nach Hegemonie strebten.
So hatte sich im letzten Jahrzehnt die außenpolitische Lage in Europa erheblich verändert. Das Deutsche Reich war bereits 1900 auf das Bündnis mit Österreich-Ungarn zurückgeworfen, die von Bismarck gefürchtete „**Einkreisung**“ vor allem durch die russisch-französische „Zange“ zeichnete sich schon 1900 ab.

2 *Die Aufgabe ist zweigeteilt. Im ersten Teil soll aus einem vergleichsweise kurzen und klaren Text die Position des Kaisers erarbeitet werden. Nicht übersehen werden sollten dabei das Datum 1912 und die Vorbemerkung zum Text, da nur so die Perspektive Wilhelms II. angemessen erfasst werden kann. Die Teilaufgabe ist dem AFB II (Reorganisation und Transfer) zuzuordnen.*
Die zweite Teilaufgabe ist noch einmal unterteilt. Zunächst sollen wesentliche Veränderungen der außenpolitischen Lage von 1900 bis 1912 und die Herausbildung der Kriegskoalition gegen Deutschland beschrieben werden. Auf dieser Grundlage sollen Sie dann die aus dem Quellentext erarbeiteten Positionen einer Bewertung unterziehen. Zu fragen ist, inwieweit die im Text erkennbare deutsche Außenpolitik als vernünftige Reaktion auf die europäische Machtlage verstanden werden kann. Im ersten Teil von 2.2 werden Leistungen aus dem AFB I, im zweiten aus dem AFB III (Problemlösung) verlangt.

2.1 Vor dem Hintergrund des **ersten Balkankrieges** zwischen Montenegro, Serbien, Bulgarien und Griechenland gegen das Osmanische Reich äußert sich **Kaiser Wilhelm II**. zu Gefahren und Möglichkeiten eines Krieges. Unmittelbarer Anlass der Besprechung war offensichtlich eine Äußerung des englischen Kriegsministers Haldane, der Frankreich für den Fall eines deutschen Angriffs die englische Unterstützung zusagte.
Trotz der Gefahr einer Auseinandersetzung mit England, die man durchaus wahrnahm, sieht der Kaiser eine günstige Gelegenheit, zusammen mit Österreich-Ungarn gegen Russland und Frankreich Krieg zu führen. Er hofft dabei auf eine Unterstützung Bulgariens, Rumäniens und Albaniens gegen das Zarenreich und gegen Serbien. Selbst eine Beteiligung der Türkei an der Seite des Zweibunds erscheint Wilhelm II. möglich, zumal sich Rumänien darum bemühe.
Für den Kaiser ist ein Kriegseintritt Englands an der Seite Frankreichs nach der Aussage Haldanes unvermeidlich. Folgerichtig plant er einen **massiven Einsatz der Flotte**, insbesondere der U-Boote, gegen England ein.
Grundsätzlich scheint für den Kaiser ein **Krieg notwendig** und sollte möglichst frühzeitig geführt werden, um einen bestehenden Rüstungsvorsprung zu nutzen. Besonders der Krieg gegen Russland, eine traditionell befreundete Macht, müsse aber in der Öffentlichkeit besser vorbereitet werden.

2.2 Schon die **bündnispolitische Lage von 1900** deutete darauf hin, dass sich das Deutsche Reich mehr und mehr zu isolieren drohte. Diese Entwicklung verstärkte sich bis 1912 erheblich.

Die Annäherung zwischen England und Frankreich war unmittelbare Folge einer **Entfremdung zwischen Deutschland und England**, die durch den deutschen Flottenbau verschärft wurde. Als das Deutsche Reich die gute Möglichkeit eines Bündnisses mit England um die Jahrhundertwende durch die **Flottenpolitik** und das unverkennbare Hegemoniestreben verspielte, streckte England seine Fühler nach Paris aus. Recht schnell einigte man sich in kolonialen Streitfragen – Marokko wurde französisches, Ägypten englisches Kolonialgebiet und schloss 1904 die **Entente Cordiale**, das Machtgleichgewicht in Europa wurde grundlegend verändert.

Die deutsche Außenpolitik, die ein Bündnis zwischen England und Frankreich nicht für möglich gehalten hatte, erwartete nun, dass sich Russland wegen seiner tiefen Interessengegensätze zu England aus dem russisch-französischen Bündnis zurückziehen würde. Nach der **Niederlage Russlands im Krieg gegen Japan 1905** bestand für die deutsche Politik noch einmal eine große Chance, das Zarenreich auf die Seite des Deutschen Reiches zu ziehen, doch diplomatisches Ungeschick und mittlerweile zu unterschiedliche Interessen wegen der Großmachtpläne Deutschlands verhinderten ein deutsch-russisches Bündnis. **Russland** entschied sich ganz im Gegenteil für ein **Militärbündnis mit Frankreich und England**, das 1907 unterzeichnet wurde. Die **Triple Entente** besiegelte endgültig die „Einkreisung" des Reiches und bildete die spätere Kriegskoalition gegen Deutschland.

Das Deutsche Reich hatte durch Fehleinschätzungen der Bündnisfähigkeiten Englands, Frankreichs und Russlands und durch eigene Großmacht- und Kolonialpläne eine Entwicklung gefördert, die dazu führte, dass nur noch Österreich-Ungarn als Verbündeter blieb. Insbesondere die Flottenpolitik und die damit verbundene Provokation Englands hatte die Briten dazu gebracht, ihre „**splendid isolation**" **aufzugeben** und gegen das Deutsche Reich Stellung zu beziehen.

Spätestens seit 1904 und der Schaffung der **Entente Cordiale** hätte es das Ziel der deutschen Außenpolitik sein müssen, der Gefahr eines Zwei-Fronten-Krieges zu begegnen und möglichst einen europäischen Krieg zu vermeiden. Die Besprechung des Kaisers macht jedoch deutlich, dass man bewusst auf einen Krieg nicht nur mit Frankreich und Russland, sondern auch mit England zusteuerte. Die Chancen, einen solchen Krieg an zwei Fronten bestehen zu können, wurden dabei völlig falsch eingeschätzt, die eigenen militärischen Möglichkeiten insbesondere der Flotte weit überschätzt. Kaum zu verantworten ist in diesem Zusammenhang die von Wilhelm II. unterstützte Position von Moltkes, der einen Einsatz der Flotte trotz der Bedenken des Admirals und Staatssekretärs v. Tirpitz für möglich hält.

Leichtfertig ist es sicherlich auch, im Osten im Krieg gegen Russland auf die Unterstützung künftiger Bündnispartner zu hoffen, um sich so verstärkt auf den Feldzug im Westen zu konzentrieren.

Offensichtlich wurden die schwerwiegenden Argumente, die 1912 aus deutscher Sicht gegen einen Krieg sprachen, überdeckt von dem **Irrglauben an einen Sieg** und an eine deutsche Hegemonie in Europa.

3 *In der zweigeteilten Aufgabe sollen Sie zunächst eine Karikatur erschließen, also die Zeichnung in einem ersten Schritt beschreiben und die einzelnen Bildelemente im Kontext interpretieren. Dieser Teil der Aufgabe ist ausschließlich dem AFB II zuzuordnen.*
Im zweiten Teil der Aufgabe geht es darum, das in der Karikatur überspitzt dargestellte Zerrbild Kaiser Wilhelms II. an der historischen Wirklichkeit zu überprüfen. Wichtig ist dabei, dass es ausdrücklich um das Bild des Kaisers im Ausland geht. Gemeint ist damit sicherlich auch die Bewertung der deutschen Außenpolitik seit 1890.

Der Operator „Untersuchen Sie ..." weist zwar auf eine Aufgabe aus dem AFB II hin, doch ist vor allem auch eine Bewertung historischer Ereignisse gefordert. Darüber hinaus gilt es, eine Sichtweise zu wählen, die der des Auslands und der Interessenlage der anderen Mächte gerecht wird. Folglich ist die Aufgabe vorwiegend dem AFB III zuzuordnen.

3.1 Die Karikatur zeigt, wie den Gesichtszügen zu entnehmen ist, **Wilhelm II. in der Gestalt einer teuflischen Bestie**, die wild und bedrohlich über das Land kommt. Die Nacktheit des Kaisers steht dabei nicht nur wie die Hörner, die wilden Kopf- und Brusthaare und die unmenschlichen Ohren für das Tierhafte, sondern interpretieren den Kaiser auch als unzivilisiertes Wesen. Der starre, katzenhafte Blick und die nach vorne gereckte **aggressive Haltung** vermitteln den Eindruck eines drohenden Raubtieres. Mit der mit Krallen versehenen Hand verstärkt der Karikaturist den Eindruck einer gefährlichen Bestie.

Die Landschaft, die den Hintergrund bildet, ist charakterisiert durch Ruinen und Gräber, stellt also eine zerstörte Welt dar, in der nur noch tote Menschen zu erkennen sind. Es wird folglich der Eindruck erweckt, dass der deutsche Kaiser eine teuflische Bestie sei, die für den **Krieg** und die damit verbundene **Zerstörung** und den **Tod** vieler Menschen verantwortlich sei.

3.2 Die Untersuchung der Politik Wilhelms II. soll aufzeigen, inwieweit der **Kaiser als Störenfried der europäischen Ordnung** oder gar als **Aggressor** und **Kriegstreiber** im Ausland in Erscheinung trat.

Schon bald nach Bismarcks Entlassung zeigte sich, dass Wilhelm II. eine andere Außenpolitik verfolgen wollte. Er erstrebte im **Zeitalter des Imperialismus** neben den anderen großen Mächten ebenfalls einen „**Platz an der Sonne**" und betonte diesen Anspruch immer wieder in teils markigen Reden. So verglich der Kaiser 1900 bei der Verabschiedung deutscher Truppen nach Ostasien zur Niederwerfung des Boxer-Aufstandes die deutschen Soldaten mit den Hunnen und forderte ein hartes Vorgehen: „Pardon wird nicht gegeben!" Zwar ist der genaue Wortlaut dieser als „**Hunnenrede**" berüchtigten Ansprache nicht gesichert, aber im Ausland waren die Worte des Kaisers Beweis für die Aggressivität des Reiches. Im Ersten Weltkrieg wurden die Deutschen deshalb in der englischen Propaganda als „the huns" bezeichnet.

Ein weiterer Beleg für die Überheblichkeit des Kaisers war die „**Daily Telegraph**"-**Affäre**. In einem Artikel des englischen Massenblattes im Oktober 1908 wurde Wilhelm II. als Freund Englands zitiert, während die öffentliche Meinung im Reich überwiegend England-feindlich sei. Als Beweis seiner anglophilen Haltung führte der Kaiser an, er habe sich einer Kontinentalliga mit Frankreich und Russland verweigert, die England „bis in den Staub demütigen" wollte. In England wie auch in den anderen Ländern wurde der Artikel als Beweis für die **geschwätzige Überheblichkeit des deutschen Kaisers** bewertet.

Doch es waren auch politische Taten, die das Bild eines aggressiven Kaisers prägten. Als die Buren einen Einfall britischer Truppen in Transvaal niederwarfen, gratulierte der Kaiser dem Buren-Präsidenten Krüger in einer Depesche. England verurteilte diese sog. „**Krüger-Depesche**" als Einmischung in seine afrikanischen Angelegenheiten. Auch die Entsendung deutscher Truppen zum **Boxeraufstand** in China war für die übrigen Großmächte ein Beleg dafür, dass der Kaiser weltweit vor einer aggressiven Politik nicht zurückschreckte.

Insbesondere aus englischer Perspektive war die deutsche **Flottenpolitik** eine Kampfansage. So mussten es die Briten als Affront ansehen, wenn sich der Kaiser gerne in einer Marine-Uniform zeigte ohne Rücksicht auf immer wieder mögliche Verbesserungen der deutsch-britischen Beziehungen. Doch sollte nicht übersehen werden, dass Wilhelm II.

nicht selten nur zum Ausdruck brachte, was in Deutschland gerne gehört wurde: Streben nach Weltgeltung, Mitwirkung beim Wettlauf um Kolonien, Vormachtstellung auf dem europäischen Kontinent. Zu sehr schenkte der Kaiser wohl sein Ohr den Gruppen und Verbänden, die eine imperiale Politik forderten, wie etwa der **Alldeutsche Verband** oder der **Flottenverein**.
Der Kaiser ließ sich darüber hinaus auch zu Handlungen zwingen, die seinem Ruf ebenso schadeten wie dem des Reiches. 1904 hatten sich Frankreich und England endgültig auf eine Abgrenzung ihrer Interessensphären in Afrika geeinigt. So konnte nun Frankreich in **Marokko** eine ungestörte Politik der „stillen Aneignung" betreiben. Die deutsche Regierung unter von Bülow sah die eigenen Handelsbeziehungen mit Marokko gefährdet und protestierte gegen das französische Vorgehen. Um die eigene Position demonstrativ zu stärken, überredete von Bülow den Kaiser zu einer **Reise nach Tanger 1905**. Dort forderte Wilhelm II. ein unabhängiges Marokko und die Souveränität des Sultans. In den folgenden Bemühungen um eine Beilegung der Krise schlug sich England auf die Seite Frankreichs, auf der **Konferenz von Algeciras 1906** war das Deutsche Reich isoliert. Wieder war der deutsche Kaiser vor der Öffentlichkeit Europas als Störenfried erschienen, obwohl er selbst gegen den Besuch in Tanger war.
Doch die deutsche Politik und der Kaiser lernten aus der 1. Marokkokrise nichts. Als es zu Aufständen gegen den Sultan kam und dieser französische Truppen zu Hilfe rief, protestierte die deutsche Regierung, da eine solche Militärinvention nicht in einem deutsch-französischen Abkommen von 1909 vereinbart worden war. Wieder ließ sich die Reichsregierung zu einer Drohgebärde hinreißen und schickte das Kanonenboot „Panther" nach Agadir. Der sog. „**Panthersprung**" war jedoch nicht mit England abgesprochen, demzufolge stellte sich die Regierung in London auf die Seite Frankreichs. Deutschlands Forderung, Frankreich solle für eine freie Hand in Marokko den Kongo an das Reich abtreten, konnte so nicht durchgesetzt werden. Wiederum hatte das Reich durch ungeschickte Diplomatie England näher an Frankreich getrieben, ohne dass jedoch in diesem Fall der Kaiser eine drängende Rolle gespielt hatte.
So lässt sich zwar angesichts vieler Ungeschicklichkeiten und angesichts eines herrisch-überheblichen Auftretens nachvollziehen, dass der Kaiser im Ausland als Störenfried und Unruhestifter mit imperialen Machtansprüchen erscheinen konnte. Ein Kriegstreiber oder gar ein zerstörerischer Teufel, wie ihn der Karikaturist sieht, war Wilhelm II. jedoch nicht, wie seine eher mäßigende persönliche Haltung in den Marokko-Krisen beweist. Hier erscheint das Bild der Karikatur nicht nur als berechtigte Überspitzung, sondern als **hasserfüllte Verzerrung**.

4 *Die 4. Aufgabe ist eindeutig dem AFB III zuzuordnen, was die Operatoren „Setzen Sie sich auseinander" und „Vergleichen Sie" belegen. Inhaltlich ist die Aufgabe weit gespannt, da zwei recht umfangreiche Epochen zum Gegenstand der Betrachtung gemacht werden sollen. Mit dem „Streben nach Großmachtstatus" ist das Kriterium vorgegeben, auf dessen Grundlage die beiden gewählten Epochen zu beurteilen sind.*
Bei dieser Lösung werden alle drei Zeitabschnitte behandelt, obwohl in der Prüfung nur zwei zu wählen waren.

Kaiserreich zur Bismarckzeit
Mit der Reichsgründung von 1871 hatte das nun gleichsam erweiterte Preußen den Status einer „halbhegemonialen" Macht auf dem Kontinent erreicht. Das neue Deutsche Reich sah sich dabei einerseits wegen seiner Mittellage, andererseits wegen des imperialen Zeitgeistes in Europa dem **Vorwurf einer hegemonialen Politik** ausgesetzt. Insbesondere Frankreich musste nach der Annexion Elsaß-Lothringens durch das Reich dem Nachbarn im Osten misstrauisch gegenüberstehen.
Bismarck gründete auf diese Bedingungen seine Außenpolitik.

Er ging von einem Revanchebedürfnis Frankreichs aus und stellte deshalb seine Außenpolitik darauf ab, **den westlichen Nachbarn zu isolieren** und die übrigen kontinentaleuropäischen Großmächte, also Russland und Österreich-Ungarn, bündnispolitisch an das Reich zu binden. Auf die Interessen Englands nahm Bismarck insoweit Rücksicht, als er **das Deutsche Reich für „saturiert" erklärte**. Dadurch wollte er der Gefahr begegnen, England könnte eine Politik betreiben, die gegen Deutschland gerichtet sei, um eine Hegemonie des Reiches auf dem Kontinent zu verhindern. Traditionell zielte die Politik Englands darauf ab, die Vormachtstellung einer europäischen Kontinentalmacht nicht zuzulassen. Sicherlich war Bismarcks Zurückhaltung bei der von starken Verbänden geforderten **Kolonialpolitik** unter anderem auch damit zu erklären, dass er nicht den anderen Kolonialmächten als gefährlicher Konkurrent erscheinen wollte.
Seine Bemühungen als „**ehrlicher Makler**" in den immer wieder aufbrechenden Konflikten vor allem auf dem Balkan verstand Bismarck als weiteres Signal an die übrigen Mächte, dass das Deutsche Reich die Machtbalance in Europa nicht zu seinen Gunsten verändern wolle.
So kann man zusammenfassend feststellen, dass die Reichsgründung und die damit verbundene Annexion Elsaß-Lothringens als Verwirklichung eines preußischen Strebens nach Großmachtstatus verstanden werden können. Die Politik Bismarcks nach 1871 bis 1890 zielte aber weitestgehend darauf ab, keine weiteren Ansprüche geltend zu machen, vielmehr den **bestehenden Status zu sichern**. Der Kanzler musste sich bei dieser Politik der Zurückhaltung allerdings gegen die Erwartungen weiter Teile der politischen Öffentlichkeit durchsetzen.

Weimarer Republik
Am Beginn der Weimarer Republik stand nicht ein Machtzuwachs Deutschlands, wie ihn die Reichsgründung darstellte, sondern die von den Siegermächten des Ersten Weltkrieges erstrebte Beschneidung der Macht des Reiches. Im **Versailler Vertrag** wurden dem Deutschen Reich wichtige militärische, wirtschaftliche und territoriale Grundlagen für eine Fortsetzung seiner Großmachtpolitik der Vorkriegszeit entzogen.
Folge dieser Friedensbestimmungen war allerdings, dass sich die deutsche Außenpolitik am Ziel einer **Revision** der bisweilen konfliktträchtigen Versailler Regelungen ausrichtete. Es ging schließlich auch darum, den Spielraum des Reiches als Großmacht wiederzugewinnen. Dass eine solche Revisionspolitik besonders von Frankreich mit großem Misstrauen gesehen wurde, bewies der **Vertrag von Rapallo** vom Jahr 1922. Die beiden Vertragspartner, das Reich und die Sowjetunion, waren nach dem Krieg von den übrigen Mächten geächtet worden und versuchten nun, mit dem Vertrag aus ihrer Isolation herauszukommen.
Das Deutsche Reich war darüber hinaus bestrebt, die Position gegenüber dem Westen, also gegenüber Frankreich und England sowie den USA, zu verbessern.
Konnte man den Rapallo-Vertrag im westlichen Ausland noch als einen Schritt des Reiches zur Wiederherstellung einer gefürchteten Hegemonialstellung in Europa interpretieren, so versuchte **Stresemann mit seiner Verständigungspolitik gegenüber dem Westen**, vor allem gegenüber Frankreich, solchen Befürchtungen entgegenzuwirken. In den **Locarno-Verträgen 1925** erkannte das Reich die Westgrenze an und verzichtete auf deutsche Gebietsansprüche. Gleichzeitig wurde die **Aufnahme in den Völkerbund** vorbereitet, die dann 1926 vollzogen wurde.
Das Deutsche Reich war also 1926 in die **europäische kollektive Friedensordnung** integriert, eine Revision der Ostgrenze, die auch Stresemann für unverzichtbar hielt, hoffte man im Rahmen dieser Friedensordnung erreichen zu können.
Während also Bismarck auf eine Großmachtpolitik verzichtete, weil er den erworbenen Status für ausreichend hielt, war für die Außenpolitik der Weimarer Republik eine expansive Politik durch die Rahmenbedingungen des Versailler Vertrages kaum möglich. Auf der anderen Seite bestimmte das **Denken in den Dimensionen einer Großmacht**

nach wie vor die deutsche Außenpolitik. Man versuchte auf friedlichem Weg, die Machtposition und den Spielraum des Reiches zu stärken und zurückzugewinnen.

Bundesrepublik 1949–1990
Wie in der Weimarer Republik war auch für die Bundesrepublik Deutschland ein verlorener Krieg die Ausgangssituation. Doch war die Niederlage 1945 so total und für jeden Bürger spürbar, dass jeglicher Gedanke an die Wiederherstellung eines Großmachtstatus ausgeschlossen war. Die Besatzungszeit einerseits und die deutsche Teilung andererseits bedeuteten von vorneherein den **Ausschluss eines deutschen Sonderwegs**. Vielmehr wurden von den Siegermächten die Weichen so gestellt, dass die beiden deutschen Staaten nur in der **Integration in die beiden konkurrierenden Bündnissysteme** eine Zukunft für sich sehen konnten.
Die Bundesrepublik schwor dabei jeder Großmachtpolitik ab und verstand sich von Anfang an als treibender Motor einer europäischen Einigung, war also sogar bereit, freiwillig auf Souveränitätsrechte zugunsten der europäischen Gemeinschaft zu verzichten. Darüber hinaus bildete die **Mitgliedschaft in der NATO** eine kaum strittige Konstante deutscher Außenpolitik.
Als im Zuge der neuen **Ostpolitik der sozialliberalen Koalition seit 1969** im Rahmen der Möglichkeiten des Kalten Krieges eine Normalisierung der Beziehungen zur Sowjetunion und den östlichen Nachbarn angestrebt wurde, zeigte die Bundesrepublik ihre Bereitschaft zur Verständigung ohne jeden Anspruch auf den Status als Großmacht.
Selbst die lang ersehnte, aber kaum erhoffte **deutsche Wiedervereinigung 1990** wurde nicht zum Anlass für Großmachtbekundungen, auch wenn es im Ausland vereinzelt entsprechende Bedenken gab. Vielmehr wurde der Einigungsprozess in enger Abstimmung mit den Siegermächten gestaltet und mündete in ein **vereinigtes Deutschland, das in die westlichen Bündnissysteme eingebunden blieb**.

Von Anfang an verhinderten also die Rahmenbedingungen der Nachkriegszeit wie auch das Selbstverständnis der politischen Eliten in der Zeit von 1949 bis 1990 jede Art von Großmachtbestrebungen. Selbst die deutsche Wiedervereinigung war am Ende nicht das Ergebnis einer nationalen Revisionspolitik, wie sie noch in der Weimarer Republik die Außenpolitik bestimmte, sondern eines gemeinsamen Weges mit den verbündeten Staaten, zumal die BRD keine eigenständigen Rechte zur Wiedervereinigung hatte, sondern auf die alliierten Vorbehaltsrechte Rücksicht nehmen musste.

Grundkurs Geschichte (Bayern) 2010 – Aufgabe II
Die Neuordnung Europas und die Weimarer Republik

		BE
1	Geben Sie einen Überblick über die grundlegenden territorialen Veränderungen in Europa, die die Pariser Vorortverträge nach sich zogen, und kennzeichnen Sie wesentliche Prinzipien und Probleme dieser Neuordnung!	24
2	Verdeutlichen Sie durch eine Erschließung der Bildquelle (M 1), wie der Karikaturist die Pariser Friedenskonferenz bewertet!	20
3		40
3.1	Erarbeiten Sie aus der vorliegenden Erklärung (M 2) die Haltung General Smuts zum Versailler Vertrag!	
3.2	Überprüfen Sie, inwieweit sich die Aussage Smuts zum Militarismus (Z. 44) in der Weimarer Zeit als zutreffend erwiesen hat!	
4	Erörtern Sie, inwieweit territoriale Veränderungen in der deutschen Geschichte mit einer Neugestaltung bzw. Umgestaltung des Staates insgesamt verbunden waren! Wählen Sie dabei eines der folgenden Beispiele aus: – Bayern in der Ära Montgelas – Gründungsphase der Bundesrepublik Deutschland – Deutsche Wiedervereinigung 1990	36

M 1: Karikatur „Das Erntefest. 28. Juni 1914–28. Juni 1919“ vom 13. Juli 1919, in: Kladderadatsch, Humoristisch-satirisches Wochenblatt

Das Erntefest

28. Juni 1914–28. Juni 1919

„So ernten wir denn heute, edler Princip, was Du gesäet hast. Heil Dir und Dank!“

„So ernten wir denn heute, edler Princip, was Du gesäet hast. Heil Dir und Dank!“

Quelle: Karikatur von Werner Hahmann, erstmals abgedruckt in: Kladderadatsch. Humoristisch-satirisches Wochenblatt, Berlin 1919, 72. Jg., Heft 28 vom 13. Juli, S. 378, http://digi.ub.uni-heidelberg.de/diglit/kla1919.

Anmerkungen: *Bei den abgebildeten Politikern handelt es sich von links nach rechts um folgende Vertreter der Siegermächte: Lloyd George (Großbritannien), Orlando (Italien), Clemenceau (Frankreich) und Wilson (USA). Die große Figur im Hintergrund rechts stellt den österreichischen Thronfolger Franz Ferdinand dar. Mit „Princip" ist der Attentäter Gavrilo Princip gemeint. Auf der Schleife am Ehrenkranz steht: „28. VI., Die dankbare Entente".*

M 2: Erklärung General Smuts[1] vom 28. Juni 1919

General Smuts gab diese Erklärung nach Unterzeichnung des Versailler Vertrags zu Protokoll.

Ich habe den Friedensvertrag unterzeichnet, nicht weil ich ihn als ein zufriedenstellendes Dokument betrachte, sondern weil es eine gebieterische Notwendigkeit ist, daß der Krieg ein Ende finde; weil die Welt, mehr als alles andere, Frieden nötig hat und nichts verhängnisvoller sein könnte, als die Fortsetzung des ungewissen Zustandes zwischen Krieg und Frieden. Die sechs Monate seit Unterzeichnung des Waffenstillstandes sind vielleicht ebenso schädlich für Ruhe und Ordnung und ebenso zerstörend für Europa gewesen, wie die vorhergehenden vier Kriegsjahre. Ich sehe den Friedensvertrag als den Abschluß dieser zwei Kapitel, des Krieges und des Waffenstillstandes an, und aus diesem Grunde stimme ich ihm zu.

Ich sage dies heute, nicht im Geiste der Kritik, sondern im guten Glauben; nicht aus dem Wunsche heraus, an dem vollendeten Werk Fehler zu entdecken, sondern vielmehr aus dem Gefühl, daß wir mit diesem Vertrage den wirklichen Frieden noch nicht erreicht haben, welchen unsere Völker erwarteten, und weil ich mir bewußt bin, daß die wahre Arbeit des Friedensmachens erst beginnen wird, nachdem dieser Vertrag unterzeichnet ist, und dadurch endgültig den zerstörenden Leidenschaften Halt gebieten wird, die nahezu fünf Jahre lang Europa verwüstet haben. Der Vertrag ist weiter nichts als die Liquidation des Kriegszustandes in der Welt.

Das Versprechen eines neuen Lebens, der Sieg der großen menschlichen Ideale, für welche die Völker ohne Rückhalt ihr Blut und ihr Gut ausgeschüttet haben, die Erfüllung ihres Strebens nach einer neuen internationalen Ordnung und einer lichteren und besseren Welt, alles das findet sich nicht in diesem Vertrage und wird nicht in Verträgen zu finden sein. „Nicht auf diesem Berge und nicht in Jerusalem, sondern im Geist und in der Wahrheit", wie der große Meister[2] gesagt hat, muß die Grundlage der neuen Ordnung gelegt werden. Ein neues Herz muss nicht nur unseren Feinden, sondern auch uns gegeben werden: ein Geist der Reue wegen der Leiden, die die Welt überwältigt haben; ein Geist des Mitleids, der Barmherzigkeit und des Vergebens der Sünden und des Unrechts, die wir erlitten haben. Ein neuer Geist der Großmut und der Menschlichkeit, geboren in den Herzen der Völker in dieser großen Stunde gemeinsamen Leidens und Kummers, kann allein die Wunden heilen, die dem Leib der Christenheit zugefügt worden sind.

Und dieser neue Geist unter den Völkern wird die Lösung der Probleme bringen, welche den Staatsmännern auf der Konferenz so schwer gewesen sind. Der Vertrag enthält territoriale Bestimmungen, die einer Revision bedürfen werden. Er enthält festgesetzte Garantien, von denen wir alle hoffen, daß man sie bald als nicht in Einklang befindlich mit dem neuen friedfertigen Gemüt und dem waffenlosen Zustand unserer früheren Feinde erkennen wird. Er enthält vorgesehene Bestrafungen, deren meiste eine ruhigere Gemütsverfassung am liebsten mit dem Schwamm des Vergessens wird auslöschen wollen. Entschädigungen werden festgesetzt, die nicht ohne ernsten Schaden für die industrielle Wiedergeburt Europas gefordert werden können und die man im Interesse aller gut täte, erträglicher und mäßiger zu gestalten. Er enthält zahlreiche Nadelstiche, welche unter dem heilenden Einfluß der neuen internationalen Atmosphäre aufhören werden zu schmerzen. Der wahre Friede der Völker sollte dem Frieden der Staatsmänner folgen, ihn ergänzen und verbessern.

Zwei Errungenschaften von weittragender Bedeutung aber sind in dem Vertrag endgültig bestätigt. Die eine ist die Vernichtung des preußischen Militarismus, die andere die Einsetzung der Liga der Nationen. Ich vertraue, daß die Liga der Nationen sich noch als der Ausweg erweisen wird, durch welchen Europa aus der von dem Kriege herbeigeführten Zerstörung entkommen kann.

Aber noch ist die Liga nur eine Form. Sie bedarf noch des anregenden Lebens, das nur von dem tätigen Interesse und der belebenden Berührung mit den Völkern selbst kommt. Der neue schöpferische Geist, der sich wieder einmal unter den Völkern in dem Zustand ihrer Qual zu regen beginnt, muß die Einrichtung mit Leben erfüllen und mit Begeisterung für die friedlichen Ideale, die der Krieg geboren hat, und muß sie so in wirkliche Werkzeuge des Fortschritts verwandeln. Auf diese Weise kann vielleicht die Abschaffung des Militarismus, die in diesem Vertrage unglücklicherweise auf den Feind beschränkt geblieben ist, bald als ein Segen und eine Erleichterung auch den alliierten Völkern zugute kommen.

Ebenso sollten die feindlichen Völker zu dem frühesten Zeitpunkt, der möglich ist, sich der Liga anschließen und in Zusammenarbeit mit den alliierten Völkern die große Lehre dieses Krieges zu üben lernen: daß nicht im gesonderten ehrgeizigen Streben oder in selbstsüchtiger Herrschaft, vielmehr im gemeinsamen Dienst der großen menschlichen Sache der wahre Weg des nationalen Fortschritts zu finden ist.

Diese gemeinsame Zusammenarbeit ist heute besonders notwendig für den Wiederaufbau einer zertrümmerten und zerbrochenen Welt. Der Krieg hat nicht nur zur gänzlichen Niederlage der feindlichen Heere geführt, sondern unermeßlich viel weiter. Wir sind Zeugen des Zusammenbruchs der ganzen politischen und wirtschaftlichen Struktur von Mittel- und Osteuropa. Denn die Zivilisation ist ein einheitlicher Körper, und wir sind alle Glieder voneinander.

Allen ist als oberste Notwendigkeit die Aufgabe gestellt, mit dieser Lage fertig zu werden. Durch gemeinsame Wohlfahrtsarbeiten wird dazu beigetragen werden, die alten Fehden zu vergessen, die Wurzeln der Versöhnung werden neu bei den Völkern zu wachsen beginnen und schließlich die Blüte eines tätigen, fruchtversprechenden, dauernden Friedens hervorbringen.

An die Völker der Vereinigten Staaten und des Britischen Reiches, die mit den guten Dingen dieses Lebens außergewöhnlich gesegnet worden sind, möchte ich einen besonderen Appell richten. Sie mögen sich bis zum äußersten bei dem großen Werke anstrengen, das aus dem Schiffbruch gerettete Leben und die Arbeitskraft auf dem Festlande Europas zu sichern. Sie haben eine große Sendung, und wenn sie sie erfüllen, werden sie ebensoviel Segen finden wie spenden.

Dies alles zu vollbringen ist möglich und hoffentlich auch der Ausführung fähig, aber nur unter zwei Bedingungen: erstens müssen die Deutschen unsere Völker von ihrer Gutgläubigkeit und ihrer völligen Aufrichtigkeit durch einen wirklich ehrlichen, angestrengten Versuch überzeugen, ihre Verpflichtungen nach dem Vertrage bis zur Grenze ihres Vermögens zu erfüllen. Sie werden dabei das britische Volk geneigt finden, ihnen bei ihren beispiellosen Schwierigkeiten und Problemen auf halbem Wege entgegenzukommen. Aber jedes Zurückgreifen auf Hintertüren oder versteckte Mittel den Friedensvertrag zunichte zu machen oder zu umgehen, würde nur den alten Argwohn neu beleben, Ärger erwecken und einer guten Verständigung verhängnisvoll sein.

Und zweitens müssen wir alliierten Völker uns daran erinnern, dass Gott uns überwältigenden Sieg – einen Sieg weit über unsere größten Träume hinaus – nicht für kleine selbstsüchtige Zwecke gegeben hat, nicht zur Erreichung finanzieller oder wirtschaftlicher Vorteile, sondern der großen menschlichen Ideale, für welche unsere Helden ihr

Leben dahingaben und welche die wirklichen Sieger in diesem Krieg der Ideale gewesen sind.

Quelle: Erklärung des Vertreters der Südafrikanischen Union, General Smuts, am 28. Juni 1919. In: Herbert Michaelis u. a. (Hrsg.): Ursachen und Folgen. Vom deutschen Zusammenbruch 1918 und 1945 bis zur staatlichen Neuordnung Deutschlands in der Gegenwart. Eine Urkunden- und Dokumentensammlung zur Zeitgeschichte; 3. Band: Der Weg in die Weimarer Republik, Berlin o. J., S. 417 ff.

Erläuterung:

1 General Smuts war als Vertreter der Südafrikanischen Union an der Pariser Friedenskonferenz beteiligt. 1917 berief ihn der britische Premierminister Lloyd George als Vertreter der Dominions (d. h. der mit der britischen Krone im Commonwealth assoziierten unabhängigen Staaten) in sein Kriegskabinett.

2 Gemeint ist Jesus; Johannes 4, V. 21.

Lösungen

1 *Die Aufgabe ist in drei Teile gegliedert. Zunächst sollen die territorialen Veränderungen, die durch die Friedensverträge nach dem Ersten Weltkrieg herbeigeführt wurden, dargestellt, in einem zweiten Schritt die Prinzipien der Siegermächte gekennzeichnet und schließlich die Probleme, die mit der Neuordnung verbunden waren, charakterisiert werden. Alle angesprochenen Aspekte sind Gegenstand des Lehrplans, sodass es sich um eine Aufgabe aus dem AFB I (Reproduktion) handelt.*
Wichtig ist, dass es in der Aufgabe nicht nur um den Versailler Vertrag geht, sondern auch um die weitergehenden Regelungen aller Pariser Vorortverträge.

Die **territorialen Veränderungen** betrafen einerseits das Deutsche Reich und andererseits den ost- und südosteuropäischen Raum.
Deutschland musste nach dem verlorenen Krieg **erhebliche Gebietsverluste** hinnehmen. Dabei war die Abtretung **Elsaß-Lothringens** als eines der Kriegsziele Frankreichs für die Sieger selbstverständlich, auch der Verlust Eupen-Malmedys, das an Belgien fiel. Überaus schmerzhaft war die Abtretung großer **Teile der preußischen Ostprovinzen, Posen, Westpreußen und ein Teil von Ostpreußen, an Polen**. Das **Hultschiner Ländchen** fiel an die Tschechoslowakei, **Danzig** wurde dem Völkerbund unterstellt, das Memelgebiet fiel unter alliierte Verwaltung.
Da auch das **Saargebiet** und alle linksrheinischen Gebiete zumindest vorübergehend der deutschen Hoheit entzogen wurden, verlor das Reich ein Siebtel seines Gebietes und musste erhebliche Einbußen seiner Wirtschaftskraft hinnehmen.
Im **Vertrag von St. Germain** wurde gleichzeitig das Schicksal der Donaumonarchie besiegelt. Der **Vielvölkerstaat** wurde **zerschlagen**, Böhmen und Mähren sowie der österreichische Teil Schlesiens fielen an die neu gegründete Tschechoslowakei, Südtirol an Italien; der Anschluss Österreichs an das Deutsche Reich wird untersagt.
Im **Vertrag von Neuilly-sur-Seine** wurde **Bulgarien** zur Abtretung von Territorien an Griechenland verpflichtet, behielt aber den Zugang zum Meer.
Der **Vertrag von Trianon** regelte die Bedingungen für **Ungarn**, das als Kriegsanstifter eingestuft wurde und fast drei Viertel seines Territoriums an die Tschechoslowakei, Österreich, das Königreich der Serben, Kroaten und Slowenen und Rumänien abgeben musste.
Die Friedensregelungen mit dem **Osmanischen Reich** erfolgten im **Vertrag von Sèvres**: Der vom türkischen Parlament nicht ratifizierte Vertrag sah umfangreiche Gebietsabtretungen an Griechenland, Frankreich, England und Italien sowie die Autonomie Kurdistans und die Internationalisierung der Meerengen und des Marmarameeres vor. Die

türkische Unabhängigkeitsbewegung unter **Mustafa Kemal** sowie der griechisch-türkische Krieg in den Jahren 1919–1922 führten zu einer Revision des Vertrags.

Die Prinzipien der weitreichenden Neuordnung sind recht unterschiedlicher Art. Während der amerikanische Präsident **Wilson** in seinem **14-Punkte-Programm** das **Selbstbestimmungsrecht der Völker** als eines der leitenden Prinzipien seiner Politik verkündet hatte, war **Frankreichs** Haltung in den Friedensverhandlungen überwiegend vom **Revanchebedürfnis** gegenüber Deutschland bestimmt. **England** dagegen verfolgte traditionell eine Politik der „**balance of power**", wonach weder Deutschland noch Frankreich zu stark werden durften. Einig war man sich bei den Siegermächten, dass das Deutsche Reich in seinem Streben nach einem Großmachtstatus begrenzt werden sollte.
Die territorialen Regelungen in Osteuropa waren auch zu verstehen vor dem Hintergrund des gemeinsamen Interesses der Westmächte, den **russischen Kommunismus einzudämmen**, zumal das traditionelle Bollwerk der Donaumonarchie nicht mehr existierte. So erklären sich die erhebliche **territoriale Stärkung Polens** ebenso wie die **Gründung der Tschechoslowakei** und die starken **Gebietsgewinne Rumäniens**, dessen Territorium nahezu verdoppelt wurde.
An den Regelungen in Ost- und Südosteuropa wird sehr deutlich, wie wenig sich Wilsons Forderung nach einem Selbstbestimmungsrecht der Völker in der europäischen Realität durchsetzen ließ. Die teilweise recht komplexen Siedlungsverhältnisse, etwa der Sudetendeutschen, widersprachen dem Wunsch, stabile Nationalstaaten zu gründen. So wurden in den Pariser Vorortverträgen zwar übernationale Gebilde wie Österreich-Ungarn zerschlagen, aber **neue konfliktgeladene Vielvölkerstaaten** wie Jugoslawien oder die Tschechoslowakei geschaffen. Daher konnte es auch nicht überraschen, dass die territoriale Neuordnung in Europa von vielen Volksgruppen und Minderheiten nicht akzeptiert wurde.

2 *Es geht um die Erschließung einer Karikatur aus dem Kladderadatsch vom 13. Juli 1919, wobei die Figuren des Bildes in der Anmerkung identifiziert werden. Die vom Karikaturisten in der Überschrift angegebenen Daten des 28. Juni 1914 und des 28. Juni 1919 müssen jedoch entschlüsselt werden: Ermordung des österreichischen Thronfolgers Franz Ferdinand und Unterzeichnung des Versailler Vertrages. Eine angemessene Erschließung der Karikatur und eine Bewertung der Aussageintention des Karikaturisten setzt genauere Kenntnisse der Pariser Friedenskonferenzen voraus.*
So lässt sich die Aufgabe dem AFB I, zum größeren Teil jedoch dem AFB II (Reorganisation und Transfer) zuordnen.

Die Karikatur ist insgesamt eine **beißende Kritik an den Ergebnissen der Pariser Friedenskonferenzen von 1919**. Ganz offensichtlich feiern hier die Repräsentanten der wichtigsten Siegermächte den Mörder des österreichischen Thronfolgers, der am 28. Juni 1914 in Sarajewo von dem Serben Gavrilo Princip umgebracht wurde. Die Pariser Friedensverhandlungen und ihr Abschluss (Unterzeichnung des Vertrags am 28. Juni 1914) werden im Bild als triumphales Erntefest dargestellt, auf dem Lloyd George, Orlando, Clemenceau und Wilson mit Lorbeerkränzen geschmückt und offensichtlich weinselig dem Attentäter von 1914 huldigen.
Ins Auge springt die **religiöse Metaphorik der Karikatur**. Das Blut des übergroß dargestellten Kronprinzen strömt aus der tödlichen Wunde und füllt die Gläser der feiernden Staatsmänner. Blut wird also in Wein verwandelt. Franz Ferdinand wird dadurch in einer Rolle als Märtyrer gesehen, der in seiner geisterhaft-unwirklichen Übergröße sein Blut über das Trinkgelage ergießt.
Mehrere Elemente des Bildes zeigen recht deutlich, wie sehr der Karikaturist die Pariser Konferenz verurteilt. Das beginnt mit der Darstellung der führenden Politiker der Siegermächte als Teilnehmer eines Trinkgelages und setzt sich in der schamlosen Würdi-

gung eines Mörders fort. Mit dem Titel „Erntefest“ werden die Ergebnisse der Friedensverhandlungen als Bereicherung der Sieger interpretiert. Entsprechend lässt sich auch das in Wein verwandelte Blut des Thronfolgers deuten: die Sieger berauschen sich am Sieg und an der Demütigung der Besiegten. Haltung und Gestik der dargestellten Politiker sind Zeichen ihrer **Maßlosigkeit und Würdelosigkeit**. Die religiöse Metaphorik setzt der Zeichner bewusst ein, um den Unrechtscharakter der Friedensschlüsse anzuprangern.

3 *Die dritte Aufgabe ist weitgehend an die Quelle M 2 gebunden. Dabei geht es im ersten Teil um die Erarbeitung der Position des Autors. Eine gewisse Schwierigkeit ist dabei der teilweise pathetische Ton der Erklärung General Smuts, mit dem er die Notwendigkeit des Versailler Vertrags sowie seine Schwächen und Errungenschaften herausstellt. Die Aufgabe, die ausschließlich am Text orientiert ist, gehört dem AFB II an.*
Die zweite Teilaufgabe greift einen einzelnen Aspekt, nämlich die Hoffnung auf eine Vernichtung des preußischen Militarismus, heraus und fordert eine Überprüfung der Aussage von Smuts anhand der Geschichte der Weimarer Republik. Es handelt sich um eine Aufgabe aus dem AFB III (Reflexion und Problemlösung).

3.1 In seiner Erklärung **versucht General Smuts zu rechtfertigen, warum er den Versailler Vertrag trotz einiger Bedenken unterzeichnet hat**. Er hält ihn für dringend notwendig, um den Krieg, aber auch die langen Monate des Waffenstillstandes, zu beenden und für Ruhe und Ordnung zu sorgen.
Als **Grundlage einer neuen Friedensordnung** kann der General den Vertrag allerdings nicht sehen, er fordert vielmehr für die Zukunft, den Vertrag mit einem neuen Geist, einem „neuen Herz“ bei Siegern wie Besiegten zu erfüllen, um eine „bessere Welt“ zu schaffen. Konkret erwartet er dabei eine **Revision der territorialen Bestimmungen** sowie eine **Kürzung der ökonomisch unvernünftigen Reparationszahlungen**. Insgesamt sollte sich der Geist der Versöhnung gegenüber dem im Vertrag noch herrschenden Geist der Bestrafung durchsetzen.
Als Errungenschaften des Vertrags würdigt Smuts die **Beseitigung des preußischen Militarismus und die Gründung des Völkerbunds**, der allerdings noch mit Leben gefüllt werden müsse. Als ein besonderes Ziel, das über den Völkerbund erreicht werden sollte, formuliert der General dabei die Beseitigung des Militarismus nicht nur bei den Besiegten, sondern auch bei den Siegern.
Gegen Ende seiner Erklärung geht Smuts auf wesentliche Bedingungen ein, die aus seiner Sicht Voraussetzung für eine Zusammenarbeit der Völker sein werden.
An die Deutschen appelliert er, den Vertrag ehrlich und angestrengt zu erfüllen. Die Alliierten fordert Smuts auf, beim Aufbau einer neuen Ordnung nicht weiter „selbstsüchtige“ Motive zu verfolgen, sondern vielmehr die menschlichen Ideale, für die sie im Krieg gekämpft hätten.

3.2 General Smuts sieht es als Errungenschaft des Versailler Vertrages, dass der preußische Militarismus vernichtet werden konnte.
Tatsächlich hatte dieser schon durch die erheblichen Beschränkungen im Versailler Vertrag selbst, die einer **militärischen Entmündigung Deutschlands** gleichkamen, an Bedeutung verloren. Die Stärke des Heeres wurde auf 100 000 Mann, die der Marine auf 15 000 Mann festgesetzt, die allgemeine Wehrpflicht wurde untersagt.
Nicht zuletzt wegen dieser Bestimmungen, aber auch wegen des **Selbstverständnisses großer Teile der neuen politischen Eliten der Republik**, verringerte sich anfangs der unmittelbare Einfluss der Militärs auf die Politik. Der Kampf der Republik gegen Freikorps und paramilitärische Verbände konnte zumindest im Ausland als Absage an den Militarismus gedeutet werden. Beispiele waren das Verbot der Organisation Consul

1922, die eine Nachfolgeorganisation der Brigade Ehrhardt war, sowie die mehrmaligen SA-Verbote.
Deutlichere Belege für eine neue, dem Geist der Verständigung dienende Politik des Deutschen Reiches lieferte die **Außenpolitik Stresemanns** mit dem Höhepunkt der Locarno-Verträge von 1925 und dem Beitritt Deutschlands zum Völkerbund 1926 sowie die damit verbundene Anerkennung der Prinzipien dieses Versuchs einer kollektiven Friedensordnung in Europa.
Auf der anderen Seite hatte in der Kaiserzeit das Militär eine derart starke Stellung im politischen System erhalten und so dauerhafte Machtstrukturen aufgebaut, dass die neue Republik in den Wirren und Kämpfen der Anfangsjahre nicht auf das Militär verzichten zu können glaubte. Der **Ebert-Groener-Pakt** zwischen Regierung und Armeeführung war dafür ein Beispiel.
Tief verankert in den traditionellen gesellschaftlichen Eliten Deutschlands, die auch in der Weimarer Republik nach wie vor großen Einfluss besaßen, waren **militärische Werte und Haltungen**, die folglich in der Republik weiterlebten und teilweise auch bestimmend blieben.
Zwar konnten die Versuche rechter Kreise des Militärs, die ungeliebte Republik zu zerstören, etwa der **Kapp-Lüttwitz-Putsch oder auch der Hitler-Putsch**, abgewehrt werden, doch die Reichswehr beteiligte sich an der Verteidigung der Republik nur halbherzig und distanzierte sich vielmehr zusehends von ihr. Das hinderte führende Repräsentanten der militärischen Eliten jedoch nicht daran, hohe politische Ämter zu besetzen, um die Republik im Sinne der konservativen Militärs zu verändern. **Hindenburg und von Schleicher** waren nur besonders herausragende Vertreter derjenigen, die ein autoritäres System erstrebten.
Da im politischen Kampf der Parteien, vor allem seit der Weltwirtschaftskrise, die paramilitärischen Verbände eine immer größere Rolle spielten und die politische Auseinandersetzung prägten, erwiesen sich in der Weimarer Zeit das **militärische Denken und militaristische Traditionen** doch als überaus stark gegenüber den Werten und Haltungen einer verständigungsbereiten Demokratie. Die Kontinuität des preußischen Militarismus, die General Smuts gebrochen sah, blieb bestehen und gewann nach 1933 unheilvoll an Bedeutung.

4 *In der 4. Aufgabe werden drei Phasen der bayerischen bzw. deutschen Geschichte zur Wahl gestellt, um den Zusammenhang zwischen territorialen Veränderungen einerseits und staatlicher Neuordnung andererseits zu erörtern. Nur eines der Beispiele ist zu wählen, hier werden jedoch alle drei Beispiele kurz behandelt.*
Mit dem Operator „Erörtern Sie“ werden Leistungen aus allen drei Anforderungsbereichen eingefordert.

Bayern in der Ära Montgelas
Als infolge der **Expansion der Ideen der Französischen Revolution** und der Macht Napoleons das **Heilige Römische Reich zerfiel**, kam es in Deutschland zu weitreichenden territorialen Veränderungen. Bayern war dabei einer der Staaten, die sich erheblich ausdehnen konnten. Im **Reichsdeputationshauptschluss von 1803** zeigte sich, dass Bayern mit Unterstützung Frankreichs, mit dem Montgelas 1801 vertraglich den Verzicht auf die Pfalz vereinbart hatte, reichlich entschädigt wurde. Die Fürstbistümer Würzburg und Bamberg, Augsburg und Freising, mehrere Reichsabteien und fünfzehn Reichsstädte, darunter Dinkelsbühl, Rothenburg, Weißenburg und Schweinfurt, fielen an **Bayern, dessen Territorium** sich nun nicht mehr nur auf Altbayern beschränkte, sondern **in schwäbische und fränkische Gebiete hineinwuchs**.
Nachdem sich Bayern 1805 im 3. Koalitionskrieg auf die Seite Napoleons geschlagen hatte, fiel ihm im **Frieden von Preßburg** erneut reicher Landgewinn zu: im Süden Tirol

und Vorarlberg, die Reichsstadt Augsburg, Gebiete um Lindau, Eichstätt und Passau. Würzburg allerdings ging wieder verloren.
Das neue Staatsgebiet des Kurfürstentums, das 1806 zum Königreich wurde, war nun politisch und gesellschaftlich so heterogen, dass eine **staatliche Neuordnung zwingend notwendig** wurde, noch dazu, da der Geist der Revolution und der Aufklärung überall spürbar war.
Der **leitende bayerische Minister Maximilian Graf von Montgelas** fühlte sich ganz diesem modernen Geist verpflichtet und reformierte den Staat, an dessen Spitze weiterhin der König stand, ohne große Rücksicht auf die vielfältigen gewachsenen Traditionen und rechtlichen Besonderheiten. Die **Organisation des Staates wurde zentralisiert**, an die Stelle alter Kollegien traten moderne Ministerien, an die Stelle gewachsener Provinzen neue Kreise. Zwingend waren in diesem modernen Staat auch die **Reformen des Rechtswesens**, zugeschnitten auf einen souveränen Herrscher und einem eigenen Ministerium untergeordnet, und **der Wirtschaftsordnung** mit der Beseitigung ständischer Steuerprivilegien und der Schaffung einer zentralen Steuerverwaltung.
Besonders tiefgreifend waren die Eingriffe Montgelas' in die **religiöse und kirchliche Verfassung Bayerns**. Hatte man die Kirchen und Klöster im Zuge der Säkularisation schon weitgehend enteignet, so beschnitt Montgelas auch den Einfluss der Kirchen und der Religion auf das öffentliche Leben erheblich.
Einen gewissen Abschluss fand der Reformprozess in der **Konstitution von 1808**, in der mit dem Zugeständnis von Grundrechten an die Bürger und der Einrichtung einer Volksvertretung die bis dahin geltende Ständeverfassung endgültig beseitigt wurde. Der Staat war nicht mehr die private Schöpfung eines Königs oder die Organisation der Stände, sondern ein öffentlich-rechtliches Organ.
Zweifellos waren die tiefgreifenden Reformen in Bayern auch der erheblichen Ausdehnung des Territoriums geschuldet und dem Zwang, sehr unterschiedliche Gebiete mit unterschiedlichen Traditionen und Herrschaften in das neue Königreich zu integrieren. Notwendig war die Neuordnung aber auch, weil man Napoleon zuvorkommen wollte, der Bayern eine Verfassung oktroyieren wollte. Im Falle der Reformen Montgelas' spielten allerdings das Staatsdenken der **Aufklärung** und das Streben nach einer **rationalen Verwaltung** eine herausragende Rolle. Der Landgewinn Bayerns bot gleichsam die Möglichkeit, die aufklärerische Umgestaltung durchzusetzen, um einen modernen Flächenstaat zu schaffen und die Selbstständigkeit Bayerns gegenüber Napoleon zu erhalten.

Gründungsphase der Bundesrepublik
Vor der Gründung der Bundesrepublik Deutschland, also nach dem militärisch-politischen Zusammenbruch des Zweiten Weltkrieges und in der Zeit der alliierten Besatzungsherrschaft, war die staatliche Ordnung Deutschlands völlig zerbrochen, die Verwaltungsstrukturen waren von den Siegern aufgelöst worden. Hinzu kamen schwerwiegende territoriale Veränderungen.
Auf der Konferenz von Potsdam hatten die Sieger sich grundsätzlich geeinigt, dass man von **Deutschland in den Grenzen von 1937** ausgehen wolle, allerdings blieb die Ostgrenze zu Polen strittig. Die Aufspaltung in Besatzungszonen führte jedoch dazu, dass Deutschland als Ganzes zunächst nur eine Willenserklärung der Sieger war, keine politische Realität. Mit der zunehmenden Entfremdung zwischen den Siegern und dem **Beginn der Ost-West-Konfrontation** wurde schließlich die Abspaltung der Ostgebiete und der sowjetischen Besatzungszone zum vor allem von Stalin gewollten Faktum.
Die Westmächte, die vor dem Hintergrund des sich verschärfenden Konflikts mit der Sowjetunion die wirtschaftliche und politische Instabilität der Besatzungszonen fürchteten, forcierten seit 1948 die **Gründung eines westdeutschen Staates** mit der Auflage, bestimmte Prinzipien bei der Staatsgründung zu berücksichtigen.

So erarbeitete der Parlamentarische Rat ein „Grundgesetz“, in dem wesentliche Vorgaben der westlichen Alliierten zusammengeführt wurden mit eigenständigen Vorstellungen der Mitglieder des Parlamentarischen Rates und mit föderalen Strukturen deutscher politischer Tradition. Bedeutsam war, dass das **Grundgesetz** vonseiten seiner Väter angesichts der drohenden Teilung des Landes als **Provisorium** verstanden wurde.
Die Ursachen für die Umgestaltung oder besser Neugestaltung des deutschen Staates lagen also 1949 nur teilweise in den überaus tiefgreifenden territorialen Veränderungen, sondern wesentlich in der **Abhängigkeit Deutschlands von der weltpolitischen Situation**. Die Neuordnung war gleichsam eine Reaktion auf den Ost-West-Konflikt.
Eine weitere entscheidende Bedingung für die Gestaltung der Bundesrepublik waren die **Erfahrungen aus der Geschichte**, also das Bemühen, eine demokratische, freiheitliche Ordnung zu schaffen, die nicht wie die Weimarer Republik am Widerstand antidemokratischer Kräfte scheitern sollte.
Die Gründung der Bundesrepublik Deutschland war wesentlich vom Ausbruch des Kalten Krieges bestimmt und war der Versuch, demokratische Traditionen aus Weimar mit dem Willen der Sieger zu einer freiheitlich-demokratischen Grundordnung mit einer parlamentarischen Staatsform zu verknüpfen.

Deutsche Wiedervereinigung 1990
Die Rahmenbedingung für die deutsche Wiedervereinigung war der grundlegende **Wandel** der europäischen und globalen Machtverhältnisse durch den **Zusammenbruch der Sowjetunion** und die schrittweise Beseitigung des „Eisernen Vorhangs“. Territoriale Veränderungen ergaben sich schließlich aus der Schwäche der DDR, der dadurch möglichen friedlichen Revolution in Ostdeutschland, dem Fall der Mauer sowie dem **Zusammenschluss der Territorien der Bundesrepublik und der ehemaligen DDR**.
Auch die Anerkennung der **Oder-Neiße-Grenze** zwischen Deutschland und Polen im Rahmen des 2plus4-Vertrages und des deutsch-polnischen Grenzvertrages vom 14. November 1990 bedeutete letztlich eine territoriale Veränderung, da diese Grenze nun nicht mehr nur faktisch bestand, sondern auch völkerrechtlich bestätigt wurde.
Die Vereinigung der beiden deutschen Staaten führte zu einer Diskussion über die zukünftige staatliche Verfassung des wiedervereinigten Deutschlands. Man verzichtete auf die rechtlich mögliche und durch das „Provisorium“ Grundgesetz nahegelegte Ausarbeitung einer neuen Verfassung und entschied sich für die **Beibehaltung des Grundgesetzes**, das in der Bundesrepublik hohe Akzeptanz erfahren hatte und von den Bürgern der ehemaligen DDR kaum infrage gestellt wurde. So traten die fünf auf dem Gebiet der ehemaligen DDR wiedergegründeten Länder nach Art. 23 GG der Bundesrepublik bei. Das Grundgesetz wurde nur marginal modifiziert, die Staatsordnung der DDR vollständig aufgelöst.
Neben der nahezu revolutionären Verschiebung der machtpolitischen Kräfteverhältnisse vor allem in Europa durch das Ende des Ost-West-Konflikts erwiesen sich das Selbstverständnis der Bundesrepublik als vor allem auch ökonomisch und sozial erfolgreiche Demokratie und ihr internationales Ansehen als verlässlicher Bündnispartner als bedeutsame Ursachen für den erstaunlich friedlichen Verlauf der Vereinigung.
Für den westlichen Teil Deutschlands, also die alte Bundesrepublik, waren die territorialen Veränderungen nicht verbunden mit einer Neugestaltung der staatlichen Ordnung. Für die Bürger der ehemaligen DDR bedeutete die Einheit allerdings eine völlige staatliche Neugestaltung und politische Neuorientierung.

Grundkurs Geschichte (Bayern) 2010 – Aufgabe III
Bedingungen und Probleme des Neubeginns nach dem Ende des Krieges

		BE
1	Beschreiben Sie grundlegende Probleme des Lebensalltags der Menschen in Deutschland nach dem Ende des Zweiten Weltkriegs!	20
2	Erarbeiten Sie die Kernaussagen des Redners in M 1 und setzen Sie sich mit seiner Einstellung zur Schuld der Deutschen auseinander!	26
3		38
3.1	Charakterisieren Sie anhand der Materialien M 2 bis M 4 unterschiedliche Methoden der Reeducation und berücksichtigen Sie dabei die jeweiligen Zielsetzungen!	
3.2	Kennzeichnen Sie den Umgang mit Nationalsozialisten nach dem Krieg in den westlichen Besatzungszonen und bewerten Sie die Effizienz der Maßnahmen!	
4	Der Redner in M 1 bezeichnet den 9. November als Schicksalstag. Erörtern Sie anhand von mindestens zwei Beispielen die Bedeutung des 9. November für die deutsche Geschichte!	36

M 1: Rede des Landgerichtspräsidenten Oppel[1] am 9. 11. 1945 in Dachau

Der 9. November, welcher uns heute an dieser Stätte versammelt, ist in den vergangenen Jahren zu einem Schicksalstag für Millionen schuldloser Männer, Frauen und Kinder geworden. Auch ich bin am 9. November, wie dann später meine Frau, von solchem Schicksal betroffen worden. Vor mehr als 20 Jahren züngelte an diesem Tage die Flamme des Aufruhrs empor, die den Beginn einer Epoche des Ungeistes, des Schreckens und der brutalen Gewalt schon damals ankündigte.

Seitdem wurde von den Machthabern des Nazi-Regimes der 9. November zum Tage des Hasses und der Verfolgung ausersehen. Wir erinnern uns, daß immer dieser Tag es war, an dem man unschuldige Menschen nur um ihrer Abkunft willen in die Konzentrationslager verschleppte, in denen sie mit Millionen anderer Menschen deren schweres Schicksal teilten. Am deutlichsten trat es an jenem 9. November des Jahres 1938 in Erscheinung, da man eine kritiklose Volksmenge zu Brand und Plünderung aufrief.

Seit jenen Tagen ist ein endloser Strom von Menschen in den Konzentrationslagern gemordet worden. In fassungslosem Schmerz stehen wir dem unsagbaren Leid gegenüber, das uns aus dem stummen Dulden dieser Märtyrer entgegentritt. Und in schweigender Ehrfurcht neigen wir uns vor der bezwingenden Größe des Opfers, das sie in stillem Heldentum gebracht haben.

Wir Überlebenden dieser Stätten des Grauens und des Jammers wollen uns aber nicht zu dem Haß bekennen, den unsere Peiniger gepredigt haben. Wir wissen, daß wir neuen Haß ernten würden. Haß aber beschwört die Dämonen der Zerstörung herauf. Daß wir ausersehen wurden, die Qual dieser Jahre überleben zu dürfen, bedeutet uns in erster Linie eine heilige Verpflichtung: dem Aufbau einer glückhaften Zukunft alle unsere Kräfte zu widmen.

Wo wir eine Schuld finden, wollen wir von einer unerbittlichen Härte sein, damit die Schande gelöscht werde, die jene Tyrannen und Henker über das deutsche Volk gebracht haben. Wer sich in diesen Jahren aber frei von Schuld zu halten wußte, den nehmen wir in dieser Stunde in die geistige Gemeinschaft derer auf, die nach ihrem schweren Geschick berufen sind, daran zu arbeiten, daß das deutsche Volk in der Familie der Nationen wieder einen ehrenvollen Platz erhält. Es ist uns ein Zeichen von beglückender Vorbedeutung, daß der 9. November eine versöhnliche Sinngebung dadurch erfährt, daß es an diesem Tage war, da die alliierten Truppen an Afrikas Küsten Fuß faßten, um von dort ihr Befreiungswerk zu beginnen, welches viele Menschen vor dem gleichen Schicksal bewahrt hat, um das wir heute trauern, wenn wir der Opfer der KZ gedenken.

Den Hinterbliebenen dieser Opfer ist es zu ihrem tiefen Schmerz nicht vergönnt, an den Gräbern ihrer Toten zu trauern. Deshalb soll diese Stunde uns hier vereinen in innigem Gedenken an die, welche namenlos verscharrt wurden und denen man nicht einmal die letzte Ruhestätte gegönnt hat.

Wir wissen keinen tieferen Ausdruck des Gefühles, das uns dieser Stunde beseelt, als daß wir die Töne der ergreifenden Totenklage eines unserer großen Meister[2] in den Äther hinausklingen lassen, um damit der Welt den Anbruch einer neuen Zukunft zu künden, die als oberstes Gesetz von dem Gebot der Menschlichkeit überstrahlt werden soll.

Quelle: Bericht der Schwäbischen Landeszeitung über die Gedächtnisfeier für die Opfer des Naziterrors im ehemaligen Konzentrationslager Dachau. In: Verwaltungsstelle Augsburg der IG Metall (Hrsg.)/Angelika Thomas (Bearb.): Die alten und die neuen Herren. Dokumente zur Geschichte der Arbeiterbewegung in Augsburg 1933–1954, Augsburg 1988, S. 238 ff.

Erläuterung:

1 Werner Oppel (1904 –1984) war Amtsgerichtsrat und wurde 1938 in den Ruhestand versetzt, da seine Ehefrau Jüdin war. 1944 wurden er und seine Frau in ein Konzentrationslager gebracht. Nach der Befreiung durch die Siegermächte wurde Oppel als Landgerichtspräsident in Augsburg eingesetzt.

2 Im Anschluss wurde die Totenmesse „Ein Deutsches Requiem“ von Johannes Brahms aufgeführt.

M 2: Plakate aus Köln um 1945

Quelle: Alexander von Plato/Almut Leh: „Ein unglaublicher Frühling". Erfahrene Geschichte im Nachkriegsdeutschland 1945 bis 1948, Bonn 1997, S. 126.

M 3: Ausschnitt aus dem Bericht eines 1934 in Hamburg geborenen Zeitzeugen über die unmittelbare Nachkriegszeit:

Eines Tages wurden wir in der Schule auf eine Ausstellung in der „Brücke" hingewiesen, die wir uns unbedingt ansehen sollten. Die „Brücke" war das englische Kulturzentrum in Hamburg. Am Dammtorbahnhof auf den Moorweidewiesen war ein großes Zelt aufgebaut worden. Viele Menschen strömten hinein. Doch schon bald stockte ihnen der Atem. Sie wussten, dass es sich um den Krieg und Verbrechen während des 3. Reiches handelte, aber was sie da sahen, hatten sie nicht erwartet. Und auch ich war entsetzt. Ich sah Bilder aus den Konzentrationslagern mit Bergen nackter toter Menschen, Männer, Frauen und Kinder und jammervolle, ausgemergelte Gestalten, die sich nicht auf den Beinen halten konnten.

Diese Großfotos auf mannshohen Schautafeln, das war unfassbar. Ich erinnere mich noch genau, wie Besucher gestützt werden mussten, weil sie den Anblick nicht ertragen konnten. Und immer wieder Aussprüche wie diese „das ist furchtbar, das bei uns, das habe ich nicht gewusst." Oder aber auch, „Das hat der Führer nicht gewusst!" Ich dachte aber, was hätten sie unternommen, wenn sie es gewusst hätten? Hätten sie überhaupt etwas unternehmen können?

*Quelle: Zeitzeugenbericht „Hendrik" (*1934 Hamburg): Die Stunde Null. Erinnerungen an den Zusammenbruch – Zeitzeugenbericht. Aufklärung und Reeducation http://www.zeitzeugenforum.de/*

M 4: Grundlegende Richtlinien für die Demokratisierung des Bildungswesens in Deutschland (Direktive Nr. 54 des Alliierten Kontrollrats vom 25. 6. 1947):

1. Es sollen gleiche Bildungsmöglichkeiten für alle geschaffen werden. [...]
5. Es sollen alle Schulen größtes Gewicht auf die Erziehung zu staatsbürgerlicher Verantwortung und demokratischer Lebensweise legen, und zwar mittels des Lehrplans, der Lehr- und Lernmittel und durch die Organisation der Schule selbst.
6. Die Lehrpläne sollen darauf abzielen, das Verständnis für andere Nationen und die Achtung vor ihnen zu fördern; zu diesem Zweck soll auf das Studium der modernen Sprachen in den Lehrplänen besondere Aufmerksamkeit gelegt werden, ohne irgendeine zu bevorzugen. [...]
10. In umfangreicher Weise soll dafür Sorge getragen werden, daß die Bevölkerung an der Neugestaltung und dem Aufbau ebenso wie an der Verwaltung des Schulwesens tätigen Anteil nimmt.

Gegeben zu Berlin am 25. Juni 1947
P. Noiret, Generalmajor (Frankreich)
F. A. Keating, Generalmajor (Amerika)
M. I. Dratvin, Generalleutnant (Rußland)
B. H. Robertson, Generalleutnant (Großbritannien)

Quelle: Basic Principles for Democratization of Education in Germany: Control Council Directive No. 54, June 25, 1947. In: Karl-Ernst Bungenstab: Umerziehung zur Demokratie? Reeducation-Politik im Bildungswesen der US-Zone 1945–1949. Düsseldorf 1970, S. 184f.

Lösungen

1 *Darzustellen ist die Situation der Bevölkerung unmittelbar nach dem Zusammenbruch, das alltägliche Chaos in einem vom Krieg gezeichneten Land, in dem die Verwaltung zusammengebrochen und die Wirtschaft gelähmt war. Wenn in der Aufgabe von „grundlegenden Problemen" die Rede ist, so gilt es, nicht zu sehr ins Detail zu gehen, sondern sich auf wesentliche Aspekte zu konzentrieren.*
Die Aufgabe ist dem AFB I (Reproduktion) zuzuordnen.

Der **Lebensalltag der Deutschen** nach dem Zusammenbruch war einmal geprägt von dem Verlust, den im Grunde jede Familie durch nahezu 4 Millionen Gefallene und zusätzlich 1,6 Millionen zivile Kriegsopfer erlitten hatte. Bestimmender noch für den Alltag war die **wirtschaftliche Not**.
Die Wirtschaft war völlig zusammengebrochen, nicht zuletzt durch die Zerstörung der Infrastruktur. Briten und Amerikaner hatten mit mehr als 4 000 Bombenangriffen auf Deutschland eine Trümmerlandschaft hinterlassen, in der **sieben Millionen Menschen obdachlos** geworden waren. Das gesamte Eisenbahnnetz war zerstört, ein Güteraustausch kaum mehr möglich. Da auch viele Industrieanlagen durch Bomben zerstört worden waren und die radikale Ausrichtung der Produktion auf Kriegsgüter nur sehr langsam korrigiert werden konnte, gab es kaum Arbeit. Erheblich verschärft wurde die **Situation auf dem Arbeitsmarkt** durch den Zustrom von Flüchtlingen und Vertriebenen. In den Städten gab es kaum Möglichkeiten, für diese Flut von Menschen Wohnraum zu organisieren. So befand sich die Bevölkerung in dauernder Bewegung, auf der Suche nach Wohnraum, nach Nahrung, nach Arbeit und auch nach vermissten Angehörigen. Eine **Integration der nach Deutschland einströmenden Menschen** vor allem aus dem Osten oder auch der Kriegsheimkehrer war kaum möglich, vielmehr stießen diese vom Krieg entwurzelten Menschen auf Misstrauen, teilweise Hass.
An geregelte Arbeit war bei der Großzahl der Menschen aber auch deshalb nicht zu denken, weil die **physische Situation** denkbar schlecht war. Hunger und Krankheiten, oft durch die schlechte Versorgung mit dem Nötigsten bedingt, schwächten die Menschen. Wer noch konnte, fuhr zu Hamsterfahrten aufs Land, da es in den Städten kaum etwas gab. An die Stelle eines normalen Handels war ein mühseliger und für viele Menschen unwürdiger **Tauschhandel** getreten. In den Städten florierte der illegale **Schwarzhandel**. Damit die Kinder überleben konnten, mussten insbesondere die Mütter, die nicht wenigstens einen Schrebergarten besaßen, Wertgegenstände oder Erinnerungsstücke gegen Lebensmittel, Heizmaterial oder auch Medikamente tauschen. Nicht selten „verkauften" die Frauen sogar ihren Körper, um ihre Kinder zu retten.
Die katastrophale materielle Lage wurde verschärft durch die **psychischen Belastungen**. Die Menschen hatten jede Zukunftsperspektive verloren, zumal die Siegermächte die Deutschen in der Anfangszeit der Besatzungsherrschaft spüren ließen, dass sie kein Mitleid verdienten. Das zunehmende Bewusstsein der Bevölkerung über die **Mitschuld** an einem verbrecherischen Regime und die damit verbundene Demoralisierung der Gesellschaft wirkten lähmend auf Kräfte des Neubeginns. Die Entdeckung der begangenen Grausamkeiten in den Konzentrations- und Vernichtungslagern hatten einerseits den Hass der Sieger geschürt, andererseits die deutsche Bevölkerung, soweit sie dazu noch fähig war, mit Entsetzen, Schuld- und Schamgefühlen erfüllt.
Hinzu kamen die dauernde **Angst vor Bestrafung** der Schuldigen durch die Alliierten und die Unsicherheit über die Zukunft.

2 *Die Aufgabe ist ausschließlich textbezogen, also weitgehend dem AFB II (Reorganisation und Transfer) zuzuordnen.*
Im ersten Teil gilt es, den Text auf die Kernaussagen zu reduzieren (AFB I). Im zweiten Teil geht es darum, sie mit der Position des Autors auseinanderzusetzen. Dabei werden Anforderungen aus dem AFB III (Problemlösung) gestellt.

Der Redner betont die **Bedeutung des 9. November als Gedenktag**. Den 9. November sieht er als Schicksalstag für alle Deutschen, besonders aber auch für sein eigenes Leben und das seiner Frau. Dabei verweist er auf den **9. November 1923**, den Tag des **Hitler-Putsches**, als sich die „Epoche des Ungeistes, des Schreckens und der brutalen Gewalt" (Z. 5 f.) ankündigte.
Vor allem aber erinnert Werner Oppel an den 9. November 1938, als es im Reich zu massiven Verfolgungen der jüdischen Bevölkerung kam. Die **Pogrome der sog. „Kristallnacht"** wurden zum unheilvollen Fanal der kommenden Verfolgung und Vernichtung des europäischen Judentums.
Dem stellt der Redner den **9. November 1942** gegenüber, an dem die **Alliierten in Nordafrika landeten** und die Befreiung Europas von der Schreckensherrschaft der Nazis begann.
Oppel stellt die massenhafte Ermordung von Menschen in den Mittelpunkt seiner Rede und den Schmerz der Überlebenden, die den Verbrechen hilflos gegenüberstanden und immer noch stehen.
Dennoch wendet er sich gegen jede Art von Hass der Überlebenden. Zwar fordert er eine unerbittlich harte (Z. 24) Bestrafung der Schuldigen, doch ruft er die Nichtschuldigen zur Beteiligung am Wiederaufbau und zur Schaffung einer „glückhaften Zukunft" (Z. 22) auf.
Werner Oppels **Einstellung zur Schuld der Deutschen ist überaus differenziert**. Einerseits fordert er harte Bestrafung der tatsächlich Schuldigen, andererseits bittet er diejenigen um Zusammenarbeit für einen Wiederaufbau, die sich „frei von Schuld zu halten" (Z. 26) wussten. Der Redner verharrt also nicht bei einer rückwärtsgewandten Haltung, sondern findet trotz allem Schmerz und eigenem Leid zu einer in die Zukunft und auf Versöhnung gerichteten Perspektive.

3 *Die Aufgabe besteht aus zwei weitgehend voneinander unabhängigen Teilaufgaben, in denen es um die Entnazifizierung und um den Umgang der Besatzungsmächte mit den Deutschen nach dem Ende des Krieges geht.*
In der ersten Teilaufgabe gilt es, anhand von Bild- und Textmaterialien verschiedene Methoden und didaktische Ziele der Reeducation, also der Umerziehung der Deutschen nach Kriegsende, zu vergleichen. Für den Vergleich wichtig sind gemeinsame Kriterien; hier bieten sich die Art der erzieherischen Einwirkung, die jeweilige Methode und schließlich deren Zielsetzung oder Absicht an. Die Aufgabe 3.1 ist ausschließlich materialgebunden und dem AFB II zuzuordnen.
In der zweiten Teilaufgabe sind zunächst die Maßnahmen darzustellen, die die westlichen Alliierten in ihren jeweiligen Zonen ergriffen, um die Entnazifizierung durchzusetzen. In einem zweiten Schritt sollen Sie diese Maßnahmen dann auf ihre Effizienz hin untersuchen. Es handelt sich weitgehend um eine Aufgabe aus dem AFB I, zumal auch die Bewertung der Effizienz Gegenstand des Unterrichts sein sollte.

3.1 Die unter M 2 vorgestellten **Plakate** stellen einen **offenen Appell an die Einsicht** der Betrachter dar und richten sich an alle Deutschen, die zufällig vorbeikommen.
Methodisch sind die Darstellungen einer Werbebotschaft vergleichbar, wobei die unmittelbaren und von den Menschen konkret erfahrenen **Auswirkungen der beendeten**

nationalsozialistischen Herrschaft auf den Alltag thematisiert werden. Angesprochen werden alle Deutschen.
Ziel der wenig drastischen Darstellungen ist ein Denkanstoß, um die Ursachen der gegenwärtigen Lage zu reflektieren und das eigene Fehlverhalten in der Nazizeit zu erkennen. Eine unausgesprochene, aber deutlich erschließbare Botschaft ist der Hinweis auf die **kollektive Mitverantwortung aller Deutschen** für den Nationalsozialismus und dessen Folgen.

In dem Bericht des Zeitzeugen (M 3) geht es um die drastische Darstellung von Bildern, die die Gräueltaten der Nationalsozialisten dokumentieren.
Als Methode erkennbar ist die schockierende Konfrontation der Betrachter mit entsetzlichen Bildern, um **emotionale und affektive Betroffenheit** zu erzielen. Adressat ist die gesamte Bevölkerung.
Didaktisches Ziel dieser Methode ist es, über die emotionale Betroffenheit und das Entsetzen einen **Denkprozess** in Gang zu setzen und so die Einsicht für das Ausmaß des ethisch-moralischen Fehlverhaltens in der Zeit des Nationalsozialismus zu vermitteln. Auch hier ist unverkennbar die Absicht, auf die **Mitverantwortung** aller Deutschen hinzuweisen.

Bei dem Text zu M 4 handelt es sich um eine **verbindliche Richtlinie des Alliierten Kontrollrates**, also der Behörde, die über die Zonen hinweg eine gemeinsame Verwaltung praktizieren sollte.
Methodisch wird hier versucht, über eine Neugestaltung des Bildungswesens die Gesellschaft umzugestalten und zu entnazifizieren. **Adressaten** sind in erster Linie die für die Schulpolitik und die neuen Lehrpläne Verantwortlichen, dann aber auch Schüler und langfristig alle Deutschen.
Ziel ist es, unmittelbar in das Bildungs- und Erziehungswesen einzugreifen und eine Werthaltung durchzusetzen, in der demokratisches Verhalten und Toleranz sowie Verständnis für andere Völker hohe Bedeutung besitzen. Langfristig geht es also um die **Demokratisierung aller Deutschen**.

3.2 Schon auf den Kriegskonferenzen hatten sich die Alliierten darauf geeinigt, die **Hauptverantwortlichen des NS-Regimes und die Kriegsverbrecher zu bestrafen**. Erst nach dem Zusammenbruch Deutschlands konnte man auf der Basis des Potsdamer Abkommens die Bildung eines internationalen Gerichtshofes vereinbaren, zumal es schwierig war, Rechtsgrundlagen zu schaffen, um einen Prozess zu führen, der nicht als Willkür verstanden wurde. Schließlich einigte man sich auf **vier Kategorien von anzuklagenden Verbrechen:** Kriegsverbrechen, Verbrechen gegen den Frieden, Verbrechen gegen die Menschlichkeit und Verstoß gegen das Verbot des Angriffskrieges.
Am 20. November 1945 begann in **Nürnberg der Hauptprozess** gegen führende Repräsentanten des NS-Regimes und gegen hochrangige Militärs der deutschen Armee. Insgesamt standen 24 Angeklagte vor den Nürnberger Richtern. Als Urteile ergingen zwölf Todesurteile, drei lebenslange Haftstrafen und drei weitere längere Haftstrafen. drei Angeklagte wurden freigesprochen. Dem Hauptprozess in Nürnberg folgten dann weitere Prozesse, zwölf allein in der amerikanischen Zone. Insgesamt wurden im westlichen Teil Deutschlands über 5 000 Personen verurteilt, im Ausland wurden zwischen 50 000 und 60 000 Personen wegen Nazi-Verbrechen verurteilt.
Auf der Potsdamer Konferenz wurde auch die **Entnazifizierung der Deutschen** beschlossen, die von den westlichen Siegermächten jedoch recht unterschiedlich gehandhabt wurde, eher hart und rigoros von den Amerikanern, eher halbherzig von den Franzosen. Generelles Ziel war die **personelle Säuberung von Verwaltung, Wirtschaft sowie Bildungs- und Erziehungswesen** von Funktionären und Anhängern des Nationalsozialismus. Anfangs orientierten sich die Besatzungsmächte an Listen, die schon während des Krieges erstellt worden waren und Namen von Personen enthielten, die

man bestrafen wollte. Im konkreten Fall wurden diese Personen verhaftet und interniert. Seit 1946 ging man dazu über, alle Personen über 18 Jahren anhand von **Fragebögen** zu erfassen, um sie in fünf Kategorien einstufen zu können: Hauptschuldige; Schuldige oder Aktivisten, Militaristen und Nutznießer; Minderbelastete; Mitläufer; Entlastete. Die Einstufung sollte von **Spruchkammern** vorgenommen werden.

Bei der Frage nach der **Effizienz der Maßnahmen** kann über die Bestrafung der Kriegsverbrecher kaum ein angemessenes Urteil gefällt werden. Abgesehen von der umstrittenen Rechtsgrundlage der Verfahren und dem Vorwurf einer Siegerjustiz, der damals in Deutschland erhoben wurde, offenbarte vor allem der Nürnberger Prozess das Ausmaß der Aggression und vor allem der im Krieg besonders an deutschen Juden, Polen und Russen begangenen Verbrechen.
Die Entnazifizierung führte sicherlich dazu, dass viele Nationalsozialisten aus mehr oder weniger verantwortungsvollen Positionen des öffentlichen Lebens ausgeschaltet wurden. So konnten die Grundlagen für einen demokratischen Neuaufbau verbessert werden.
Auf der anderen Seite erwies sich das gewählte Verfahren als wenig effektiv. Es war schwierig, die Schuld und Verantwortlichkeit von Personen festzustellen, wenn man sich weitgehend auf deren eigene Aussagen verlassen musste oder auf Zeugen, die den Verdächtigen nicht selten eine Bestätigung ihrer Unschuld, den sogenannten „**Persilschein**", ausstellten, weil sie im Gegenzug ebenfalls entlastet wurden oder andere Vorteile erwarten konnten.
Mehr und mehr übergaben die Besatzungsmächte die aufwendigen Verfahren auch an die Deutschen. Mit Verschärfung des Kalten Krieges und der damit verbundenen **Korrektur der Besatzungspolitik** wurden die Verfahren recht bald eingestellt, da man für den Wiederaufbau in den Besatzungszonen auf Fachleute nicht verzichten konnte, selbst wenn sie belastet schienen. Dies ging sogar so weit, dass man von den Spruchkammern bereits Verurteilte und aus ihren Ämtern Entlassene wieder rehabilitierte.
Aufgrund der Einstellungen der Verfahren und des erhöhten Bedarfs an ausgebildetem und erfahrenem Personal in allen Bereichen konnten darüber hinaus Schuldige, die untergetaucht waren, vermehrt wieder ins öffentliche Leben zurückkehren, teilweise in durchaus verantwortungsvolle Positionen.
Insgesamt muss der Versuch der Entnazifizierung daher als **wenig effektiv** angesehen werden.

4 *Die bereits in der 2. Aufgabe angedeutete Bedeutung des 9. November als Schicksalstag der Deutschen soll hier vertieft untersucht werden. Dabei spielt der 9. November 1942, also die Landung der Alliierten in Nordafrika, heute nicht mehr die Rolle, die er aus der Erfahrung des Redners 1945 noch spielte. Aus heutiger Sicht verdienen dagegen der 9. November 1923 und der 9. November 1938 die Bewertung als deutsche Schicksalstage. Hinzu kommen in jedem Fall der 9. November 1989, der Tag des Mauerfalls, und der 9. November 1918, der Tag der Revolution in Berlin.*
Die Aufgabe ist allen drei Anforderungsbereichen zuzuordnen, setzt sie doch umfangreiches Wissen, die Fähigkeit zur selbstständigen Organisation von Fakten und Urteilsfähigkeit voraus. Zu bearbeiten sind zwei Beispiele, hier werden alle vier naheliegenden Daten kurz skizziert.

9. November 1918
Dieser Tag kann deshalb als Schicksalstag der Deutschen angesehen werden, weil er für die **Novemberrevolution und das Ende des Kaiserreiches** steht. Am 9. November 1918 verkündete Max von Baden die Abdankung Kaiser Wilhelms II. und trat selbst als Reichskanzler zurück. Am gleichen Tag **riefen Philipp Scheidemann und Karl Liebknecht die deutsche bzw. die freie sozialistische Republik aus**.

Mit diesen Ereignissen erreichte die Revolution ihren Höhepunkt, der Erste Weltkrieg war faktisch beendet, das Kaiserreich gehörte der Vergangenheit an.
Am 9. November 1918 begann so eine **neue Epoche der deutschen Geschichte**. Von diesem Tag an sammelten sich die Kräfte, die eine Vollendung der schon 1917 begonnenen **Parlamentarisierung** sowie eine **konstituierende Nationalversammlung** anstrebten und eine linke Räterepublik verhindern wollten.
Andererseits steht der 9. November 1918 auch für die **Polarisierung der politischen Auseinandersetzung in Deutschland**. Die Kräfte, die sich jetzt durchsetzten und die Verantwortung übernahmen, wurden später von den Rechtsradikalen als „**Novemberverbrecher**" verunglimpft, die linksradikalen Kräfte kämpften gegen die nun entstehende Republik, weil dadurch die Rätedemokratie verhindert wurde. Auch die „**Dolchstoßlegende**" der Rechten und Konservativen nahm vom 9. November 1918 ihren Ausgangspunkt, da man den Revolutionären vorwarf, sie wären „dem im Felde unbesiegten Heer" in den Rücken gefallen und hätten den Kaiser ins Exil getrieben.
So kann der 9. November 1918 zusammenfassend als der Tag gesehen werden, an dem die demokratischen Kräfte in Deutschland die Chance zu einer demokratischen Umgestaltung Deutschlands nutzen konnten, an dem aber auch die Keime des rechts- und linksradikalen Widerstands gegen die Republik gesät wurden.

9. November 1923
Am 9. November 1923 marschierten Anhänger Hitlers, der sich in der Nacht zuvor im Bürgerbräu-Keller zum Reichskanzler erklärt hatte und den Sturz der Regierung in Berlin forderte, zur Feldherrnhalle und wurden mit Maschinengewehrfeuer der bayerischen Landespolizei auseinandergetrieben. Vier Polizisten und 14 Putschisten kamen dabei ums Leben.
Der **Hitler-Putsch**, hinter dem auch der ehemalige Weltkriegs-General **Ludendorff** als Repräsentant des konservativen Lagers stand, war ein weiterer blutiger **Höhepunkt eines Krisenjahres der Republik**, in dem der Ruhrkampf und die Inflation die Weimarer Demokratie erschüttert hatten.
Dieser Putsch war für einige Zeit der letzte ernsthafte Versuch, die Republik zu zerstören, da nun eine Konsolidierungsphase begann, die verbunden mit dem Namen **Gustav Stresemann** zu einer wirtschaftlichen, aber vor allem auch außenpolitischen Erholung des Deutschen Reiches führte.
Auf der anderen Seite wurde der Hitler-Putsch zum Zeichen für die Stärkung jener Kräfte, die der Republik zum Verhängnis werden sollten. Sichtbar wurde das **mangelnde Demokratiebewusstsein bei vielen Deutschen, besonders auch in weiten Teilen der Justiz und des Militärs**. Das milde Urteil gegen Hitler, der schon Ende 1924 wieder aus der Festungshaft entlassen wurde, ermöglichte den Aufstieg des Nationalsozialismus. Später wurde der Putschversuch von den Nationalsozialisten als eine heldenhafte Niederlage gefeiert. Ab 1933 fanden jährlich am 9. November ritualisierte Totenfeiern statt, bei denen die NSDAP den „Märtyrern der Bewegung" gedachte.
Der 9. November 1923 wurde so zu einem weiteren Schicksalstag der Deutschen, da er zeigte, dass die **Weimarer Republik von radikalen Gegnern der Demokratie attackier t** wurde und dass es ihr offensichtlich am nötigen Rückhalt in der Bevölkerung fehlte.

9. November 1938
Der Tag der **sog. „Reichskristallnacht"** eröffnete eine neue Phase der Judenverfolgung durch die Nationalsozialisten.
Goebbels hatte die Ermordung des deutschen Legationssekretärs in Paris, von Rath, durch den Juden Herschel-Grynszpan zum Anlass genommen, um „spontane" Ausschreitungen zu inszenieren und zu organisieren. **Jüdische Geschäfte wurden zerstört, Synagogen verwüstet und angezündet, jüdische Bürger misshandelt, ermordet und**

verhaftet. Damit begann in Deutschland die organisierte und massenhafte Verfolgung der Juden unter Anwendung von Gewalt.
Juden wurden von nun an planmäßig und systematisch aus dem Geschäftsleben ausgeschlossen und aus dem öffentlichen Leben verdrängt, etwa durch das Verbot, öffentliche Verkehrsmittel zu benutzen, Kinos zu besuchen oder als jüdische Kinder deutsche Schulen zu besuchen.
Mit dem Pogrom vom 9. November 1938 begann auch die **massenweise Einweisung von Juden in Konzentrationslager**, der Druck zur Auswanderung verstärkte sich erheblich.
So kann der 9. November 1938 nicht nur als Beginn einer neuen, brutaleren Phase der Judenverfolgung in Deutschland gesehen werden, sondern der **Tag steht auch für das Verbrechen des Holocaust** insgesamt.

9. November 1989
Am Abend dieses Tages verkündete **Günter Schabowski**, Mitglied des Politbüros der SED, vor der Presse die **Öffnung der Grenzen der DDR**. Daraufhin stürmten die Menschen die Berliner Mauer und feierten in Berlin die Nacht hindurch ein gemeinsames Fest von Menschen aus beiden Teilen der Stadt.
Der Mauerfall und die Grenzöffnung waren Folgen einer zunehmenden **Destabilisierung des politischen Systems der DDR** und des **Machtverlustes der SED** vor dem Hintergrund des Zerfalls der Sowjetunion und des Ostblocks.
Mit dem 9. November 1989 began ein rascher **Prozess der demokratischen Umgestaltung** der bis dahin totalitär regierten DDR auf friedlichem Weg, gleichbedeutend mit einer Entmachtung der SED. Hatte man am Anfang dieser Entwicklung noch eine **Reform der DDR** für möglich gehalten, so entwickelte der mit der Grenzöffnung eingeleitete Prozess eine derartige Dynamik, dass ein Fortbestand der DDR ausgeschlossen war. Die **Menschen wollten die Wiedervereinigung**, die von den Politikern schließlich trotz mancher Probleme bei der Vorbereitung der inneren Einheit durchgesetzt wurde.
So erwies sich der 9. November 1989 als ein Tag von epochaler Bedeutung, als echter Schicksalstag der Deutschen, da er die politischen und emotionalen Grundlagen für eine Wiedervereinigung auf demokratischer Basis schuf und gleichzeitig zu einem Wandel der Nachkriegsordnung führte. Mit dem 9. November 1989 wurde in Mitteleuropa auch das **Ende des Ost-West-Konflikts** eingeläutet.

Grundkurs Geschichte (Bayern) 2010 – Aufgabe IV
Deutschland seit den fünfziger Jahren

		BE
1	Beschreiben Sie die Entwicklung der deutsch-französischen Beziehungen und des europäischen Zusammenschlusses in den 1950er Jahren!	18
2	Erschließen und interpretieren Sie die Karikatur (M 1) unter Berücksichtigung der weltpolitischen Lage in den 1950er und 1960er Jahren!	22
3	Erarbeiten Sie aus dem Text (M 2) den Standpunkt Konrad Adenauers zum deutsch-französischen Freundschaftsvertrag vom 22. Januar 1963 und vergleichen Sie seine Sicht auf das deutsch-französische Verhältnis mit der Auffassung des Zeichners (M 1)!	26
4	Charakterisieren Sie den europäischen Einigungsprozess nach dem deutsch-französischen Freundschaftsvertrag bis zum Beginn der 1990er Jahre!	18
5	Erörtern Sie, inwieweit Krieg als Mittel zur Durchsetzung politischer Ziele wesentliche Phasen der Außenpolitik in Deutschland im 19. bzw. 20. Jahrhundert bestimmt hat! Verdeutlichen Sie hierzu die Zielsetzungen und den Einfluss innerer und äußerer Rahmenbedingungen auf die jeweiligen Entscheidungen! Wählen Sie einen der folgenden Abschnitte deutscher Geschichte aus: – Gründung des Deutschen Kaiserreichs – Deutsches Reich zur Zeit Kaiser Wilhelms II. – Deutschland unter dem Nationalsozialismus	36

M 1: Karikatur von Jacques Kamb

Die Karikatur erschien am 15. 1. 1963 in L'Humanité, dem Parteiorgan der Kommunistischen Partei Frankreichs, eine Woche vor Abschluss des deutsch-französischen Freundschaftsvertrags am 22. 1. 1963 durch Konrad Adenauer und Charles de Gaulle.

„Il n'y a pas un atome de désaccord entre nous!… "
(„Zwischen uns gibt es nicht ein Atom der Uneinigkeit! …")

Quelle: Karikatur aus: Reinhard Dietrich/Walther Fekl: Komische Nachbarn. Deutsch-Französische Beziehungen im Spiegel der Karikatur (1945–1987), Goethe Institut Paris 1988, S. 46.

M 2: Fernsehansprache Konrad Adenauers an das deutsche Volk vom 23. Januar 1963 anlässlich der Unterzeichnung des deutsch-französischen Freundschaftsvertrags vom 22. Januar 1963

Gestern Abend um diese Zeit haben wir in Paris einen Vertrag unterzeichnet, der die Zusammenarbeit der beiden Völker für unbegrenzte Zeit regeln soll. Auf französischer Seite haben unterschrieben der Präsident der Französischen Republik, de Gaulle, der Ministerpräsident Pompidou, der französische Außenminister Couve de Murville; auf deutscher Seite ich als Bundeskanzler und Außenminister Dr. Schröder. Dieser Vertrag ist in monatelanger sehr sorgfältiger Arbeit vom Auswärtigen Amt Frankreichs und vom Auswärtigen Amt der Bundesrepublik Deutschland vorbereitet worden. Der Vertrag ist in seiner Art, glaube ich, einzigartig in der Geschichte, und zwar deswegen, weil er die Pflege freundschaftlicher Beziehungen zwischen beiden Völkern auf unbegrenzte Zeit hinaus vorsieht. In allen Schichten und in allen Ständen soll diese Freundschaft gepflegt werden.

Der französische Staatspräsident de Gaulle hat den Vorgang der Unterzeichnung als einen einmaligen Vorgang in der Geschichte bezeichnet, nach meiner Meinung mit Recht. Wir müssen uns darüber klar sein, wenn wir diesen Vertrag sehen, was vorangegangen ist. Seit über vier Jahrhunderten bestehen zwischen Deutschland und Frankreich Spannungen, Streitigkeiten, die oft genug zu blutigen Kriegen führten. Ich darf daran erinnern, daß der letzte Krieg mit Frankreich ja noch gar nicht so lange vorbei ist, der Krieg, in dem wir die Besiegten waren. Ich darf auch daran erinnern, daß damals eine große Gefahr für Deutschland bestand, die Gefahr nämlich, daß Deutschland aufgeteilt und zerstückelt wurde. Wir sind auch jetzt noch nicht miteinander vereint, und deswegen enthält dieser Vertrag auch die Berlin-Klausel[1], die in allen Verträgen mit anderen Ländern steht.

Aber wenn man geschichtlich denkt und wenn man sich die Wende vor Augen hält, die nunmehr zum Teil schon in den Beziehungen zwischen diesen beiden Völkern eingetreten ist, zum Teil weiter, durch diesen Vertrag gefördert, eintreten wird, dann muß man in der Tat sagen: Welch großartiger Fortschritt in der Geschichte dieser beiden Völker, die mitten in Europa gelegen sind, die Nachbarn sind, die von gemeinsamen Gefahren bedroht sind, deren Schicksal, so wie die Welt sich entwickelt hat, dasselbe sein wird, welch ein großes Glück, daß diese beiden Völker nun zueinander gefunden haben!

Meine verehrten Zuhörerinnen und Zuhörer, es würde kein Europa geben, wenn nicht diese wirkliche Aussöhnung zwischen Frankreich und Deutschland vorangegangen wäre. Alle die europäischen Institutionen, die wir bisher schon geschaffen haben, wären undenkbar ohne eine Zusammenarbeit zwischen Frankreich und Deutschland. Ich sage wohlüberlegt, daß die Bundesrepublik Deutschland ihre Stellung in der Welt, die sie jetzt innehat, nicht innehaben würde, wenn noch der Spannungszustand mit Frankreich bestände, wie er bei Ausgang des Krieges bestanden hat.

Ich bin fest davon überzeugt, daß dieser Vertrag später einmal von der Geschichtsschreibung als eines der wichtigsten und wertvollsten Vertragswerke der Nachkriegszeit bezeichnet werden wird, und ich bin fest davon überzeugt, daß er sich zum Nutzen beider Völker auswirken wird und zum Nutzen Europas und zum Frieden der Welt.

Die Aufnahme, die die deutsche Delegation gestern und vorgestern in Paris gefunden hat, insbesondere beim Präsidenten der Französischen Republik, Herrn de Gaulle, war außerordentlich freundschaftlich und warm. Wir haben uns in voller Offenheit, die Minister, die mich begleiteten, mit den französischen Ministern, Präsident de Gaulle und ich, unterhalten können über die schwierigen Probleme in der Welt. Wir haben auch in gemeinsamen Besprechungen, die uns alle vereinten, sehr offen und sehr klar unsere Meinung über alles sagen können, und ich habe zu meiner großen Freude feststellen können, daß die Angehörigen der beiden Völker doch in allen wesentlichen Punkten völlig übereinstimmen.

Ihnen, meine Zuhörerinnen und Zuhörer, die Verträge im einzelnen vorzutragen, würde sich wohl kaum empfehlen. Man muß ein solches Vertragswerk lesen, die Zeitungen veröffentlichen es ja. Es wird von uns dem Bundesrat und dem Bundestag zugeleitet werden, weil nach unserer Verfassung jeder Vertrag mit dem Ausland in der Form eines Gesetzes durch Bundesrat und Bundestag genehmigt werden muß. Ich hoffe, daß in wenigen Monaten, in der üblichen Zeit, die ein Gesetz bei uns braucht, um Gesetz zu werden, auch dieser Gesetzesentwurf seine Vollendung gefunden hat und daß dann die Arbeit, die wir zwischen Frankreich und Deutschland nun seit Jahren begonnen haben, weiter gepflegt werden kann.

Auf eines möchte ich hinweisen. Ein erheblicher Teil dieses Vertrages richtet sich an die Jugend. Er will, daß die Jugend beider Völker aller Stände, nicht nur Schüler und Schülerinnen oder Studenten und Studentinnen, sondern auch die Angehörigen der arbeitenden Berufe, sich kennenlernen, daß sie ihre Sprache, ihre Naturschätze, ihre Kulturschätze kennenlernen, und so eine große Heimat auch in dem anderen Lande wiederfinden. Das, glaube ich, ist ein Ziel, das jeder, auch jeder Politiker, unbedingt bejahen muß. Weil der Vertrag eben für viele, viele Jahre berechnet ist, wird die deutsche Jugend und die französische Jugend jetzt und in Zukunft berufen sein, diesen Vertrag in die Wirklichkeit zu überführen.

Als wir gestern aus dem Elysée schieden, hatten wir alle, Franzosen und Deutsche, das sichere Gefühl, etwas Gutes getan zu haben – lassen Sie mich noch einmal wiederholen, was ich eben sagte – etwas Gutes getan zu haben für Deutschland und Frankreich, für Europa und für den Frieden in der ganzen Welt.

Quelle: Rede von Konrad Adenauer (22. Januar 1963) aus: Bulletin des Presse- und Informationsamtes der Bundesregierung. 25.01.1963, Nr. 129, S. 129f., zitiert nach: http://www.ena.lu/rede konrad adenauer 23 januar 1963-3-7672.

Erläuterung:

1 Aufgrund des Vier-Mächte-Status von West-Berlin hatten Bundesgesetze und völkerrechtliche Verträge der Bundesrepublik Deutschland keine unmittelbare Gültigkeit für West-Berlin.

Lösungen

1 *Die Aufgabe setzt genaue Kenntnisse der Außenpolitik der Bundesrepublik in den 50er-Jahren voraus. Es geht konkret um die Westintegration der Bundesrepublik und insbesondere um die schwierigen deutsch-französischen Beziehungen.*
Die Aufgabe ist dem AFB I (Reproduktion) zuzuordnen.

Für die deutsche Regierung unter **Konrad Adenauer** war es klar, dass das **Verhältnis zu Frankreich** von entscheidender Bedeutung für die Zukunft der Bundesrepublik sein würde. Zwar bestanden nach wie vor vonseiten Frankreichs große Bedenken gegen die geplante **Aufnahme Westdeutschlands in den Europarat**, zumal die **Saarfrage** nach wie vor ein Streitpunkt zwischen Bonn und Paris war. Mit dem **Schumanplan**, der vom französischen Außenminister im Mai 1950 vorgeschlagen wurde, war der Weg für eine Annäherung der beiden „Erbfeinde" geebnet. Schuman sah es als eine Notwendigkeit an, dass sich Frankreich und Deutschland gemeinsam um eine zukünftige europäische Einigung bemühen sollten. Als ersten Schritt schlug er eine **Wirtschaftsunion** vor, in der die deutsche und französische Kohle- und Stahlproduktion einer internationalen Behörde unterstellt werden sollte. Die Idee zu der bald verwirklichten **„Europäischen Gemeinschaft für Kohle und Stahl"**, der sogenannten Montanunion, war geboren.

Der Schumanplan, hinter dem in Frankreich insbesondere **Jean Monnet** stand und der von der deutschen Regierung umgehend akzeptiert wurde, ebnete den Weg für die

schrittweise Integration der Bundesrepublik in das westliche Bündnis und die Aufnahme in den Europarat. **Deutschland war damit eingebunden in den europäischen Einigungsprozess.**
Erhebliche Schwierigkeiten gab es allerdings bezüglich der Frage der **Wiederbewaffnung Deutschlands**. Die USA wollten eine deutsche Armee innerhalb der NATO, doch in Frankreich war das Misstrauen gegenüber einer deutschen Wiederbewaffnung noch zu groß. Frankreich schlug vielmehr die Bildung einer **Europäischen Verteidigungsgemeinschaft (EVG)** vor, in die die Truppen der Bundesrepublik eingebunden sein sollten.
Der EVG-Vertrag wurde unterzeichnet, obwohl es im Deutschen Bundestag lange und hitzige Debatten darüber gegeben hatte. Die Ablehnung des Vertrags durch die Französische Nationalversammlung führte aber dazu, dass der ursprünglich vom französischen Ministerpräsidenten Pleven ausgearbeitete Plan so nie in Kraft trat.
Nun übernahm England die Initiative und schlug eine **Aufnahme der Bundesrepublik in die NATO vor und einen gleichzeitigen Beitritt zum Brüsseler Pakt**, einem 1948 von Großbritannien, Frankreich und den Benelux-Staaten gegründeten Bündnis, das schließlich in die Westeuropäische Union (WEU) mündete. Nach schwierigen Verhandlungen und der entscheidenden Konferenz im Herbst 1954 in London konnte der Widerstand Frankreichs schließlich überwunden werden. Am 23. Oktober 1954 wurden im Amtssitz des französischen Präsidenten die **Pariser Verträge** unterzeichnet: die Bundesrepublik trat der NATO bei, das Besatzungsregime war beendet, eine **Volksabstimmung über die Zugehörigkeit des Saargebiets** wurde vereinbart und führte zu einer Rückkehr der Saar zu Deutschland. Von da an vertiefte sich die Kooperation zwischen Deutschland und Frankreich mit dem Erfolg, dass mit der Zustimmung des Bundestages zu den sogenannten **Römischen Verträgen** über die **Europäische Wirtschaftsgemeinschaft (EWG)** und die Gründung der **Euratom**, der europäischen Atomgemeinschaft, 1958 wichtige Schritte auf dem Weg zur europäischen Einigung vollzogen werden konnten.
Die deutsch-französische Aussöhnung zu Beginn der fünfziger Jahre schuf zweifellos die grundlegenden Voraussetzungen für die zunehmend enger werdende Zusammenarbeit der westeuropäischen Staaten und zum Aufbau gemeinsamer Organisationen.

2 *Die Aufgabe ist präzise gestellt, dabei ist eine Gliederung der Lösung praktisch vorgegeben. In einem ersten Schritt soll die Karikatur erschlossen, also die Inhaltsebene analysiert werden: Personen, auffallende Bilddetails, Textbestandteile. In einem zweiten Schritt gilt es, die weltpolitische Lage zu skizzieren, die hinter der Karikatur steht, und schließlich kann vor diesem Hintergrund die Zeichnung interpretiert werden.*
Die Aufgabe ist allen drei Anforderungsbereichen zuzuordnen: Darstellung des Hintergrunds AFB I, Erschließung AFB II, Interpretation AFB III.

Der Karikaturist stellt mit **Konrad Adenauer und Charles de Gaulle** die beiden maßgeblichen Politiker Deutschlands und Frankreichs dar und zwar im Zusammenhang mit dem **deutsch-französischen Freundschaftsvertrag von 1963**. Darauf deuten die enge Umarmung sowie die Worte, die der Karikaturist den beiden Politikern in den Mund legt, hin. Sie werden als Germane und als Gallier dargestellt, erkennbar an der Kopfbedeckung und der Haartracht einerseits sowie an der Kleidung, dem Schnauzbart und ebenfalls der Haartracht andererseits. Markant für beide Figuren ist die **militärische Symbolik**, bei Adenauer das Eiserne Kreuz, bei beiden die Helme in Form von Atomraketen. Zusammen mit der Unterschrift wird im Bild suggeriert, dass es sich bei dem Freundschaftspakt um ein atomares Bündnis handeln würde, eine grobe Missdeutung des Vertrages. Der **Atompilz im Hintergrund** stellt ein Zeichen für die Bedrohung dar, die von diesem Bündnis ausgeht.

Die weltpolitische Lage, vor deren Hintergrund der Zeichner das Ereignis sieht, ist bestimmt durch den **Ost-West-Konflikt**, längst zum „Kalten Krieg“ gesteigert, und der Spaltung Europas und der Welt in zwei feindliche Lager. Deren Politik war von einem **Rüstungswettlauf der Blöcke** bestimmt, der angesichts der atomaren Waffen zu einem „Gleichgewicht des Schreckens“ geführt hatte. Die deutsch-französischen Beziehungen waren in dieser Konfliktsituation besonders bedeutsam, weil sich auf deutschem Gebiet die beiden Lager unmittelbar gegenüberstanden, und jede Veränderung der Machtsituation in Mitteleuropa mit größtem Misstrauen beobachtet wurde. Angespannt war die Konfliktlage darüber hinaus durch akute Krisensituationen wie die Konfrontation zwischen der Sowjetunion und den USA in der **Kuba-Krise 1962**.
Bei der Interpretation der Karikatur ist zu berücksichtigen, dass die Zeichnung im Parteiorgan der mächtigen kommunistischen Partei Frankreichs erschienen war, die Bewertung des deutsch-französischen Freundschaftspaktes also sicherlich ideologisch bestimmt war. Der Zeichner unterstellt den beiden Staaten vorrangiges Interesse an einer militärischen Kooperation im atomaren Bereich. Damit verbunden ist der Vorwurf, Frankreich würde einer weiteren **Militarisierung der Bundesrepublik Vorschub leisten**, obwohl die Bonner Regierung im Zusammenhang mit dem Beitritt zur NATO auf atomare Waffen verzichtet hatte. Mit der Karikatur warnt der Zeichner vor einer weiteren Eskalation des atomaren Rüstens, also einer Verschärfung des Rüstungswettlaufs durch eine deutsch-französische Militärpolitik. Der Atompilz weist darüber hinaus auf eine zukünftige Bedrohung des Weltfriedens hin.
Kritisch zu bemerken ist, dass der Karikaturist die deutsch-französische Annäherung einseitig **auf eine militärische Zusammenarbeit verkürzt** und das Gefahrenpotenzial einer vermuteten Militärallianz übertreibt. Anzunehmen ist, dass er damit auch die Befürchtungen des kommunistischen Lagers zum Ausdruck bringt.

3 *Bei der dritten Aufgabe handelt es sich weitgehend um eine Analyse des Textes von Konrad Adenauer, ergänzt um einen Vergleich der Position des Karikaturisten mit der des ersten deutschen Bundeskanzlers.*
Während der größere Teil dem AFB II (Reorganisation und Transfer) zugeordnet werden muss, betrifft der Vergleich den Bereich III (Problemlösung), ist jedoch bei der Eindeutigkeit der Positionen vergleichsweise leicht zu lösen.

Konrad Adenauer unterstreicht in seiner Rundfunkansprache, mit der er das deutsche Volk über den Pakt mit Frankreich informieren will, die **Einzigartigkeit und historische Bedeutung** des Vertrags. Zwischen Deutschland und Frankreich sollten dadurch freundschaftliche Beziehungen auf unbestimmte Zeit geschaffen und damit ein Ende der Jahrhunderte währenden Auseinandersetzungen herbeigeführt werden. Adenauer sieht in dem Freundschaftsvertrag eine Fortführung der **deutsch-französischen Aussöhnung** und damit eine Festigung der Grundlage der **europäischen Einigung**. Die Rückkehr der Bundesrepublik Deutschland in die Weltgemeinschaft der Völker ist für Adenauer ein weiterer positiver Aspekt der Vertragsunterzeichnung.
Der Freundschaftsvertrag bringe, so der deutsche Kanzler, **gemeinsame Überzeugungen und Einstellungen** der beiden Völker zum Ausdruck. Besonders hebt Adenauer die Bedeutung für die deutsche und die französische **Jugend** heraus. Durch eine Vielzahl von persönlichen und kulturellen Begegnungen, die durch den Vertrag befördert werden, soll sich nach dem Willen der Politiker ein **Gemeinschaftsgefühl** in beiden Ländern entwickeln. So werde der Vertrag dem Nutzen der Nachbarn dienen, darüber hinaus Europa und dem Weltfrieden.

Konrad Adenauer sieht den deutsch-französischen Freundschaftsvertrag von 1963 völlig gegensätzlich im Vergleich zum Karikaturisten. Während dieser darin eine Gefahr für den Weltfrieden sieht, insbesondere durch das Aufleben des deutschen Militarismus und der atomaren Bedrohung, ist der Vertrag aus der Sicht des deutschen Regierungschefs ein Dokument des Friedens und der Völkerverständigung.

4 *Die 4. Aufgabe fordert einen Überblick über die Geschichte der europäischen Einigung von den Anfängen der 60er-Jahre bis zum Beginn der 90er-Jahre. Der Operator „Charakterisieren Sie …" verweist zwar auf den AFB II, aber im Wesentlichen sollte es sich hier doch um den AFB I handeln, zumal genaue Kenntnisse der Entwicklung der europäischen Einigung verlangt werden.*

Nach dem deutsch-französischen Freundschaftsvertrag von 1963 kam es im Prozess der europäischen Einigung zunächst zu einer **Stagnation, 1965 sogar zu einer Krise**, als Frankreich sich weigerte, an den Ratssitzungen teilzunehmen. Zwar konnte diese Krise ein halbes Jahr später beigelegt werden, aber erst auf dem Gipfeltreffen der Staats- und Regierungschefs im Dezember **1969 in Den Haag** erhielt die Gemeinschaft neue Impulse: Die Stärkung der Wirtschafts- und Währungsunion wurde ebenso beschlossen wie die Erweiterung der Europäischen Gemeinschaft (EG).
Am 1. Januar 1973 wurden Großbritannien, Irland und Dänemark aufgenommen, die EG erweiterte sich zur **Neunergemeinschaft**, 1981 folgten schließlich Griechenland, 1986 dann Spanien und Portugal.
Parallel zu der räumlichen Erweiterung der Europäischen Gemeinschaft verlief eine **organisatorische Festigung**, die Integrationsbemühungen der Staaten wuchsen. 1967 wurden die Europäische Gemeinschaft für Kohle und Stahl (EGKS), die Europäische Wirtschaftsgemeinschaft (EWG) und die Europäische Atomgemeinschaft (EURATOM) organisatorisch zur **Europäischen Gemeinschaft** (**EG**) zusammengefasst, nachdem ein Vertrag zur Einsetzung eines gemeinsamen Rates und einer gemeinsamen Kommission unterzeichnet worden war.
Ein Meilenstein auf dem Weg des europäischen Einigungsprozesses stellte auch das Jahr 1979 dar. Zum ersten Mal wurde das **Europäische Parlament direkt von den Bürgern der Mitgliedstaaten gewählt**.
In den 80er-Jahren unternahm die Europäische Gemeinschaft erste Schritte zur Erarbeitung einer **europäischen Verfassung** und zur Gründung einer **Europäischen Union**. Konkret erkennbar waren bereits Fortschritte beim Ausbau des Binnenmarktes. So verzichtete man in wichtigen Bereichen schon auf die Einstimmigkeit im Rat und begnügte sich mit einer qualifizierten Mehrheit, die Finanzierung der EG wurde neu geregelt.
Ein echter Fortschritt wurde auf der **Ratstagung in Maastricht 1991** erzielt. Die Staats- und Regierungschefs beschlossen die Weiterentwicklung der EG zur Europäischen Union mit dem vorrangigen Ziel einer **Wirtschafts- und Währungsunion**, dem Ausbau einer gemeinsamen Außen- und Sicherheitspolitik und einer europäischen Innen-, Rechts- und Sozialpolitik. Sogar eine Unionsbürgerschaft wurde eingeführt. 1993 trat der Vertrag von Maastricht in Kraft, **die EU entstand**, nachdem vorher schon der Europäische Binnenmarkt Wirklichkeit geworden war.

5 *In dieser Aufgabe werden drei Abschnitte der deutschen Geschichte zur Wahl gestellt, um an ihnen die These vom Krieg als Mittel zur Durchsetzung politischer Ziele zu erörtern. Mit den Kriterien „Zielsetzungen" sowie „innere und äußere Rahmenbedingungen" werden Hinweise zur möglichen Gliederung und zur Begrenzung der im Grunde recht weit gefassten Aufgabe gestellt. Von Ihnen ist ein zur Wahl gestellter Abschnitt zu bearbeiten, hier werden alle drei kurz skizziert.*
Bei dieser Erörterung handelt es sich um eine Aufgabe, in der alle drei Anforderungsbereiche angesprochen werden.

Gründung des deutschen Kaiserreiches
Nicht ohne Grund werden die Kriege, die **Preußen unter Bismarck** unmittelbar vor der Reichsgründung 1871 führte, als „**Einigungskriege**" bezeichnet.
Ziel dieser Kriege war in erster Linie die **Erweiterung der Machtstellung Preußens** in Deutschland und in Europa vor allem dadurch, dass man den Dualismus mit Österreich zu den eigenen Gunsten entschied. Das Herausdrängen Österreichs aus dem deutschen Einigungsprozess und die **Verwirklichung der kleindeutschen Lösung** brachte für Preußen eine territoriale Ausweitung des eigenen Machtbereichs neben unmittelbaren territorialen Abrundungen.
Die Bedeutung der Einigungskriege muss allerdings im Rahmen historischer Bedingungen gesehen werden. Eine ungehemmte Machterweiterung Preußens, gleichbedeutend mit einem starken Zentralstaat in Mitteleuropa, stieß auf den **Widerstand der übrigen europäischen Mächte**. So glaubte Bismarck an die Notwendigkeit eines Krieges gegen Frankreich, um die Reichsgründung durchsetzen zu können. Doch auch bei den Mittel- und Kleinstaaten war die Schaffung des Reiches mit der damit verbundenen Hegemonie Preußens in diesem Staat umstritten.
Auf der anderen Seite konnte sich Preußen auf eine starke kleindeutsche Bewegung in einflussreichen Kreisen der deutschen Gesellschaft stützen.
Dass die preußische Führung den Krieg für ein geeignetes Mittel zur Durchsetzung der eigenen Ziele ansah, lag wesentlich an dem militärischen und wirtschaftlichen Potenzial, das man einsetzen konnte. Hinzu kam, dass nach dem Krim-Krieg und der Einigung Italiens die **Mächtekonstellation in Europa sich erheblich zu Ungunsten Österreichs verändert hatte**.
Die Machtstruktur in Europa und die Probleme der Mittellage Deutschlands zwangen zu einem geschickten diplomatischen Vorbereiten der Einigungskriege sowie zu einem maßvollen Einsatz der militärischen Mittel. **Der Krieg wurde von Bismarck offensichtlich immer dem politischen Kalkül untergeordnet** und dieses war auf die Gründung des Reiches unter preußischer Führung und Dominanz gerichtet.
Deutsches Reich zur Zeit Wilhelms II.
Da die Historiker sich weitgehend einig sind, dass Deutschland am Ausbruch des Ersten Weltkriegs eine nicht unerhebliche Mitschuld trug, stellt sich die Frage, inwieweit vom Kaiser und seiner Regierung der Krieg als Mittel zur Durchsetzung politischer Ziele eingesetzt wurde.
Zu den außenpolitischen Zielen des Kaiserreiches zählte ohne Zweifel die Behauptung der hegemonialen **Großmachtstellung** auf dem europäischen Festland und im Zeitalter des **Imperialismus** der Aufstieg zu einer Welt- und Kolonialmacht. In den letzten Jahren vor dem Krieg ging es dann vermehrt darum, die eigene Stellung zu behaupten gegen die vermutete **Einkreisung** durch die antideutsche Koalition. Was man durch eine ungeschickte und unsensible Diplomatie herbeigeführt hatte, sollte nun mit einem militärischen Befreiungsschlag aus der Welt geschafft werden.
Dass der Krieg für möglich, teilweise für wünschenswert gehalten wurde, lag an entsprechenden Rahmenbedingungen. So herrschten in weiten Kreisen der deutschen Eliten nationalistische Vorstellungen von einem „**Platz an der Sonne**", der dem Reich zustehe, den aber die anderen Mächte nicht zugestehen wollten. Außerdem entsprach **das imperialistische Denken** dem damaligen Zeitgeist. In Deutschland war darüber hinaus der **preußische Militarismus** ein Teil des staatlichen Selbstverständnisses.
Durch die rasche Aufeinanderfolge von internationalen Spannungen und weltweiten Krisen, oft ausgelöst durch Zusammenstöße der europäischen Mächte wegen der Kolonialpolitik, hatte man sich an Konflikte gewöhnt, eine Rolle wie die des „ehrlichen Maklers" unter Bismarck war kaum noch denkbar. Mit der **Nichterneuerung des Rückversicherungsvertrages**, der schrittweisen Annäherung von Russland und Frankreich sowie am Ende auch zwischen England und Frankreich bildete sich eine **starke Entente gegen den Zweibund** aus Deutschland und Österreich. Man steuerte auf den Krieg zu.

Die deutsche Regierung entschied sich in letzter Konsequenz für eine **bedingungslose Unterstützung Österreichs auf dem Balkan**, obwohl man um die Kriegsgefahren wusste. Die Erklärung des Krieges, die Provokation Englands durch den **Schlieffen-Plan** und die damit verbundene Verletzung der Neutralität Hollands und Belgiens sowie am Ende die **Beharrung auf einem „Siegfrieden"** waren erneut Beweise dafür, dass das Deutsche Reich den Krieg nicht so sehr als Katastrophe empfand, sondern als Chance. Diese Haltung führte schließlich zur Niederlage und zum Untergang des Kaiserreiches.

Deutschland unter dem Nationalsozialismus

Überaus eindeutig ist die Bedeutung des Krieges für die nationalsozialistische Außenpolitik. Die Zielsetzungen der rassistischen Außenpolitik waren die Eroberung von Lebensraum im Osten und die eindeutige Hegemonie auf dem europäischen Kontinent.

Zu den Rahmenbedingungen, die den Krieg nicht nur als Mittel der Politik möglich erscheinen ließen, sondern als Notwendigkeit propagierten, gehörte die **NS-Ideologie**, in der der Krieg eine elementare Rolle spielte. Zu einem günstigen Nährboden der von den Nationalsozialisten angestrebten **Kriegsbegeisterung** wurde auch die **Ablehnung wesentlicher Vertragsbestimmungen von Versailles**. In weiten Teilen der Bevölkerung konnte so der Gedanke durchgesetzt werden, man müsse Revanche nehmen für die „Schmach von Versailles", und zwar nicht durch Fortsetzung einer Verzichtspolitik, sondern durch Demonstration der militärischen Stärke und Überlegenheit. Großen Beifall fanden solche Überlegungen auch deshalb, weil es zu Beginn der Republik nicht gelungen war, die militaristisch-nationalistischen Einstellungen in maßgeblichen Kreisen der Gesellschaft zurückzudrängen. Im Gegenteil, die **Gleichschaltung** von Staat und Gesellschaft durch die Nationalsozialisten benutzte eben solche Ideologien als Instrumente.

Weltpolitisch wurde der Weg des Nationalsozialismus geebnet durch die **Angst vor dem Sowjetkommunismus** und den Rückzug der USA aus der Verantwortung nach dem Ersten Weltkrieg. Die **Front der Siegermächte zerfiel** und mit dem Aufstieg des Faschismus entstanden **neue Machtkonstellationen**.

Hitler entschied sich schließlich für eine militärische, bündnispolitische und wirtschaftliche **Vorbereitung eines Angriffskrieges**. Im Krieg selbst setzte die nationalsozialistische Führung alle Mittel rücksichtslos ein und führte einen **Vernichtungs- und Ausrottungskrieg im Osten**.

Zusammenfassend lässt sich sagen, dass die Nationalsozialisten eine Kriegspolitik betrieben, die von ideologischer und machtpolitischer Hybris getrieben war. Verblendet vom eigenen Machtrausch löste man den Zweiten Weltkrieg aus, der mit einer vernichtenden deutschen Niederlage endete, die beinahe zum Ende der deutschen Staatlichkeit geführt hätte.

(Bitte blättern Sie um)

Sozialkunde

Abitur-Wissen Demokratie	Best.-Nr. 94803
Abitur-Wissen Sozialpolitik	Best.-Nr. 94804
Abitur-Wissen Die Europäische Einigung	Best.-Nr. 94805
Abitur-Wissen Politische Theorie	Best.-Nr. 94806
Abitur-Wissen Internationale Beziehungen	Best.-Nr. 94807
Kompakt-Wissen Abitur Politik/Sozialkunde	Best.-Nr. 948001

Geographie / Erdkunde

Geographie 1 – 11. Klasse (G8)	Best.-Nr. 94911
Geographie 2 – 12. Klasse (G8)	Best.-Nr. 94912
Abitur-Wissen Entwicklungsländer	Best.-Nr. 94902
Abitur-Wissen Die USA	Best.-Nr. 94903
Abitur-Wissen Europa	Best.-Nr. 94905
Abitur-Wissen Der asiatisch-pazifische Raum	Best.-Nr. 94906
Abitur-Wissen GUS-Staaten/Russland	Best.-Nr. 94908
Kompakt-Wissen Abitur Erdkunde	Best.-Nr. 949010
Lexikon Erdkunde	Best.-Nr. 94904

Wirtschaft / Recht

Betriebswirtschaft	Best.-Nr. 94851
Abitur-Wissen Volkswirtschaft	Best.-Nr. 94881
Abitur-Wissen Rechtslehre	Best.-Nr. 94882
Kompakt-Wissen Abitur Volkswirtschaft	Best.-Nr. 948501
Kompakt-Wissen Abitur Betriebswirtschaft	Best.-Nr. 924801

Kunst

Abitur-Wissen Malerei, Plastik, Architektur (G8)	Best.-Nr. 949618
Abitur-Wissen Malerei (G9)	Best.-Nr. 94961
Abitur-Wissen Analyse und Interpretation (G9)	Best.-Nr. 94962
Kompakt-Wissen Abitur Kunst	Best.-Nr. 949601

Sport

Bewegungslehre · Sportpsychologie	Best.-Nr. 94981
Trainingslehre	Best.-Nr. 94982
Arbeitsheft Sport Trainingslehre	Best.-Nr. 9559803

Fachübergreifend

Richtig Lernen	
Tipps und Lernstrategien – Oberstufe	Best.-Nr. 10483
Referate und Facharbeiten – Oberstufe	Best.-Nr. 10484
Training Methoden	
Meinungen äußern, Ergebnisse präsentieren	Best.-Nr. 10486

Abitur-Prüfungsaufgaben

Viele Jahrgänge der zentral gestellten Abitur-Prüfungsaufgaben an Gymnasien in Bayern, einschließlich des **aktuellen Jahrgangs**. Mit **vollständigen Lösungen**.

Abiturprüfung Mathematik – LK Bayern	Best.-Nr. 95000
Abiturprüfung Mathematik – gk Bayern	Best.-Nr. 95100
Abiturprüfung Physik – LK Bayern	Best.-Nr. 95300
Abiturprüfung Physik – gk Bayern	Best.-Nr. 95320
Abiturprüfung Biologie – LK Bayern	Best.-Nr. 95700
Abiturprüfung Biologie – gk Bayern	Best.-Nr. 95710
Abiturprüfung Chemie – LK Bayern	Best.-Nr. 95730
Abiturprüfung Chemie – gk Bayern	Best.-Nr. 95740
Abiturprüfung Geschichte – LK Bayern	Best.-Nr. 95760
Abiturprüfung Geschichte – gk Bayern	Best.-Nr. 95780
Abiturprüfung Sozialkunde – gk/LK Bayern	Best.-Nr. 95800
Abiturprüfung Geographie – LK Bayern	Best.-Nr. 95900
Abiturprüfung Geographie – gk Bayern	Best.-Nr. 95930
Abiturprüfung Wirtschaft/Recht – LK Bayern	Best.-Nr. 95850
Abiturprüfung Wirtschaft/Recht – gk Bayern	Best.-Nr. 95880
Abiturprüfung Deutsch – LK Bayern	Best.-Nr. 95400
Abiturprüfung Deutsch – gk Bayern	Best.-Nr. 95410
Abiturprüfung Deutsch Colloquium – gk BY	Best.-Nr. 95411
Abiturprüfung Englisch – LK Bayern	Best.-Nr. 95460
Abiturprüfung Englisch – gk Bayern	Best.-Nr. 95470
Abiturprüfung Französisch – gk/LK Bayern	Best.-Nr. 95500
Abiturprüfung Latein – gk/LK Bayern	Best.-Nr. 95600
Abiturprüfung Religion r.-k. – gk Bayern	Best.-Nr. 95990
Abiturprüfung Religion ev. – gk Bayern	Best.-Nr. 95970
Abiturprüfung Ethik – gk Bayern	Best.-Nr. 95950
Abiturprüfung Sport – LK Bayern	Best.-Nr. 95980
Abiturprüfung Kunst – LK Bayern	Best.-Nr. 95960

Erziehungswissenschaft / Psychologie

Erziehungswissenschaft	Best.-Nr. 94941
Grundwissen Pädagogik	Best.-Nr. 92480
Grundwissen Psychologie	Best.-Nr. 92481

Spanisch

Kompakt-Wissen Abitur Themenwortschatz	Best.-Nr. 945401

Natürlich führen wir noch mehr Titel für alle Schularten. Wir informieren Sie gerne!

Telefon: 0180 3 179000*   www.stark-verlag.de

Telefax: 0180 3 179001*   E-Mail: info@stark-verlag.de

* 9 Cent pro Min. aus dem deutschen Festnetz

20-VM9

Bestellungen bitte direkt an:

STARK Verlagsgesellschaft mbH & Co. KG · Postfach 1852 · 85318 Freising

Tel. 0180 3 179000* · Fax 0180 3 179001* · www.stark-verlag.de · info@stark-verlag.de

*9 Cent pro Min. aus dem deutschen Festnetz, Mobilfunk bis 42 Cent pro Min.

Aus dem Mobilfunknetz wählen Sie die Festnetznummer: 08167 9573-0

Lernen • Wissen • Zukunft

STARK